社会学·政治学·文化学·教育学·民族学·历史学

陈序经全集

第三卷 中国文化的出路 东西文化观 南北文化观

叶显恩 主编
王春煜 刘集林 副主编

中山大学出版社
·广州·

版权所有　翻印必究

图书在版编目（CIP）数据

陈序经全集 / 陈序经著；叶显恩主编；王春煜，刘集林副主编.
广州：中山大学出版社，2025.3. --ISBN 978-7-306-08274-9
Ⅰ．Z427
中国国家版本馆 CIP 数据核字第 2024GE9169 号

CHEN XUJING QUANJI: DI-SAN JUAN

出 版 人：	王天琪
总 策 划：	王天琪
项目统筹：	嵇春霞　王延红
责任编辑：	潘惠虹
封面设计：	雅昌文化（集团）有限公司　曾　斌　周美玲
责任校对：	陈　颖
责任技编：	靳晓虹
出版发行：	中山大学出版社
电　　话：	编辑部 020-84111901, 84110283, 84111997, 84110779
	发行部 020-84111998, 84111981, 84111160
地　　址：	广州市新港西路 135 号
邮　　编：	510275　传　真：020-84036565
网　　址：	http://www.zsup.com.cn　E-mail: zdcbs@mail.sysu.edu.cn
印　　厂：	恒美印务（广州）有限公司
规　　格：	787mm×1092mm　1/16
总 印 张：	433
总 字 数：	8718 千字
版次印次：	2025 年 3 月第 1 版　2025 年 3 月第 1 次印刷
定　　价：	1980.00 元（全十四卷）

如发现本书因印装质量影响阅读，请与出版社发行部联系调换

凡　例

一、编排方式。《全集》总体上兼顾著述发表时间先后与研究领域的区别。第一卷以时间为序收录了陈序经的论文、时论、书评等，其中论文已收入其他卷者，原则上只存目；同题异文者，则均予以收录。第二卷至第十三卷收录了陈序经在不同研究领域的论文或专著。第十四卷收录了陈序经的遗稿《珠崖篇》，整理了其年谱、往来书信、照片等相关资料。底稿为直排繁体者，一律改横排简体，内容列举、引用位置指向用词，如"如左"径改为"如下"等。

二、底本来源。《全集》所收文献中有大量未曾整理的手稿、抄稿，其版本源流、底本选择等情况，皆写入"本卷说明"中。

三、引文说明。《全集》所引古籍或他人著述，有漏字、错字等现象者，一般参照现今中华书局、上海古籍出版社等相应版本径改，不另说明；引用古籍或他人著述时只取其大意，与原文不尽一致，凡此，照录，不予修改；手稿或抄稿中引用本人已发表文章，但内容与已发表的原文不尽一致，凡此，亦依手稿或抄稿。

四、校订符号。原稿中有漏字者，在〈　〉内补之。原稿中的错讹字，在其后〔　〕内补正。原稿中的衍字，用〔　〕标示。原稿中漫漶不清、难以识别或残缺的字，用□表示；字数难以确定者，用☒表示。原稿中的小字夹注，置于（　）内，字体、字号同正文。外文书名、刊名用斜体。

五、历史用语。《全集》保留作者文字风格及语言习惯，不按现行用法改动原文。历史时期若干字词表达与今有异，但不影响理解，为存当时之真，不改。如智识（知识）分子、澎涨（膨胀）、计画（计划）、瞭解（了解）、那（哪）、澈底（彻底）、那末（那么）、原故（缘故）等。凡行文中对少数民族的蔑称，根据国家相关民族政策一律改为规范称呼，如"猺"改为"瑶"、"獠"改为"僚"、"猓猡"改为"倮倮"等。

六、外文名词。译名不统一或与现今不一致，如拿破伦/拿破仑、哥仑布/哥伦布、菲洲/非洲等，均不改。外文人名、地名书写有误者，一般径改。外文专有名词在原稿中大小写掺杂，按现今规范格式统一。

七、内文标点。原稿正文无标点或仅有简单断句者，一律按照中华人民共和国国家标准《标点符号用法》（GB/T 15834—2011）予以修改。专名号从略。

八、文字规范。《全集》中的简体字以 2013 年 6 月国务院公布之《通用规范汉字表》为准。通假字，不改。繁体字、异体字，改为规范字；但专有名词中的繁体字、异体字等，依从其使用惯例，不改。作者笔误、排印舛误等明显错误，径改。

其余未规定事项，一般遵从作者原稿。

本卷说明

本卷收录了陈序经先生所著的三种文化学论著:《中国文化的出路》《东西文化观》《南北文化观》。由陈平殿、杨中曦、曾婷校订。其中,《中国文化的出路》据1934年1月上海商务印书馆初版校订,该书在1934年9月由上海商务印书馆再版;1989年上海书店据1934年1月版影印出版(《民国丛书》第三编39);1977年2月牧童出版社、2004年11月中国人民大学出版社、2010年1月岳麓书社,出版了单行本;2020年,入编河海大学出版社出版的《大师讲座·学术经典》系列丛书,易名为《陈序经讲中国文化的出路》,仅收录正文第一章至第七章。《东西文化观》据《岭南学报》1936年7月第5卷第1期、8月第5卷第2期、12月第5卷第3—4期校订;牧童出版社于1976年8月、中国人民大学出版社于2004年11月出版了单行本。1998年6月,浙江人民出版社出版《陈序经学术论著》,收录《中国文化的出路》和《东西文化观》。《南北文化观》据1934年5月《岭南学报》(第3卷第3期)校订;牧童出版社于1976年8月出版了单行本。

本卷目录

中国文化的出路 ………………………………………………………… 1

东西文化观 ……………………………………………………………… 85

南北文化观 ……………………………………………………………… 213

中国文化的出路

为
家严继美先生
六旬寿辰而作

目 录

序 ·· 4

代 序 ·· 6

绪 言 ·· 8

第一章 文化的根本观念（上）① ··· 9

第二章 文化的根本观念（下） ··· 19

第三章 折衷办法的派别 ·· 29

第四章 复古办法的观察 ·· 40

第五章 全盘西化的理由 ·· 51

第六章 近代文化的主力 ·· 62

第七章 南北文化的真谛 ·· 72

---

① 编注：原书未分（上）（下），为便于区分，编者整理时添加。

序

序经先生这回把中国人这三四十年来经过很大的辩争的"欧化"问题，造成一部有系统和批评的研究的著作；凡是关心这问题的人们，想无不感觉喜跃地欢迎。

大概无论中国人或外国人，一临到东西文化问题的讨论，他们的论据，很难免去主观和成见的成分——像在这书里被批评过的许多随随便便意见的结论，但序经先生在这书里的努力，却是从批评的社会科学的立场下论断，使东西文化的问题，也渐进于严格科学的领域。我以为这本书的贡献，就在这里。

教室里的经验告诉我们，时至如今，还有许多青年同学们，对于今日中国必须要走欧化的活路的理由，尚常常发出有疑惑的质问。我们今后的答覆可以很简单的说："看看这本书就可以十分明白了！"所以这回劝序经先生将这书付印出版，因为我以为这本书，可以说是对于我们的问题，做了一个很好的理论的总结算。

本来中国的须要澈底欧化，早已过了理论的时代，遑言疑惑？自鸦片战争以来八九十年间，已成为一个中国的切身的实际问题，关系我们民族国家的治乱安危。我们过去欧化运动史上的"同治中兴"（一八六四），不如人家的"明治维新"（一八六八）的澈底，我们的曾李诸名臣，不及人家木户大久保等的开通，我们的士大夫阶级，不如人家武士阶级的坚决，我们的遗老遗少，亦无多量的对于新教化的兴趣。所以自从甲午以至到现在，不知吃了多少次亏，弄到今日我们的国家亦太不像样子了。

> 这虽广大而不得富强的中国，有发明而不能进步的中国，深于迷信而无信仰的中国，家法森严而风俗颓败的中国。（法人 Paul Valery 语）

她的问题岂非根本在文化上面么？她的病岂非在我们前人所叫做的"体"，而不在有无人家的"用"么？所以我们说除了形而上形而下地澈底欧化外，没有什么法子可以解决这个许久成为悬案的"中国问题"。

但是我们主张全盘接受欧化，当然要首先注重欧化的创造的方面的活动，如创造新文明、新经济、新国家、新制度、新教育学术、新艺术等，这亦可以叫做文化的正业；至于享乐和玩耍方面的欧化活动，乃文化的副业，当以正业的成功和进展为权衡。就是中国人不只要会坐汽车，还要会造汽车，不要一个人有数辆汽车，而还要多数人有公用汽车或电车的逻辑，这涵义也不妨临末提明。

卢观伟
二十一，三，三十，南大

代　　序

受颐二兄：

　　忍耐和勉强的静埋案首两个星期，现在也算做能把前信所允许的稿子，呈上你看了。从岭南到燕北，虽是长路悠悠，然我总能想到你看它时，免不得又要说道：序经你又来谈大题目了！但是我竟然出大题目来。我想大题目固不易做，小题目更是难写。三年来，我差不多每天都费过十多个钟头去研究主权能分论，不但是欧洲公园的瑞士，没有时间去领略，连了人家每月一次送来的 Staatsoper 的入场券，我也抽不出空暇来陪我妻去听听。至今稿子已积有两三尺，我也颇信对于这问题有了多少把握，然直到了现在，还是写不出来。我且恐怕再过了三年，也会还是写不出来！

　　然而这一次我竟冒昧的写出大题目来，这并非没有原因的。

　　第一，我在德时，无意中写了一篇约有万五千字左右的同这题目的文章，登在《社会学刊》。我写这篇文时，不外是信笔所之，没有什么可取的地方。但是回国以来，观伟兄再三要我印成单行本，给与学生们看看，以便了解我们对于东西文化的态度。我检阅一过，觉得尚须略为改变；无奈下笔后，好像难于自休；同时绝对没有去学人家著书立说、传之后世的志愿。但我终于写出一本七八万言的书来！我本来是糊里糊涂的写去。写完后翻阅一过，除了个人的观察持之甚力外，只觉得百孔千疮，配不上把来发表。然而寒假的空间，只是有两星期，开学后免不得为功课所缠。而且去年在欧时，呻吟于病院者数月，医生要我至少须静养年余，每日工作又不能超过六小时。假使要我再把这些稿子来抄一回，已是一件很不易的事，要我去搜集材料，来做有研究性质的文章，这是目前我决做不到的。

　　第二，东西文化的接触，已有了数百年的历史，但是国人对于这问题的研究，却是十余年来的事。片断的文章之发表于各处者，除了翻译者外，自著的并不算多。至于著之成书者，除了梁漱溟先生的《东西文化及其哲学》外，再也找不出来。然而梁先生不但是自己打了自己的嘴，他的结论，正和我们的见解，处于对峙的地位。梁先生的书出版到今，已有了十余年，这么长的时期内，竟没有人去写第二本，中国智识界的饥荒，一至于此！我未尝不觉到像我这样的门外汉，来做这么大的题目，是一件很不幸的事，然假使我而能"抛砖引玉"，也要算做不幸中之幸呵！

第三，我父亲今年正是俗人所说"甲子回头"。他六十年来的生活，太辛苦了！然他二十余年来，能备尝苦辛，来育我和教我，在叻、在穗、在沪、在美求学，他还觉得不够，而要我由美直赴欧洲，再做数年工夫。后来因二弟夭殇，由美返国。这时南洋生意已再维持不下，然他仍是努力，使我继续他的素愿。我在欧时，早想将比较有点心得的主权能分论，写成一册，来恭贺他的生日。但去岁因病返国，中辍不写，且听他说过：前数年所刊行的《现代主权论》一书，因为是英文，他连一句也不懂。我想旧式的庆祝，既非我所主张，亦非在中国今日赖"舌耕以糊口"的人所能为，假使把他个人的薄薪来替我做门面，不但他不喜欣，也非我所当为。我思量再四，迫得把这本书来做我的礼物去送给他。我想这些礼物，也许一文不值，但却是我半点努力的真东西；是我自己的东西，把来给与他，无论外人怎样鄙视，他总是肯受的。这个原因，差不多可以说是我把它来出版的最重要的动机。

我的文章的缺点，我的词句的芜杂，我的思想的紊乱，免不得要令你和观伟兄不满意。不过我的信仰和结论，却是你们所赞同的。其实，是你们的。我不过是拾了你们的余唾罢。假使万一这本书而有半点出版的价值，我是要格外感谢你们两位；要是没有出版的价值，那是我的领会不到，记性不好，弄错了你们的见解罢。

素芬曾费了不少的钟点来把这稿抄起来，她说用不着我去感谢她，因为这也许算做她对于家翁的寿辰的半点贡献呵！

弟经上
廿一年一月廿八夜

绪　言

研究所谓东西文化，而寻出一种办法以为中国文化前途计的人，大约不出下面三个派别：

（一）主张全盘接受西方文化的。

（二）主张复返中国固有文化的。

（三）主张折衷办法的。

本书的旨趣，是将这三派的意见，来做一个比较的研究，而寻出那一条途径，或是那一种办法，是我们今后所应当行的途径，或是所必需采行的办法。但是这个问题未讨论以前，我们应当对于文化本身上，有充分的了解；因为假使我们对于文化本身上尚没明白是什么，而去研究东西文化的问题，正像不懂哲学是什么，而要谈谈东西哲学的问题一样。

第一章　文化的根本观念（上）

一　文化与人类

人类是文化的动物。有了人类，必有文化。文化的历史和人类的历史，可以说是同时发生的。这一点自从比国的人类学家路杜氏（Rutot）等发见所谓前石器时代的遗石以后，一般人类学者，似没有怀疑的态度。但是有些人相信，人类曾经过一个没有文化的时期，在这个时期里，人类是一种爬树的动物而与其他的高等动物没有什么分别处。[①] 我们对于这种见解，是不能表同意的，因为若是人类是文化的动物，他必定有创造文化的能力；若有了创造文化的能力，则人类在最初的时期，无论其创造的文化如何简单，总不得谓其没有文化。并且所谓没有文化的人类的时期，不过是一种臆说，在历史上既找不到证据来，而在现在所生存的人类里，无论如何野蛮，如何不开化，也找不出是完全没文化的。

事实上，人之所以为人，是因为他有文化。但是人要是创造文化，他必然已经是人。要是他不是人，他决创造不出文化来。所以人之所以异于其他的动物者，也可以说是因为前者有了文化，后者没有文化。我们这样的去区别人类和其他的动物，也许会引起一般人的疑问。他们以为飞禽像鹦鹉，能学人类说话，鸡鸽能做十二音，狗能做十五音，角牛能做二十一音，猴子能做二十音。这种声音言语固然简单，然与人类的言语，只有程度上的差别，没有种类上的不同；因为一般普通的人类，若是没有受过教育，其所用的言语也不过三百字。[②] 言语是促进文化的原动力，而且是文化的特征，动物既有了言语，则动物不能说其没有文化，而人类和其他的动物的区别处，并不在于有文化和没有文化了。不但是言语非人类所独有，就从文化的他方面看去，动物也非完全没有的。比方：飞禽能做巢；猿能用木杖行路，能掷石及有刺的果实于其敌人的头上，又能用石打破有壳的果实。此外又如人猿能用树枝来造简单的住屋，均足以表示动物有创造文化的能力。所以他们的结论是：人类之所以异于动物者，决不能以有文化与否来做标准。

我们以为动物中像人猿等，只能做有情绪的呼喊，没有表示意思的言语。[③] 人类言语的发达，是赖于群居。换言之，群居为言语发达的重要条件。动物的群

[①] 比较 F. Müller-Lyer, *Phasen der Kultur*, 1908，第一册第二章。
[②] 参看 Müller-Lyer 同书同处。
[③] 参看 Yerkes 教授的 *Champanzee Intelligence and its Vocal Expression*，及 *Almost Human*。又 Ellwood 教授的近著 *Cultural Evolution: A Study of Social Origins and Development*, 1927, p. 5.

居能力是有的，而且群居是高等动物的普通现象，然动物终不能使其所发之音，成为有意想的表示，且不能像人类一样，因群居而使其情绪的呼喊，发达为复杂的言语，可知言语决非动物所有。同样，鹦鹉的学习说话，固然能说人类有意识的简单语句；然他们所模仿的语句，他们究竟是否知道其意义是什么，很是疑问。而且他们自己，既没有能力去创造言语，所谓他们能学习言语，恐怕不外是没有意识的模仿罢。赫德（Herder）说得好："言语是人类的所有物，而且是人类的权利，惟有人类，才有言语。"①

同样，动物像飞禽能做巢，及其他的高等动物能做简单的技艺及物品，大约不外出于所谓本能的动作，却非理性化的创造。所以他们所创造的东西，永远是没有法子去改变，没有法子去学习和模仿他种动物所创造的东西。因此，严格来说：文化乃是人类所独有的。②

文化固然是人类所独有的，但文化的发生及发展，必赖于人类的努力创造。设使人类而专靠着天然的生产供给，以维持其生活，不想努力去改变环境，则文化决不会产生和发展。所以文化的产生，及其发展的程度如何，是与人类是否能够努力，及其所努力的程度如何，成为正比例。人类所以要努力去创造文化的主因，大约是适应时代环境以满足其生活。因此，文化可以说是人类适应时境以满足其生活的努力的工具和结果。

人类因为有了创造文化的能力，他们也有了改变、保存，及模仿文化的能力。他们若觉得他们的文化有缺点，他们可以改变之。他们若觉得他们的文化，比他人的文化好得多，他们可以保存之。他们若觉得人家的文化比较他们自己的文化高一点，他们可以模仿之。

我们已说明人类是文化的创造者、改变者、保存者，及模仿者；但是这处所说的人类，究竟是多数的"人"，还是"个独的人"呢？人类学者像卫士来（Wissler）似以为文化的创造是赖于组成团体的众人，而非个独的个人。他说："人类学者对于个人在文化上的位置是很少注意的。"③ 社会学者像厄尔武德（Ellwood）、威尔理（Willey）及韩瑾斯（Hankins）也有同样的表示。④ 反之，哥田威士（Goldenweiser）似注重于个人方面。⑤ 我们以为团体在文化上的地位，固不可轻视，但个人在文化上的地位，却重要得多。因为所谓团体不外是个人的

---

① 参看 Ratzee 的 *Völkerkunde*，1885—1888 英文译本，*The History of Mankind*，1896，Vol. I，p. 30。

② 据 Ellwood 教授说："所有关于一切证明动物有文化的尝试，直到现在只有失败，没有成功。"参看他的 *Cultural Evolution*，p. 4，note. 3。

③ 看 C. Wisler，*Man and Culture*，pp. 281 ff。

④ Ellwood，*Cultural Evolution*，p. 10. Willey，*Society and its Cultural Heritage in An Introduction to Sociology*，edited by Davis and Barnes，p. 584. Hankins，*An Introduction to the Study of human Society*，p. 376.

⑤ 看 Goldenweiser，"Psychology and Culture," in *Publication of the American Sociological Society*，Vol. XIX（1925），pp. 15-23. 又 *American Anthropologist*，Vol. XIX，p. 447。

组合，而团体在文化上的地位如何，完全是赖于组成团体的个人。团体不外是个人联合的总名，其骨子还是在个人的身上。没有个人，决没团体。文化的产生既要赖于个人的努力创造，文化的发展也要赖个人的才能。这一点，就是主张团体比个人为重要像卫士来氏也非没有见到。他曾说过："个人与文化的关系，是要时时注意的，而特别是关于才能和创造文化的首领方面。"①

二 文化的基础

文化固然是人类的创造品，但文化也可以说是人类所创造的文化的基础。这句话骤观起来，好像是矛盾；但是细心的想想，却是很平常的道理。原来人类自生长到老死，差不多处处都是在文化里过他们的日子和生活。举凡一切衣食住动作等，都受了文化的影响。人类自生长到老死，对于这些的动作的方法、模型或样式，用不着件件事事由自己去发明或创造，以便自己的应用；因为这些日常的需要，差不多通通已有了预备，有了方法、模样。人类自己所需要者，不外是去学习已有的方法、模样。而且因为人类在少年的时候，受了社会、家庭的教育指导，他们在不知不觉中，受了社会所流行及历史所遗传的文化化。他们无意识的行前人或时人所已行的方法，做时人或前人所传下的东西，遵社会所已有的风俗、习惯、传说、信仰以及其他的生活方式。

因为他自小至大，已受了他们社会的文化的影响，他对于他自己所创造的新文化，也免不得要受这些旧文化或是已有的文化的影响。比方：一个中国的裁衣匠，在西洋文化与中国文化未接触以前，创造了一种新样的衣裳；这种衣裳，是和过去的衣裳的样子是不同的；然无论怎么不同，我们预料他决不会造出一种正如西洋人所穿的西装出来。他的样式，总不免得受过中国衣裳的样子的影响，也许是由中国衣裳的样子脱胎而来。因此我们可以说中国过去的衣裳的样式，是这位衣匠的新样的基础。同时他所造出的新样子，决不会离得这种基础太远。所以事实上，他所创造的新样子，其所异于过去的样子的地方，大约只有程度上的差异，而非种类上的不同。我们自然承认这种程度上的差异，若历时太久，结果也许使后人看之，判若二种不同种类的文化；然若详细的研究起来，则其嬗变的遗迹，瞭然可考，而所谓新种类的文化，也是基于过去的文化。

文化的发展，不但只基于文化本身上，而且有了心理及他种的基础。所谓文化的心理基础，学者的解释，各有不同。大概以为人类因为所谓本能、情绪、欲望、习惯、理性的差异，结果是影响到文化上。比方：某人于做某种东西的欲望，比较别人为专一及坚强，则其结果是，他在这件东西的成就上，必比他人为

---

① 看 Wisler, *Man and Culture*, pp. 281–282。又 Rotzel, *The History of Mankind*, Vol. I, p. 77。

胜。不但如此，上面所举出各种心理要素，因为各有不同，所以其所创造的文化也因之而异，一般主张本能存在的心理学家，指出人类某种文化是由于某种本能而来，比方团体的组织是基于群居，或社会性的本能。又如家庭的发生，是基于性的本能和为父母的本能。此外如同情的情绪，可以发生像慈善的机关及制度。畏惧的情绪，可以使一个人去找保护，因保护而生服从，因服从而生政治制度。同样：人类是有理性的动物，因为有了理性，所以能够征服他的环境，结果是产生出一切科学的发明和艺术等的创造。

文化又有所谓生物的基础。一般的生物学者，以为人类因为受遗传律的支配，所以人类所创造的文化，也受了遗传律的支配。把遗传律来做中心，而应用到人种上，遂发生所谓人种不平等说。这学说的大意是，文化之差异的主因，是由于血统种族及遗传的不同。人类的行为及思想，是依赖于其头脑的构造，而头脑的构造，是先天的。所以脑力的优劣是天生使然，脑力优越的人，其子孙世世也必优越。反之，脑力低劣的人，其子孙也必低劣。

因为聪明脑力是天赋的，所以某种族，若是生而优秀于他种族，则其所创造的文化，也必优秀于他种族。设使这种族能够代代相传其优秀天性，不同低劣的种族相混杂，则其在文化上所占的优越地位，也必能世世保存。

事实上现代学者相信这种学说的已不多了。原来文化的差异是基于人种遗传的不同的学说，不过是由于民族骄傲心，并没有实在的证据。文化的变迁和遗传的关系是很少的，文化可以日新月异，遗传仍可不变。所以我们觉得把人类天生优劣的学说来解释文化的异点，是靠不住的。

这样说起来，所谓文化的生物基础，岂不能成立了吗？是又不然。人类本来是生物之一，当然逃不出生物进化的原则，而人类的文化的进化，也不能逃出进化的例外。简单的说：文化是人类的创造品；人类既是生物之一种，则这种生物乃文化的基础是不言而知的。

从别方面看去，人类是靠着生物而生。设使没有了其他的生物——无论是植物或动物——恐怕人类本身也要绝灭，还说什么人类文化。德国有一位哲学家告诉我们道：mannist was er isst。这句话也许未必尽然，然人类的食品与人类文化，有了密切的关系，是没有疑问的。

除了文化的文化、心理、生物的基础外，还有文化的地理基础。所谓文化的地理基础，是包括气候、土壤、地球外形，如海洋、河流、山岭等。据一般的学者说：气候是与文化有密切的关系的，比方在热带居住的人，大约日趋软弱，而失其团体的能力。在北方寒带的人，富于耐劳而强健，其团体的组织，亦较完密。此外又如在寒带人所取以为娱乐游戏，像雪车，乃热带人所未有，均证明因气候之不同，致文化的差异。土壤的肥瘦与文化亦有关系。文化的发生多依赖于肥美的土壤。同样有大河流之地，多为文化的起源地。海洋对于文化的传播上，也很显明。反之,山岭为文化传播的室碍。比方:东西文化的接触,汉唐已开始,元朝版图跨驾欧亚,在传播欧亚文化上当有很好的效果;然事实上东西文化接触而发生影响于中国文化者,乃在明朝末年。其原因不外由于明以前的文化接触,是由于陆路。我们试读当时一般游记见其东来困难之多,当能思其文化传播之不易。明代则不然。在这时候,海道已通,商业的关系日密,而于文化传播上较易,结果是对于中国文化上,有莫大之影响,于此可知文化和地理的关系之切。

地理之影响于文化固然密切,但是在文化较为发达的社会,地理要素之影响较为薄弱。其最大的原因是文化的进步愈高,则人类对于征服天然的方法愈精密。在最冷的地方,人类可以用电火而使之热。在极热以〔的〕地方,人类可以设法使之凉。此外如苏彝士运河、巴拿马运河之开掘,均足以证明人类能去天然之阻隔,而对于文化的发展上有莫大之影响。

反之在文化较低的社会,人类对于征服自然的力量较弱,自然地理之影响于文化,较为利害。这种见解现代一般人类学者像哥田威士(Goldenweiser)及骆易(Lowie)们均承认。此外又有些人以为在文化较低的社会,地理要素之影响于文化是直接的,在文化较高的社会,其影响是间接的。

三 文化的成分

由地理、生物、心理及文化各种要素的影响,而形成某一社会的文化,我们可以叫做文化圈围。文化圈围是某一种文化的整个方面的表示,而别于他种文化圈围。她也可以叫做研究文化的单位,好像政治学上的政府,经济学上的财产,生物学上的生命,天文学上的天体。

每个文化圈围固是整个的表示,但她可以从二方面去观察:一方面是空间,一方面是时间。从空间看去,文化的特性是复杂的;从时间看去,文化的特性是变动的。因为了她是变动的,所以经过了悠久的时间,文化遂成为不少的层累。因为她是复杂的,所以在每一圈围的文化里,其所包含的成分也很多。因此我们想对于文化本身上得到充分的了解,不但是要明白形成文化的各种基础,还要知道文化的成分及其层累。

想明白文化的成分,及其层累,我们应当从文化的成分的分析,及文化地层的分类来研究。文化地层的分类的功用,是使我们了解文化发展的原则及其程序。文化成分的分析的功用,是使我们明白文化所包含的性质是什么及其关系的原则。我们现在先从文化成分的分析方面说。

著名的人类学者泰勒氏(Tylor)在其一八七一年所著的《原始文化》(*Primitive Culture*)一书里,劈头就说:"文化是一种复杂总体,包括智识、信仰、艺术、道德、法律、风俗以及人类在社会所得的一切能力与习惯。"泰勒氏这样的分析文化，学者有些采用，① 有些变用，② 其影响于后来学者甚大。

比较泰勒氏的分析为精密而详细的，是剌策耳氏（Ratzel）。剌策耳氏于一八八五年发表他的《人类学》（*Völkerkunde*），英译为《人类的历史》（*The History of Mankind*），把文化分为物质及智识方面的创造，而所谓物质和智识二方面的文化又可再分为下列诸类：③

（一）言语。

（二）宗教。

（三）科学和艺术。

（四）发明和发见。

（五）农业和畜牧。

（六）衣服和装饰。

（七）习惯。

（八）家庭与社会风俗。

（九）国家。

此外又如米勒赖儿（Müller-Lyer）于一九〇八年所发表的《文化的各方面观》（*Phasen der Kultur*）也以为文化所包含的，乃智识、能力、习惯、生活、物质上与精神上种种进步的成绩。近来人类学者对于文化成分的分析的研究，较为注意，而其分析最有威权的大约要算卫士来（Wissler）。卫士来氏的文化成分的分析见于他一九二三年所著的《人与文化》（*Man and Culture*）一书，他的分析包括下面九类：④

（一）语言（Speech）。

　　　言语（Languages）文字制度。

（二）物质的特质。

　　　（a）食物习惯。

　　　（b）住所。

　　　（c）运输与旅行。

　　　（d）服装。

---

① 看 Robert H. Lowie，*Culture and Ethnology*，1917。

② Willey 在他所著的 "Society and its Cultural Heritage"（in *An Introduction to Sociology*，edited by Davis Barnes，p. 513），以为泰勒氏的分析，并非不当，惟此缺点在于没有包括物质方面的文化。他因此遂略为更正如下："文化是复杂的总体，'包括物质、智识、信仰、艺术、道德、法律、风俗以及人类在社会所得的一切能力与习惯'。"又比较 Goldenweiser，*Early Civilization*，1923，p. 1。

③ 看剌策耳的《人类学》第一册第四节至第十三节，英译第一本二十页至一四一页。比较 Morgan，*Ancient Society*，p. 5。

④ 看《人与文化》第五章七四页。

　　　　（e）器皿用具等。
　　　　（f）武器。
　　　　（g）职业与工业。
　（三）艺术。
　　　　雕刻、描写、书画、音乐等。
　（四）神话与科学智识等。
　（五）宗教的动作。
　　　　（a）礼仪的形式。
　　　　（b）病人的看待。
　　　　（c）死亡的处理。
　（六）家庭与社会制度。
　　　　（a）婚姻的形式。
　　　　（b）亲戚关系的计算方法。
　　　　（c）遗产。
　　　　（d）社会管理。
　　　　（e）游戏与运动。
　（七）财产。
　　　　（a）不动产与动产。
　　　　（b）价值与交易的标准。
　　　　（c）贸易。
　（八）政府。
　　　　（a）政治的形式。
　　　　（b）司法及法律的手续。
　（九）战争。

　　卫士来氏这种分析，究竟是否明瞭，及是否妥当，我们这里不必讨论。不过我们若把这种分析和上面所举出刺策耳（Ratzel）的分析来比较，我们觉得二者在大体上是没有大分别的。刺策耳既承认文化的物质方面的重要，则卫士来氏所举第二项物质的特质当然包括在内。卫士来第七项财产虽不列入刺策耳的分析里，然在物质方面亦可包括。此外卫士来第九项战争于刺策耳氏列入国家项内。因此我们差不多可以说卫士来的文化成分的分析，是从刺策耳的分析脱胎而来。

　　把卫士来的分析计画以为根据而略以修改使比较的更为复杂的是韩瑾斯氏（Hankins）。韩瑾斯氏的分析是见于他一九二八年所著的《社会的研究绪论》中（页三九二至三九三）。现把来抄之于下：

　（一）言语与交通。
　　　　（a）姿势与标帜。

(b) 说话。
(c) 文字。

（二）实际智识与工艺。
(a) 食物。
(b) 衣服。
(c) 住所。
(d) 用具与使用法。
(e) 财产。
(f) 个人服务与职业。
(g) 交易。
(h) 运输。

（三）自然发生的团体及风习。
(a) 恋爱。
(b) 婚姻。
(c) 家庭。
(d) 血统关系的团体，以及他们的权利与义务。

（四）关于人与世界的理想与实际。
(a) 神话。
(b) 魔术。
(c) 神学及宗教的动作。
(d) 医药的信仰与实用。
(e) 科学的智识与实验的方法。

（五）围范个人关系的理想与实际。
(a) 举止与礼节的形式。
(b) 私德。
(c) 自由结合。
(d) 游戏与运动。

（六）围范公共方面的个人的关系的理想与实际。
(a) 伦理的风俗与制度。
(b) 司法的形式与制度。
(c) 政治的组织与制度。

（七）艺术与装饰。
(a) 个人的修饰。
(b) 画图、描写与雕刻。
(c) 音乐。

　　　　（d）建筑。
　　（八）战争与外交。

　　上面所举出几种文化成分的分析，据著者的意见，可以适合一切的幼稚或进步的文化。质言之，无论在那一个圈围内的文化，都包括这些文化的成分。其实文化成分的分析，不但是止于此，我们也可再做比较上面更为详细或简单的分析。不过我们这处所要明瞭的，并不是分析上的简明或详细，因为分析不过是我们为研究上便利起见而设，而且这种分析，总不免有多少的主观。结果是每一个人的分析，可以和别人的分析不相同。这个原因不外是因为文化本身上，像我们上面所说，是整个表示。分析是我们对于文化认识上一种权宜，文化本身上并没有这回事。文化的特性固然是复杂，然其所表现的各方面是互有密切的关系。其实精确的分析是一件不可能的事，这一点像分析较为详细的韩瑾氏也没有不承认。

　　我们现在可以设一个实例来说明。比方：宗教与艺术是二件不同的东西，然我们试看中世纪的艺术，我们只觉处处都是宗教化的艺术。结果是艺术成为宗教上的一种表示。同样，宗教和政治是二件不同的东西，然比方中世纪的国家，有些人说：简直不过是教会的警察厅。由此类推，文化的宗教方面，差不多和文化的其他方面都没有不互相关系。而且这种关系，是很密切的。

　　因为文化的各方面的关系是这样密切，所以一方面的波动，必影响到他方面。比方：有明中叶因欧亚海道已通，中外商业因而日盛，因通商而牵到宗教的输入。宗教的输入，在中国人的宗教上的影响固不待说，然因宗教的输入，又影响到中国人的科学智识。从此以后，所有一切的政治革命，及各种维新事业，没有一件不与通商上有多少关系。

　　因此我们可以知道文化的各方面不但是因为有了密切的关系，而致一方面的波动，常常影响到他方面。而且文化成分的分析，除了是我们为便利研究起见，她本身上是一个整个的东西。

　　分析是为研究的便利，所以分析的功用，不但使我们知道在文化圈围里的文化所包含的成分是什么，而且使我们知各种成分的互相关系。此外分析的功用，又可以使我们知道文化在时间上的发展的重心，而给我们在时间〈上〉得到一种比较的研究，比方我们说中世纪的文化重心是在宗教方面，但是我们于未懂中世纪的文化的重心是宗教以前，我们必先把文化来分析做政治、道德、宗教各方面。设使我们不把她来分析，我们怎能知道她的重心是宗教。所谓中世纪的文化重心是宗教，不外是说中世的政治道德各方面没有宗教这么要紧，并非说中世纪没有政治及其他方面的文化。而且所谓中世纪的重心是宗教，不外是把中世纪来和罗马时代的政治及法律和希腊时代的伦理重心来比较，而这种的比较也是赖于分析。此外我们要将空间上的不同圈围的文化，来做一种比较研究，而找出各圈围的重心所在，我们也要以分析为先提。

　　但是若照上面各家的文化成分的分析来看，这些文化的特质，即无论在幼稚或在比较进步的文化里，都可以找出来，则二种不同圈围的文化的差别，只有程度上的不同，而没有成分上的各异。比较进步的文化所以异于比较幼稚的文化，不外是因为前者复杂得多，后者较为简单罢。文化是人类所独有的东西，而且是人类适应时代环境以满足其生活的努力的工具和结果，所谓文明人固要生活，野蛮人也要生活。生活上的方式固甚多，然生活上所必要的条件，却有根本的相同。因为生活的根本条件相同，则为生活而努力的结果和工具，也必有根本上的相同。设使不是这样，那么文化分析家实在没有法子，去做出一个能够施诸所有的文化圈围的分析计画来。文化成分上的分析，在文化各种圈围的差别，既不能给我们以充分的了解，我们不能不再从其层累的分类上做工夫，而明瞭其程度上的差异。

第二章 文化的根本观念（下）

四① 文化的层累

最先把文化的层累来分类的人要算琉克理细阿（Lucretius，96—55 B. C.）。他把文化的层累分为三个阶级：一为石器时期。二为铜器时期。三为铁器时期。后人对于这种分类多不注意，一直到一八三四年，丹麦哥本哈根（Copenhagen）博物院的创办人汤姆臣（Thomsen）始再采用。此后人类学者像拉布克（Lubbock）在他所著的《史前时代》（*Pre-historic Times*, as illustruted by Ancient Remains, and the Manners and Customs of Modern Savages, 1865, pp. 2 - 4, 7th Ed, 1913）分为四个时期：（一）为古石器时代（Polaeolithic Period）。在这时代内，人类差不多同古象穴熊及他种已绝灭的动物一样。（二）为新石器时代（Stone age or Neolithic）。人类于这时期内用石为器具。（三）为铜器时代（Bronze age）。（四）为铁器时代（Iron age）。近代学者对于这种分类大体采纳，惟较为详细，比方：石器时代又分为下面三个时期：（1）石器时代的起源（Eolithic age）。（2）旧石器时代（Paleolithic age）。（3）新石器时代（Neolithic age）。同样每种分类之下，又可分为若干时代。比方：旧石器时代分为低级、中级及高级旧石器时代。

上面的分类大概注重于物质及器具方面，此外以思想为立脚点而分类者，最显著的要算法国的孔德（Comte）。孔德在他的《实证哲学》里把人类一切的智识思想分为三个阶级：（一）神学时代。（二）形而上学时代。（三）实证时代或科学时代。在神学时代里，又分为多神及一神时代。据孔德的意见，所有人类的智识的进步都要经过这三个时代。人类文化的高低，也可从此而判决。人类在最初的时代，以为一切现象都有神为之主宰，逐渐乃认识所谓自然法则等。最后乃用科学方法去解释一切现象。若把欧洲的文化史来做比例，则中世纪属于第一时代，十七八世纪属于第二时代，十九世纪逐渐趋到第三时代。

一八九六年，德国飞尔康特氏（Vierkandt）在他所著的《自然人民及文化人民》（*Natur Völker und Kultur Völker*）分人类为二种：一为自然人类，一为文化人类。他的分类的立脚点，也是注重思想方面。所谓自然的人类，就是以一切的风俗习惯的发展及存在是合乎自然的因果。他们以为一切的遗传及信仰、情绪、动作是自然而然的。这种自然的人类，照飞尔康特的意见，不但在文化较低的社

---

① 编注：原书错标此处序号标为"一"，编者更正为"四"。

会可以找出来，就是文化较为进步的社会里，也非没有的。比方：一个人在某种文化较高的社会里，他对于一切的动作制度、言语、衣服，都随着时势所趋，而不问及其所以然，这个人也可以叫做自然的人。由此类推，设使某一个人因为了他的父母是回教徒，他也入了回教，因为了父母是入了什么党，他也入了什么党，这种人也可以叫做自然的人。

文化的人类却不是这样。他们对于社会一切都取研究疑问选择的态度。他们决不会去做盲从的东西，他们也许跟从一般人的行为及动作，然他们所以跟从的原因，不是"人云亦云"，而是经过不少的思量。质言之，他们对于一切都用智力和理性去批评和判断。因此自然人和文化人的异点，不外是在于一者对于事物不问其所以然，一者注重理性和批评。

此外又像斯泰恩密斯（Steinmetz）（看 *L'Année Sociologique*, 1898—1899, p. 71）对于飞尔康特氏的分类大致赞同，惟前者却嫌后者的分类太过笼统。他因略为更改而分为四个时期：（一）原始人类完全依赖感官。他们对于不能知的东西，完全没有观念。他们差不多可以叫做感觉的人类（Sensationalists）。他们的思想的方法，比之人猿是没有差别的。这是人类文化的第一个阶级。（二）第二个阶级为神学时期。人类在这时期内，以为一切都有神来主使，用不着人类的强求，用不着他们的努力。（三）第三个阶级是系统时期。照斯泰恩密斯的意见，这时期包括神话及宗教的创造者、形而上学者等。（四）第四个阶级为批评时期。这时期和飞尔康特的文化的人类大致相同。

从经济的立脚点来分类文化层累，有李士特（List）、包斯（Bos）、春乃白（Schöueberg）及伊利（Ely）诸家。李士特分文化的层累为五个时期：（一）为游猎时期。（二）为牧畜时期。（三）为农业时期。（四）为农业兼制造时期（五）为农业兼制造与贸易时期（参看 List, *Das nationale System*, Gesch. Schr, Bd iii, p. 14）。伊利氏也分为五个时期，但稍异于李士特的分类。（一）为直接应用天然物产时期。（二）为牧畜时期。（三）为农业时期。（四）为手工艺时期。（五）为工业时期（看 Ely, *Outlines of Economics*, 4th, Ed. 1923, Chap. 3）。包斯氏却注重于工业方面，然大致与前二者没有大分别。他的文化层累的分类有四个时期：（一）为采集的工业，动植物及矿产的采集及游猎捕鱼均属此时期。（二）为生产的工业，像农业牧畜。（三）为变形式的工业。像手工制造。（四）为运输的工业。商业属于这类。春乃白氏分为六个阶级：（一）为游猎。（二）为捕鱼。（三）为畜牧及游牧。（四）为安居或纯粹农业。（五）为手工或贸易。（六）为制造。最近韩瑾斯氏（Hankins）在他所著的《社会研究绪论》里（看页二一一）分文化层累为三个阶级：（一）为直接应用天然所供给的物产。人类在这阶级里是没有目的的努力，以增加其生产的来源。（二）为有意识的培养。种植畜牧属于这阶级。（三）为有目的的利用。这就是人类有目的的去做有组织的研究，以使能预知其将来所得的结果。

比上面的分类为详细而其立脚点不但从文化的一方面的要算摩尔根（Morgan）氏的分类。摩尔根氏于一八七七年刊行他的《原始社会》（*Ancient Society or Researches in the Lines of human Progress from Savagery through Barbarism to Civilization*）。摩尔根在他这本书的第一章里将文化的层累分为三级：第一级为未开化时期（Savagery）。第二级为半开化时期（Barbarism）。第三级为文明时期（Civilization）。氏又将第一级和第二级再分为低级、中级及高级三种，并说明每级的特点。到了一八九八年，色什兰氏（Sutherland）著《道德本能的起源及生长》（*Origin and Growth of Moral Instinct*）遂采纳摩尔根的分类并加以更改。色什兰分为四个阶级：第一、二级和摩尔根大致一样。第三级也为文明的时期，不过这时期又分为三级，就是低级、中级及高级的文明时期，第四级是叫做 Cultured Stage（文化时期）。Ellwood 也采纳色什兰的分类，惟对于第四时期却有点不同（看 Ellwood, *Cultural Evolution*, Chap. Ⅱ，特别页三十注十二）。

一九〇八年，米勒赖儿在他所著的《文化面面观》（*Phasen der Kultur*）也分文化层累为四时期。从第一期至第三期，差不多和色什兰没有大异，惟第四时期米勒赖儿叫做社会化时期。这时期的特点，据著者云是女子工作的分工（看该书四卷三章）。到了一九一五年海夷史（Hayes）教授刊行《社会学研究序论》（*Introduction to the Study of Sociology*），又将色什兰的分类略为更改，而分为四时期。从第一时期到第三时期，海夷史完全照色什兰的分类，惟第四时期里海夷史又分为低级、中级、及高级的文化的时期。我们现将海夷史及色什兰的分类列之于下。

（一）未开化时期。人类以自然野产之物为食物，他们常常散居于小社会。他们一生都为食物而奋斗。

（1）未开化时期的低级。低级文化的人类，身材极短，腹大而腿细长，发乱白而鼻平。每家有十人至四十人聚处，迁徙没有一定的住所。仅略蔽其体，头脑很小。例如南非洲之住于丛林里的人（Bushmen）。

（2）中级的未开化人的体格略如常人，只能找避风雨的地方居住。已晓得用衣服，但男女仍大半裸体。已用小舟，及石或木做武器。每族有五十人至二百人，但没有阶级与社会组织。其法律就是本族的习例。如他斯马利亚人（Tasmanians）。

（3）高级的未开化人常有住所，惟住所多为皮帐。常穿衣服，然两性裸体也不少。以石、骨、铜为较美的武器。合一百人到五百人为部落，随时可迁移。社会的阶级已发生，首领的威权不甚确定。生活秩序的维持是赖于部落的习惯。例如南美的土人。

（二）半开化时期。这时期的人对于自然界的生产力已经稍能操纵。农业和畜牧很发达。但各家族各努力于其所需，没有分业的现象。但食物既丰富，年间分配又甚均，科学与艺术已萌芽。

（1）半开化时期的低级。住所大概已固定，有村落。除了热天，大约总穿衣服。女子裸体的很少。陶器也能造。好的独木舟，器具多用石、木、骨等。所居的四围地方用以耕种。商业渐渐萌芽。社会中有确定的阶级，这种阶级是由战功而来。已有政府，由首领依据遗传的法律以治理。部落一千人至五千人。已不常迁移——但可以和他部落联为较大的联盟。例如美国的伊屡苦哀人（Iroquois）。

（2）中级的半开化人有很好及久长的居所。其住所或木制或茅制。已有市镇。能制较美的衣服，但也不以裸体为不雅。陶业、织业、金属工作都有相当的发展。商业已入初级。通用钱。有正式市场。结合为国家。有十万人。有数王，但没有权。旧传的法典势力很大。等级观念更明瞭。等级的获得有由个人战功，有由家庭战功。例如菲洲之黑人。

（3）高级的半开化人能造石屋。平常生活必须穿衣。纺织为女人常业。铁器和金属工作大进步。铸铁。能作小舟，但只能用桨推行。有公认的法庭和粗疏的法律。人民有五十万，统隶于一王之下。初有文字。等级成为世袭的，分工已渐发达。例如爪哇人。

（三）文明时期。分业愈细，合作之力愈大，因而得到食物和必需品也便加容易。社会的种种功用大为变化，但因此而互相依赖更为明显。艺术和科学也着实发展。

（1）文明时期的低级。有城围以石垣。有很好结构精美的石头建筑。用犁。战事有人专任。文字具备。法律粗粗见于文字。正式法庭成立。且有文学。例如西藏①人。

（2）中级文明人的寺庙和富人的房屋都以砖石筑成，颇美丽。始用玻璃窗。商业推广。船用帆。文字渐普及。抄本书籍流传甚广。对于青年始有文字教育，战事成为纯粹的特殊职业，法律列为条文，始有律师。例如暹罗人。

（3）高级文明人的住所，普通以石筑成，铺道路，有运河、水车、风车等。有科学的航海术，用大烟囱。文字为普通技能。抄本书大行。文学很进步。有几千万人。有强力的中央政府。法典写成条文，由官府刊行。有精致的法庭。政府官吏很多。等级分明。例如中国人。

（四）文化时期。

（1）文化时期的低级。（a）生产问题大致解决。（b）人力替天然组织的效力增加，民众便有闲力去培植精神及审美的能力，普及教育为公认的标准。（c）

---

① 编注：西藏自古就是中国神圣领土不可分割的一部分，是中国藏族主要聚居区之一。此处作者从文化表征上进行学术阐释，读者当明辨之。

勇武非最高成功标准，社会上最高的阶级和负盛名的，多是有钱的，或对于科学、艺术、文学、政治等有大贡献的人。（d）普通教育及印刷很发展，可以造成和表现多数人明白的舆论，结果促成民治。法律由人民代表制定。（e）国家所努力不限于军事和经济事业，对于科学艺术之增进和传播，都特别注意。例如现在最进步的国家。

（2）中级的文化人。（a）的分配问题大致解决，衣食住都很适意。（b）普及的自由教育（以养成对于世界和人类有概括的瞭解的人格为主）。（c）间有战争，但大家都讨厌这事，和我们现在讨厌个人间的吵闹一样。各国合力限制军备，成为世界政策。（d）多财非大成功。关于经济事业有所发明，或创设有效力的组织，或用有效力的方法管理大规模的经济事业，那才算真正的经济的成功。这种成功和政治的成功有同等的价值。商业的成就乃以货物或劳力的生产率为标准，不以经理人所得的利益为标准。（e）这不过是就现状而推测将来的趋势，详细的叙述变为走入预料之途。其实要达这时期，恐怕也要好多世纪罢。

（3）高级的文化时期。将来是不能预料的。也许一二千年后会到这时期。也许到了这时，因为了科学以及公众的救济的动作的组织的进步，及普及对于疾病及体格的缺点能够征服，不康健的人变为例外。所有的进步都为世所知。虽然因为地理环境的差异而致生活的适应上不同。生活上的分歧，也许要成为世界所崇尊。为了这样，各种民众有意识的去发展其特殊的技艺及动作，而成为世界的分工，以实行文化的生活。

我们其实还可以把文化的层累做为较详细的分类，而且各家的分类也不止此。但上面所举出几种，已觉得无限的繁杂，同时也可以使我们对于文化演进的程序得个大概。我们无论是否赞成上面的文化层累的分类，我们总要承认文化确有高低之分。他的演进的程序，是由低而高。而其演进的原则，是由纷乱浑漠的形态而变为明确特殊的形态，由简单而变为复杂，由少数部分和漫散的结合而变为多数部分和明确的结合。

然而我们这样的结论也许有人提出抗议。比方有名的人类学者哥田威士（Goldenweiser）告诉我们道："照我看起来在科学的历史上，文化演进的学说要算作最癫狂最有害最无实的学说了！——她正像一个很无用的玩具给一个很大的童子来娱乐罢。"（看 Goldenweiser, "Cultural Anthropology" in Barnes' *The History and Prospects of the Social Sciences*）其实这种见解是为大多数的学者所不赞同的，卫士来（Wissler）就是一例（看氏 *Man and Culture*, p. 212, 又 Malinowski Article, "Anthropology" in *Encyclopedia Britannica*, 13Ed. p. 133）。文化是时时变化的，而且是时时是演进的。她的变化和演进，恐怕无论比什么现象的变化和演进都较为显明呵。

文化是演进的。演进是由于变化。变化有渐变、突变的分别。因为了突变，所以在某种地层较低的文化的人类，可以不必经过人家已经的阶级，而直接能模仿人家已达的最高阶级。渐变的文化则有一种继续不断的痕迹，班班可考。白芝浩氏（Bagehot）在其所著的《物理与政治》（*Physics and Politics*, p. 8）里说："文化的细胞因为有了一种继续力，使代代相连。后代将前代之所遗，加以改革，如此类推，累进无已。所以文化并非像一般没有关连的散点，而像一线不断的颜色，互相掩映。"因为她有连续性，所以严格和精确的文化层累的分类，正像一种严格和精确的文化成分的分析是一件不可能的事。

但是文化既是演进的，则文化层累之存在，当无可疑。既有了文化层累，则层累的分类，也为研究文化及明瞭文化的高低，所不可无的条件。我们应当承认在同一时间的文化地层中，可以有了各种高低不同的文化。这各种文化若已经互相接触，则其趋势及结果，我们于下面的文化接触段内，当详细讨论。设若各种高低不同的文化没有接触，则所谓各种高低不同的文化，各有其圈围。其实空间上，这里是没有高低之分。因为高低是由比较而来。空间的圈围既没有接触，安有比较。而这处所谓高低只有在某一圈围内的时间上的高低，以及历史上一种已成陈迹的高低。

从文化的成分的分析方面看去，在同一时间的地层及同一文化圈围里，无论文化的那方面都不能离得这种文化地层太高。因为在同一地层的文化的各方面，都受这地层的限制。比方：我们说二百年前广东人所造的手车或别种车，也许和北方人所造的手车或别种车，在模样上及所用的材料种种都有不少的差异处。也许北方的车比较好一点，南方的车比较舒服得多。然我们可以断定的是，无论是北方人或是广东人，决不会造出汽车来。不但是没有汽车，就是一切的自动机器都是没有的。

五　一致与和谐

我们已将文化圈围的空间方面及时间方面，及空间上的文化成分的分析及时间上的层累的分类叙述。分析和分类，均为我们利便研究起见；文化本身在空间上既没有分析这回事，在时间上也没有法子去做明确的分类。事实上，所谓空间和时间方面的分开来说，也不外为了研究上便利起见。文化本身上也没有空间和时间上的分别。每一时间上的文化，都有其空间。同样每一空间上的文化，都包含时间。为了这个原故，所以我们说在每一圈围的文化，都是整个的表示。但是所谓整个的表示并非指明"惟一"或"独一"，而是一致与和谐。其原因是因为创造文化的"人"，并非独一或惟一的人，而是普通的人，或是多数的个人。所以我们要明白文化的一致与和谐的道理，我们应当从创造文化的单位的个人来说。

人是处处相同的，而且是处处相异的。这种相同和相异的特性，骤看起来，好像是自相矛盾，但是仔细的去思量，也是一件极平常的事。所谓社会文化的创造及发展，也是全赖于这二种特性。人与人所以能够联合而为社会或团体，不但只是因为他们有了相同处，或是社会性，也许是因为他们的相异处，或个特性。有了相同性，他们能够起同情心而合作；有了相异性，他们可以互相利用而分工。所以相同和相异都可以叫做他们联合而成社会团体的主因。

因为了他们的相同性，所以某一个人所能够做或所喜欣去做的东西，别人也能够做或喜欣去做。因为了相异性，所以某一个人所能够做或所喜欣去做的东西，未必为他人所能够做或所喜欣去做。设使在某一社会或团体里，人人对于适应时境以满足他们的生活的努力的工具和团结是同样，那么这社会或团体的文化，是成了一致。设使他们循着各人的异处去做，而成为互相利用的分工，那么这个社会或团体的文化，从个体方面看去，固是各异，但从全部看去，却是和谐。

但是人是处处相异，而且是处处相同的。因为了相同，所以不但他们能够做相同的东西，而且需要相同的东西。同时因为了相异，有些人所需要的东西，要赖于别人去做，所以共同和各异既可在同一的文化圈围存在，则一致与和谐也可以在同一的文化圈围内，双双并立，双双需要。

从文化的空间上的成分的分析来看，一致与和谐也是双双并立和需要。我们已说过，文化的空间的特性是复杂。她包含了分析不尽的成分。每种成分都有每种成分的特性，不过文化本身上，既没有分析这回事，同时她又不是一个绝对的整个的数的表现，而是像由无数乐器联合奏出的一种音调。这种音调是和谐的。所以从文化的各方面的不同而有连带的关系方面看去，文化是和谐的。但是因为文化的各方面有时都是人人所需要的，从这方面看去，她却可以叫做一致。

空间上的和谐和一致固如此，时间上也有和谐与一致。其实所谓和谐与一致双双并立，已包含了时间。时间上的一致与和谐，不但是双双并立，而且有先后之分。这一点法国的有名学者基佐（Guizot）在其所著的《文化史》里（第二讲第二及第三节），已经说得颇明白。他的大意是：

> 设使我们看看欧洲过去的文化，或是过去的罗马和希腊，以及亚洲及他处的文化，我们免不得要觉到他们总是有一致的特性。每种都好像是从一种事实或一种观念发生出来。我们差不多可以说每种社会都是受制于一种原则之下，而这种原则是一种流行的原则，而为一切的制度、习俗、意见，以及一切的发展的基础。
>
> 但是现代的欧洲的文化则不然。我们放眼一看，我们立刻觉到她的分歧，她的混杂，她的骚乱。社会组织所应有的原则，都可以在这里发现。所谓一切的威权，无论是精神的、世俗的、专制的、共和的；所有的各种社会

及社会的情境，都在这里浑混而可以发见，以及一切的自由财富与势力的等级。这种复杂的势力、威权、制度，各相争竞，然没有一种足以征服他种而成为唯一的统治原则。在过去所有的团体，都筑在一种的模型上，有时他是专制，有时是神权，有时是民治，每种都为每一时期里的统治原则，而绝对的统治某种社会。但在现在的欧洲，则种种制度都应有尽有于同一时代。各异固是显明，然他们却非完全没有相同之点。其实他们的类同处，是不能错过的，因为这种类同，则所以造成欧洲之所以为欧洲。

照基佐的意见，欧洲文化的发展，是从一致而至和谐。我们上面已说过，文化的演化是由简单而变为复杂，因为了简单，所以易趋于一致；因为复杂，才有和谐。所以基佐的解释也有见地。可是这种由一致而至和谐的发展，只能当做一种相对的真理，却非绝对的原则。因为在古代的文化里，也可以找出因各异而和谐；在现在的文化里，也可以找出因相同而一致。不过若把文化发展的层累的全部来看，则其由一致而和谐的趋向也是很显明的。

我们上面所解释的文化的一致与和谐，是在同一圈围的文化。设使有了二个圈围文化，接触起来，其结果与趋势是怎么样呢？我们的回答是：他们的结果和趋向也是一致的，或和谐的，或是一致与和谐。要明白文化圈围的接触而趋于一致或和谐，我们当对于文化圈围接触的各方面，都有相当的了解。

文化的接触大约有下面三种的可能：

（1）二种完全相同的文化。
（2）二种完全相异的文化。
（3）二种有同有异的文化。

照第一种来看，二种文化若是完全相同，一经接触，其结果和趋势，必定一致。照第二种来看，二种文化若完全不同，则接触以后，其结果是趋向于和谐。照第三种来看，二种有同有不同的文化接触起来，其结果是趋于一致与和谐，我们现将其公式列之于下：

（1）二种完全相同的文化相接触→一致。
（2）二种完全相异的文化相接触→和谐。
（3）二种同异兼有的文化相接触→一致与和谐。

这种假定完全是基于程度相等的文化。所谓程度相等的标准，颇难指明，但其大概可略举于下：

（1）在文化层累的演进上必须处于同等的阶级。
（2）在文化发展的趋向上必需适合。
（3）他们必需能够适合接触以后的新时代及新环境。

我们上面所假设的文化接触，只限于二种。设使二种以上的文化接触起来，其结果也是趋于一致与和谐。同时我们要承认在这二种或二种以上的文化从接触后而到一致或和谐的地位，必经过一个过渡的时代。过渡时代的延长，也许很短，也许很长。设使二种文化的程度以及一切的需要条件偶然完全相同，那么过渡的时期也许很短。他们一经接触，就能趋于一致。设使这种文化有同也有异，那么接触后必经过相当的时期始能一致与和谐。设使他们是完全各异，那么要到和谐的地位也许很长。

二种完全不同或有异有同的文化，在过渡时代，有时好像是平行的。不过他们的平行，不外是文化变换中一个过程。他的目的结果及趋势，总是朝向到和谐的途上。因为了这个原故，所以接触以后，他们无论任何一方，都不能独立生存。因为接触一经发生，立成了一种新局势、新要求、新趋向。他们在过渡时期虽然好像双双并立，其实是双双必需。甲种文化固不能说她单独能够适应这新时代、环境、趋向的要求，乙种文化也不能这样的说。因为二种都是二方面所必需的共同品。

若是我们上面所说的话是不错，那么所谓"保存固有"文化这句话，无论在文化发展的理论上、目的上及其趋势上，都是不通的。因为时代环境一变，则他们惟有一个共同的文化，并没有所谓"固有"，更没有所谓"保存固有"。若是甲方要说他要保存他的固有文化，那么乙方就不要这部分吗？若是乙方说他要保存他的固有文化，那么甲方就不能享受吗？因为一方的保存固有，是别方的欠缺。其结果是欠缺方面，不能适应新时境和趋势的要求。

自然的，甲乙二种文化接触以后，甲固然可以说在这新时境所要求的文化当中，某一种是他的固有，乙方面也可以这样说。但是这处所说的固有，不过是历史上的回顾及陈迹，她并不是这新时境所需要的。因为这新时境所需要的，是一种共同和谐的文化。

我们上面所说的和谐文化，是程度相等而时代环境趋向所容许二者合而为一的文化。设使因为程度上的差异，而时代及环境所要求的文化是甲种文化，那么其接触的结果，是怎么样呢？我们的回答是：乙种文化不能适应于这时境，而逐渐的成为文化层累里的一层。这种接触也有他的过渡时代，在过渡时代里乙种文化和甲种文化——特别是从乙方面看去——也好像有二种文化平行并立，但是从文化的目的和趋势上看去，他们并非平行，他们的关系是乙种逐渐的成为陈迹，甲种逐渐伸张而成为送旧迎新的时代。这个时代也许延长得很久，然她的趋势只有一致。

同样在这送旧迎新的时代，也没有所谓"保存固有"的文化的可能。因为在乙方面，保存既为时境趋势所不许；在甲方面他的固有，也变作普通所有，所以他也不能保存他的固有，结果正像我们上面所说的不同文化接触之后，而趋于一致或和谐。二者的合一的方法固不同，然他们的目的和趋向，却是一样。

我们已略将文化的发展及文化的性质说明。总而言之，在时间上，文化是变动无已的。在空间上，文化是连带关系的。因为变动，才有发展和演进。因为连带关系，所以才有一致或和谐。时间上的层累变换及堆积愈多，则其发展及演进必愈速。空间上的圈围愈放大，则其所趋于一致及和谐的圈围也愈大。在空间上，设使二种各异的社会的文化未曾接触，他们的发展也许各异；但是他们一经接触，则无论如何，他们总是趋于一致或和谐。在时间上，他们接触之时，或成为一致或和谐以后，若有第三种不同或同的文化来和他们接触，他们也是趋于一致或和谐。因此人类文化在时间上的发展与演进是与人类的生存的时间的延长上成为正比例；而人类文化在空间上的趋于一致或和谐的范围，也是和人类在空间中所扩充的圈围相等。我们总能记得过去所谓惟有神仙才能飞天缩地，所以惟有神仙始能造出飞天缩地的文化。我们也且记得，曾几何时我们以为中国就是世界，所以中国文化就是世界文化。这种观念，我们已觉是错误。其实我们现在所觉得比较飞天缩地为难做到的文化，恐怕不外是将来人所觉得在文化层累里已成陈迹的一层文化，而现在所谓世界的文化，恐怕也不外是将来人所谓宇宙文化的一小部分罢。

第三章　折衷办法的派别

我们现在可以从第三派——折衷派——说起。这一派虽然是调和复古和西化二派，她本身上却有不少的派别。我们因为篇幅所限，不能将这派所有的派别来做详细的叙述，现在仅将数种比较流行及比较重要者来说罢。

一　中学为体与西学为用

这一派的意义是"言人人殊"。有些人以为所谓中学为体西学为用，是把中学当作桌子，西学当作椅子。以桌为体，以椅为用。这样说法，简直没有什么意义。又有些人以为体是能力（Capacity），用是动作（Action）。更有些人以为体是机体（Organ），用是功用（Function）。这样说法固未尝没有道理，但是动作之于能力及功用之于机体，本来是分不开的东西。中西学术，各有其体，而且各有其用。其用之所依，在于其体。体之所表，在于其用。而且有其体必有其用，有其用必赖其体。今欲以二种不同之体，及其不同之用，颠倒配置，是无异欲用目以觉嗅味，而用鼻以视物。中西文化既是二件不同的东西，今欲采纳西方文化之用，而不要其体，正像是舍本而求末，断其源而取其流。这种意见的错误，是很显明而很易见的。①

中学为体西学为用，是三十年前一种最普遍的流行语。所以主张这派的人物，也是举不胜举。我觉得比较的说得透切，而且最有力量的，恐怕要算南皮张之洞。张氏对于这种主张最力的著作，是他的《劝学篇》。《劝学篇》是广布于光绪二十四年。篇头有下面一段谕批：

> 光绪二十四年，六月初七日，内阁奉上谕本日翰林院侍讲黄绍箕呈进张之洞所著《劝学篇》。据呈代奏一折，原书内外各篇，朕详加披览，持论平正通达，于学术人心，大有裨益。兹将所备副本四十部，由军机处颁发各省督抚学政各一部，俾得广为刊布，实力劝导，以重教化而杜卮言。钦此。

张之洞在当时本来是第一等名流疆吏，言论足以左右人心，自不待言，又得"圣旨"之奖励，其影响之大，可以想见。张氏著书之原因，据他自己在其序里说：

> 图救时者言新学，虑害道者守旧学，莫衷一是。旧者因噎而食废，新者

---

① 体用之说。也许是由宋儒像苏氏的道器脱胎而来（参看《朱子文集》里的"苏氏黄门解"），不过把体用以调和东西文化，与苏氏以道器来调和老子、孔子之学，相去之远真不止以道里计呵！

歧多而亡羊。旧者不知通，新者不知本；不知通则无应敌，制度之术，不知本则有薄名教之心。

其结果是：

> 夫如是则旧者愈病新，新者愈厌旧，交相为愈，而恢诡倾危，乱名改作之流，遂杂出其说，以荡众心。学者摇摇；中无所止，邪说暴行，横流天下；敌既至无以战，敌未至无以安；吾恐中国之祸，不在四海之外，而在九州之内矣。

因为了这个原故，所以不得不提倡"中学为体西学为用"去调和。《劝学篇》分内外两篇，内篇有九，外篇十五。内篇的旨趣是务本，外篇的旨趣是开风气。内外二篇的差异及其需要，正是暗合中学为体西学为用的差异，以及二者的需要。所谓中学，就是旧学。所谓西学，就是新学。"四书、五经、史事、政书、地图为旧学。西政、西艺、西史为新学。"（《学外篇第三》）张氏这样的去分别中学、西学，只有程度上的差异，没有种类上的差异。所以中学里的政书固宜学，西学里的政书也要学；结果是要新旧兼用，不使偏废。（《设学》）"知外不知中，谓之失心；知中不知外，谓之聋聩。"（《广译外篇第五》）

因为中学为内学，西学为外学，所以中学乃治身心的学，西学乃应世事之学（《会通外篇第十三》）。我们对于新旧中西内外之学，既不可偏废，我们为学者"不必尽索之于经文，而必无悖于经义。如其心圣人之心，行圣人之行，以孝弟忠信为德，以尊主庇民为政，虽朝运汽机，夕驰铁路，无害为圣人之徒也"（会通）。我们可以想到在当时一般守旧者，差不多样样都要依据经文而行；在经文里找不出的东西，均在排挤之列。汽机铁路是经文所不载，故应在排挤之类，所以曾纪泽之坐汽船返乡，不但是违经畔道，而且污辱家风。是在这样的环境里，稍有维新头脑的张之洞，免不得要发出不必尽索之于经文，而必无悖于经义的言论。若把张氏的言论推衍起来，则一切东西，中国都可采用，只要这些东西和中国固有的文化没有针对的冲突。

但是若要从西洋输过来的文化，不要和中国的文化相背驰，则中国文化，不但只有存在的必要，而且是为采纳西洋文化的标准。假使这些文化，是和中国的文化有背驰处，则宁可弃西学而留中学。因为这样的原故，中学仍当为本，而西学为末，而在求学的循序上，也应以中学为先，西学为后。他在《内篇·循序第七》里说：

> 今日学者，必先通经以明吾中国先圣先师立教之旨；考史以识吾中国历史之治乱，九州之风俗；涉猎子集以通我中国之学术文章；然后择西学之可以补吾阙者用之；西政之可以起吾疾者取之。斯有其益，而无其害。如养生者，先有谷气而后可饫庶羞；疗病者先审藏府而后可施药石；西学必先由中

学，亦犹是矣。

但是南皮又说："今欲强中国，存中学，不得不讲西学。"照他的意见，西学是不可不讲的；不讲西学，则中国弱；中国弱，则必至于亡；中国亡则中学也必随之而亡。所以不但为中国强盛计，不得不讲西学，而且为保存中学计，也不得不讲西学。所以中学为体西学为用，是二件缺一不成的东西。一者虽是本，一者虽是末，然无本固没有末，然若没有末——西学——照张南皮的逻辑来说，也恐没有本。中学固不可无，而且要先学，然为保存中学计，西学是不可不讲的。

上面是将张氏的中学为体西学为用的理论解释。本来这种理论，现在已没有人去相信，它已成了历史上一种陈迹。不过因为它在当时的确是"金科玉律""不刊之言"；而且因为它影响到后来的折衷派的力量很大，以及它的缺点的所在，好像没有经过详细和充分的指摘，所以我们不妨将它的错误处，略为叙述。

第一，一般用"中学""西学"这名词，虽然所包含很广，然他们所谓西学，不外是西政和西艺；而所谓西政、西艺，又不外像张之洞所说"学校、地理、度支、赋税、武备、律例、劝工、商工，西政也；算、绘、矿、医、声、光、化、电，西艺也"。他们绝不想到西洋人，除上面各种学外还有他种学。梁启超曾说过："当时之人，绝不承认欧美人除能制造，能测量，能驾驶，能操练之外，更有其他学问；而在其译出西书中求之，亦确无他种学问可见。"其实张之洞已见得西艺之外，还有西政，然除此以外，一切的西洋哲学，人生观，社会观，以及其促成西洋文化的原动力，他们却不但不注意，简直不知其存在。同样，所谓中学也正如上面所说，也不外是指四书、五经、史事、政书、地图等。所以他们所谓学固然是想包含一切，而等于文化的全部，或是占了文化的重要部分，然因为其所谓学的范围既只知其一，而不知其二，结果他们对于西学究竟是什么，没有充分的了解。他们对于西学本身既没有充分的了解，而高谈东西学的优劣，以及东西学的异同，以为调和东西文化的张本，这正是舍本而求末。

第二，学固有新旧之分，然没有东西、中外之分。质言之，学固有时间上的差异，而没有空间的不同。在中外未曾接触之前，我们既没有东西学的观念，则东西学不能成立。在中西接触以后，则其趋势及其结果若不是立趋于一致，则必趋于和谐，若不是趋于和谐，则必是一者逐渐伸张，一者逐渐为陈迹，而只有历史上或为研究而研究的价值，其结果终是一致。所以所谓中西学的真义，不外是新旧学。张之洞屡用"中西""中外""新旧"诸名词，而不指其分别，结果是把中学为旧学，西学为新学。我们以为旧学是旧时代的产儿，新学是新时代的产儿。张之洞也觉得西学乃救时应世之学。西学既是新时境的需要，则西学之讲求，必更甚于旧学。旧学之所以不能救时应世，就是因为他与新时境不能相容。换言之，就是根本上新旧学不能相容。以根本上不能相容的新旧学，而欲把来熔于一炉，这正像叫现代的欧洲各国，仍要受制于中世纪的教皇之下，何况我们还要以旧学为主西学为用？

第三，我们上面已说过：有其体，必有其用。有其用，必依其体，中学有中学的体，西学有西学的体。中学有中学之用，西学也有西学之用。惟有中学的体，才生出中学的用。惟有西学的体，才有西学的用。反过来说：就是中学的用，是完全建立在中学的体上。西学的用，完全建立在西学的体上。西学的用之所以异于中学的用，是因为西学的体，是异于中学的体。比方：听是用，耳是体；看是用，目是体；耳的用所以异于目的用，就是因为耳的体，是异于目的体；今因为了耳聋，而欲以目的视的功用去配到耳的体上，怎能配得？同样，他们既承认了中西学的不同处，则中西学的体用，也必有不同之处；今欲存中学之体，而取西学之用；去中学之用，而舍西学之体，其愚昧之甚，和欲以目之用，而配于耳之体，相去几何？其实体用是二而一，一而二的东西，要是中学只有了体，而没有用，那么中学已成了废物。至多只能把它来作古董来玩玩，至多只能当做为学而研究的学罢。

最后，张之洞还有一种错误，就是养成为学不澈底与浮夸的风气。梁启超氏每每自责其对于晚清学术负有这种错误的责任。其实张之洞的责任还在梁氏之上。然这种错误，也是由于他的中学为体西学为用的理论发生出来。他见不到学有专科，而劝人去就其所欲之科以求精，而把学来分为中西，同时又感觉到"不讲新学，则势不行，兼讲旧学，则力不给"的困难，结果是劝人中西兼学，而其实是弄成中西兼缺。总之，他心目中的学者，是要万无不能。他却不知道所谓无一不能，就是一无所能。

因为了要学兼中西，所以劝人"不必以殚见洽闻为贤"。同样他见得西文难于东文（日文），所以他又劝人读西文不如读东文；译西书不如译东书。我想晚清以来，西洋文化之介绍于中国以留日学生之功劳最大，大约是由乎张氏之赐。然因此之故，中国之所谓西化，乃是间接，而非直接。梁启超在其所著《清代学术概论》里（一六二——一六三页）说：

> 晚清西洋思想之运动最大不幸者，一事焉。盖西洋留学生殆全体未尝参加于此运动。运动之原动力，及其中坚，乃在不通西洋语言文字之人，坐此为能力所限，而稗贩、破碎、笼统、肤浅、错误诸弊，皆不能免。故运动垂二十年，卒不能得一健实之基础，旋起旋落，为社会所轻视，就此点论，则畴昔之西洋留学生，深有负于国家也。

其实梁氏所责备于留学者，正是张氏所盼望于他们。其原因就是因为他要以中学为体西学为用。他忘记了学问的门类到这么多，能够专精支流百出的西学中一件，已是不容易事，何况要学贯东西。他忘记了直接去学西学尚恐不能窥其全豹，何况从日本人手中所得来的西学。他更忘记了日本人既能直接去学西学，中国人安有不能之理。自暴自弃，一至于此，学之浮夸，可以想见！

二　精神文化与物质文化

与主张"中学为体西学为用"有不少的关系，而又有其差异的折衷派，是所谓精神文化与物质文化。从历史上看去，这一派差不多是承前一派而继起的主张。这一派的人们已感觉到专把学来区别中西的一切，是不妥的；而且体用二字，既把来当作本末解，结果是表示一重一轻。因此，他们把范围较大的"文化"或"文明"二字来替学，同时把文化来分作二方面：——精神与物质——这二方面的关系，并不必是像体用或本末的分别，而是一种平衡的关系。质言之，文化是有二种的；一种是精神文化，一种是物质文化。主张这派的人们，告诉我们说：欧洲的文化是物质文化，而东方的文化是精神文化。他们承认我们目前所缺的是物质文化，所以西洋的物质文化是应当效尤的。但是精神文化呢？我中国却比较西洋为胜，所以我们对于我们的精神文明，是要特别去保存和发扬。欧洲大战以后，国人以为战争之罪恶和惨况，完全是由西洋人太注重于物质文化，他们不禁手舞足蹈起来叫道：

> 我们的可爱青年呵！——立正——开步走——大海对岸，那边有好几万万人，愁着物质文明破产，哀哀欲绝的喊救命，等着你来超拔他哩！我们在天的祖宗，三大圣，和好多前辈，眼巴巴盼望你完成他的事业，正正拿他的精神来加佑你哩。（看梁启超《欧游心影录》）

所以不但中国人要留存他的固有精神文化，他还要把这种固有的文化去供给欧洲人。他们的标语是：东西文化，是各有长短。所以将来的世界文化，是东西精神物质文化的调和。这一派的力量之大，在过去十余年中，的确不亚于从前的"中学为体西学为用"。他的信徒不但是包括国内名流，像梁启超先生一般，而且像印度泰谷尔、英国的罗素、美国的杜威也有相当的信仰。因为了欧洲的特殊的环境，以及这般言论界的领袖去领导和鼓吹，所以直到现在，他的势力还是布满天下，而言论之发见于报章者随处可指。

但是究竟什么是精神文化、什么是物质文化呢？明确的分别我们仍是不易找出；惟大概上，他们所谓精神文化，是指着道德哲理思想这方面，而物质文化是包含像机械建筑以及一切的实物。其实"文化"二字的意义，据一般人类学者所公认，是包含物质和精神二方面。刺策耳在他的《人类学》及米勒赖儿在他的《文化各方观》，以及差不多所有的人类学者，都承认这点。我们在文化的根本观念里所叙述各家的文化成分的分析，也是包括这二方面。这种文化成分的分析，据各家的意见均可以包括一切的文化圈围。换言之：就是无论那一个文化圈围里的文化，都有这些成分。

再从"文化"二字的语源来看，文化也是由精神、物质所组成。Culture 或德文 Kultur 一字，本由拉丁〈文〉Cultura 而来。而拉丁文 Cultura 一字，又出自 Cultus。Cultus 一字含有二种意义：一为 Cultus deorum，一为 Cultus Agri。前者包含拜祭神明之义，后者包含耕作土地之义。这二种意义，在原始社会本有密切的关系，不过因为文化的演进，是逐渐趋于复杂，而这二种意义的范围也因之而扩大。拜祭神明，遂包括一切的精神方面的动作，而耕作土地，遂包括一切物质上的动作。所以从语源上去考究，所谓文化并不专指精神或物质一方面，而是包括精神及物质二方面。

因为文化是指明精神与物质二方面，所以每个文化圈围，及整个文化，都含有这二方面。其实文化本身上，是没有精神物质之分。这种分别，不外是我们为研究上便利起见，正像一般的文化分析一样。所以精神文化和物质文化是二而一、一而二的东西。他们正像身体与灵魂一样。为研究的便利起见而分析则可，但是他本身上没有这样分析一回事。

设使我们上面所说的话尚不能给读者以充分的明了，我们从东西文化的实体上看去，则读者也必觉我们上面所说的话是不错。折衷派者告诉吾们道：东方文化是精神文化。其实东方的文化，何止是精神文化？东方像中国的丝绸缎纱、山珍海错、高楼大厦、长城运河，以及一切的物质方面的工具及成就，岂不是东方的物质文化吗？东方不只有精神文化，还有物质文化，东方的物质文化，在我们这时代看起来，虽是远比不上西方的物质文化，然四百年前的东方的物质文化，是怎么样呢？我们知道，马哥孛罗的游记在欧洲刊行以后，欧洲人正是惊讶中国物质文化之驾于欧洲。所以数百年前的欧洲人心目中所见得中国的文化，只是物质文化。火药、指南针、印刷版、丝布呵、园艺呵，是不是吾"物"其西呢？我想经过数十世受制于精神天国的欧洲人，见了这些东西，也许会说道东方只有物质文化，西方呢？却只有精神的文化。

东方的圣人现在又告诉我们道：西方只有物质文化。我想这话不但中世纪的欧洲人，会绝对不承认，而百思莫解；就是现在的欧洲人，也会惊讶起来问道："东方的圣人呵！你的文化解释是怎么样呵！我们不只有爱迪生、亨利福，还有卢梭、黑格儿。我们不单的有汽船、飞机，还有宗教、文学、哲学；试问你们所持以夸耀的精神文化的那一件，是我们所没有的呢？"

精神文化既非东方所专有，物质文化也非欧洲的独产。折衷派的智者也会说道：我们并非独断中国没有物质文化，欧洲没有精神文化；我们的见解是，欧洲偏重于物质文化，所以欧洲的物质文化比东方的物质文化优得多；中国偏重于精神文化，所以中国的精神文化较优于欧洲；我们的主张，是要把西方之长，以补东方之短；以东方之优去救西方之劣。

这样的理论是很好听的，不过好听未必适于实行。原来文化本身上，因为没有精神物质之分，所谓某种文化的物质方面，不外是精神方面的表现；而精神方面的表现，又必赖物质以为工具。欧洲的物质文化发达到这样，完全是赖于欧洲的精神文化。只有了科学上的发明及方法，才有科学上的果实。一间五十层楼的高厦，不单的靠着一桶桶的士敏土，还要靠着不少的思想和计划。一只五万吨的火轮船，不单只靠着一堆的钢铁，还要靠着不少的潜思冥索。所以一切的物质文化的进步，是要赖于精神文化的进步。我们一看了人家的物质的文化的程度，就可以明白人家的精神文化的程度。同样看了人家一本制造飞机和汽车的书，我们也可以推思人家的物质的文化是怎么样。这本书是精神文化之一，然这种精神文化，是要待物质文化来表明。设使这本造飞机的书，所描写造飞机的方法及途径，无论什么制造家照着这方法去做而不能造成一个飞机，或是造成而不能飞，则这本书的价值，也不能表现出来。根据了这些的道理，我们的结论是：欧洲的物质文化是由欧洲的精神文化而来。看了欧洲的精神文化，也可以知道欧洲的物质文化。东方的物质文化是由东方的精神文化而来，看了东方的物质文化也可以知道东方的精神文化。我们若是要西方的物质文化，我们不能不要西方的精神文化。我们若是要保存东方的精神文化，我们不能不保存东方的物质文化。然而保存固有，既是与文化接触的趋势的原则上不能相容，则其趋向的结果，正是和我们上面所说的相同。

退一步来说，就使物质文化与精神文化可以分开，我们能否把西洋的物质文化，来配上中国的精神的文化呢？我们的回答是否定的。所谓中国的精神文化，无非是一种简单物质生活的文化。所谓物质简单的生活的文化，并非没有物质文化，而是对于物质生活的复杂及发达上，加以否认。这种文化，是全由传统思想所垄断，而传统思想的代表最显明的，要算老子与孔子。老子的"五色令人目盲，五音令人耳聋，五味令人口爽"，以及他的"小国寡民，使有什伯之器而不用，使民重死而不远徙，虽有舟舆，无所乘之，虽有甲兵，无所陈之，使人复结绳而用之……"，均是这种精神文化的表示。孔子之所以赞赏颜回、夏禹，去食去兵而存信，"邦有道，谷；邦无道，谷；耻也"。也是同样的表示。所谓饿死事小，失节事大，均是由这种文化推衍而来。以这样的物质简单生活的精神文化，而欲与物质发达的西洋文化熔于一炉，水火何异？

三 静的文化与动的文化

这一派与上面所说的精神文化与物质文化，也有多少关系。主张这一派的人，多数也主张上面一派。他们以为物质文化之所以急进，由于欧洲人征服自然之力大。这种征服自然之力，就是动的表示，故叫做动的文化。反之，中国人因为顺乎自然，故自己不必用力去征服自然，而能于精神上得不少的安静，以成其静的文化。所以根本上东西文化之差异就是一则以动，一则以静。

主张这派的人们也很多印度的泰谷尔及很多西洋学者，国人像李大钊及《东方杂志》的记者伧父均极力鼓吹，下面二段言论就是这派的代表。

综而言之，则西洋社会为动的社会；我国社会为静的社会。由动的社会，发生动的文明；由静的社会，发生静的文明。两种文明，各现特殊之景趣与色彩；即动的文化，具都市的景趣，带繁复的色彩，而静的文明，具田野的景趣，带恬淡的色彩。吾人之幕西洋文明者，犹之农夫牧子，偶历都市，见车马之喧阗，货物之充积，士女之都丽，服御之豪侈，目眩神迷，欲置身其中以为乐；而不知彼都人士，方疾首蹙额，焦心苦虑，与子矛我盾之中，作出生入死之计乎。（伧父《静的文明与动的文明》）

今日立于东洋文明之地位观之，吾人之静的文明，精神的生活，已处于屈败之势。彼西洋之动的文明，物质的生活，虽就其自身之重累而言，不无趋于自杀之倾向；而以临于吾侪，则实居优超之域。吾侪日常生活中之一举一动，几莫能逃其范围，而实际上亦深感其需要，愿享其便利。例如火车轮船之不能不乘，电灯电话之不能不用，个性自由之不能不要求，代议政治之不能不采行，凡此种种，要足以证吾人生活之领域，确为动的文明，物质生活之潮流所延注，其势滔滔，殆不可遏。（李大钊《东西文明根本之异点》，七年七月《言治季刊》）

我们这处应当声明，李先生的言论是和伧父先生有点不同。后者稍重于采行动的文明，而前者偏于保留静的文明。不过他们的同点，就是文化是有动有静的，而东方的文化是静的，西方的文化是动的。这种的文化差异，遂引起他们的调和主张，他们以为过动则于精神上受无限的激刺和痛苦，过静则又易被自然的征服。最好的办法是，以西洋之动的文化以调我东方之静的文化；同时也应以我之静的文化，以济西方之动的文化。

但是文化——我们已说过——是动的。一切文化都是动的。文化之所以是动的，是因为文化是人类改造时境以满足其生活的努力的工具和结果。人类之所以别于他种动物而有文化，都是由于人类能够努力去改造环境，努力去创造文化。努力总是要动，所以文化之发生及发展，完全是类于动。安静不动而随着时代环境的推移，决没有会创造出文化来。华德（Ward）说得好：动物是被环境的改变，人则改变环境。但是人之所以能改变环境而创造出文化来，是完全靠着不断的动力。所以变动，像我们上面已说过，是文化的特性。设使文化没有变动，那么文化决不会有演进。所以文化演进的速度，是与文化变动的速度成为正比例。西洋的文化固是动的文化，东方的文化也何尝不是动的文化？要是我们的文化不是动，那么我们决不会从茹毛饮血，而进到熟食宴饮的地位。我们决不会从穴居野处，而达到居住广厦的地位。我们决不会从结绳以记事，而达到用文字以记载的地位。所以从这方面看去，一切文化都是动的，所差异的点，不外是欧洲现代的文化动得很利害,而中国的文化的变动,却比较的动得太少。但是因为了这样,所以中国文化的进步上却远不及欧洲的文化。所谓静的文化,简直是像死的文化。我们为什么不说真心话,承认我们的文化在文化发展的阶级上,是低过欧洲的文化,而格外努力去向前直追,却要偏偏去把世间所无的静的文化来自慰呢?

四 所谓科学的分析办法

近年以来,国人对于社会学研究的兴趣,逐渐浓厚,而对于社会学上的文化学派的介绍,尤为注意。从文化的根本观念上研究,而解决东西文化,本来是一件很好的事;无奈他们对于文化的根本观念上,没有充分的了解,结果他们所谓以科学的分析去解决东西文化,也是不能使我们满意。主张这派的人也并不少,许仕廉先生(看《文化与政治》)、孙本文先生都是属于这派(看孙著《中国文化研究刍议》,载《社会学刊》一卷四期)。我们现在专把孙先生的主张来讨论。孙先生的文化研究的目标有三种:(一)分析吾国固有的文化,而了解其种种特性(按这种分析是像我们上面所举出的各家的分析)。(二)瞭解我国固有文化的特长及其缺陷,以为改造文化的张本。(三)根据现代世界趋势,对于这种种特性的价值,加以严密的评估。

我们可以设一个例子来解释其目标的错误。比方:我们照孙先生的方法去做,而寻出大家庭制度是中国文化一种特性;第二步的工夫是评估大家庭的好处和缺处。对于这一层,我们又寻出大家庭的好处是互助的精神,她的缺处是依赖的惰性。我们第三步工夫是看看世界的趋势对于这种大家庭的价值如何。我们对于这点的寻求结果是大家庭不适于这种趋势,而且没有法子在这种趋势之下生存。在这样情形之下,我们有什么办法呢?

我们以为折衷派的主张的缺点,是对于研究文化的方法和文化本身的分别上,没有充分的瞭解。为了便利起见,我们不妨把文化分作物质方面及精神方面,或者像上面所举出的分析大纲,但是文化本身上并没有这样的分开,结果不但所谓物质文化和精神文化的分别,是缺了客观的态度,而是主观的分类,连了所谓科学的客观方法的分析文化的特性,也是主观的分析。因为它本身上分析不来,所以各方面有连带的关系,一方面因了内部或外来的势力所冲动,必影响到他方面。她并不像一间屋子,屋顶坏了,可以购买新瓦来补好。它并不是这样的机械的,并不是这样的简单的。

并且若是我们承认文化是人类适应环境的出产品,我们不得不承认环境既变,文化也随之而变。把二世纪前的中国环境来比现在的环境,无论是那一个都要承认其完全不同,然能够承认文化上应该根本改变,能有几人?同样,若是我们承认把世界的趋势来做评估我们的固有文化的特性，试问这种世界的趋势是否容许我们固有的特性的存在呢？要是这种回答是"是"，那么我们所谓固有的文化的特质，并不是我们的固有，也非我们的特质；因为它是世界所共同的，它是世界所共趋的，它是我们现在适应现在的环境的出产品。从历史上看去，它固然是与过去的特性偶合，也许连带，然而我们决不能说因为它是我们的过去的特质的优点，所以要保存它，因为我们的文化观的前提是人类适应环境的出产品，环境变了，它也变了。设使我们的回答是否，则我们的固有文化的特质，已没有存在的余地，因为它是不合乎世界的趋势。不合世界的趋势，不但没有存在的余地，而且没有可以评估的价值；因为我们所把以为评估价值的标准，是现代世界文化的趋势。

孙先生岂不是告诉我们罢？"但自海通以来，欧风美雨，滚滚而来，潜滋暗长，势不可遏，时至今日，欧美文化，充斥都市，遍及乡僻，可谓无孔不入，无微不至了！"试问所谓滚滚而来的欧风美雨，是不是现代世界文化的趋势？如其不是，那么我们所当据以为评估我国所固有的文化的特质的现在世界的趋势，是那一样？如其是，那么照孙先生所说，我们已完全西化了！即全盘接受西方文化，已成为一种事实，而且合乎现在世界的趋势。

可惜事实上的中国，并不像孙先生这样说。我们以为设使中国而真西化了，中国老早赶上欧美，至少也赶上日本。无奈孙先生所说的西化，乃是我们只晓得享受的"西洋货"，并非我们自己所创造的"西洋化"。我们自己不会造汽车，只会坐汽车，这样叫做西洋化吗？我们自己不会造汽船，只会乘汽船，这样叫做西洋化吗？无怪得数十年来的提倡西化，终不见化得什么！

五　物的文化与人的文化

近来又有些人，特别是去年在南京成立的亚洲文化协会的人们，以为西洋的文化是"物"的文化，而东方的文化是"人"的文化。原来一切的文化都是人的文化，没有物的文化；因为惟有人，才有文化。物的本身决没有变成文化的能力。自然的，用这二字的人们，还有别的意义，不过以"物"与"人"相对来说，最易使人陷入因词害意、望文生义的错误，所以人的文化与物的文化，至少在字面上是不妥当的。

所谓物的文化与人的文化的真诠，据亚洲文化协会第一次大会的主席的致开会词里（看二十年出版的《半年来之亚洲文化协会报告书》），及其《亚洲文化协会的使命》一文里，便可明白。它的主席致开会词里道：

> 他们（西洋人）自己夸耀自己的文化，实际上他们的文化的本质只是物质的侵略。他们的文化简直是"物"的文化，而不是人的文化（!!）。在

现在的世界里，物的文化竟代替了人的文化，这是多么可痛而又可怕的事！

欧罗巴的文化，是世界上大多数民众呻吟痛苦的文化，是最近百余年兴起的文化，是物的文化，是霸道的文化。

亚细亚的文化是具有解放一切被压民族的特质的文化，是具有悠久的历史，过去的光荣的文化，是人的文化，是王道的文化。

照上面的话看起来，这种的东西文化差异观，与上面所说的精神文化与物质文化，是有很密切的关系；不过他们把所谓物的文化的重心在霸道上，而把所谓人的文化解做"王道"。同时亚洲文化协会的人们，虽然这样的分别东西文化，他们并非主张二者的绝对调和。他们对于东方的整军经武，富国强兵，虽然没有积极的赞成或反对，他们的重心却在以亚洲的王道文化，以济西方的霸道之穷。所以与其说他们是折衷派，不如说他们是复古派，不过主张以西洋的霸道来救中国之弱，同时保存中国之王道以济西洋霸道之穷的调和论调，是数十年来中国人一种流行的论调。他们一方面见得中国自海通以来，日弱一日，每次战争的结果，都是割地赔款；他们又见得日本数十年来的维新，物质的提倡，武备的经营，卒使数十年前积弱不亚于中国的日本，能与欧西相对峙，能够一跃而为一等国。所以物的文化，霸道的文化，不能不提倡。然他们看得欧战的满目疮痍，他们又觉得所谓中国的王道的文化，正是可以救济这种战争的惨状，而格外要保存这些所谓固有的美德，结果是生出一种折衷派的言论。

但是根本上把王道与霸道来分别东西文化的异同，是一件很不妥当的见解。西洋的文化，不只是霸道的文化；而东方的文化，也不只是王道的文化。从我们的开国祖宗到了现在，随处都可以找出我们的霸道。黄帝的征伐蚩尤且勿论了，春秋的五霸，秦政的囊括四海，汉武的穷兵黩武，以及好多的历史证据，都是我们的霸道的表征。反之，在西洋从康德的永久和平到欧战后的威尔逊的十四条款，国际联盟，无非反抗霸道的主张。所以霸道和王道的差异，至多只有量的差别，而没有质的差别。其实，所谓王道霸道，从文化的全部看去，他只能算做文化的好多方面之一方面罢。

第四章　复古办法的观察

复古是中国人的传统思想，而且是中国思想上一个特点。这是读过中国历史的人总要承认的。这种思想的承上启下的关键人物，当然要算孔夫子。孔夫子在他的言论里，处处都露出复古的彩色，这是读过孔夫子的书的人，总要承认的。我们现在把下面数段话来证明：

> 子曰：周监于二代，郁郁乎文哉！吾从周。
> 子曰：吾学周礼，今用之，吾从周。
> 颜渊问为邦，子曰：行夏之时，乘殷之辂，服周之冕。
> 子曰：大哉！尧之为君也。巍巍乎，唯天为大，唯尧则之。
> 子曰：我非生而知之者，好古，敏以求之也。
> 子曰：述而不作，信而好古，窃比于我老彭。
> 子曰：甚矣，吾衰也。久矣，吾不复梦见周公。

上面数段话，不过从《论语》中举其显明者；然孔子的复古思想，已可概见。不但是唐、虞、夏、商、周一切的政治礼法风俗及其他的社会制度是好，就是一切的古学都要"学而时习之"。连了在梦里也要想见周公。这样的极端的复古，放大起来就是一切的文化，都要依法前人。而依法前人，是愈古愈好。他特别的尊崇帝尧就为这个原故。因为孔子本身是这么崇古，所以崇拜孔子的人总是崇拜皇古，而是崇拜皇古的人也必崇拜孔子。我们试看孟子，他的民贵君轻固然是从老子的"圣人无常心，以百姓心为心"推衍而来（廉江江瑔《读子卮言》云：孟子唾骂杨墨而无一言及老子者，盖老子乃其师也）。然因为他崇拜尧舜的文化，所以他一则曰："乃所愿则学孔子也。"再则曰："自有生民以来，未有孔子也。"三则曰："自生民以来，未有夫子也。"四则曰："自生民以来，未有盛于孔子也。"其实，我们也许要说因为了他这么崇拜孔子，所以特别主张复古。比方他说：

> 规矩，方员之至也。圣人，人伦之至也。欲为君，尽君道；欲为臣，尽臣道；二者皆法尧舜而已矣。不以舜之所以事尧事君，不敬其君者；不以尧之所以治民治民，贼其民者也。

其最显明的是：

> 由尧舜至于汤，五百有余岁；若禹若皋陶则见而知之；若汤则闻而知之。由汤至于文王五百有余岁；若伊尹、莱朱则见而知之；若文王则闻而知之。由文王至于孔子，五百有余岁；若太公望、散宜生则见而知之；若孔子

则闻而知之。由孔子而来至于今，百有余岁；去圣人之世，若此其未远也；近圣人之居，若此其甚也。然而无有乎尔，则亦无有乎尔！

又说：

> 尧舜，性之也。汤武，身之也。五霸，假之也。久假而不归，恶知其非有也。

> 尧舜，性者也。汤武，反之也。

> 尽其心者，知其性也；知其性，则知天矣。

孟子因为以知性则知天，所以性就是天。尧舜是性者也，所以舜尧就是天。这与孔子所谓"唯天为大，唯尧则之"，不但只有相同，且进一步。把尧舜来作天看待，其尊崇尧舜可以想见。舜尧以后，若禹若皋陶，则只见得舜尧的黄金世界而知之；他们却不能因见而行之。再沿到汤则只能闻而知之；所以说：舜尧，性之也，汤武，身之也。从此以后，五霸则愈趋愈下，至于孔子也不过闻而知之。闻而知之，虽不能行，也不失其为圣；但是孔子以后，能够"闻而知之"也。不可多得，可为慨叹，孰过于此？

总而言之，孔孟的意想是：历史事实上的变更，是退步的，而不是进步的。她从尧舜的黄金时代，而退至汤武的升平时代；更由汤武的升平时代，而退至五霸的混乱时代。这种的日趋日下的境况，不只是在政治方面，而是包括了道德以及社会一切的制度和动作。其实，是文化的全部。因为皇古是胜于过去，而过去又胜于近代，所以补救之方，就是能够效法愈古则愈好，这可以说是孔孟复古的根本理论。

但是劝人去复返皇古，就是劝人不要反古。同时自己既自命自己为独一无二的闻知皇古的人，就是告诉人们不要反对我自己所说的古道。这样推衍而来，结果是否认一切与己不同的言论和动作，所以排除异己的成见最深，而容纳他人的意见，成为论理上所不许。其原因是因为把过去的法则来做目标，总是绝对的，因为这种法则是决没有可变为较好的法则。是要她变，只有变坏。愈变坏，则愈要复古。回头是岸，就是他们的劝告。一个不晓游水的人，若是走下大海去，则愈下愈深，愈深则愈危险。说来说去，总是要速点转头向岸走，才有生机。本来岸上也许是很危险的，而且在岸上也许有性命之虞，不过这种已成陈迹的岸，还有谁能够去证明在岸上是不好呢？只是有"我"知道，这是孔子和孟子的回答。跟着"我"罢！这是孔子和孟子的劝告。要是不跟着"我"呢，则攻乎异端，斯害也已。

这个信条，一经宣布，则无论是谁，都要信仰"我"的道。不信我，就是攻乎异端："攻乎异端，斯害也已。"结果是孔家一切的伙伴，都不能相信孔子以外的道。要是她又得了政治或他种实力去保护，那么反道成为自身不能保的事情。万一因不能自持而为异道所惑,则不是含默不言,必极力辩护,藉以遮掩天下。孟子,像吾们上面所说之于老子,已有这种趋势;而其最明显的例,还是像宋代的陆象山。

陆象山开口就自命为儒家。比方,他和侄孙濬书中说:"吾儒之道,乃天下之常道,岂是别有妙道。"然平心来说,陆氏自己的学说,受过佛老的影响,处处流露。然他在致曹立之的书里却说:"佛老遍天下,其说皆足以动人,士大夫鲜有不溺焉。"又说:"……武帝之事四夷,非之何必曰与胡和亲为哉?此等皆黄老言之误也。"但是在《与王顺伯书》里又说:"大抵学术有说有实,儒者有儒者之说,老氏有老氏之说,释氏有释氏之说,天下之学术多矣,而大门则此三家也。"又与曹立之书云:"杨朱、墨翟、老庄、申韩虽不正,其说自分明。"所谓各家有各家之说,以及其说自分明,就是承认佛老之价值。他又说:"我无事只好似一个全无知无能的人,及事到方出来,又却似个无所不知无所不能。"这正是老子"为无为而无不为"的意旨。又如:"道非争竞者可知,惟静退者可入。"这又是佛老的清静之旨。佛老的重要意旨是清净无为,陆氏已身体而力行,那么佛老的魂已上了他身,他还是要扬言斥佛老!

从这种的门户偏见,再推衍去,就是乘在汽车上去提倡东方的精神文化,建起洋楼式的孔教会,穿着百数十元的洋布衣服,戴起罗斯福式的洋眼镜……而去讲说"贤哉,回也;一箪食,一瓢饮,在陋巷,人不堪其忧,回也不改其乐"的遗教。

所谓排斥异己,就是排外。排外应用在某一种学派上,是排斥于这学派以外的学派。若应用到一个国家或民族上,就成为排斥这国家或民族以外的一切国家及民族。排外不但是由排斥异己的学说,推衍而来,而且是孔家一种信条。孔子说:

> 夷狄之有君,不如诸夏之亡也。

除了皇朝的中国以外,一切的民族国家不是南蛮北狄,必是东夷西戎。他们是没有开化的,他们是没有君君、臣臣、父父、子子的礼教,他们也配不上来说这种的关系。万一他们也有了君,有了臣,还不若我们皇朝大国之没有,因为惟有大国皇朝像我们这样,才能够有这名能副实的东西!

这样的排外趋赴极端,则一切的外来的东西,都是不好,不值得仿效。而且为皇朝的面子起见,是不应当仿效的。我们试看《战国策·赵二》里所载群臣之劝赵武灵王勿采胡服的言论,便能知道。武灵王本来是一个很有振作的人,采用胡服本来不算做什么重要的事,而群臣中竟把来做一件不得了的事来,大加反对,他们的理由是:

> 奇服者志淫,俗辟者乱民。是以莅国者不袭奇辟之服,中国不近蛮夷之

行，非所以教民而成礼也。

又如：

> 当世辅俗，古之道也；衣服有常，礼之制也；修法无怨，民之职也；三者先圣之所以教。今君释此而袭远方之服，变古之教，易古之道，逆人之心，畔学者，离中国。

这一类的言论，是在中国的历史上司空见惯的，而犹是东西文化接触以后，排外来的文化的偏见，特别利害。比方：康熙的时代，杨光先上书反对依西洋的新历，而恢复旧法，到了他自己做钦天监正，却又不明推算之理数。结果是不免于舛误而入狱，到了遇赦以后，他还是不自悔，而著《不得已书》。今略摘一段，以示其排斥外来的东西之大概：

> 是以西洋邪教，为中国之人而欲招徕之，援引之，自贻伊戚；无论其交食不准之甚，即准矣，而大清国卧榻之旁，岂容若辈鼾睡乎？盖从古至今，有不奉彼国差来朝贡，而可越吾疆界者否？有入贡陪臣不回本国，而呼朋引类煽惑吾人民者否？江统《徙戎论》，盖蚤烛于几先，以为羽毛既丰，不至破坏人之天下不已。兹著书显言东西万国及我伏羲与中国之初人，尽是邪教子孙，其辱我天下之人，至不可言喻，而人直受之而不辞。异日者，设有蠢动，还是子弟拒父兄乎？还是子弟卫父兄乎？卫之义既不可，拒之力又不能，请问天下人何居焉？光先之愚见，宁可使中国无好历法，不可使中国有西洋人。无好历法不过如汉家不知合朔之法，日食多在晦日，而犹享四百年之国祚；有西洋人，吾惧其挥金以收拾我天下之人心，如抱火于积薪，而祸至之无日也。……世或以其制器之精奇而喜之，或以其不婚不宦而重之。不知其仪器精者，兵械亦精，适足为我隐患也；不婚不宦者，其志不在小，乃在诱吾民而去之。如图日本，取吕宋之已事可鉴也。《诗》曰："相从雨雪，先集微霰。"又《传》曰："鹰化为鸠，君子犹恶其眼。"今者海氛未靖，讥察当严，揖盗开门，后患宜毖；宁使今日詈予为妒口，毋使异日神予为前知，是则中国之厚幸也。

光先还知道西洋的历法、仪器、兵械之精于中国，而足以为中国之隐忧。然因为传统的排外思想太深，弄到他忘记了我们若不虚心去学人的好处，就使我们不准西洋人在国内居住，西洋人随时都可到中国，侵夺我们土地。此外又像艾孺略（Julins Aleni）所著的《职方外记》及南怀仁（Veliriert）的《坤舆图说》，本来是地理学上很大的贡献，而可以帮助于中国智识眼界；然所谓当代硕学的纪昀在《四库全书提要》竟把他们当做古代小说看，而其原因，胡礼垣说得颇详，略录于下：

纪公曾于内庭管理《四库全书》，阮公曾建设学海堂于广东各省。南北学士，莫不资法于二公。二公博览群书，不愧一代之文宗。今者艾儒略、南怀仁等重涉重洋，来诣吾邦，二公表面勉为敬崇，而不用其说。其意以为我中华《一统志》，卷帙五百，至详且尽，安用此浅近之《地球说略》《舆地图说》等为？又以为尧舜之时，已创历法，垂四千年而不变，彼琐琐之说，恶足以易之？（《康说书后》，看《胡翼南文集》卷十三）

然其最妙的，还是天下闻名的王壬秋的《陈夷务疏》反对设立同文馆。今摘录于下：

言御夷者，皆欲识其文字，通其言语，得其情伪，知其山川阨塞、君臣治乱之迹，及其国内虚实之由；其最善者，取其军食以济我师，得其器械以为我利；今设同文，意亦在此。而臣独以为无益。……火轮者，至拙之船也；洋炮者，至蠢之器也。船以轻捷为能，械以巧便为利。今夷船煤火未发，则莫能使行；炮须人运，而重不可举。若敢决之士，奋忽临之，骤失所恃，束手待死而已。（《湘绮楼全集》卷二）

义和团可以说是这种思想的结晶品。他们的肚子能够抵抗枪炮的自信，不外是以这种思想来做他们的护身符。无奈肚子终是为枪炮所征服。义和团的自信，应该给中国人一个最好的教训，但是抱着皇古像抱着佛脚的中国人，委实是不易教训的。他们之信仰孔子，正如孔子之信仰皇古。复古是孔子的精神所在，也许是性命所托，信孔也是他们的精神和性命所在。因此我们见得满清推倒以后，复古的运动，还是继续不断的发生。复古的运动，总是与尊孔的运动相连带而来；所以尊孔就为复古，而复古也就是尊孔。民国以来的向后转的口号和言论，是随处可听见的，而特别是欧战以后。我们为篇幅所限，现在再举出一二个例来看看罢：

西洋之教人为善，不畏之以上帝，则畏之以法律；离此二者，虽兄弟比邻，不能安处也。逮夫僧侣日多，食之者众，民不堪其重负，遂因三十年之战倾覆僧侣之势力，而以法律代上帝之权威。于是继僧侣而兴者，则为军警焉。军警之坐食累民，其害且过于僧侣，结果又以酿成今日之战。经此大战之后，欧人必谋所以弃此军警亦如昔之屏弃僧侣者焉。顾屏弃军警之后，其所赖以维持人间之平和秩序者，将复迎前曾屏弃之僧侣乎？抑将更他求乎？为欧人计，惟有欢迎吾中国人之精神，惟有欢迎孔子之道。

我们特地的抄出这段话，因为她是学贯中西的辜鸿铭先生在他的大著德文本（也有英文本）《中国国民之精神及战争之血路》里的言论。我留德时，在柏林及来比锡的旧书店里，还能容易找得，而对于东方文化的研究，兴趣较浓的比较年岁较深的学者，还能道及辜先生的著作，并且听说因为受了欧战激刺过深，而发生点神经变态的人，在好几年前，也给了辜先生以相当的同情。不过他们说：欧战不过是欧洲历史上一种变态，现在已逐渐返复常态了，所以变态心理的相信辜先生的人，也许是没有了！

其实辜先生以为西洋的文化，不外是宗教法律的代替，是我们不敢赞同的。难道西洋人没有道德吗？三十年的战争，既不是中世纪的僧侣倾覆的主因，而一九一四年到一九一八年的大战，也不见得能够打倒辜先生所谓继续僧侣而起的军警。

辜先生的音乐本来是为西洋人而奏的。西洋人之听辜先生的音乐的人，固然不多；中国人之能知道辜先生的音乐的人，更是寥寥无几。十余年来，中国人所谓有系统的东西文化的研究而发行为专书的，恐怕还是一位梁漱溟先生。梁先生对于这个问题的研究，据他自己说，是在民国六、七年间。经过了三四年后，他遂将其研究所得，在民国九、十年间在北京大学即山东济南教育会会场讲演，由这些讲演而编成他的《东西文化及其哲学》。梁先生把世界的文化分为三种：一为中国的文化，二为印度的文化，三为欧洲的文化。这三种文化的差异据梁先生说是：

（1）西方文化是以意欲向前要求为其根本精神的。
（2）中国文化是以意欲自为调和持中为其根本精神的。
（3）印度文化是以意欲反身向后要求为其根本精神的。

世界文化只有这三种，也许文化本身只有这三种。这是梁先生告诉我们的。并且不只是世界的文化只有这三种，而且文化的发展的时期，也是必经过这三种文化。照梁先生的意见，人类文化之初，都不能不走第一条路——西洋文化的路。这是文化发展的第一时期。第二的时期是中国文化的路，而特别是指明孔子之道。第三的时期，是印度文化的时期，而特别是佛教化的文化。梁先生以为这三个时期是人类文化发展所必经的途径，文化的趋势也是这样朝向的。

人类文化的发展的趋向途径，固然是这样的，但是现在中国人对于文化上所应持的态度，据梁先生说，是有下面数条的途径：

第一，排斥印度的态度，丝毫不能容留。

第二，对于西方文化是全盘承受，而根本改过，就是对其态度要改一改。

第三，批评的把中国原来态度重新拿出来！

梁先生说："这三条，是我这些年来研究这个问题之最后结论，几经审慎，而后决定，并非偶然的感想。"梁先生固然是这样说，然阅者看了上面的文化发展的途径由西洋而中国，由中国而印度，阅者总会问道：为什么梁先生又极端反对印度的路径呢？梁先生的回答是：文化发展的程序，固然这样，然而要达到印度文化的地位，必先走完了中国文化的态度中所应走的途径。梁先生说：

本来印度人那种生活，差不多是一种贵族的生活，非可遍及于平民，只能让社会上少数居优越地位、生计有安顿的人，把他心思才力用在这个上边。唯有在以后的世界，大家的生计，都有安顿，才得容人人来作，于自己于社会，均没妨碍。这也是印度文化在人类以前文化中，为不自然，而要在某种文化步段以后，才顺理之证。

简单来说：印度化的程度太高了！现在第二条路还走不到，还讲什么第三条路。所以把印度化来解决我们现在的困难，是不合时宜的。不合时宜，所以要丝毫不容留的去排斥它。

梁先生承认这三种——西洋中国印度——文化的最初发生，都是顺装的——就是跟着第一条路。不过这三个地方的文化，在他们慢慢的走的历程中，都走了错路，或是走了曲路。西洋和印度二者都折入第三条路——印度化或是宗教化的路，而中国却跑曲入第二条路——中国化的路。梁先生说：他们总走错路，或曲路，因为他们不待走完了第一条所应走的路，所以不但是西洋的中世纪和印度跳得太远；就是中国也因第一条路尚未走完，而躐等的进入第二条路。这样的不循文化发展上所应当经过的途径而躐等跳级的文化，梁先生叫做"文化早熟"。早熟是一件不好的东西，所以无论是在中世纪的欧洲也好，在中国在印度也好，他们总是早熟，他们总是走了歧途，走入暗路。

不过在欧洲，到了文艺复兴的时代，乃始拣择批评的重新走第一条路，把希腊人的态度又拿出来。他这次当真走这条路，便逼直的走下去不放手，于是人类文化所应有的成功，如征服自然、科学、德莫克立西，都由此成就出来。即所谓近世的西洋文化，西洋文化的胜利，只在其适应人类目前的问题，而中国文化印度文化，在今日的失败，也非其本身有什么好坏可言，不过就在不合时宜罢。

梁先生以为西洋人现在已走了正路，而且就走完了第一条路。走完了第一条路，便转入第二条路——中国化的路——再转而入第三条路。这样的一路走，"就无中国或印度文明输去给西洋人，西洋人自己也能开辟他们出来"。"若中国则绝不能，因为他态度殆无由生变动，别样文化即无由发生也，从此简直没有办法，不痛不痒真是一个无可指名的大病。"所以唯一的办法，照梁先生的意见，是对于西方文化是全盘承受。设使梁先生说到这里而停止，我们也许赞成，不过梁先生的全盘接受，是带着二个条件：一是根本的改过西方文化，就是对其态度要改一改。二是批评的把中国原来态度，重新拿出来。完全采纳西洋文化的带着这二个条件的原因，据梁先生说：

> 西洋人也从他的文化而受莫大之痛苦。若远若近将有影响于世界的大变革，而开辟了第二路文化。从前我们有亡国灭种的忧虑，此刻似乎情势不是那样，而旧时富强的思想，也可不作。那么如何要鉴于西洋弊害而知所戒，并预备促进世界第二路文化之实现。

所谓西洋文化受莫大之痛苦，根本上的改过，梁先生没有充分的解释。但是所谓把中国原来态度重新拿出来，梁先生却特别是指着孔子的道。梁先生在自序里说：

> 我又看着西洋人，可怜他们当此物质的疲敝，要想得精神的恢复，而他们所谓精神，又不过是希伯来那点东西，左冲右突，不出此圈，真是所谓未闻大道。我不应当导他们于孔子这条路来吗？……然而西洋人无从寻得孔子是不必论的，乃至今天的中国，西学有人提倡，佛学有人提倡，只有谈至孔子，羞涩不能出口，也是一样无从为人晓得孔子之真，若非我出头倡导，可有那个出头？这是迫得我自己来作孔家生活的缘故。

这是梁先生的复返孔子的生活的自白。然而梁先生又告诉我们道：

> 我们可以把孔子的路，放得极宽泛，极通常，简直去容纳不合孔子之点都不要紧。

我们为了明白梁先生的思想大概起见，所以上面除了将梁先生自己的主张指出外，并没有加以批评。其实梁先生的意旨是很不容易找出的，怪不得张君劢先生说，他对于梁先生的学说，"苦索难明"。为了篇幅关系起见，我们不能详细的将梁先生的学说来批评，我们现在只能提出下面数点来，指明梁先生的思想不清楚，及其错误。

梁先生以为西洋、中国、印度的文化的差异，是由于一者是以意欲向前，一者持中，一者向后，是完全错解了意欲的真谛。意欲是无论何时何处，都是向前直赴的。它并没有持中，也没有向后。意欲是像炉中的火，有了一点火，则热度总是向上升；只有没有火的时候，才没有热。同样，意欲之所以成为意欲，就是因为它是向前的，活动的；惟有完全没有了意欲，才没有向前的动作。同样，一切的文化所走的途径，都是向前的，决没有向后的。前人创造了一点东西，后人于学了前人所做的东西以外，又添了多少上去。这样的累进不已，后人不但像复古一般人所说，不如古人，其实是常常胜过古人，而且应当胜过古人。在某种文化圈围之内，其文化重心也许偏于某一方面，结果他方面的演进，也许比较的不及这方面，也许其演进比较缓点，然他们决不会不过去。所以一切文化的差异，只有程度或量上的简单和复杂的差别，却没有质上的差异。

梁先生以为文化的发展时期，是由西洋化而中国化，由中国化而印度化。又以为文化的种类，只有这三种。梁先生既预知将来到这么准确，我们要问于印度化之后，又有什么化？还有没有第四的时期？抑或文化是循环的？梁先生最含混的地方是，他的"文化早熟学说"。他承认印度，也许包括中国化是未来的文化，然他又没有法子去说明为什么印度化的文化，及中国化的文化，能够在几千年前已经发生，于是不得不说他们是早熟。因为早熟，所以不合乎现世的需要。

为中国文化的目前计，不得不采纳西洋文化。然在西洋文化还未完全采纳之时，就是第一条路还未走完之前，又要采纳中国固有的文化，这岂不是错上加错吗？梁先生也许说：我们可以放宽孔子的路，去容纳不合孔子之点。但这样的返复孔子的文化，并非孔子的真面目，而是一种中西调和的办法。这就是说：我们要保留孔子同时我们又要全盘接西化。然而梁先生已告诉我们：西化是第一条路，第一个时期，孔化是第二条路，是第二的时期，"道不同不相为谋"，难道提倡孔子化的梁先生没有听过吗？其实，像吾们上边所举出孔子排外的态度，是决不能容纳外来的东西，何况要和孔子之点不合的东西呢？总之在文化发展的路程中，梁先生既承认我们是因为走入孔子之路，而有今日之错，梁先生于我们于未学完西化以前，又要我们复古，自相矛盾，孰甚于此！

照梁先生的文化发展的三时期——由西洋化而中国化，由中国化而印度化——是一切文化发展所必经的时期。所以西洋人现在已走完了第一时期，则假使没有中国文化之输去西洋，西洋人也会自己进到第二时期，再转到第三时期。这样看起来，西洋人之学中国化或是采纳孔教化是非必要的。反之中国人之全盘西化是必要的，因为中国的文化，若"没有外力进门，环境不变，他会长此终古"，而没有法子去进到第三条路，或是复返第一条路（西化的路）。其实事实上，中国千余年来，并非没有趋赴第三条路（印度化的路）。梁先生也说过，现在还有不少人去提倡佛教，所以梁先生所谓中国折入第二条路，而没有法子走上第三条路，是事实上所否认。同样，梁先生已说过最初的人类文化，都是循着第一条路，西洋、印度、中国均如此。西洋人在中世纪折入第三条路，而和印度一样；惟有中国人折入了第二条路。然西洋人既能因文艺复兴而拣择批评的重新复返第一条路，而逐渐的走完了第一条路；为什么中国又不能从第二条路而复回第一条路呢？就使梁先生以为中国人因为折入第二条路，不上不下；她既离第一条路所已经走了多少的地位不远，结果是停顿不变，然为什么同西洋一样的折入第三条路的印度，也不像西洋的能够有所变动，而再复返第一条路呢？其实，梁先生所谓文化早熟而折入第三及第二条路，以及西洋经过了千余年后，又复回第一条路的弯弯曲曲的转折，正是引导吾们入于非非的地位。

我们上面曾说过：梁先生愿意放宽孔子的路来容纳西洋文化，同时梁先生又见得可怜的西洋人，当此物质疲敝，要想得精神的恢复，应当走上孔子的道。这种的论调，本来是东西文化融合的折衷论调。然这种折衷办法，根本上像我们前章所论，是不能行的。梁先生自己也不承认折衷办法之可能（看原书二九二—二九三页）。梁先生且郑重声明："世界未来文化，就是中国文化的复兴。"这就是说继续着走完第一条路的西洋文化，就是孔子的文化。梁先生老实是根本上打破了他所划定的文化发展的时期的秩序；根本上把未来的时间的需要，和目前的需要，分开不清楚；把西洋人的需要和中国人的需要的不同处，分不出来。

上面不过将梁先生自己的话，去驳他自己的话。其实梁先生的文化发展的三个时期，根本上是否妥当，还是疑问。西洋文化里的物质的进步，是否有止境，是否能有止境，也是疑问。梁先生的自序里说：他自己从二十岁后，折入佛家一路——就是梁先生心目中最高的路。到了民国九年，殆改变上孔家路——就是梁先生心目中目前中国人所需要的生活。梁先生自己说没有出过国门一步，我们以为设使梁先生而到了外国住过几年，恐怕梁先生也许放弃了孔子的生活，而做西洋人的生活，而跑上西洋的路。

预知是很难的。时间上的西洋化的末路和孔子化的复兴固不易预告，就使而能预告，梁先生劝中国人去做孔子的生活是与全盘采纳西洋文化不能同时并行的；而况根本上孔教化，像我们上面所说，是不能和西化相容的。

梁先生把文化来分做三方面：一为物质的文化；二为社会的文化；三为宗教的文化。这三方面正暗合他所谓世界三种文化——西洋文化（现代的）、中国文化及印度文化（包括欧洲中世纪的文化）。他的意见是：物质文化应当最先发生，而且要发展至一定的程度，然后再进而解决社会文化。到了社会文化弄成熟后，再进而做宗教的生活，及宗教的文化。他的文化发展三个时期，也是根据于此。正如东方的圣人说：仓廪足而知礼义。梁先生再加一句说知礼义而后知鬼神。然而他却忘记了所谓文化本身上，是包括这三方面以及一切的言语种种。在每一种文化，都可寻出这各方面，而各方都有密切连带的关系。每一方面的波动，都要影响到他方面。比方：我们若要保存孔子的文化，则不能不保存他的家庭制度、君主专制，以及一切与这种有关系的制度。我们若以为民治是好过君主专制而采纳，则对于孔子的尊君不得不加以反对。因为西洋化是向前直往的，而孔子却要我们去做皇古的生活。这种向后转的口号和劝告，不但是不能容于向前演进不已的西洋文化之下，就是证之中国本身的文化的发展，我们也觉得她是不对的。《礼·礼运》岂不是告诉我们吗？

> 昔者先王未有宫室，冬则居营窟，夏则居橧巢；未有火化，食草木之实、鸟兽之肉，饮其血，茹其毛；未有麻丝，衣其羽皮。后圣有作，然后修火之利。

《易·系辞》里又岂不是记载过吗？

> 上古结绳而治，后世圣人易之以书契，百官以治，万民以察。

这些的记载，都是证明文化是向前演进的，都是证明后人因前人之创造而改变之、增加之，遂使文化累进无已。孔子却要我们去返复皇古，这岂不是要我们做原始人的生活吗？

中国文化的发展是向前的，这不但是在孔家学说未发达以前是这样，就是在孔家至尊一统以后，也是这样。不过因为孔家的生活是返复皇古的生活，而且因为它和了政治的势力互相携手，结果是中国受了孔家化的支配。孔家既要他们去做皇古的生活，他们处于孔家淫威之下，相信中国以外的东西，既是为孔家所不许，就是相信在本国内的别种学说，也为孔家所禁忌，结果是中国文化的发展，不能逃出孔子所划的圈子。外人以为吾人之文化，自始至终，总若停而不进，就因此故。其实我们若详细去研究，则唐宋的文化，若谓比之秦汉而不及，这是无论何人，都不承认的。所以孔教在中国固然能借政治之势力，使中国的文化就其所指止之范围，然复古的生活，终不外是与孔子的梦见周公一样。质言之：孔教在中国的成功是在其消极方面，而非其积极方面。然而消极方面的阻止新的文化的创造，及外来文化的输入，已使我人今日陷于这么危险的地位，假使吾人而真去实行其积极方面的皇古生活，那么吾人恐怕老早已处于沦亡的地位。

总而言之，折衷的办法既是办不到，复古的途径也走不通。他们的最大缺点是：前者昧于文化的一致与和谐的真义，而后者昧于文化发展变换的道理。前者以为文化的全部，好像一间旧屋子，我们可以毁拆他，看看那几块石或是木料可以留用；他们忘记了文化的各方面的分析，不外是我们自己的假定，而文化本身上，并没有这回事。后者以为环境时代是不变的，所以圣人立法，可以施诸万世而用于四海；他们却忘记了圣人之所以为圣人，都不过是这种时代和环境的出产品！

第五章　全盘西化的理由

一

我们在第三章里，已说明折衷派的缺点，在第四章里又指出复古派的缺点；折衷派和复古派既不能导我们以可通的途径，我们的唯一办法，是全盘接受西化。全盘西化的理由很多，我们这里只能举其大概罢。

我们先从全盘西化的态度的趋向方面说起。

大约在鸦片战争以前，恐怕没有人想到西化的必要，李之藻、杨廷筠、徐光启一般名士，对于利玛窦的天算，固愿意效法，然与其想说导中国于西化，不如说是专为学问上的好奇心，所以差不多整个中国还是醉生梦死于复古排外。自鸦片战败以后，中国屡受外人之压迫，中国人逐渐知道排外是势所不能，因为西方文化的东渐，决非顽固不准外人来中国所能阻止。这种的觉悟我们于薛福成记胡林翼一段故事中可以见之。

> 有合肥人刘姓，尝在胡文忠公为戈什哈，尝言楚军之围安庆也，文忠曾亲往视师，策马登龙山，瞻眄形势，喜曰：此处俯视安庆，如在釜底，贼虽强，不足平也。既复趋至江滨，忽见二洋船鼓轮西上，迅如奔马，疾如飘风，文忠变色不语，勒马回营，中途呕血，几至堕马。文忠前已得疾，自是益笃，不数月薨。盖粤贼之必灭，文忠已有成算；及见洋人之势方炽，则膏肓之症，着手为难，虽欲不忧，而不可得矣。阎丹初尚书向在文忠幕府，每与文忠论及洋务，文忠辄摇手闭目，神色不怡者久之，曰：此非吾辈所能知也。

胡林翼死后，当时大臣名士最负盛誉的要算曾国藩。国藩不但觉悟到西洋文化势力大，而且觉到中国非效法西洋不可。然他所调西化，不外是西洋的机器。容纯甫先生在其《西学东渐记》（原本英文本，乃容先生自传中译此名）有一段话，足以证明曾氏所欲采用之西洋文化，录之于后：

> 数日后，总督果遣人召予。此次谈论中，总督询余曰：若以为今日欲为中国谋最有益、最重要之事业，当从何处着手？总督此问，范围至广，颇耐吾人寻味，设余非于数夕前与友谈论知有建立机器厂之议者，予此时必以教育计画为答，而命之为最有益、最重要之事矣。今既明知总督有建立机器厂之意……于是余乃将教育计画暂束之高阁，而以机器厂为前提。

曾文正除了设立机器厂，还设立兵工学校。而对于留学生的遣派，均所赞成。他的儿子纪泽，也学习外国语言文字。然留学生之遣派，及兵工学校的设立，均不外为采用机器文化的预备。国藩死后，继国藩而在当时负重望的要算李鸿章。李氏对于各种洋务提倡较多，自他所谓洋务也不外是求所以强兵之术。他在答郭嵩焘书里说："……鄙人职在主兵，亦不得不考求兵法。……兵乃立国之要端。"然欲强兵，则兵器不能不讲求，所以留学生之派送，亦不外求此。

比较李鸿章的见解稍进一步者是郭嵩焘。郭氏出使伦敦，见闻较广。他在寄李鸿章书里说："兵者末也。各种创制，皆立国之本也。中堂方主兵，故专意考求兵法。愚见所及，各省营制万无可整顿之理，募勇又非能常也。……嵩焘欲令李丹崖携带出洋之官学生，改习相度煤铁炼冶诸法，及兴修铁路与电学，以求实用。"嵩焘的见解虽高于鸿章，然也注重于机器的西化。

到了张之洞主张中学为体西学为用，其所包含的西学范围，比李、郭等所主张似为较广。然张氏仍以中学为本，西学为末。张氏的《劝学篇》出版以后，当时人士多以为至言。然对于张氏做严刻之批评的，要算三水胡礼垣先生。胡氏著《新政真诠》内有《劝学篇书后》，专为批评张氏的书而做。他说：

> 自同心至去毒，所谓内篇者，细思其自治之法，竟无一是处。由此以观其外，则外篇虽有趋时之言，与泰西之法貌极相似者，苟傲而行，亦如无源之水，可立而待其涸；无根之木，可坐而见其枯。（《新政真诠》五编卷十七第十九页）

他又说：

> 综观劝学外篇各论，其合于西法者不无一二，然皮之不存，毛将焉傅？以内篇诸说，蔽塞其中故也。是故由其内篇诸说而观，则中国振兴之机无由而冀。虽然论必有其源说，必由其本，其所以颠倒错乱，或不自知其非者，则以民权之理，绝未明也。

观了上面二段话，我们知道翼南已不像南皮之以中学为本西学为末，而做再进一步的接受西化。他尝说道："中国之学西法，错在不学其心，而但学其法。"这种一刀断根的见解，则半世以后能言之的，还是寥寥无几！但是胡氏之重心，却在于政治上的民权的介绍，而他所说的民权又不外是君主立宪（按胡氏以总统制为民主制，而以民权为君主立宪）。

胡氏的《劝学篇书后》著于光绪晚年。从光绪晚年到满清倾覆，国人的言论的焦点，全注于君主立宪及民主立宪。主张革命者属于后，反对革命者属于前。后者固以满清若能翻倒，则一切问题可立解决；前者也以为君主立宪若能实行，中国也能兴盛；但是事实上，清廷晚年，既宣布立宪，以遂前者之欲望，而革命成功，也实现后者之理想；然中国终不能反弱为强者，由于国人不明白政治不外文化各方面之一方面，而且所谓民权论者（指广义而言），因为欲迁就中国人之守旧顽固心理而求速效，于是穿凿附会，以为民权之说，本我国数千年前的固有制度。胡翼南之以君主立宪比之夏禹，民主比之尧舜，因此而赞赏尧舜之孔孟也把做提倡民权之哲人。结果是复古派有所藉口，而洪宪复辟层出不穷，而一般所谓苦心冥索，以求中国的政治的西化，也不可得，而所谓从政治上的改革，推及于他方面的计画，也成画饼。

对于这点的错误，加以根本上纠正的要算民国四年后的《新青年》的著作者。他们对于孔家思想极力反对。试看《孔子平议》《宪法与孔教》《孔子之道与现代生活》《吾人最后之觉悟》等篇，便能知道。他们以为民主主义是和孔家思想不能并立的。陈仲甫先生说：

> 要拥护那德先生，便不得不反对孔教、贞节、旧伦理、旧政治；要拥护那赛先生，便不得不反对旧艺术、旧宗教；要拥护德先生又要拥护赛先生，便不得不反对国粹和旧文学。（《新青年》六卷一号第十页《本志罪案之答辩书》）

德先生就是民主主义，赛先生就是科学。我们看了这段话便能了然他们不但只要积极的提倡民主主义，还要提倡科学。同时又要消极的去打倒孔家店。这样的态度连了提倡孔子化的梁漱溟先生，也禁不止的赞道：

> 从前人虽然想采用西方化，而对于自己根本的文化，没有下澈底的攻击。陈先生他们几位的见解，实在见得很到，我们可以说是对的。

陈先生所反对的中国文化，是包括旧伦理、旧政治、旧艺术、旧宗教、旧文学。质言之：差不多是包括中国文化的全部分。陈先生所欲推倒的旧文化的范围固很广，然在西洋文化的采用上，却特别注重于德先生和赛先生。要拥护德先生和赛先生，固然不能不反对差不多包含全部的中国旧文化；然所谓西洋的德先生和赛先生，是不是也包括了西洋全部的文化呢？

在我们上面所引的《本志罪案之答辩书》一文，陈先生说：

> 大家平心细思，本志除了拥护德、赛二先生之外，还有别项罪案没有呢？若是没有，请你们不用专门非难本志。要有气力，要有胆量来反对德赛两先生，才算是好汉，才算是根本办法。

若是照这段话的语气意想来看，陈先生所要的西化不外是民主主义和科学；除此以外，别没所要，则陈先生所要的西化，恐怕非全部的西化。自然的，陈先生也许以为这两位先生是西洋文化的最重要最根本的，但是积极的主张接受全盘西化的工夫，陈先生还做不到。陈先生的在中国思想上能别开一个纪元，却在他根本的否认中国一切的孔教化,并非主张全盘西化。①

陈先生后来的思想的变化,我们可以不必把来讨论。但在同《本志罪案之答辩书》发表那年,我们找得像下面一段宣言:

> 我们相信世界上的军国主义和金力主义,已经造了无穷的罪恶,现在是应该抛弃的了!

这种思想本来是欧战方完了一种流行思想。欧洲人因为感觉到战争的惨状,而生出一种的反响。然这种反响,我已说过,是一种的心理的变态。欧洲人现在早已忘记了!无奈我们中国人也会上了欧洲人的当。我并非是主张军国主义和金力主义而出此言,我不外是就事言事。原来所谓近代军国主义和金力主义,都是和赛先生有了密切的关系。他们不外是西洋文化的各方面之二方面罢。要是赛先生为欧西近代一切文化的主脑,那么军先生和金先生是他所制造出来的,至少是他所赞助的。陈先生在他的《吾人最后的觉悟》一文里岂不是要抛弃我们数千年来的萎靡不振的旧国家,而建设一个新国家吗?这种新国家是不是要和世界各国处于同等的地位呢?要是的,那么我们照旧的萎靡不振,可以不可以生存呢?就使我们而觉到军国主义、金力主义是不好的东西,然因为了世界各国的军国主义和金力主义的猖獗,我们愈要有军国和金力主义去防备他,去抵抗他。设使我们以为军国主义和金力主义产生出不少罪恶来,所以要反对,那么赛先生和德先生也造出不少罪恶来,那么吾们也不要德赛两先生了。结果我们只好再提倡提倡孔子之道罢。其实要是我们觉得中国的文化是不适时需,西洋文化是合用了,孔子之道是不好了,赛先生是好了,那么要享受赛先生的利益,应当要受受赛先生发脾气时所给我们的亏。比方:要是我们觉得单轮手车是太不合用,无人道,而要坐火车,那么吾们应当预备火车也许跑得太速而出轨,以致生命的危险,要是吾们绝对要火车公司去担保的确没有半点危险,而像坐单轮车一样的两脚时时可以到地,火车公司一定劝我们道:你只好坐单轮车罢,不要来乘火车。

欧战后所给中国人一种反响,实在是利害得很。所谓精神救国,所谓西洋文化的崩坏,所谓东方文化的复兴,形形色色,举不胜举,而比较头脑清楚的文士名流,也只会说什么东方的精神文化和西方的物质文化相调和。这种论调显然是开倒车,显然是比不上民国七八年间的《新青年》。

对于这种开倒车而施以攻击的,也有其人;而尤以胡适之先生及林语堂先生们为透切。我们为篇幅起见,专把胡先生的意见来讨论。胡先生的重要著作要算他的《我们对于西洋近代文明的态度》一文。这篇文章的影响如何,我们未得

---

① 陈先生在《再论孔教问题》一文里(《新青年》二卷五号)以为既以科学为正轨,一切宗教皆在废弃之列。照这样看起来,陈先生也许反对西洋的宗教。但在《基督教与中国人》一文(《新青年》七卷三号)却表赞同的意见。

而知，但是广告方面的力量很大。后来他在《胡适文选》里《介绍我自己的思想》一文，更作简短而很有力量的表示。他说：

> 我很不客气的指摘我们的东方文明，很热烈的颂扬西洋的近代文明。
>
> 人们常说：东方文明是精神文明，西方文明是物质文明，或唯物的文明；这是有夸大狂的妄人捏造出来的谣言，用来遮掩我们的羞脸的。其实一切文明都有物质和精神的两部分。材料是物质的，而运用材料的心思才智都是精神的。这一点最好看林语堂先生在《中学生》（一九三〇年）第二号所发表的《机器与精神》。

胡先生又说：

> 少年的朋友们，现在有一些妄人，要煽动你们的夸大狂，天天要你们相信中国的旧文化比任何国高，中国的旧道德比任何国好；还有一些不曾出国门的愚人，鼓起喉咙对你们喊道：往东走！往东走！西方的这套把戏是行不通了！我要对你们说：不要上他们的当，不要拿耳朵当眼睛，睁开眼睛看看自己，再看看世界。我们如果还想把这个国家整顿起来，如果还希望这个民族在世界上占了一个地位——只有一条生路，就是我们自己要认错，我们必须承认自己百事不如人；不但物质机械上不如人，不但政治制度不如人，并且道德不如人，文学不如人，音乐不如人，艺术不如人，身体不如人。

这样的议论，在我们的出版界是不能多得的。他比陈仲甫先生的见解还进了一步。胡先生在这里虽不明说全盘接受西洋文化，然所谓"百事不如人"，正和我们的全盘西化相差没有几多。假使胡先生这话是代表整个胡先生，那么我们不能不佩服他是我们一位最好的医师。不过假使整个胡先生是在胡先生一切的言论里找出，那么我们免不得要怀疑胡先生对于整个西洋近代文化，是否热烈的去颂扬，而对于整个东方文化，是否不客气的指摘。

胡先生以为西洋文化的第一特色是科学（看《我们对于西洋近代文明的态度》。在评梁漱溟的《东西文化及其哲学》一文，他以德、赛二先生为西洋文化的特色），然而胡先生却处处表示近数百年来的中国学问，是合乎科学的方法。胡先生曾说过：

> 一千年的黑暗时代，逐渐过去之后，才有两宋的中兴。宋学是从中古宗教里滚出来的。程颐、朱熹一派，认定格物致知的基本方法，大胆的疑古，小心的考证，十分明显的表示一种"严刻的理智态度走科学的路"。这个风气一开，中间虽有陆、王的反科学的有力运动，终不能阻止这个科学的路重现，而大盛于最近的三百年。这三百年的学术，自顾炎武、阎若璩，以至戴震、崔述、王念孙、王引之，以至孙诒让、章炳麟，我们决不能不说是"严刻的理智态度走科学的路"。

我读东西学术接触史，曾发生过一个疑问，这就是这三百年来的学问的工夫稍合于科学方法，而又正合于西洋科学输入中国的时期，究竟这两件东西，有没有关系呢？正确的证据固然是不易多找，然有理的假设，每每使我相信他们有了不小的关系。原来中国人的排外及门户意见最深，受了人家的影响，却还是闭口不说。我上面所举的陆象山，就是一例。又像戴震的思想与西洋思想相合之处甚多，然偏偏要说出自孔子。因此之故，我遂以这疑问暂做为肯定——就是这三百年来的科学方法是受过西洋的影响——以为研究的假设。不过胡先生在这处说，这种科学的方法，是始自程颐、朱熹，显然是中国的固有东西。这一点至少是胡先生的意见。假使大家都是科学方法，至多只有程度上的差异，没有性质的不同。但是为什么这么久长的科学方法，除了用以鉴别古董外，没有发生他种效力？西洋物质文化的发达，完全靠于科学，要是中国自己已有了科学，为什么在物质文化上没有半点影响！

其次在胡先生所著的《中国哲学史大纲》的导言里，我们找出下面一段话：

> 世界上的哲学，大概可分为东西两支。东支又分印度、中国两系。西支也分希腊、犹太两系。初起的时候，这四系都可算作独立发生的。到了汉以后，犹太系加入希腊系，成了欧洲中古的哲学。印度系加入中国系，成了中国中古的哲学。到了近代，印度系的势力渐衰，儒家复起，遂产生了中国近世的哲学，历宋元明清直到于今。欧洲的思想，渐渐脱离了犹太的势力，遂产生欧洲的近世哲学。到了今日，这二大支的哲学互相接触，互相影响。五十年后，或一百年后，或竟能发生一种世界的哲学，也未可知。

我是从民国十四年的第十一版抄出来。胡先生有了一篇再版序，他声明有点见解，本想改正。他是指那一点，我们未得而知。但是再序是民国八年写的，我阅梁漱溟先生的《东西文化及其哲学》对于胡先生这段话，曾提出严重的抗议（第十八页），胡先生在十一年（？）的评梁漱溟先生《东西文化及其哲学》一文，却没有一言提及。也许胡先生对于上面一段话，还是负责。但是胡先生而果负责，那么胡先生所说的西化，不外是部分的西化，非全盘的西化。其实中国的哲学是与中国的文化有很密切的关系，若是中国的哲学能和西洋哲学相接触，而产生世界哲学，则其与一般所谓东西文化接触，而产生世界文化，相去几何呢？①

总括上面的话来看，我们觉得中国人这六七十年来对于西洋文化的态度，的确有不少的变更。把曾国藩来和李鸿章的西洋文化的见解来比较，相差固然有限，然把胡林翼来和胡适之先生相比一比，却有天渊之别。这是无论是谁，都要承认的。

自然的，假使我们对于胡适之先生的批评是不错，则主张全盘西化的人，还

---

① 此外关于胡先生对于西洋文化他方面，如宗教态度，尚有多少商量之处。

是不易找得。然从曾国藩、张之洞一般的西洋文化的观念的逐渐从很小的范围，而趋到较大的范围，从枝末的采用主张，而到根本的采用的主张，则全盘西化的主张是一种必然的趋势。

我们已指出他们的错误。其实，他们之中能够知其错误，并非没有人，我们且看看罢。

> 甲午丧师，举国震动。年少气盛之士，疾首扼腕，言维新变法，而疆吏若李鸿章、张之洞辈亦稍稍和之。而其流行语则有所谓中学为体西学为用者，张之洞最乐道之，而举国以为至言。盖当时之人，绝不承认欧美人除能制造，能测量，能驾驶，能操练之外，更有其他学问，而在译出西书中求之，亦确无他种学问可见。康有为、梁启超、谭嗣同辈，则生育于此种学问饥荒之环境中，冥想枯索，欲以构成一种不中不西，即中即西之新学派，而已为时代所不容。盖固有之旧思想既深根固蒂，而外来之新思想，又来源浅觳，汲而易竭，其支绌灭裂，固宜然也。

这是梁任公《清代学术概论》里的一段话。十年前的梁先生已见到这层。今后的我们，假使不痛定思痛去变换态度，则过三二十年后，恐怕也只会自悔道："深根固蒂"，没有法子了！

六七十年来的西化的错误，本来是在于迟疑不决的态度。俾士麦老早说过：中国和日本的竞争，日本必胜，中国必败，因为日本到欧洲来的人，讨论各种学术，讲求政治原理，谋回国做根本的改造；中国人到欧洲来的，只问某厂的船炮造得如何，价值如何，买了回去就算了。

二

态度上的西化，既如上面所说；事实上的西化，又怎么样呢？历史告诉我们，中西文化的接触，是始于景教的传入；然当时不但因交通的不便而阻止其滋长，且欧洲当时的文化，并不大高于中国，所以她的命运，不久断绝。元时，天主教也传入，但当时的欧洲，仍是醉梦于中世纪的基督教统治之下，加以元初天主教徒之来华，与其说是为传教，不如说是探元朝的虚实，以及劝元帝停止西侵；读过 Friar John of Plan de Caspini（一二四五——一二四七）东来的游记者，当能了解。况且十三世纪的欧洲文化，并无进步于景教东来时的欧洲文化，所以这次东来，结果也无异于景教。

十五世纪的欧洲则不然。她已朝向新文化的路，她已逐渐脱离中世纪的乌烟瘴气，她正像旭日初升，如花初发。地球是四方的学说，已经打破。航海家已不再畏惧驶船到地之尽处，不复再还。科学的种子，已出了萌芽。这时的欧洲是一个新欧洲，而非中世纪的欧洲。

在这种环境之下，西洋人开始和我们做海道的交通，而开东西文化接触的先河。西洋人从海道而来中国的，是一五一六年的葡人伯斯特罗（Perestrello）。继伯斯特罗而起者为安德来德（Andrade）于一五一七年至上川岛，及同年葡人马加来哈（Mascarenhas）至福建。这般东来的先锋的目的，本来是在于商业上的赢利，但是商业上的往来日繁，宗教的输入遂因之而发生。Francis Xavier虽不得志而卒于上川岛（一五五二），然继他而起者像利玛窦（一五七九），却在中国的文化上影响不少。利玛窦在广东时的信徒虽不多，然在北京却有很好的成绩。此后教士之逐渐增加，信徒的日多，《圣经》的传布，教堂的建设，在其最盛之时，教堂之建设在广东有了七所，江南百余所。一六六三年十八省的信徒约在十四五万，而一六九六年单在北京受洗礼者，也有了六百三十人。

十八世纪以后，因为政府之禁止传教事业，表面上固若失败，然根蒂已深。至了十九世纪初叶，新教又逐渐趋入。此后基督教在中国的势力，漫延全国，我人纵不赞成这种宗教，然而事实上的基督教化，是没有可疑的。

但是一般教士最初于西洋文化的输入而贡献于中国的，与其说是宗教方面，不如说是科学方面。而这时的科学最重要的，却是天文算术。据说利玛窦在韶州时已与其弟子译述《几何原本》。后来在北京，得了中国人士之赞助，于算术上的翻译，更因之而增。至于天文上的历法的推算的精确，且为政府所采用。我们试看杨光先之恢复古历的错误，不但自己因而入狱，则满廷群臣，也觉得西法之当采，以及光先的错误。

除了天算以外，西洋的兵器像铳炮也已为明末政府所采用。不过兵器及机器的需要及机器厂的设备，特别盛于洪杨乱后。同治四年（一八六五）设江南机器制造局于上海，五年奏设轮船制造厂于福建，九年设机器制造局于天津，十一年派选学生留美，请开煤铁矿，设轮船招商局。到了光绪元年的筹办铁甲兵船，请设洋学局于各省，分格致、测算、舆图、火轮、机器、兵法、炮法、化学、电学诸科。从此以后，一切的建设，像电报局，开矿务，均是西化的表征。

在教育方面，所谓废除科举，设立学校；在政治方面的派大臣出洋考察政治，请洋人顾问，均是实行西化的表示。到了现在，所谓教育及政治上的西洋化，差不多处处都可以指出。其实不但是政治教育已受了不少的西化，就是在思想哲学方面我们也要西洋化。外国的学者像杜威、罗素我们也请过来演讲，连了所谓以文载道的中国人，逐渐且觉到在文学上不如西洋人，所以西洋文学上的介绍和翻译，也逐渐的增加起来。

上面的叙述，当然是太过简单。然也可以给我们一个印象：这就是中国在事实上是趋于全盘接受西洋文化。不过三百年来的西化，终不见得中国的文化能够和各国立于对抗的地位，是因中国人不愿去诚心诚意来接受西洋文化的全部，而只求目前的部分的西洋文化。比方张之洞未尝不觉到采用西法的必要，然又要保存中学以为根本；未尝不知西洋文化胜于日本文化，然又要劝人留学西洋不如留学东洋，这种的不澈底和非全盘的西洋化，结果是养出不中不西、即中即西的梁任公一班学者。学问上固是如此，全部文化亦何莫不然？其实，文化是没有东西之分，要是我们觉得人家的文化是优高过我们，是适用过我们，我们去学人家，已恐做不到，何况还要把有限的光阴脑力，去穿钻这已成陈迹的古董！

三

要是理论上和事实上中国已趋于全盘西化的解释，尚不能给我们以充分的明瞭，则全盘西化的必要，至少还有下面二个理由：

（1）欧洲近代文化的确比我们进步得多。

（2）西洋的现代文化，无论我们喜欢不喜欢，它是现世的趋势。

想对于第一的理由有充分的明瞭，最好把西洋文化的发展，和中国的文化的发展比较来看。周秦时代的中国文化，比之古代希腊的文化，没有什么愧色，这是一般人所承认的。汉朝统一以后，中国文化遂走入黑暗时代；然欧洲在中世纪的趋向，正像汉以后的中国。中世纪的欧洲和汉以后中国的文化的异点，从大体来说，前者深染宗教彩色，后者偏于伦理；然而文化的性质，不但只包含宗教或伦理，而且包含了政治和其他方面。我们所谓深染宗教彩色或伦理彩色，不外是指其文化的趋向的重心所在罢。

但是欧洲的宗教彩色虽浓，欧洲中世纪的宗教和政治自始至终，成为对峙的势力。中国的政治道德却互相利用；儒家给专制君主以统治的理论，而专制君主又给儒者以实力的保护和宣传；这二者调和起来，所以延长的时间较久，而其势力也大。反之，在欧洲政教分开，差不多是中世纪最流行的观念；他们的意见是：教会所应管理的事是精神的（Spiritual），而皇帝所应管理的事是世俗的（Temporal），他们各人有各人的范围而不能逾越。我们以为事实上政教的关系是很密切的，正像我们上面所说的文化的各方面的密切关系而不能分开，理论上若硬要把他们来分开，结果是使二者互相冲突，欧洲中世纪的政教的冲突的原因，未尝不因此。

所以从一方面看去，欧洲的中世纪，固然与汉以后的中国相像，然他们究有异处。专从文化的各方面来比较，中国固然不下于欧洲，然从文化发展的目的上看，欧洲的确已占了优势。其实，我们可以说中世纪的欧洲文化，也是我们所谓文化过渡时代，因为所谓中世纪的欧洲文化，并非欧洲那一部分的固有文化，而是希腊、罗马、希伯来三种联合的文化。希腊的文化的特性是偏于伦理方面，希伯来是宗教方面，罗马是统治世界的帝国。设使最初一般教父，而始终绝对主张政教合一，中世纪的欧洲，也许成为教会式的帝国；无奈他们总趋于政教分离的主张，结果是政教的合一，是到了十四五世纪后才能实现。加以政教未趋一以前，欧洲文化又得了十字军的东征和元朝的西侵，而和东方文化相接触。反之，在我们中国，自三代以下，都自成一种系统。佛教的侵入，固有不少的影响，然中国人的脾胃已存着老庄的气味，所以佛教之来，既非大异，也没有什么利害的冲突。

欧洲因为了常常和外界文化接触，及内部的特殊环境，而时换新局面，所以他的文化里所含的各种特性较多，而改变也易。我们试读欧洲史，而见其像我们中国人对于外来文化那样排除藐视的，能有几人？我们的文化，所以到这样单调和停滞，不外是不愿去学他人。所以从东西文化发展上看去，不但这两三百年来，我们样样的进步，没有人家这么快，何况三二百年前的西洋所占的位置，已比我们好得多？文化本来是变化的，而且应时时变化，停而不变，还能叫做什么化呢？

假使文化发展上的比较，尚不能澈底使我们明白欧洲文化的确比我们的文化为优，我们再把文化的成分来分析而比较，则我们所得的结论也是一样。

衣、食、住差不多是人生物质生活的要件。没有到外国的人，也许不觉得我们的生活的简陋，然一到外国的人，总免不得要觉到我们自己的生活，若不客气来说一句，还是未完全开化的生活。"欧洲没有穷人"，一位住在欧洲好多年的朋友有一次这样的对我说。其实，我们若看欧洲报纸，见得欧人天天都在那边说得他们的穷况，何等利害，然而平心来说，欧人所谓穷，是没有舒服，中国人的穷，是穷到非人的生活。我们不要远跑，只在上海、北京、广州，附近的地方看看，便能了然，这些的人，一天二餐还没法子去弄好，说什么来和欧洲人比较？

这不过是从经济方面来说，我们若从农、工、商业来看，那么我们比诸西洋人，更有天渊之别。说起农业，中国现在有什么出产是值得和世界相媲美的呢？说起工业，一个这么大的广州，数不出五枝烟筒，比起从比利时而入德境以至柏林的那条路的数不尽的工厂，有什么分别呢？说起商业，中国人不但没有法子去在世界市场上竞逐，连了国内也比不上外人！

若把政治教育以及他方面的情况来和西洋比较，我们实在说不出来。我们要和西洋比较科学吗？交通吗？出版物吗？哲学吗？其实连了所谓礼教之邦的中国道德，一和西洋道德比较起来，也只有愧色。所以西洋文化之优于中国，不但只有历史上的证明，就是从文化成分的各方面来看，也是一样。

应该全盘接受西洋文化的第一理由，略如上说，现在可以解释第二个理由。西洋文化是世界文化的趋势。质言之：西洋文化在今日，就是世界文化。我们不要在这个世界生活则已，要是要了，则除了去适应这种趋势外，只有束手待毙。我们试想，设使我们而始终像王壬秋义和团那样顽固，现在的中国又要怎么样呢？

试看美国的印第安人，为什么到这田地呢？照我的意见，不外是不愿去接受新时代的文化，而要保存他们自己的文化，结果不但他们的文化保存不住，连了他们自己也保存不住。反之，美国的黑人，能够蒸蒸日上，不外是能够适应新时代的文化。平心来说，美国白种人之仇视及压迫黑人，比诸印第安人利害得多，然一则以存、以盛；一则以衰、以灭。这种例子，可为吾国一般踌躇不愿全盘接受西洋文化的良剂。我们试想假使一个黑人愿为美国人照旧的做奴隶，而不愿努力去同白种人作同样的生活，我们必定看不起他。然一个中国不愿去接受现代趋势的西洋文化，而要保留过去的文化，从一个旁观人来看起来，他必定说道：其异于奴隶者几希？

其实要是我们看看我国的黎人、苗人的历史，已足为我们殷鉴。比方：在海南数百年来，耗过无数金钱，费过无数头颅，去征伐黎人，然到今，我们一谈到海南，总会谈到扶黎救黎。其原因也不外是因为黎人不愿接受我们的文化，结果他们的情况日弄日蹙。我们若不痛改前非，则后之视今，恐犹今之视昔。

四

我们已解释全盘采纳西洋文化的必要，我们现在可以将一般反对这种主张的人的意见，略为说明，以为本章的结论。

反对全盘采纳西洋文化的人，以为每一民族，有一民族之文化，所以文化成为民族的生命。他们的结论是：文化亡，则民族亡。这种意见的错误，是在于不明瞭文化乃人类的创造品，民族的精神固然可于文化中见之，然他的真谛，并不在于保存文化，而在于创造文化。过去的文化是过去人的创造品，时境变了，我们应当随着时境而创造新文化，否则我们的民族，只有衰弱，只有沦亡。

又有些人以为全盘采用西洋文化，就使民族不至于沦亡，然我们何忍把祖宗之创业，置于沦亡而不取。我们的回答是：全盘采用西洋文化，决不会生出这种结果，因为固有的文化乃文化发展史上一部分。固有的文化固不适用于现在，然在历史上的位置，却不因之而消灭。就使我们中国人而不顾及，西洋人也会注意。因为他是世界文化历史的一部分。十七世纪的欧洲学者，也许写世界史，而不包括中国史，然二十世纪的历史家，若对于中国历史没有相当的了解，他决不敢去写世界史。况且我们已说过，文化是变化的，我们祖宗曾经结绳以记事，我们用了文字，已是变化，我们若一定要保存祖宗的创业，吾们何不再结绳以记事？

又有些人说，西洋人曾竭力去提倡东方文化，难道中国人不要提倡自己文化吗？我们以为西方人提倡东方化，是西方人的事，东方人要西化，是东方人的责任。其实西方人之于东方文化的研究，正像他们研究菲洲土人的文化一样。难道西方人去研究菲洲土人的文化，是要提倡菲洲文化吗？

反对全盘西化的人的理由，当不止此，然其浅陋，也可以见其大概了。

第六章　近代文化的主力

十余年前，李大钊先生在其所著《东西文明根本之异点》一文里，劈头就说道（民国七年七月《言治季刊》）：

> 东西文明有根本不同之点，即东洋文明主静，西洋文明主动是也。

从这根本的差异上再推衍到他种差异，据李先生的意见，则东方文化和西方文化，又有了下面的不同之点：

> 一为自然的，一为人为的；一为安息的，一为战争的；一为消极的，一为积极的；一为依赖的，一为独立的；一为苟安的，一为突进的；一为因袭的，一为创造的；一为保守的，一为进步的；一为直觉的，一为理智的；一为空想的，一为体验的；一为艺术的，一为科学的；一为精神的，一为物质的；一为灵的，一为肉的；一为向天的，一为立地的；一为自然支配人间的，一为人间征服自然的。

我们在第一章里已经说明，一切文化都是动的，所以文化的特性是变动。因为一切文化都是动的，所以把动与静来做某二种文化的根本差异，不但不妥当，抑且不通，因为世界没有静的文化。文化之所以形成，固是赖于动，文化之由一代传到第二代，也赖于动。比方：言语是一种文化，言语的创造及发展，当然是赖于动力。后代的人，学习言语，也是要赖动力。又比方：一种建筑，她的最初创造，固赖于动力，但是我们若要照样的丝毫都不改变而再造一座，也免不得要动力。世间只有已经消灭及只能放在博物院来作古董，而完全不适我们的需要的文化，才可以叫做静的文化（参看第三章第三节）。

所谓根本上的动静的文化的差异，既不能成立，就是从这种根本的差异，而推衍出的各种差异，也是不妥当的。比方：李先生说，东方的文化为自然的文化，西方的文化为人为的文化，这也是一个大错误。一切文化，都是人为；文化而是自然的，安能叫做文化？又如：李先生说一为因袭，一为创造，也是说得不通。一切文化都是创造的，除非吾们承认这些文化是神所给与我们，才能说不是人类的创造品。她的起源固非人类所创造，然人类若欲因袭而传之后代而为目前的需要，人类也要他们自己照样的去造做出来才好。所以因袭并非坐而享受，并非无须造作；所谓因袭，不外是我们不加不减照样的去做前人所做的东西罢。

所以这样的来分别东西文化的异同，我们应当不要忘记至多只有程度的差异，没有种类上的差异。其实，文化本身上只有程度的差异，而没有种类的不同。所以我们认定像伧父君在其《静的文明与动的文明》一文里所说下面一段话,是错误了文化的根本观念。

> 盖吾人意见,以为西洋文明与吾国固有之文明,乃性质之异,而非程度之差,而吾国固有之文明,正足以救西洋文明之弊,济西洋文明之穷。

这是心理变态的东方人的自慰话,这是东方人的夸大狂!

总而言之,文化本身上既只有程度的差异,没有种类上的不同,把某个圈围的文化,来和别的圈围的文化,来寻出根本上的性质不同,是决不能给我们以澈底的了解。我们若要明白东西文化的差别,只能于程度上观察。但是文化的程度上的差异,不但是限于中国文化和西洋的比较,就是现代的西洋文化和中世纪的西洋文化,也有这种的不同。其实,殷商时代的中国的文化,与周秦的文化,若把来比较起来,也非没有这种的差异。

我们已经说过,周秦时代的中国文化,并不低下于欧洲古代的希腊文化,而中世纪的西洋文化,也不见高于汉以后的中国文化。这是专就文化本身的实在情况来说,而非其发展的目的和趋向方来看。然从十五六世纪以后,欧洲的文化遂起了重大的变化,而成为近代的西洋文化。这种文化,因为它是世界文化的趋势及其目前的需要,所以我们叫做近代文化。本章所谓的近代文化,就是此意。从文化的根本观念的研究的成分的分析来看,现代各种普通的文化特质,在中世纪或古代并非没有,然就文化的程度或量的方面来看,则中世纪的欧洲文化,或所谓中国的固有文化,若把来和现代的西洋的文化比较,则其差别则正有天壤之殊。质言之,现代的欧洲文化,把来和十二世纪的文化的差异,与十二世纪的文化,把来和四五世纪的差异,则现代之异于十二世纪,比之十二世纪之与四五世纪的差别,太利害了。然而为什么现代西洋文化和中世纪的文化的悬殊,到这么利害呢?换言之,近代文化的变换为什么到这样利害呢?

要解答这问题,我们又不能不从文化的根本的观念上着想。我们已说过,文化是人类适应时代环境以满足其生活的努力的工具和结果,所以文化是人类的创造品,而人类创造文化的成绩的程度如何,又要靠着人类的努力如何。坐着不动,而对于世间一切,都没有振作的念头的人,不但不会创造新文化出来,连了旧文化也保存不住。这一层我们可以设一个最平常的例子来说明。比方:一个人辛苦的去置了一种产业,或是赚了百万家财,这种家财和产业,假使他的子孙,不努力去发展,而增加其产业财产,或是不努力去维持,则坐食江山,不但发展不来,保存也是不住,结果是家财荡尽。文化也是这样。我们祖宗,二千年前所创造的文化,在今日能够在二千年后留传者,并非什么祖宗"在天之灵""赐福后世",而是我们自己的努力的造作,而非祖宗的努力。祖宗已在二千年前死去,他怎能为二千年后的子孙努力呢?

所以每一代的文化,都赖每一代的人的努力扩张和更新。更新固要我们的努力,保存因袭也要我们自己去努力。其实我们所谓固有文化的总和,决非一个祖宗造出来，也非一代的祖宗造出来。因为它不是一个祖宗造出来，我们专只去崇拜这个祖宗，是我们对不起别的祖宗。因为它不是一代的祖宗造出来，我们只去崇拜一代的祖宗，是对不起别代的祖宗。

我们读历史的传说听说燧人教民钻木取火，而开熟食之纪元。所以谈起熟食，要谢谢燧人。然历史的传说又告诉我们：神农教民耕稼，难道我们只会崇拜取火的燧人而不崇拜耕稼的神农吗？我们读中国史，知道汉朝注重经学，宋朝注重理学，难道我们只晓得宋学是我们祖宗的创业，汉学却不是祖宗的遗业吗？

然而这种的觉悟和认识，若放大起来，而应用到文化的各方面，则所谓排除异己的观念，决不能存在。而我们的思想及生活方式，决不能任何一人及一代所垄断，所以我们若承认这个整个文化，是并非一人一代所造成，则我们不得不承认这个文化：

并非一人一代的努力。

它既不是某一人或某一代的努力，则每一个人都有变换这一种文化和创造新的文化的责任，而使每一代的文化，都应该比前一代的文化进一步与高一级。

这种每一人的责任心的认识和觉悟，就是个性的认识和觉悟；而每一人都努力去担负这种责任，则个性必定尊重，必定发展。主张尊重和发展个性的学说，是：

个人主义。

这种的个人主义，在古代希腊的哲人也主张过。他们的流行语，是个人是万物万事之量。他们对于个人的地位，极力提高，而使个人能够在文化上有所贡献。卡士曼（Cushman）在其所著的《西洋哲学史》里说：

> 这些哲人，是直接引起希腊文化上的变动的人。他们是希腊启明时期的中坚。这些哲人与希腊文化的重要关系至黑格儿而始大白，从前的历史家，都不大视他们（看瞿译上册第五九页）。

到了苏格拉底把哲人的个人是万事万物之量，改为人类全体为万物之量，而他的弟子柏拉图，及柏拉图的弟子亚里士多德更张大其说，个人主义因之而衰。照柏氏的意见，社会国家及文化的发生，是因为人类天然的需要，而且社会国家的发生，是先于个人。所以惟有在社会国家里，才能有个人存在的余地。结果，个人不外是社会国家的附属品。同样，亚里士多德也觉得社会国家是先于个人，而且重要于个人，因为他以为国家是一个整的个体，而包括文化的一切，个体不过是国家的一部分，正像一个人，假说他的全个身体已毁坏，则他的脚手，也不能存。其实个人不外是国家的一种工具，用以促进国家的目罢。

罗马时代的初年，据说每一个人都有每一个人的主权。但是罗马逐渐的成为帝国，帝皇的权力，日日增加，而个人的自由，也逐渐的丧失。到了中世纪的时代，个性简直是没有法子去发展。一切的威权，都是在上帝手里。一切的文化，像政府，像法律等，都是上帝的创造品。上帝不但是万能，而且是万有。在中世纪的人们，不论是教父，无论是帝王，没有不承认这个上帝的存在，没有不遵守上帝的命令。

但是上帝究实是超乎这世界的，他并不亲身的降世来治理一切，他也不亲口的发出命令。他的命令，他的万有，是赖着他的代表，他的使者，来代他说明，代他管理。但是那一个是他的使者呢？教父的回答是教会，而一般帝王的亲信，却说是帝王。然而无论属那一个，从个人方面看去，他们总是个人主义的窒碍品。要是人们承认教会是地上的天国，上帝的使馆，则教皇所说一切，就是上帝的意旨。要是人们承认帝皇是上帝的治人间的使者，则帝皇一切的动作，都是上帝的动作。

但是中世纪的世界，照一般最流行的观念来说，是二元的世界。他们的信仰是，关于人生一切的精神事情，是应当给与教会；而关于人生一切的俗事，是应当给与帝王去管理。世俗和精神二件事，从文化的立脚场看去，不但是有了密切的关系，简直是分开不来。他们硬要把来分开，结果是教皇和帝皇的争执，成为中世纪的流行现象，而这时代的个人，终没有法子去超脱这二种势力之下。因为他们既承认上帝的威权是绝对的，则上帝的使者的威权，也是绝对的，而所谓绝对的信仰和服从上帝，也不外是绝对信仰和服他的使者。

我们应当承认在九、十及十一世纪，是教会势力澎涨的时代。但是正因为了这个原故，而使教会势力的崩痕露出来。设使教会而能自足的不超过帝王的威权，二者互相扶携，则中世纪的世界，也许延长至现在，而欧洲今日的文化，也许不会进步这么利害。像我们中国一样的保存其单调文化，至于近代。但是教会因一方面欲把在原则上自己所承认的帝皇的威权，搜到自己的手里，而成为自己打自己的嘴巴，致失自己的信仰。一方面又因十字军的东征和元朝的西侵，而成了一种新局面。这二面都可以说是促成近代个人主义的主因。

这种个人主义，又是西洋近代文化的主力。

我们已说过，教父自己承认关于治理一切俗事的威权，是应该在帝王手里，而关于精神的事情，是应该属于教会。这种见解，是最初的教父所共认的。他们的根据是耶稣曾说过：我的国家是在天。然而最初教会的人们，也因为基督教是罗马所视为异教，他们这时的愿望，不外是要求教会的脱离于帝国统治之下。罗马崩裂，教会权势日日增加，一般教皇，遂做进一步的要求，以为教会是神圣机关，不受帝王之管理，而可以脱离帝国，然帝国却不能脱离教会而独立，因为教会于神圣事业之外，还可以管理俗事。这样一来，教会遂想抱揽一切，其结果是连了君主像关于婚姻事情，也要受教会的管理。因为教会太猖獗了，免不得发生种种反响，结果是发生出十四世纪的（Avignon）的把戏。好堂皇的教皇，有些历史家说，被了法国的君主放入衣袋里了！

教会统治全欧的计划,既已成了梦想,阻止欧洲个性发展一个大窒物,已逐渐崩坠。我们还不要忘记,教会的势力固消灭,帝王的权力又继之而起。帝王像教皇一样的说他是上帝的使者,他的命令就是上帝的命令。到了十六世纪之末,及十七世纪之初,像英国皇帝詹姆士第一更进一步来说:所有的君主,都是上帝。然而君主势力澎涨的时候,也是个人主义萌芽的时候,因为君主若压迫太甚,则个人不得不起而反抗。其实宗教的改革,已经推翻千余年来以教会为上帝的使馆的观念,而返到个人与上帝可以直接交通。所谓个人与上帝可以直接交通,就是反对教会所垄断的上帝意旨。上帝既实在是寻不见的东西,教会的意旨就是上帝的意旨。现在个人既能和上帝直接交通,直接承受上帝意旨,则个人之意旨,就是上帝之意旨。所以宗教改革,不但是只推翻教会专制,其实是连了信仰上帝,也成了问题,而结果是:

信仰自己。

这种信仰自己的观念一发生,不但是教会统治自然崩坠,就是君主专制也要崩坠。因为君主就是上帝的使者的观念既打破,君主是上帝的谎话,也要打破。因为人人都是上帝了,要把君主的上帝,去压迫他人的上帝,是等于上帝自己压迫自己。这是绝对没有的事。因此,政治上的个性自由,也因之而生。

上面是说教会想统治一切的精神和俗事,而激引教会的崩坠和宗教上的个性信仰自由,再由宗教上的自由,引起政治上的个性自由。我们现在再说十字军的东征和元朝的西侵,而引起现代的个人主义。

十字军的发生,也可以说是由于教会的统治和侵略的欲望,教会不但是在欧洲内部要统治一切,且要伸手到外边去。因此遂号召十字军去东征。从拯救圣地方面来说,十字军东征的目的,本已达到,但从他方面看起来,教会的势力,却因此而丧失不少。第一,因为十字军的东征,在欧洲一般的忠实信徒,都被杀死不少,致教会失了不少精华。第二,没有从军而留在欧洲的人们,是表示他们对于宗教的信仰,没有这般从军者那样热烈和忠心,其实他们也许是教会的仇敌,现在教会的强有力者既皆效力疆场。正是他们发展一个好机会。这个机会,一方面使他们能做强有力的组织,以对抗教会的压迫,一方面可以使他们的个性上逐渐发展,而引起后来的个人主义。

至于元朝的西侵之影响于欧洲人的个性发展上,也很明白。据一般历史家的意见:中国的印刷、火药,及指南针之输入欧洲,是在元帝西侵的时候。印刷的影响是:打破教会教士及贵族垄断智识界,而使书册文字流传于民间,其结果是思想上得以解放,而脱羁教会和贵族的统治思想。火药的影响是:打破武士制度,使部落的贵族的势力减少,而输之于平民,以开民治的途径。指南针的影响是:使航海家能够远渡重洋,而辟新世界。这些的影响,不过只述其重要者,其实元朝的西侵,而使全欧震动,对于欧洲人的狭见打破不少,而对于个人个性的发展上，如冒险东游，可以叫做个人主义发展的原因。

我们已经说过：个人主义是近代西洋文化发展的主因，因为惟有解放个人一切的解放和压迫，然后各个人始能尽量去发挥个人的才能。文化的创造和发展，是赖于各个人的才能和努力。设使在某一个文化圈围里，个个人都努力来尽量发挥其才能，则这个文化圈围的文化，必定进步得利害。反之，假使在某一个文化圈围的个人，为了某种势力所压迫，或是随波逐流而无所振作，则这个文化圈围的文化，决没有法子去发达。因为文化是人类的创造品，要是人类而不努力去创造，怎能发生得文化来？

从欧洲的历史来看，中世纪与希腊时代的文化，所以停滞而不发展，都是因个性受了压迫，而没有发展的可能。同样中国文化所以到这么单调，这么停滞，也是由于个性的束缚。个性之所以不能发达的原因，大要有三：一为万物神造说；二为自然生长说；三为伟人天生说。万物神造说在中世纪最为流行。自然生长说，在柏拉图及亚里士多德的著作中，可以找得出；老子所谓无为而无不为，也属于这一派。至于伟人天生说，差不多可以说是中国的传统思想，而且是孔子、孟子所主张最力的。中国人叫君主做天子，也不外是这派罢。

这三种学说既为个性发展的窒碍，而个性不发展又为文化停滞的原因。质言之，这三种学说是和文化的发展处于对峙的地位，假使我们而能明白这一点，则本章所谓个人主义是西洋近代文化的主因，也可了然。

我们现在可以把一个实例来说明。

谈近代西洋文化发展史的人，总免不得要记得意大利的加里雷倭（Galileo）。加氏是生于一五六四年。哥伦布已发见了新大陆。宗教改革的中坚人物马丁·路得差不多死了二十年。欧洲人的个性发展，正是如潮如涌。加里雷倭也不过新时代中一个先锋。然吾们试看他之所以被禁，不外是不愿去盲从天地神造之说，而发挥其个性之所能。加氏是近代西洋文化史上一个大恩人，然教皇之所以特诏他到罗马讯判者，是因（1）他相信歌白尼以为日居中心，地球绕之而行的学说；（2）他教授了不少门徒，以传播这种学说；（3）他曾为文说太阳有斑点；（4）他答辩根据《圣经》而反对的人，以为宗教和科学可以相容而不悖。后来因为他著《妥勒梅及歌白尼两大宇宙之谈话》，遂引起罗马教皇的惩罚。惩罚的条文有三：（一）加氏须亲草誓愿书，此后不再离经叛道，而攻乎异端，万一而不能实行，则愿受无论何种的刑戮。（二）终身禁锢，不得自由。（三）每星期须读七条悔过圣诗以自忏。加氏后来因疾而死，但是连到死后，教皇也不准人家为他公葬立碑。我们试想在自由思想已经开于十六七世纪，教会之排除异己，尚且若此之甚，若在中世纪而出一像加氏者，则教会之待遇，将又何如？

"我虽不再说地球是能自动，无奈地球是自动的。"这是加氏受教皇被迫而承认上面所举三条条件以后所说的话。以事实上是动的地球，硬要人家说是不动，抹杀真理，一至于此。在这种环境势力之下，而想文化的进步，何异望梅止渴？

万有神造势力之下的个性比较发达的人，所遭的场遇固如此，在攻乎异端、斯害也已的孔家势力之下的个性比较发达的人，所处的境遇，也是这样。我们且看数十年前对于西洋的文化比较做过多少实地的观察的郭嵩焘寄给李鸿章一封信，便能了然。

> 前岁入都，本意推求古今事宜，辨其异同得失。自隋唐之世，与西洋通商，已历千数百年，因鸦片之禁而构难，以次增加各海口，内达长江，其势日迫，其患日深，宜究明其本来，条具其所以致富之实，其发明，其用心，而后中国所以自处，与其所以处人者，皆可以知其节要，谋勒为一书，上之总署，颁行天下学校，以解士大夫之惑。朝廷所以周旋远人之心，固有其大者远者，当使臣民喻知之。道天津，亦为中堂陈之，及至京师，折于喧嚣之口，噤不得发。窃谓中国之人心，有万不可解者，西洋为害之烈，莫甚于鸦片烟，英国士绅亦自耻其以害人者为构衅中国之具也，方谋所以禁绝之，中国士大夫，甘心陷溺，恬不为悔，数十年来国家之耻，耗竭财力，无一人引为疚心。钟表玩具，家皆有之，呢绒洋布之属，遍及穷荒僻壤，江浙风俗，至于舍国家钱币而专行使洋钱，且昂其值，漠然无知其非者，一闻修造铁路电报，痛心疾首，群起阻难，至有以见洋人机器为公愤若，曾劼刚以家讳乘南京小轮船，至长沙，官绅起而大哗，数年不息，是甘心承人之害，以使朘我之脂膏，而挟全力自塞其利源，蒙不知其何心也。办洋务三十年，疆吏全无知晓，而以挟持朝廷曰公论，朝廷亦因之而奖饬之曰公论，呜呼天下之民气郁塞壅遏，无能上达久矣，而用其嚣张无识之气，鼓励游民，以求一逞，又从而引导之，宋之弱，明之亡，皆此嚣张无识者为之也。嵩焘楚人也，生长愚顽之乡，又未一习商贾，与洋人相近，盖尝读书观理，举古今事变而得之于举世哗笑之中，求所以为保邦制国之经，以自立于不敝，沛然言之，略无顾忌，而始终一不相谅，窜身七万里外，未及二月，一参再参，亦遂幡然自悔其初心，不敢复为陈论矣……

所谓以"自立于不敝，沛然言之，略无顾忌"，就是个性的表现，然像嵩焘这样的人，因为受了传统思想所摈弃，免不得也要"幡然自悔其初心，而不复再为陈论"，个性之难表彰，文化之难于上达，可以想见！

文化的停滞，既由于传统思想的压迫个性的发展，则提倡个人主义，不但在消极方面，可以打破传统思想；在积极方面，可以促进文化的进步。西洋近代文化之所以能于三二百年内发展这么快，主要是由由于个性的发展，和个人主义的提倡。

西洋各国提倡个人主义者甚多，比方：十七世纪的弥尔敦（John Milton）在

其所著的 *Areopagitica*，对于个人的言论，自由的主张，以及反对政府对于人民的压迫，可以说是后来英国个人主义的先河。此外，如洛克，如边沁对于个人自由上均极力主张，而十九世纪的弥尔及斯宾塞尤为特出。弥尔的关于个人主义的最重要的著作，厥为他的《政治经济学》及《自由论》（严译为《群己权界论》）。斯氏的个人主义最先发见他的《社会的静》一书，后来在其所著的《个人对国家》一书更极力张大其说，而成为个人主义上的最有威权的著作。

美国的《独立宣言》，也是基于个人的个性自由上。主张个人主义最力者，要算哲斐孙。后来著名的著作家像托洛（Thoreau）更极力主张这种学说。他以为除了我个人让给了多少权利与政府外，没有政府能压迫我个人的身体和损害我的财产。理想的社会，是在这社会里，个人要有很高和独立而不受他人牵制的权力。

法国的《人权宣言》的出发点，也是从个人的利益方面着想，而有名的著作家之主张个人主义的也很多。托克维尔（Tocqueville）在他的《美国民治论》，拉布雷（Laboulaye）在他的《国家及其界限》，米雪尔（Michel）在其《国家的观念》，对于个人主义上，均有充分的说明。

德国学者主张个人主义者也很多。个人的自由意志，是康德思想的中坚。个人本身上有了他的目的，他并不是生来而为国家牺牲一切的。斐希特（Fichte）也极力反对国家对于个人的自由意志加以过度的压制。黑格儿也处处为个性辩护，他在他的《历史哲学》里，指出个性的沉没，是中国文化没有发展的最大原因。他很对的说：中国只有家族，只有团体，没有个人，没有个性。但是德国人之主张个人主义最力者，还是洪波德（W. V. Humboldt）。洪氏在其所著的《国家的功用的范围》一书里，说国家所应当最注意的点，在乎国民个性的势力，尽量发展，因为人类的真正目的，是使各人自己的能力，能发展到最完全的境地。

上面不过将数位比较著名的主张个人主义者来做例子，西洋人之主张个人主义者还有好多，而且西洋人的个性的发展，是处处都可以找出来，这是凡到过西洋各国，或和过西洋人接触的人，总要承认的。因为他们的个性上能够尽量发展，其贡献于文化的创造和发展上，也很利害。德国人有一句俗话道：德国的学说之多，是等于德国的博士的数目。换言之，在德国有了一个博士，就多了一种学说。德国的博士本来比任何国都要多，要是每个博士都有了自己的学说，那么学说之多，可以想见。学说多，就是表明德国人在思想上所表现的个性很强，而思想的发达，也很利害。其实德国人何止只在思想的贡献不少，他们无论在文化那一方面的贡献，都很利害，而其原因，不外是个性比较特别发达。德国固然如此，整个西洋，也差不多是这样。

我们返观我们中国，二千年来的文化的停滞，到这么地步，也是因为个性太束缚了。李卓吾总算做在中国历史上个性比较坚强的人，然为了这样，才被当时的摈斥；也是为了这样，才能大胆的说道："二千年以来无议论，非无议论也，以孔子之议论为议论，此所以无议论也。"议论固如此，文化亦何独不然？所以二千年以来的文化，则孔子之文化。我们可以说二千年来是有文化，也可以说是差不多没有文化。说她是有，因为有了孔子的文化，说她是没有，因为这些文化，是二千年前的文化，并非二千年来所创造和发展的文化。

因为了只有孔子的议论，而孔子的议论，又是伟人天造的议论，是排除异己的议论，所以除了孔子以外，没有别的个性可以发展。结果是文化既没有法子去跳出孔子的文化圈围，个人主义在中国的历史上，也没有诞生的可能。

有些人也许要问道：那么杨朱、陈仲子的学说，也不能叫做个人主义吗？本来春秋战国之世，传统的思想既失其效力，思想方面所表现的个性，并非没有。杨朱和陈仲子就是一例。但是个人主义的主张，却找不出来。杨朱岂不是告诉我们吗？

　　损一毫利天下，不与也。悉天下奉一身，不取也。人人不损一毫，人人不利天下，天下治矣。

这简直是极端的为我主义。我们试想某种文化的形成，是要赖了多少人的努力创造，假使人人而不愿去损一毫来益他人，还有什么文化的可能？其实，杨朱只是一个最会享受文化的惰人，他说：

　　恣耳之所欲听，恣目之所欲视，恣鼻之所欲向，恣口之所欲言，恣体之所欲安，恣意之所欲行。

把最显明的话来解释这段话，便是像今日一般的尽量去享受西洋人的洋楼，汽车，以及一切的生活便宜，而极端反对去创造这些生活上的便宜的需要。试问设使人人都像杨朱那样，世间还有那一个来制造汽车，建筑洋楼？结果是这些东西无从发生了！

至于陈仲子的学说，也不能叫做个人主义。她只是一种消极的任我主张罢。消极的任我，也造不出文化来，因为他并不是积极将自己之所能尽量发展，而有所贡献于文化。

杨朱的极端的为我和陈仲子的消极的任我主张，本来是我们所不赞同的，然像这种的学说，自从孟子和赵后把来做禽兽和当杀以后，再也没有人去提倡了。

在孔家思想统治之下，中国决没有法子去产生个人主义。个人主义没有法子去产生，中国文化的改变，至多只有皮毛的改变，没有澈底的主张。我们试想，西洋文化之输入，已有三百年的历史，然中国仍照旧的不澈底去改革固有的病弊，而采用西洋文化，不外是中国人仍旧的醉生梦死于孔家的复古文化。

本来西洋的个人主义之介绍于中国的历史，已在满清尚未推倒以前。严复所译斯宾塞的《群学肄言》，及弥尔的《群己权发》应当对于中国思想上，有莫大的影响。无奈事实上，并不是这样。其原因也不外是由于排除异己的成见太深，一直到了民国四五年以后，开始有了些人作了断片的个人主义的言论。比方：陈仲甫先生在他的《东西民族根本思想之差异》一文（《新青年》一卷四号）内，有一条说明西洋民族以个人为本位，而东洋民族以家族为本位。此外又如胡适之先生，于民国七年所写的《易卜生主义》之影响于中国思想界，也很显明。适之先生自己也说：

> 这篇文章（《易卜生主义》），在民国七八年间，所以能有最大的兴奋作用和解放作用，也正是因为它所提倡的个人主义在当日确是最新鲜又最需要的一针注射。(《胡适文选》第八页)

我以为仲甫先生既没有积极的提倡个人主义，适之先生的介绍，也不外是一方面和断片的介绍。然这样的轻轻一试，已有这种成绩，要是中国人而能尽力从这条路上做工夫，则将来的效益，当无限量。可惜中国人的传统思想已深入脑髓，结果是轻轻的一针注射的个人主义，敌不住什么堂皇的思想统一的注射，结果是我们仍是照旧的只会游手好闲的享受西洋的汽车和洋楼，没有自己有所振作的决心。假使我们而照旧的这样做去，用不着日本费了出派兵舰之劳，我们自己不久总要卖身卖国来买西洋货和日本货，配不上来说什么西洋化，或是日本化呵！

我们的结论，是救治目前中国的危亡，我们不得不要全盘西洋化。但是澈底的全盘西洋化，是要澈底的打破中国的传统思想的垄断，而给个性以尽量发展其所能的机会。但是要尽量去发展个性的所能，以为改变文化的张本，则我们不得不提倡我们所觉得西洋近代文化的主力的：

个人主义。

第七章　南北文化的真谛

一

国人近来对于南北文化的研究的兴趣,好像是日日浓厚。翻译的论文如国立武汉大学《文哲季刊》杨筠如君译日人桑原骘藏的《由历史上观察的中国南北文化》(参看该刊一卷二号)。著作者如《新亚细亚杂志》一卷三期张振之君的《中国文化之向南开展》。讲演者如张溥泉先生最近为宁粤和平奔走而来粤在岭南大学的讲演(按同时来岭南讲演者为蔡元培先生,惟蔡先生所讲乃教育问题)。此外又如梁园东君在《新生命》杂志三卷十二期所发表的《现代中国的北方与南方》。

桑原氏的大意是中国的文化最初是繁盛于北方,逐渐趋向南方发展,而特别是永嘉乱后,其南趋的速度,比前较为利害。南宋以后,南方的文化竟驾乎北方的文化。桑原的论文固然从各方面如人口、都市、物质来证明中国的文化的重心是由北方趋向到南方,然其大部分及最重要的证据及材料,是注重所谓文运及人才方面。所谓文运及人才,能否代表文化的全部,我们暂且不必讨论。我们在这处所要注意的点,就是桑原的论文并非说明南北文化的异同。他的目的,不外是指出中国文化发展的趋向及其重心的趋向,是由北方而南方。张振之先生的论文和桑原的著作,差不多完全暗相符合,所以看过桑原文章的人,可以不必看张先生的著作。

张溥泉先生的讲演的大意,大致和张振之先生及桑原的意见相同。他以为由历史上看去,中国文化发展的方向,是由北方而南方。其发展的速度,从秦始皇筑成万里长城以后,更为显明。始皇想杜绝匈奴的南下牧马,使其帝业在中国垂诸万世而不朽,因筑万里长城。万里长城之筑,政治上固阻止外族之南趋,以扰乱中国,文化上却阻止中国文化之向北发展。且当时中国文化最繁盛之区,乃在北方,向北发展既为长城所阻,唯一的发展方向,就是南方。

历史上中国文化发展的方向,固由北方而南方;但是现代中国文化发展的趋势,却是由南而北。张先生在这处所指明的特别是近代的政治运动。张先生本来是在政治舞场上活动的人,这次讲演,也是以政治方面为立脚点。加以在他讲演的时候,正是日本占据沈阳以后,他看看日本数十年来在满洲的经营,日本的存心叵测,以及中国东北之危机,免不得要勉励一般青年,以为今后中国人对于中国的建设上,应当着力于东北。同时他又看看日本的侵略蒙古,及北边的俄国与蒙古为邻,边境的危机,日迫一日;蒙古百里无人烟的沃土,既无人开垦,中国人，特别是远隔千里的南方人，对于蒙古及北方的情况，隔膜太深，免不得又要叫起一般青年，切勿等闲去看待这些疆土。最后，他又看看中国人在南洋一带近来的情况日趋日下，中国人在南洋殖民的危机，据他自己说：在好多年前已经见及。趋向南洋的发展，既是一种没有希望的梦想，今后从南方移殖南洋的数百万侨胞，又将如何处置。所以今后唯一的方法，是向北走。因此之故，向北走不但是一种已有端绪的事实，而且是我们今后所应行的途径，以及所应特别注意的方针。

张先生固然告诉我们中国文化的由北方趋于南方，及由南方趋于北方二种趋向，然他却没有告诉我们这二种文化的趋向的异同之点如何，并且他所注重的点是政治方面，而政治的运动和政策，在文化的全部看去，只能算做文化的一方面罢。

梁园东先生也承认在历史上看去，中国文化的发展是由北方而到南方。其所以由北而南的原因，并不大像张继先生的注重于政治方面，却注重于经济方面。因为地理和气候的关系，北方的经济生活，没有南方这么容易，所以北方总要依赖南方。文化向南发展的原因，也在于此。梁先生说：

> 北方所以统治南方，是因为北方经济供给不及南方。为维持统治阶级的地位，北方必要取南方，南方却不必统治北方已可维持。

他又说：

> 自欧洲势力侵入中国以来，中国的南部数省，起了极大的变化，无论在政治上、社会上、经济上、文化上无不有极重大的改变。现在中国的南方和历史的南方所有的差异，较之现在北方和从前北方所有的差异，大不止倍蓗。现在的北方，寻不出多少社会原素和历史上的北方不同，但是南方却不然，因是南北的关系也就变了。

因为南方的文化起了重大的变化，所以历史上的北方统治南方，也因之而停止。但是现在的南方，固不受北方的统治，至于北方，据梁先生的意见，各省若联合起来，南方也没有法子去控制北方。梁先生的结论是：中国南方及北方的畛域，是不当有的，因为中国的民族，有了像儒家的思想，来做他们的共同意识，所以"由北而南，或重北轻南的封建遗训不应有，即连由南方或由北方统一的思想，也不应有，根本是南北的畛域观念即不应有"。

梁先生好像感觉到南北文化的异点。比较在上面所举出的文章的研究，较为深刻。但是他也没有说出南方文化是什么，北方文化是什么。因为了他看不出这一点，所以他以为南方文化起了变化以后，北方虽已失了控制南方的能力，然北方若团结起来，仍能和南方互相对抗。

我因为了国人对于这个题目的研究，还在萌芽时代，所以特地的将上面数位的意见，略为介绍。同时也藉以表示这些见解，是和我个人对于南北文化的观察，根本上有了不同的地方，然我亦并不因此而蔑视他人的见解。

二

原来历史上的南北之分，并非找不出的，不过其所分别，大概不是文化的全部，而是片断的和部分的。传说帝舜弹五弦之琴以歌南风，其歌曰：

> 南风之薰兮，可以解吾民之愠兮；南风之时兮，可以阜吾民之财兮。

南风之影响于人民的生活，而得舜的赞美，也可以说是针对北风，然南风之来，不但南方人能够享受，北方人也能够享受；而且在传说的帝舜的时候，所谓中国的南方，简直是没有开辟的蛮夷，所以帝舜的南风歌，在南北文化上看去，当然没有什么意义的。

又如《诗经》的"以雅以南"，除了说明中原的乐和南方的乐，别没有多意义。《易经》的"圣人南面而听天下，向明而治"，和《论语》的"雍也可使南面也"，没有什么意义，《中庸》的"宽柔以教，不报无道，南方之强也；衽金革，死而不厌，北方之强也"；及《孟子》说："陈良，楚产也，悦周公、仲尼之道，北学于中国，北方之学者，未能或之先也"，均不过从性格及学问方面来说，于南北文化的全部的差异，也没意义。此外如南朝北朝，南宗北宗，南音北音等名词，均不过说明文化的部分罢。

对于南北文化比较的有系统的言论，恐怕明代的邱濬总值得我们的注意。邱氏生长海南，海南人素称为"海邦鳞介"，所以在邱氏的著作，处处见其为南方有多少辩护的口气，而注意于南北文化的趋向，及其特殊处。邱氏少年的《五指山咏》有"疑是巨灵伸一臂，遥从海外数中原"之句。长年游京师，又有《南溟甸赋》之作，均是为南方文运辩护而作。他尝以为"三代以至于唐人材之生，盛在江北"（看张文献《曲江集序》）。然自曲江张文献以后，逐渐南趋。其论中国南方文化的发展，及其发展的原因，有一段很中肯的话，今摘录于下：

> 是以三代以前兹地（指岭南）在荒服之外，至秦始入中国。是时也，南蛮之习未改也，椎结卉服之风未革也，持章而适兹无所用也。魏晋以后，中原多故，衣冠之族，多徙于南，与夫或宦或商，恋其土而不忍去，过化渐染，风俗丕变，岁异而月不同，今则弦诵之声相闻矣；衣冠礼乐，班班然盛矣；北学于中国，与四方髦士相颉颃矣；策名天府，列官中外，其表表者则又冠冕玉佩，立于殿陛之间，行道以济时矣。（《广州府志》书序）

他又认南北因地理之不同，而影响于文化。他说：

> 天下之山，皆发源于西北，零散而聚，突起而为岭；天下之川，皆委于

东南，流行而止，渟涵以为海。广南居海之间，受天地山川之尽气，气尽于此而重泄之。故人物之得之也，独异于他邦。其植物则郁然以馨，其动物则粲然以文，是皆他处所未尝有者也。得其气之专而纯，则又朴而茂，秀而皙，气淳直而俗尚随之，浑然天地间小堪舆也。……广郡地志唐以前仅附于史，宋以后始有成书，然而略而未详也。入皇朝以来，百年于此，天地纯然之气，随化机而南流，钟于物者犹若钟于人者，则日新月盛，其声明文化之美，殆与中州无异焉。（《广州府志》书序）

邱氏很明白指出中国文化由北而南的趋向，又指出南北因地理的不同，而影响于人物之各异。而所谓"气尽而重泄之"，又是推料南方文化之将兴。重泄的文化，当然是由南方而趋到北方，这正与他的"遥从海外数中原"的意相合。不过邱氏既不指明地理上的差异而影响于南北文化的异点如何，而所谓重泄的文化是什么文化，又没有明言。其实，他的全副精神，是想使世人知道，南方的文化，是逐渐要和北方的文化并驾齐驱，并且邱氏所说的文化，大约也不外指乎文运人材及相业而言，而人材相业与文章，我们已说过，只是文化全部里的部分罢。（此外如顾炎武《日知录》卷十三所说，南北风化之失及学者之病，均是断片的说明罢。）

到了晚清之世，梁启超先生著《中国古代思潮》对于中国南北文化的差异上，特别注意。他和邱文庄同样的指明南北因地理上的不同，而影响其文化，不过他更进而指明南北的不同的要点，梁先生说：

欲知先秦学派之真相，则南北两分潮，最当注重者也。凡人群第一期之进化，必依河流而起，此万国之所同也。我中国有黄河、扬子江两大流，其位置性质各殊，故各自有其本来之文明，为独立发达之观，虽屡相调和混合，而其差别相目，有不可掩者，凡百皆然，而学术思想，其一端也。北地寒苦硗瘠，谋生不易，其民族销磨精神，日力以奔走衣食，维持社会，犹恐不给，无余裕以驰骛于玄妙之哲理，故其学术思想，常务实际，切人事，贵力行，重经验，而修身齐家治国利群之道术最发达焉。惟然，故重家族，以族长为政治之本，敬老年，尊先祖，随而崇古之念重，保守之情深，排外之力强，则古昔称先王，内其国，外夷狄，重礼文，系亲爱，守法律，畏天命，此北学之精神也。南地则反是，其气候和，其土地饶，其谋生易，其民族不必惟一身一家之饱暖是忧，故常达观于世界以外，初而轻世，继而玩世，既而厌世，不屑屑于实际，故不重礼法，不拘拘于经验，故不崇先王，又其发达较迟，中原之人常鄙夷之，谓为野蛮，故其对于北方学派，有吐弃之意，有破坏之心，探玄理，出世界，齐物我，平阶级，轻私爱，厌繁文，明自然，顺本性，此南学之精神也。

梁先生的南北差异观，学者多为采用。比方谢无量先生在其《中国古代政治思想小史》里，应用这种差异于政治思想。此外应用这种差异于他方面者也不少。平心来说，梁先生这种的分别，未尝没有可取之处，不过我们研究南北文化的人，对于梁先生的观念，应有几点注重者，略举于下：

第一，梁先生虽承认南北因地理的不同，而影响到文化全部的差异，然他所列出的差异之点，是注重在思想方面，而思想方面，只能算做文化的全部之一部分。

第二，梁先生所说的，仅限于春秋战国数百年间，这数百年固然占中国历史上一个重要时期，然在中国历史的全部看去，只能算作一个很短的时期。原来春秋战国的文化，是由过去数千年累进而来，这数百年间，因政治上的紊乱，及思想上的发达，固然可以连带到文化的全部，然这种影响，是否使中国在这时期的文化，起了重大的变化，同时是否能使南北文化因之差异，均是疑问。

第三，因为梁先生所说的只限于春秋战国，所以他的南北区域的分别，是以黄河和扬子江。其实，汉以后的南北逐渐已包括珠江流域，而扬子江变为中国的中部，而非南部。

第四，梁先生把孔子和老子来作北派之魁及南方之魁，质言之，南北之差异，即孔、老之差异，这一点我们以为也没有多大意义，因为孔子本来是老子的弟子，而他们的学说的关系，却处处可考。其实，不少的日本学者，并且不相信老子是南人，假使此说而证据确实，则孔、老为南北大魁之说，更是没有成立的可能。

三

我们以为中国只有一种文化，而没有所谓孔、老的文化的差异，更没有所谓因孔、老的差别，而生出南北文化的不同。所谓南方文化，不外是北方文化。所谓北方文化，也就是南方文化。这种文化，简单来说，可以叫做孔化。我们叫做孔化，而不叫做老化，是因为孔子上承唐虞三代的余绪，而下为后世中国文化的标准，老子除了在思想上和孔子有了程度的差别外，其思想之影响于文化者，如否认繁复的物质文化，均能于孔子的思想中找出。夏曾佑说得好："孔子一身，直为中国政教之原，中国之历史，即孔子一人之历史而已。"

中国的全部文化，既可以以孔子来做代表，而孔子的根本原则，又不外是一以贯之的道。"吾道一以贯之"这句话，是孔子对他的门人曾子所说的，孔子自己虽没有明白说出这种道是什么，但据曾子说：

夫子之道，忠恕而已矣。

原来忠原于孝，而恕发于仁。孝是指下对上所当尽的义务，仁是指上对下的德性。人类一切的关系,都可归纳于这二种观念里。一切的人类的关系,也是从这二种观念推衍出来。实行这二种观念的根本团体,就是家庭。家庭是一切社会的基础,所以一切社会的组织,都以家庭为起点。

家庭放大而成为国家,但是国家所依赖的原则,也是与家庭所依赖的原则一样。故《孝经·士章》里说:"资于事父以事君而敬同,以孝事君则忠。"《大学》里说:"为人君止于仁。"由此类推,而至于治天下的原则,也不外是这样。《大学》里说:

> 所谓平天下,在治其国者,上老老而民兴孝,上长长而民兴弟,上恤孤而民不倍徒,是以君子有洁矩之道也。

此外国家之有君主,天下之有帝王,也犹家庭之有家长。君主之于人民的关系,也犹家长之于子弟的关系。家长对于子女有绝对之威权,所以君主之于人民也有绝对的威权。数千年来变了多少朝代,然专制政体,终无变更者,并非无因。

不但是政治和家庭的组织和制度,是基于这种"一以贯之"的道,就是文化的他方面,也是以这种道为依归。在宗教上的拜祖先,是出于孝敬父母祖先的观念。孝敬父母,不但是在父母生时,就是死后,也要孝敬,于是拜祖先上一切的需要,像仪式,像神位,像时期,像庙祠,均因之而产生。

孝敬父母,不但可以生出宗教上的各种动作,而且可以生出婚姻、丧祭上各种动作和制度。父母死后,应该守丧三年,应该丧得其地,于是风水的习俗,因之而生。"不孝有三,无后为大",于是多子多孙的大家庭因而发生,于是多妻制度得以容许。

因为要孝敬父母,所以"父母在,不远游",结果是自足自供的农业村落,宗族乡居,因之发达,而在经济及法治各方面,现出特殊的性质。这样的类推而到文化的各方面,都有了密切的连带关系,而形成中国的特殊文化。

上面不过略将孔子的一以贯之的道的影响于中国文化的数方面来说。他这种道是放之四海而皆准,施诸万世而可用,因此不但中国的北方是受制于这种道所形成的文化之下,就是南方也受制于这种道所形成的文化之下;不但是秦汉的人们是生活于这种文化之下,就是唐宋的人们也何尝不生活于同样的文化之下。

从孔子的道而形成的中国文化,所以能够这么普遍,这么永久存在于中国的原因,大约不外由于他能够得到政治势力上的保障和宣传。孔子给了治者以统治的理论,而治者给孔家以实力的保护。两相扶携,互为利用,结果不但能使孔教及其形成的文化,能垂诸二千余年而不变,而且能随中国版图的范围的扩充,而传播愈广。中国的文化本来是策源于西北,中国的版图的发展既是由西北而东南,则其文化的发展的趋势,由西北而东南也是这样。

不但这样,满清入关以后,东三省逐渐同化于汉族文化,结果不但是文化的趋向是由北而南，而且是由南而北了。此外过去的西蜀也是中原的圣人所目谓蛮夷的地，然因版图的逐渐扩大，而且同化于所谓孔子化，可知中国文化的发展，不但是由北而南的，不过以所谓汉族的本部而言，则由北趋南的发展，较为显明。然其所以南趋的原因，就是像上面所说：

中国的文化，是策源于北方的。

因为她的策源地是在北方，我们叫她做北方文化，也未尝不可。所以所谓中国的"固有"的文化，在性质上是没有南北之分，就是在程度上的南北之分，除了在南方三数省的土音上，较为复杂外，在文化的大体上，是没有很大的差别的。南北因为了地理气候上的不同，在文化有不少的影响，乃当然之事，比方：北方食麦，南方食米，然北方人所尊奉以为文化上的一切的标准的孔子，南方也何尝不是这样呢？因此之故，这种孔家化不但是时间上像百余年前的黑格儿，在其所著的《历史哲学》早已见及，没有差异的变化，就是在空间上，她也何尝有东西南北之分呢？

这样说起来，南北文化的观念简直不能成立吗？是又不然。我记得是民国十三年五月间，河南省长李倬章发表了一篇很有趣的言论，其最足以使我们注意的，是这一段：

自古以来，只有北方人统治南方人，决没有南方人统治北方人。北大校长蔡元培与南方孙中山最为接近，知南方力量不足以抵抗北方，乃不惜用苦肉计，提倡新文化，改用白话文，藉以破坏北方历来之优美天性，与兼并思想。其实，白话文简直是胡闹，他们说《红楼梦》《水浒》是好文章，试问不会做文言的人，能不能做这样一类的文字？至于新文化，全是离经叛道之言，我们北方人，千万不要上他的当。

我们阅了上面这段妙文，也许免不得要捧腹。这位堂皇的一省所长的顽固及错误处，不待说了。不过他觉得新文化是离叛夫子之道，并非虚语。他虽弄错了所谓白话文的新文化是提倡自孙中山先生，但是他心目中的新文化，是和南方有密切的关系，而把新文化和南方相提并论，并非完全无稽之言。总之，李省长是错中偶合罢。

原来所谓南北文化的差别，照我们上面所说，既不能在所谓中国的固有文化中找出，而所谓南北文化的真谛，不外是：

新旧文化。

然所谓新旧文化，又不外是：

中西文化。

上面已说过，所谓中国的固有文化，可以叫做北方文化，因为她的策源是在北方，再由北方而趋到南方。所谓新文化的策源，却差不多是在南方，再由南方而影响及趋向到北方。所以这新文化或是西洋文化，可以叫做南方文化。我们当然承认这种南北文化的差别上，只是注重在文化的策源上，却没有注重在文化发达上，因为从文化的繁盛上看去，不但是新文化的全部的重心，逐渐已趋于扬子江口的江浙一带，就是中国固有的旧文化的重心，也是趋在扬子江口的江浙一带，所以乾隆游江浙时，免不得要叫道："江浙为人文渊薮。"

我们这种的结论，也许会引起一般人问道：所谓北方的文化，是中国本来固有的文化；而所谓南方的文化，却是一种舶来的西洋文化；把一种中国固有的文化，因其策源于北方，而叫做北方文化，还可说得去，把一种从西洋运过来的西洋文化，因为从南方输入来，而叫做中国的南方文化，其实是西洋文化，顾名思义，安能把来和策源于北方的固有文化，相提并论，而为中国的南北文化呢？

我们的回答是：严格的中国文化，其实是本来的中国土人的文化。我们所谓中国汉族的文化，本来是汉族从西方带来的文化。这个西方的所在，究竟是在那里，学者尚没有一定的证明，不过所谓汉族本来不是住在中国的本部，是从别处移来中国，这是无论何人，都承认的。汉族既是由别处移来，汉族的最切文化，是汉族自己创造出来，抑或是汉族从他族和他处仿效来呢？要是从他处仿效而来，那么汉族的文化，并不是其本来的文化；要是自己创造出来，然后移来中国，那么从西方那边移到中国，有没有受过他处或他族的文化的影响呢？要是受过他族他处的影响，那么所谓汉族的文化，也非是完全的本来的文化；要是不是，她仍是一种从外输入的一种文化，而非中国的本来固有文化。其实绝对的本来固有的文化，是没有的；这是一般人类学家所承认的。所以所谓固有的文化，本来是不妥当的。我们叫她做中国文化，因为她也许是中国人所独创造的。但是中国人若能仿效他人的文化，而自己又能同样的创造出来，她也是中国人的文化。就使不必是中国人自己去运她过来，或仿效过来，而是外边人把她输入来，而能影响到中国文化，然后再由中国人去模仿和创造她，也可以叫做中国文化。

这样讲起来，所谓西洋文化，若是的确为中国人所需要，的确是从南方介绍进来，那么叫她做南方文化，和所谓旧的北方文化相对峙，又有什么不妥的地方呢？现在中国所谓固有的文化，尚深入一般人的头脑里，同时西洋文化的接受，尚为一般人所踌躇的时期，我们自然有一种这种新文化是外来文化而非中国的文化的偏见，但是设使过了千数百年后，中国人完全是西化了，而且将这种西洋文化，再来发展下去，比较现在，还要进步得多，再过了千数百年后，有谁还要来告诉我们，这不是我们的文化呵！我们应该不要她。要是那时的我们，而听了这位卫经附道的先生，去排斥了这些文化，而复返我们的所谓固有的文化，我们转身一看，我们觉得这二千年来，是没有文化了，我们六七千年来的历史，中断了二千余年了。

其实我们不但到那时，不会转身向后，而排斥一切的西洋文化，我们现在已做不到了。我们现在想写一本中国从古代到今日的小说史，鲁迅是我们免不得要采入的，然而这位《狂人日记》的鲁迅怎样说呢？"我翻开历史一查，这历史……每页上都写着'仁义道德'几个字。我……仔细看了半夜，才从字缝里看出字来，满本都写着两个字是'吃人'。"这样的鲁迅，在卫道先生看起来，怎能配作中国小说家？然而西洋人又告诉我们，著《阿Q正传》的鲁迅是中国小说家呵。《申报》的五十年纪念，叫蔡元培先生写五十年来的中国哲学，他老先生觉得所谓中国哲学，是五十年来所没有的，然蔡先生竟然交出一篇洋洋的《五十年来的中国哲学史》！

平心来说，设使我们始终不变我们数千年来的顽固夸大排外的态度，我们终没有法子去走出这惟有束手待毙的圈子。二百余年来的经验，已给了我们不少的教训，而最近来的东北风云，不外是甲午庚子所种下的种子的果实。要是今后我们还是把这些西洋的文化不当做我们自己的东西，而提倡之，模仿之，发展之，我们终没有法子去西化，至多只能享受西洋货，而今后的中国前途，更是不堪设想。

从西洋输入来的西洋文化，一到我们的手里，这便是我们自己的。因为了是我们自己的，而且是我们目前的急需的，为什么我们不努力去提倡，去发展呢？它既是我们自己的，而她的最初的发祥地又是南方，那么叫它做南方文化，像叫中国的文化做北方文化，又有什么不妥呢？但是它究竟是不是策源于南方呢？

四

要答上段最后一句的疑问，应当看看我们西化的历史，并且要将西洋文化全部分析起来，看看它所包含的各方面，或是是最紧要的数方面的趋入和接受，是否最先在南方。

我们先从政治方面说起。所谓西化的政治方面，南方而尤是广东，乃其策源地，这是无论何人，都要承认的。太平天国的崛起，是受过西洋宗教的影响，而其策源是以两广为根据地。我们若不以成败来断定事实，而以客观的态度去观察，则太平天国之起，不但在中国历史上是一件不可多见的事，而且其影响于后来的政治改革上，也是事实上所不可掩的。

至了近代的政治上的维新运动，其策源于南方更为明显。所谓政治上的维新运动，在近代所最堪注意的一为孙中山先生所领导的革命运动，一为康有为所领导的变法运动。这二人的不同处很多，但是他们同是生长南方，而且其所以维新的动机，是由于多少的西化。梁任公在他的《康有为传》里有下面一段话：

> 其时（康氏三十岁左右）西学初入中国，学国学者，莫或过问。先生僻处乡邑，亦未获从事也。及道香港、上海，见西人殖民政治之完整，属地

如此，本国之进步更可知。因思所以致此者必有道德学问以为之本原，乃悉购江南制造局及西教会所译各书尽读之。彼时所译者皆初级普通学，及工艺、兵法、医学之书，否则耶稣经典论疏耳，于政治哲学，毫无所及，而先生……别有会悟，能举一反三，因小以知大，自是于其学力中，别开一境界。

这是康有为后来在政治舞台上活动的起点。他的"公车上书"也是从这种激动而来。但是康有为究竟是出于"十三世为儒"的旧家，旧思想既深入脑海，新思想却正如任公所说，"来源浅觳，汲而易竭"。我们并不以戊戌变法的失败，而绳康氏，因为根本上，中国的病症太深，要像康有为的变法，成为明治维新的结果，简直是一种梦想。所以就使戊戌变政而成功，其所得之结果，也未必好罢（维新运动再起的梁启超也有可记的价值）。

孙中山先生却不是这样。他的西化，究竟是否澈底，是别一问题，然他的西化，却是直接得来的。并且因为他没有家传旧学来做底子，所以他的西化较易。他早年上李鸿章的书，虽然像康有为欲以政治的原有势力，来改变政治的缺点，然后来这种思想，完全抛弃，而从事于感化平民的下层工作。他不到北京去运动，而专门在南方活动的原因，无非是因为南方的西化较深，而下手较易。我们试看历史革命军的发难，如丁未潮州黄冈之役、惠州之役、钦廉防城之役、镇南关之役、戊申河口之役、庚戌广州新军之变，及最著名的黄花岗七十二烈士赴难之役，通通是在南方。此后所谓护法政府、帝制的推倒、北伐军的成功，均策源于南方，足以表明在政治上的地位来说，南方的一二省，足以左右全国，那么南方不但为近代政治运动的策源地，而且是政治运动上的重心呵。

在西方化的政治的运动上，南方乃其策源地，略如上面所说。至于中西交通以后的商业及经济方面来说，南方也是中西贸易的策源地，而且占中国经济上的重要位置。《货殖传》说："番禺一都会，珠玑、犀、玳瑁、果、布之凑。"在宋时，广东对外贸易，占全国百分之九十八九。至明末葡人航海东来后，南方的广东、福建等，更占了经济上的重要位置。而数十年来政治运动上的经济来源，也是依赖于南方。就以现在全国的经济地位来说，南方的广东、福建恐怕还是占优先的地位。

宗教上的宣传的策源地，也可以说是在南方。唐时的景教，及元时的天主教，均由北方传入，然不久均归于绝灭，其原因大概是陆路上的交通，跋涉太难，而且北方人的旧思想太深，不易激动，直到明末利玛窦东来以后，始能广传。利氏遂初来澳门，然后在肇庆、韶州二府住了十五年之久。他在广东无论在宗教及科学的宣传的成绩，虽不及后来在北京之利害，然对于中国言语、文字、风俗、人情，以及对于宗教宣传上所能有的预备，均在这十五年里弄好。此外如在广东和其弟子所译的《几何原本》，犹其余事。旧教上的利玛窦和其弟子，固以南方为根据地，新教的马礼逊也以南方为起点，所以西洋宗教在中国的策源地，均是南方。

在新思想上，也可以说是从南方起点。不中不西，即中即西的康梁一辈，固不待说，孙中山先生，以及极力反对曾袭侯的"先睡后醒"和张之洞的"中学为体西学为用"的澈底西化的胡礼垣的思想，不但他们本是南方人，而且以南方的环境来做他的思想的背景。此外如严复的翻译西籍，及西洋思想的介绍，梁任公先生有一段的记载道：

……时独有侯官严复先后译赫胥黎《天演论》，亚丹·斯密《原富》，约翰·穆勒《名学》《群己权界论》，孟德司鸠《法意》，斯宾塞尔《群学肄言》数种，皆名著也。虽半属旧籍，去时势颇远，然西洋留学生，与本国思想界发生关系，复其首也。

留学生之介绍西洋思想，固是福建的严复为首，留学生之留学外国，也以南方为首。容纯甫先生及其二位朋友之留美，固不待说，容先生在其自传里，有一段记载，足为上面所说的话证实，录之于后：

当一八七一年之夏，予因所招学生未满第一批定额，乃亲赴香港，于英政府所设学校中，遴选少年聪颖而于中西文略有根底者数人，以足其数。时中国尚未有报纸，以传播新闻，北方人民，多未知中政府有此教育计划，故预备学校招考时，北方应者极少，来者皆粤人，粤人中又多半为香山籍。百二十名官费生中，南人十居八九。（中译《西学东渐记》）

留学生之人数，总以南方为多。留学的目的本来是西化，中国留学生是否对于中国的西洋化上，尽了他们的责任，是别一问题，然中国以往的西洋化之得力于留学者，乃不可掩之事。

留学生之影响于中国的新文化，乃当然之事。然中国人民之向外移殖而影响于新文化，也是值得我们研究的。但人民之向外移殖，大约以南方人为最先和最多。他们到了外国，住了好多年，返国者当然移回多少的欧美化，就是终身在外者，也免不得与国内有不少的关系，而直接上或间接上，有所影响于新文化。

城市运动，差不多可以说是现代文化一种特色，然中国的旧城市的改革，也是策源于南方的广州。广州不但是开中国新城市的纪元，而且是现在中国人管理下的最西化的城市，这是研究中国城市，及城市政府的人们，没有不承认的。

有些人说：新文化的运动是在民国七八年间的《新青年》派的人们，而这些人，既不是南方人，而运动的起点，也非南方。其实，这一次所谓新文化运动，不外是文字上的改革，白话文既不外是文化的各方面之一方面，而这次的白话文的成功，要说是和南方人完全没有关系，也非至言。梁任公的改变古文式的文章而做比较通俗的文章，以及黄遵宪在近代白话诗运动上的位置，是研究近代白话文运动的人，所不可忽视的事实。胡适之先生在其《四十自序》及《五十年来的中国文学》二文里，对于这些事实，也非没有不承认的。

此外又像近中国妇女的参政运动，及文化的其他方面，南方乃其策源地，足为我们的见解证明而可以叙述者尚多，但是看了上面的话，也可以知其概罢。

原来文化的各方面，都是互相关系的。一方面的波动，常常影响到他方面。南方之所以为新文化的策源地，正像北方之为旧文化的策源地，是由地理及各种环境所造成。文化的传播范围，本来是和人类空间的范围，正为正比例。所谓北方的文化，从其文化的圈围来看，即也是南方的文化；而所谓南方的文化，从现在的文化趋向来看，也逐渐的成为北方的文化。这样说起来，所谓南方文化与北方文化的名词，要是能够成立，不外是从策源地上来看，他们的真正意义是时间上的差异，这种差异，就是：

新的文化，和旧的文化。

东西文化观

目　　录

绪　论 ··· 87

第一编　复古主张的观察 ··· 88
    引　言 ·· 88
    第一章　孔家复古主张的解释 ··· 89
    第二章　孔家复古主张的批评（上）① ·· 95
    第三章　孔家复古主张的批评（下） ··· 100
    第四章　评辜鸿铭的复古主张（上） ··· 106
    第五章　评辜鸿铭的复古主张（下） ··· 111
    第六章　评梁漱溟的复古主张（上） ··· 117
    第七章　评梁漱溟的复古主张（下） ··· 123

第二编　折衷办法的派别 ··· 130
    引　言 ·· 130
    第八章　道的文化与器的文化 ··· 131
    第九章　中学为体与西学为用 ··· 137
    第十章　精神文化与物质文化 ··· 143
    第十一章　静的文化与动的文化 ·· 149
    第十二章　植物文化与动物文化 ·· 154
    第十三章　人的文化与物的文化 ·· 160
    第十四章　所谓科学的选择办法 ·· 165

第三编　全盘西化的理由 ··· 170
    引　言 ·· 170
    第十五章　西化主张的态度趋向（上） ····································· 171
    第十六章　西化主张的态度趋向（下） ····································· 177
    第十七章　西化采纳的事实趋向 ·· 183
    第十八章　近代世界文化趋势 ··· 189
    第十九章　东西文化发展的比较 ·· 195
    第二十章　东西文化分析的比较 ·· 201
    第二十一章　对于一般疑问的解释 ··· 207

结　论 ·· 212

---

① 编注：原书未分（上）（下），为便于区分，编者整理时添加。下同。

绪　　论

　　无论是从中国的观点，或是从世界的观点，所谓中国的问题，可以说是十九世纪和二十世纪中一个至重要的问题。对于这个问题的认识，虽因各人的旨趣和立场的不同而各趋于差异，然而这个问题的解决，想可以说必要从文化上着手。换句话来说，中国的问题，就是文化的问题；而所谓文化的问题的重心，恐怕要算东西文化的问题了。

　　这个问题的发生和发展，虽然有了四百年左右的历史，但是中国人能够感觉到这个问题的重要而引起研究的兴趣，恐怕还是最近十余年来的事。这只可以说是中国一部分人的觉悟，而未免令人感觉到太迟一点了。

　　就大概来说，研究东西文化的问题，而想找出一种途径以为中国文化前途设想的人，大约不出下面三个派别。

　　（一）主张复返中国固有文化的路。
　　（二）主张选择的折衷的办法的路。
　　（三）主张全盘接受西方文化的路。

　　本书的目的，是将这三派的思想来做一个比较的研究，好找出那一条途径，是我们应当或是必须采行的。

　　因为这个问题很显明地有三个派别，所以我们可分开这本书为三个部分。第一部分讨论复古派，第二部分讨论折衷派，第三部分讨论西化派。在思想的研究上和材料的搜集上，全书从头到尾都有一贯的关系；然而从思想的派别上和人物的代表上，每一部或每一章都有其独立的性质。

　　书里的派别和人物的选择，当然尚有商量的余地或多少遗漏。比方折衷派的派别，当然不止七派，而每派的人物还有许多；然而本书的目的，不在于尽量容纳材料，他的目的是在选择和评论比较重要的派别和人物。

第一编　复古主张的观察

引　言

　　本编的旨趣是解释及批评复古的主张。我们因为相信孔子是复古主张的中坚人物，所以对于孔家的复古理论与结果，特别注意。此外，第四、五章所讨论的辜鸿铭，对于西洋文化虽曾做过相当的研究，然而他的复古主张，却不外是孔子的复古主张的注脚。梁漱溟因为自己口口声声主张复返孔子的生活，故也列入复古主张的派别内。然而他的复古理论，是很不明瞭和不澈底的。平心而论，梁氏除了口头和字面上的复古外，无论是从他对于文化的纵的方面，或是横的方面的观察上看去，他都是偏于折衷办法的路上。他简直可以说是徘徊于复古和折衷之间，而成为复古和折衷两派的承上启下的人物。

第一章　孔家复古主张的解释

复古是中国人的传统思想，而且是中国思想上的一个特点。我们试看思想最称发达的春秋战国时代，除了所谓法家没有明白和积极的主张复古以外，恐怕无论那一家，都染了复古主张的色彩。法家的巨子，而特别是商君，虽没有明白和积极的主张复古，然而他却并不觉得今胜于古；反之还觉得古胜于今。他在《开塞篇》里说：

> 民之生不知则学，力尽而服。故神农教耕而王，天下师其知也；汤、武致疆而征，诸侯服其力也。夫民愚不怀而问，世知无余力而服。……武王逆取而贵顺，争天下而上让；其取之以力，持之以义。今世疆国事兼并，弱国务力守，上不及唐虞之时，而下不修汤武之道。

据商君的意见，历史的演化，好像是每况日下的。他所谓"上不及唐虞之时，而下不修汤武之道"是明明白白觉得尧舜的时代是胜过汤武的时代，而汤武的时代，又胜过春秋战国的时代。简单来说，就是古胜于今。

历史的事实上固是古胜于今，但是积极和明白的复古，却非他所主张。其原因是因为他看得时势是时时变换的，因而过去的治理社会的方法，或是范围人群的习俗，以及满足生活的工具，无论怎样的好，未必能够适用于现在。所以圣人贤君当看明时代的病症所在，而施以药方，未必一定要沿旧蹈常而主张复古。

积极和明白的主张复古固非商君的意想，但是事实上商君的政策若实行起来，其趋势和结果好像也是会跑到复古的路上。原来商君是一位主张重农最力的人，因为他太过重农，他不只是反对一般商贾和技艺分子，他更极力反对所谓有智识的士人。其实除了统治阶级以外，照他的意见，被治阶级是不应当有智识的。因此他的重农政策，是含着愚民的政策。他在《农战》《垦令》诸篇里，屡屡以为重农则民朴，朴则智巧无从发生；没有智巧，就是愚，愚则易治。我们上面所举出那段话里，明白的告诉我们，古代的政治社会之能够治平安乐，是因为民愚；要是民愚是过去的君主所以能够达到升平政治的条件，那么主张民愚的法家巨子的商君，不能否认他的政策的施行的趋向，是在复古的途径上了。

我们以为像商君的法家，主张用刑法来治理人民和国家，不过是一种手段。他既相信历史的演化，是日趋日下，而有所谓上世、中世、下世的分别，那么在堕落不堪的社会里若用过去的圣人所用的仁义来号召天下，正像对牛弹琴。仁义本身上的好处，他并没有否认，他所反对的是把理想太高的原则，来挽救堕落不堪的社会。紊乱不堪的社会，是要以残酷的刑法来治理的。因为刑法可以使人民畏避，畏避则可以导之于善良；所谓善良易治，就是愚昧无知。能够达到这个地步的时候，所谓因时制宜的刑法，简直可以不用了，而过去的三王五帝的仁义礼教，自然是有采纳和施行的可能。

所谓法家像商君那样既非积极和明白的复古，而骨子里头又是有了复古的趋向。我已说过，我们差不多更可以大胆的说，除了法家以外，没有一家不走上积极复古的趋向。在他们的著作里，我们处处可以找出复古的言论，我们处处可以找出"古"这个字，是他们用来证明他们的主张的坚定和号召当时与将来的唯一标语。他们一方面看得当时政治制度的衰落没有一样足以取法，一方面又自以为人微言轻，不足以号召天下；于是不得不捧出一个古字来，而其结果总是复古。

我们试看孟子所谓言盈天下的杨子和墨子的主张，通通都是复古。杨子说：

> 太古之人，知生之暂来，知死之暂往。故从心而动，不违自然。……从性而游，不逆万物。（《列子·杨朱》篇）

而所谓从心而动，从性而游，不外是：

> 恣耳之所欲听，恣目之所欲视，恣鼻之所欲向，恣口之所欲言，恣体之所欲安，恣意之所欲行。（同前）

事实上要是人人都这样的复返太古，那么结果是只有人享快乐，没有人创作文化。这样做去，不但文化无从发生，恐怕人类也没法子来存在。这种的复古，是超出文化论上的范围以外，而成为缥缈的古，非纯粹的古。

至于墨子之主张复古，犹为显明。他说：

> 周成王之治天下也，不若武王；武王之治天下也，不若成汤；成汤之治天下也，不若尧、舜。（《三辩》第七）

要是后代不如前代，那么最好的办法是复返古。但是为什么要复返尧、舜、汤、武、成王之古呢？墨子的回答是：尧、舜的古，是顺着天意的古。所以他说：

> 夫爱人利人，顺天之意，得天之赏者，谁也？曰若昔三代圣王尧、舜、禹、汤、文、武是也。（《天志》中）

于是可见得墨子的主张复古，是复返天意，或是天志。梁任公先生以为墨家的天，是"'人格神'，有感觉，有意识，有情操，有行为"的。我们以为这种天意、天志，太神秘了。他在《天志》中说，"古者圣王明知天鬼之福，而辟天鬼之所憎，以求兴天下之利，而除天下之害"。简直是把这个古来和我们所不能究诘，不能明白的鬼神来比拟。所以他所说的乃是神秘的古，而非纯粹的古。

又如思想比较解放的老子，也免不了把古来做他的护身符。他说：

> 古之善为道者，非以明民，将以愚之；民之难治，以其智多。

所谓愚民，不外是人民达到"其政闷闷，其民淳淳；其政察察，其民缺缺"的地位。能达到这种地位，是叫做得乎道。同时历史上的暗示历史演化是退步。退步不只是日退日坏，而且是一步一步和有条有理的退下去。所以老子说：

> 失道而后德，失德而后仁，失仁而后义，失义而后礼。夫礼者忠信之薄，而乱之首。

庄子在《缮性》篇也说道：

> 古之人在混芒之中，与一世而得澹漠焉。当是时也，阴阳和静，鬼神不扰，四时得节，万物不伤，群生不夭，人虽有知，无所用之，此之谓至一。当是时也，莫之为而常自然。逮德下衰，及燧人、伏羲始为天下，是故顺而不一；德又下衰，及神农、黄帝始为天下，是故安而不顺；德又下衰，及唐虞始为天下，兴治化之流，浇淳散朴，离道以善，险德以行，然后去性而从于心，心与心识知，而不足以定天下，然后附之以文，益之以博，文灭质，博溺心，然后民始惑乱，无以反其性情，而复其初。由是观之，世道衰矣，世道衰矣。

因为从历史上看去，最古的时代，既是得乎道的时代，再变而至于德，于仁，于义，于礼。那么补救之方，若不能一直由礼面跑到道，则至少也要一步一步的由礼而义，由义而仁，由仁而德；然后再由德而道。我们从这些的解释可以得到老家的根本原则，这就是愈古愈好。

用这个原则而施诸历史的事实，则燧人、伏羲、神农氏以前的世界，像庄子所说是一个得乎道的世界。燧人氏、伏羲、神农只能称做乎德的世。至于尧、舜懂得仁，再降至汤、武惟得乎义。由此再降至春秋，只见乎礼。因此之故，理想中的社会，是燧人以前的社会。但是万一不能达到燧人氏以前的社会，又怎么样呢？我们以为老庄也许主张先达到汤武之世，再由汤、武而尧、舜，而神农，最后再进一步，而达到燧人氏以前的地位。这样看来，老、庄之主张复古，并非一件希奇的事。

我们应当记得老、庄所谓至善之古，乃一个自然而然，无为而无不为的世界。这种的古，是一个绝对没有文化的古；换言之，就是一个绝对的自然而然的古。因此之故，老、庄所谓理想中的至善之古，与其说是过去的已往的古，不如说是古今所同的自然而然的世界。因为老、庄所提倡的皇古，是返到自然的世界。这种自然世界，正像欧洲十八世纪，一般学者所提倡的自然世界。他们以为在这种的世界里，一切都靠着自然的供给，而不假以人手和心思；明白点说，这种社会，正是现代所谓绝对没有文化的原始社会。

老、庄所提倡的至善之古，既是自然的古，而所谓自然的古，也就是今之自然。自然既是古今一样,复古的自然,也就是复今的自然。严格来说,老、庄所提倡的至善之古,可以说非纯粹的古。

老、庄、杨、墨之主张复古,既非纯粹的古,所谓法家之复古趋向,又没有明白的表示出来。理论上能够真实的和明白的构成一种复古的主张,而成为复古思想的中心,还要算孔家的思想。

平心来说,孔子之历史演化观,并非根本和老、庄及法家不同。古代解释中国历史的人,总是以为历史的演化,是退步的,日趋日下的。老、庄、杨、墨固是这样,法家像商君也是这样;至于孔子,也逃不出这个圈子。不过他们大家也有其异点,法家像商君见得历史的变化,日趋日下,他们固然希望能够复返过去的治平安乐世界。然而他们一方面见得时势不同,一方面觉得复返过去的升平世界,并非一件目前所能做得到的事,于是提出因时制宜的办法,以救燃眉之急,待到目前的难关过了,然后再来打算。老、庄见得历史的演化,是日趋日下,他们固然没有否认由礼而义、而仁的比较进步的办法是有补。但是理想的至善之古,却是自然世界。杨子、墨子也主张复古,然前者的复古,是趋回没有文化的地位,而后者又是个神秘的古,所以均非纯粹的古。至于孔子、孟子的主张复古,却是历史已经进化到某程度的一种不先不后的古。这种理想的古,在孔、孟的心目中,却是尧、舜的时代。所以孔子说:

> 大哉!尧之为君也。巍巍乎,唯天为大,唯尧则之;荡荡乎,民无能名焉。巍巍乎,其有成功也,焕乎其有文章。

其于舜,他说:

> 舜有臣五人而天下治,武王曰:"予有乱臣十人。"孔子曰:才难,不其然乎!唐虞之际,于此为盛。

又如:

> 无为而治者,其舜也与夫何为哉,恭己正南面而已矣。

此外如:

> 巍巍乎!舜、禹之有天下也;有天下而不与焉。
> 禹吾无间然矣……禹吾无间然矣。

从上面数段来看,"巍巍乎"数字虽同用之于禹、舜、尧,然夏禹究竟比不上唐虞之盛,而舜又比不上唐尧。可知历史的演化,从尧到舜已退化一层,从舜到禹又退一层;至于汤、武已不用"巍巍乎"的口气。于此又可见得到了汤、武又退了一步。他对于文王、周公虽极力颂扬,然事实上不但比不上唯天为大的尧!连巍巍乎的舜、禹,也不见得能够比得上。

然而历史退化之甚而最显明的,还是文王、周公以后,我们试看《论语》

上记载：

> 子畏于匡曰：文王既殁，文不在兹乎？天之将丧斯文也，后死者不得与于斯文也；天之未丧斯文也，匡人其如予何！

由周德之衰，而退至五霸，五霸固然是退化，固然是退化得很；然而比之当时的诸侯，还是胜过一步。所以孔子在《论语》里虽然说管仲的器量小，不节俭，不知礼，然在别的地方他却说：

> 桓公九合诸侯，不以兵车，管仲之力也。如其仁，如其仁。……管仲相桓公，霸诸侯，一匡天下；民到如今受其赐。微管仲，吾其被发左衽矣。

这正像董仲舒在《对贤良策》里所说：

> 五伯比于他诸侯为贤，其比三王犹武夫之与美玉也。

于此可知，从尧、舜、禹、汤、文、武、周公、五霸是一步一步的退化。孟子对于这种的退化的程序，说得很透彻，今且抄之于下：

> 由尧、舜至于汤，五百有余岁，若禹、皋陶则见而知之，若汤则闻而知之。由汤至于文王，五百有余岁，若伊尹、莱朱则见而知之，若文王则闻而知之。由文王至于孔子，五百有余岁，若太公望、散宜生则见而知之，若孔子则闻而知之。由孔子而来至于今，百有余岁，去圣人之世，若此其未远也，近圣人之居者，若此其甚也，然而无有乎尔，则亦无有乎尔。（《孟子·尽心下》）

其最简明的如：

> 尧、舜，性之也；汤、武，身之也；五霸，假之也。久假而不归，恶知其非有也。

他又说："尧、舜，性者也；汤、武，反之也。"所谓性也者，就是至尊至大的天。所以他说："尽其心者，知其性也；知其性，则知天矣。"原来孔子已经说过，"唯天下为大，唯尧则之。"而孟子却进一步，把尧、舜当作天看待，其尊崇尧、舜之至，可以想见。尧、舜以后，若禹、皋陶，则只得见到尧、舜的黄金世界而知之，他们却不能因见而行之，而实现之。再沿到汤，则只得闻而知之。所以说："尧、舜，性之也；汤、武，身之也，反之也。"从此以后，而至于五霸，更是日趋日下，至于孔子也不过是闻而知之。闻而知之，虽不能使其实现，尚不失其为圣。无奈自孔子以后，能够闻而知之者，也不可易得，可为慨叹，孰过于此。

历史的退化，既到了这么不堪的地位，就是有了圣君贤主，以及有为之士，出来治理，也是难于收拾。因此之故，孔子免不得要感叹的说：

> 如有王者出，必世而后仁。

历史的演化既是这样的，那么补救之方，惟有复返理想中的古。照孔、孟的意见来看，这个理想的古当然是唐尧之古，然在唐尧的黄金世界尚未能够实现的情形之下，则周公、文武、汤、禹之世，也未尝不是一种比较上，应当取法的标准。所以孔子说：

> 周之德，可谓至德矣。

又说：

> 甚矣，吾衰也；久矣，吾不复梦见周公。

再如：

> 吾学周礼，今用之，吾从周。

其实因为历史的演化，是日趋日下，结果是愈古愈好。简单的说，凡是古都胜于今，在《荀子·哀公》篇里，我们找出下面一段谈话：

> 鲁哀公问于孔子曰："吾欲论吾国之士，与之治国，敢问何如取之邪？"
> 孔子对曰："生今之世，志古之道，居今之俗，服古之服"。

而其最显明的如他说：

> 我非生而知之者，好古敏以求之者也。

又如：

> 述而不作，信而好古。

第二章　孔家复古主张的批评（上）

我们已经说过，孔子心目中的黄金时代和他的理想世界，是尧舜时代的世界。所以他的复古，不外是复返尧舜时代之古。这种复古的理论，从片面上的研究和普通人的观察，也许觉得这种理论是筑在历史的事实上，而非凭空的打造出来的；也许觉得，她是基于一种严密和精确的逻辑。然而我们若细心的考察起来，这种论理实在是有一个很大的矛盾。而这种矛盾，据我的意见，虽经过了二千余年的历史，直到现在，恐怕还没有人能够注意到而指明出来。

我们翻阅周秦诸子著作的记载，中国之过去事实，远在尧、舜之前；所谓神话传说之盘古，固不必说，钻木取火之燧人氏，构木为巢的有巢氏，以及教民耕作的神农和制作八卦的伏羲的事迹，没有一件不在尧、舜之前。这种事迹之见于诸子著作者，随处可以指出，若谓诸子之书多是假冒而不能取信，那么孔家在周秦之世，也不外是九流十家之一，并没有特殊的位置和理由足以证明其为真确不诬。孔子删订《尚书》，不自神话传说之盘古，固有可宥，不自诸子所习言的燧人、有巢、神农、伏羲，显然别有所见于心。

不但这样，我们近代所赖以为比较可信的，关于古代事迹的书籍，算司马迁的《史记》。太史公之于孔子，虽尊崇备至，然历史之著作，不始于尧、舜，而始于黄帝；而所谓黄帝之世，也是在尧、舜之前。据太史公之记载，黄帝乃吾国历史上一个很重要的人物：他不但是一个开国元勋，而且是中国文化之始祖。因此中国人大都以黄帝为汉族血统与文化的首创者。太史公之作《史记》，虽远在孔子之后，然而黄帝之事迹之见于周秦诸子，如庄子等也是随处可以指出。孔子之删书，既不自黄帝，而在可靠的《论语》上，也没有一言关于黄帝的。又可知孔子之所以尊崇尧、舜者，盖必别有所见于心。

所谓孔子之别有所见于心者，究竟是什么呢？

据我的愚见，这不外是因为尧、舜的时代，是文化已经达到一种相当的地位；反过来说，就是尧、舜以前的文化，还是未达到孔子理想中的文化程度。燧人以前的"文化"是野蛮的"文化"，固不待说，燧人时代的文化，也不外是熟食的文化，其他如居住一切，还是和一般没有文化的禽兽一样。到了有巢之世，虽有室居，然食物还是靠着自然的生产，自己还不会耕种。所以一步一步的经过伏羲、黄帝之世，逐渐的不但只有熟食室居，而且有布衣文字，以及社会上各种制度，如婚姻、政治种种。

黄帝时代和黄帝以前的时代的文化之逐渐发展，是孔子所承认的。他对于这种发展的事实，也有很详细的记载，而这些记载之最显明的，要算《易经·系辞

》的第二章，不辞繁琐，我且把他抄在这里。

　　古者包牺氏之王天下也，仰则观象于天，俯则观法于地；观鸟兽之文，与地之宜；近取诸身，远取诸物，于是始作八卦以通神明之德，以类万物之情；作结绳而为罔罟，以佃以渔，盖取诸离。

　　包牺氏没，神农氏作，斫木为耜，揉木为耒；耒耨之利，以教天下，盖取诸益。日中为市，致天下之民，聚天下之货，交易而退，各得其所，盖取诸噬嗑。

　　神农氏没，黄帝、尧、舜氏作，通其变，使民不倦，神而化之，使民宜之。易穷则变，变则通，通则久，是以自天祐之，吉无不利。黄帝、尧、舜垂衣裳而天下治，盖取诸乾坤。刳木为舟，剡木为楫；舟楫之利，以济不通，致远以利天下，盖取诸涣。服牛乘马，引重致远，以利天下，盖取诸随。重门击柝，以待暴客，盖取诸豫。断木为杵，掘地为臼；臼杵之利，万民以济，盖取诸小过。弦木为弧，剡木为矢；弧矢之利，以威天下，盖取诸睽。

　　上古穴居而野处，后世圣人易之以宫室，上栋下宇，以待风雨，盖取诸大壮。古之葬者，厚衣之以薪，葬之中野，不封不树，丧期无数，后世圣人易之以棺椁，盖取诸大过。上世结绳而治，后世圣人易之以书契；百官以治，万民以察，盖取诸夬。

　　他把古代各种文化的创造，是从八卦而来，固不可以相信。然而从伏羲经过神农、黄帝而至于尧、舜文化之演化，乃一步一步的进步，这是无论何人都要承认的。伏羲胜于燧人、有巢，而神农时代比伏羲时代为进步，黄帝时代又比神农进步。至于尧、舜更因过去之已成的成绩，再加以新的创作，所以尧、舜之所以得到孔子的特别赏许，而用来做他的理想世界，这是自然而然的。

　　尧舜时代的文化，既是尧、舜以前的文化一层一层的和一滴一滴的堆积而成，那么孔子不把尧、舜以前的时代，来做他的黄金时代和理想世界，是因为尧、舜以前的时代的文化，不及尧舜时代的文化。承认尧、舜以前的文化不及尧、舜的文化，是承认文化的演化，是进步的，是发展的。文化的演化，既是发展的和进步的，那么为什么尧、舜以后的文化，在孔子的心目中，不但没有进步，还且一步一步退下去呢。孔子对于这一点既没有充分和明白的解释，而其结果，是他所主张的唐虞之古，既不是一个绝对的古，像老庄们所说的古，而变为自然而然的世界。又不是燧人、有巢、伏羲、神农、黄帝之古，而是一个已经发展和进步到某一程度之古。孔子既承认这个古是过去的古，一层一滴的造成的古，为什么又把这个古来做一个"绝对"至善而为他的理想的古。原来尧、舜之古，不外是历史上一个相对之古，这个古之所以能够比较的胜过黄帝、神农、伏羲、有巢、燧人之古，正像黄帝之古是胜过神农、伏羲，既已告诉我们，伏羲胜过有巢、燧人，神农又胜过伏羲、黄帝之世，又胜过神农，难道再进一步而至尧、舜之世，就要停止不进吗？若说文化演化至尧、舜的地位尚有再进的可能性，那么尧、舜的文化，不能当做理想的文化了。

孔家的辩护者，也许会说道，孔子并不一定的把尧、舜的文化来做他的理想文化，他不过见得历史的事实，显明的指示自尧、舜以后，的确是日趋日下，所以第一步的工作，是把文化已达到最高点的尧舜时代来做他的标准，待到复返到尧、舜的地位以后，再接着而发展之，扩张之，以至于无已。其实从孔子之尊崇尧、舜的语气里看去，世间再没有能超过尧、舜所已经达到的地位，就使有了这种的可能，则孔子所谓自尧、舜以后的文化，是日趋日下，也非绝对的。换言之，从唐、虞的时代，而至文、武、周公的时代，并非绝对的，只有退化，没有进步的。比方颜渊问为邦，孔子答道：

行夏之时，乘殷之辂，服周之冕。

又如他说：

我学周礼，今用之，我从周。

其比较显明的如：

周监于二代，郁郁乎文哉，吾从周。

孔子不取唐时、虞时，而赞夏之时；不取唐、虞、夏的辂，而取殷之辂；不取唐、虞、夏、商之冕之礼，而赞周之冕之礼，均是表明唐、虞的文化，未必是样样都好，而他所谓"周监于二代，郁郁乎文哉，吾从周"，更是表明周时之文化，是比夏、商为进步。本来文化是累积的，前人创造一点东西，后人加之以改良扩张，自然而且应当比前人所做者为进步。周代能够利用夏、商已达到的文化来做基础，再加以改良更张，那么周代之胜于夏、商，以及唐虞之世，也是当然的。但是一方面承认文化的演化是进步，一方面又说从唐尧以后的文化的演化是退步，这又岂不是一个自相矛盾吗？

把一个相对的尧、舜的古，来做一种绝对至善的理想世界之古，固然是免不了自相矛盾的错误。然而事实上，孔子之所以能够被人特别尊崇，而视为千古以来的独有圣人，也就是由于这种矛盾而来。这是什么原故呢？我已说过，孔子的历史的解释上的矛盾，是没有人注意过的。大约读孔子的书的人们，其视线完全放在他的理想的尧、舜的世界上去，他们完全想不到孔子这种的理想世界，是没有充分的事实和严密的理论。因此之故，他们只觉到孔子的理想世界，是怎样安乐，怎样高尚，而忘记了这个理想世界，乃是孔子个人的空中楼阁；除了孔子个人以外，恐怕没有别人能够知道他的内容如何。因为所谓绝对的古，像老、庄所提倡的，是古今所同的自然世界。自然世界是人人思想所能想得到，人人耳目所能听得到、看得到的。提倡人人能想到、听到、看到的东西，则一般人对于这位提倡者的信仰心和崇拜心必薄；惟有提倡一种所谓自相矛盾的，相对的绝对至善的古，能使一般人们想不到、听不到、看不到，然后始能使人崇拜敬仰。因为除了孔子以外，人人既想不到、听不到、看不到，那么这位想得到、听得到、看得到的孔子，必定是一位超越千古的人。因为这个原故，凡是尊崇信仰所谓尧、舜的黄金世界的人，没有一位不尊崇信仰孔子。结果是所谓尧、舜之道，也就是孔子之道，尊尧成为尊孔，而尊孔也就是尊尧；复尧就是复孔，复孔也就是尧。尧、孔固是异名异时，然而其道则一。因为他们的道是一，所以尊一就是尊尧、孔。孔子之于尧既以唯天为大样来尊崇，那么尊崇孔子的人，也免不得要有同样的口气。我们试看颜回说：

> 仰之弥高，钻之弥坚；瞻之在前，忽然在后。夫子循循然善诱人。博我以文，约我以礼；欲罢不能，既竭吾才，如有所立卓尔，虽欲从之，末由也已。

这正像孔子之所谓"其犹龙乎"的语气。到了子贡，更张大其说，以为孔子之道，不可得而闻，而孔子之在世犹如日月之在天。他说：

> 夫子之文章，可得而闻也；夫子之言性与天道，不可得而闻也。
>
> 他人之贤者，丘陵也，犹可逾也；仲尼日月也，无得而逾焉。人虽欲自绝，其何伤于日月乎，多见其不知量也。

而其最显明者如：

> 夫子之不可及也，犹天之不可阶而升也。

这简直是比唯天为大的尧，更进一步。至于孟子更把他来做千古独有的圣人。所以一则曰："乃所愿，则学孔子也。"再则曰："自生民以来，未有孔子也。"三则曰："自生民以来，未有夫子也。"四则曰："自生民以来，未有盛于孔子者也。"

从士的阶级的尊崇，而至帝王的尊崇，所以便溺儒冠的汉高，也曾以太牢祠孔子。此后如光武之使大司空祠孔子，章帝之封孔僖，魏文帝之称"孔子为命世之大德，亿载之师表"，陈后主之所谓"并天地而合德，与日月而偕明"，唐玄宗之所谓"德配乾坤，身揭日月"。此外如宋之真宗、元之武宗，没有不把孔子来做千古独一之圣人。

原来孔子之所以能得到人君之若此重视，不外是由他之极力主张尊君而来。他所谓"民可使由之，不可使知之"，"天下有道，庶人不议"，"不在其位，不谋其政"，均是专制君主的护身符，愚民政治的良剂。他做《春秋》正像董仲舒所说是屈民而伸君。君主既得孔家的言论的拥护，孔子又得了政治实力上的保护和宣传，两者相依，合而为一。结果是不但在政治数千年来的中国，变来变去，变不出一个专制政治的圈子，就是道德礼教以及人生生活上一切的标准，也逃不出了孔子所画的圈子。

到了后来，一般尊崇孔子的人，像康有为一般，还且孔子来做教主，而为创造人类文化之始祖。我现在且把康氏以孔教为《国教配天议》里一段话抄在这里：

> 夫孔子者，以人为道者也；故公羊家以孔子为与后王共人道之始。盖人有食味、被服、别声、安处之身，而孔子设为五味、五色、五声、宫室之道以处之。人有生我、我生，同我并生、并游、并事、偕老之身，而孔子设为父子、夫妇、兄弟、朋友、君臣之道以处之。内有身有家，外有国有天下，孔子设身家国天下之道以处之。明有天地、山川、禽兽、草木，幽有鬼神，孔子设为天地、山川、禽兽、草木、鬼神之道以处之。人有灵、气，魂知死生运命，孔子于明德、养气、穷理、尽性，以至于命，无不有道焉。所谓人道也上非虚空之航船道，下非蛇鼠之穿穴道。孔子之道，凡为人者，不能不行之。故曰：何莫行此道也，故曰：道也者，不可须臾离也，凡五洲万国，教有异，国有异，而惟为僧出家者，不行孔子夫妇之一道而已。此外乎凡圆颅方趾，号为人者，不能出孔子之道外者也。而今之妄人，乃欲攻孔子，是犹狂夫射天斫地，闭目无睹，含血自噀，多见其妄而已。

这真是"多见其妄而已"。但是他们妄到这个地位，也不外是把孔子之道，来做一个绝对至善之道。正如孔子之把尧、舜之道，来做一个绝对至善之道。结果是他们之所谓复孔也，犹孔子之所谓复返尧、舜。复孔和复古，差不多成为近代名异实同的东西，这是稍能知道二十年来的复古运动的人，没有能加以否认的。

第三章　孔家复古主张的批评（下）

我们已经说过孔子的复古主张的错误，是由于他对于文化演化观上的自相矛盾；而这种自相矛盾，又是由于他对于历史事实上的解释的错误。然而正是因为这种错误和矛盾，所以才能构成他的极端尊崇尧、舜的黄金世界。我们已经说过孔子之自命为听得到、想得到的尧、舜的黄金世界，不外是他个人的空中楼阁；明明是自己的空中楼阁，偏偏加到尧、舜的身上，这本来是中国人托古见志，自欺欺人的故智。我们这种议论，并非绝对否认尧、舜之存在。尧、舜是可以有的，也许是有的。然事实上设使孔子是生在尧、舜之时，那么孔子决不会尊崇尧、舜到这么利害，恐怕他会因为了指摘尧、舜的地方太多，而成为尧、舜的贼臣。但是正因为尧、舜的时代，是一个已经过去的时代，孔子才能够把他们装饰起来，而成为千古特出的人物；而其结果是后来人之欲知尧、舜之世，而效法者，不得不想及孔子，而尊崇孔子。

这样的劝人返复尧、舜之世，就是劝人不要反古，同时自己既已命为独一无二的闻和尧、舜之古的人，就是劝人不要反对他自己所说之古。从这种的理论推衍下去，结果是否认一切与已不同的言论和动作，所以排除异己的成见最深，而容纳他人的意见，成为论理上所不许。其原因是把过去的法则来做标准，总是绝对的。因为这种法则，是决没可以变为较好的法则，要是他变，只有变坏；愈变坏则愈要复古，回头是岸，就是他们的劝告。一个不晓游水的人，若是走下大海去，则愈下愈深，愈深则愈危险。说来说去，总是要速点转头向岸走才有生机。本来岸上也许是很危险的，而且也许是因为岸上是有性命之虞，才走下海；不过这种已成陈迹的岸，还有谁能够证明在岸上是不好的呢？"只有我知道"，这是孔子的回答；"跟着我罢"，这是孔子的劝告。要是不跟着我呢？就：

　　攻乎异端，斯害也已。

这个信条，一经宣布，则无论是谁都要信仰我的道，不相信我所说的道，就是攻乎异端，"攻乎异端，斯害也已"。孔子作司寇，七日便杀大夫少正卯，而其最大的理由，据他自己说，是其谈说足以饰邪荧众；换言之，就是鼓吹异端。这种的信条，一入了孟子的脑子里，逐生出下面的言论：

　　圣王不作，诸侯放恣，处士横议，杨、墨之言盈天下，天下之言，不归杨，则归墨。杨氏为我，是无君也；墨氏兼爱，是无父也。无父无君，是禽兽也。……杨、墨之道不息，孔子之道不著，是邪说诬民充塞仁义也；仁义充塞，则率兽食人，人将相食，吾为此惧，闲先圣之道，距杨、墨……能言

> 距杨、墨者圣人之徒也。(《滕文公下》)

这简直是村妇骂街的口气，值不得去反驳。然而最可怪的，这样的口气，也值数千年来的中国人称为亚圣口中所出的无上真理了。

孟子之所谓异端，大都不过指明杨、墨。到了汉代的孔家之徒的所谓异端，却指了百家而言，董仲舒《对贤良策》里说：

> 今师异道人异论，百家殊方，指意不同；是以上亡以持一统，法制数变，下不知所守。臣愚以为诸不在六艺之科，孔子之术者，皆绝其道，勿使并进。邪辟之说灭息，然后统纪可一，而法度可明，民知所从矣。(《对策》三)

其实孔家之在春秋战国，也不过是九流十家之一，所谓崇孔子而废百家，不外是一种偏见。然最可耐人寻味者，却是这种主张是出诸以五行术数惑言欺众之董仲舒，孔子有知，怪不得会有董仲舒乱吾书之预言呵。

此外如晋之范甯之反对王弼、何晏均不外是从"攻乎异端，斯害也已"的信条而来，而其超于极端者，尤其是唐之韩愈，不但是反对杨、墨且极力反对老子、佛学。他在《原道》里说：

> 周道衰，孔子没，火于秦，黄老于汉，佛于晋魏、梁隋之间。其言道德仁义者，不入于杨，则入于墨；不入于老，则入于佛。入于彼，必出于此；入者主之，出者奴之；入者附之，出者污之。噫！后之人其欲闻仁义道德之说，孰从而听之。老者曰：孔子，吾师之弟子也；佛者曰：孔子，吾师之弟子也。为孔子者，习闻其说，乐其诞而自少也，亦曰：吾师亦尝云尔；不惟举之于口，而又笔之于其书。噫！后之人虽欲闻道德仁义之说，其孰从而求之。甚矣！人之好怪也。不求其端，不讯其末，惟怪之欲闻。

从这种盲目的排除异端的态度推衍下去，遂成为排外的偏见。排外的言论见于《论语》的是：

> 夷狄之有君，不如诸夏之亡也。

《春秋》之作，据一般人的意见，也不外是内夏外夷。此外孟子之蔑视南人，均是以为除了皇朝的中国外，一切的民族国家，不是南蛮北狄，便是东夷西戎。他们是没有开化，他们是没有君君臣臣、父父子子之义的。他们因为没有君臣父子之义，结果是像孟子所谓"无父无君，是禽兽也"。禽兽当然配不上来比称为皇朝的人类，万一这些蛮夷戎狄而有了所谓君臣父子之名，还不如我们皇朝之没有；因为只有像我们自己一样，才能够有这名能副实的东西。

排外态度之趋于极端，便是反对一切的外来的东西。《战国策》所载赵造之反对赵武灵王之采纳胡服的理由，不外是说：

> 服奇者志淫，俗僻者乱民；是以莅国者，不袭奇僻之服，中国不近蛮夷之行；非所以教民而成礼者也。

此外所谓能预言于几先的江统《徙戎论》的理论，也不外是这样的说：

> 夫夷蛮戎狄，谓之四海，九服之制，地在要荒。《春秋》之义，内诸夏而外夷狄；以其言语不通，贽币不同，法俗诡异，种类乖殊；或居绝域之外，山河之表，崎岖川谷阻险之地，与中国壤断土隔，不相侵涉；赋役不及，正朔不加，故曰，天子有道，守在四夷。

韩昌黎之反对佛学也，是根据于这种信条，所以说：

> 夫佛本夷狄之人，与中国言语不通，衣服殊制；口不言先王之法言，身不服先主之法服；不知君臣之义，父子之情。（《谏迎佛骨表》）

又说：

> 孔子之作《春秋》也，诸侯用夷礼则夷之，进于中国则中国之，经曰："夷狄之有君，不如诸夏之亡。"诗曰："戎狄是膺，荆舒是惩。"今也举夷狄之法而加之先王之教之上，几何其不胥而为夷也。

平心来说，孔子之所谓夷君，孟子之所谓蛮言，赵造之胡服，江统之戎居，以及韩愈之夷狄之学的文化，均未见得比较中国为高，看不起这些夷蛮戎狄；可以说是人类的一种共同的偏见和自大心。无奈此种盲目和极端的瞧不起中国以外的民族和文化，结果是连了人家的好处和优点，也是故意的排除。这种错误，于东西文化接触以后，更为明显。比方康熙的时代，杨光先上书反对西洋之公历，而请求恢复旧法。临到自己做钦天监正，却又不明推算之理数，结果是不免于舛误，而入牢狱。到了遇赦以后，还是不自悔改，而照旧的排外。我现在且把他所著的《不得已书》一段摘录于下：

> 而世方……以西洋邪教为中国不可无之人，而欲招徕之，援引之，自贻伊戚。无论其交食不准之甚，既准矣，而大清国卧榻之旁，岂容若辈鼾睡耶？盖从古至今，有不奉彼国差来朝贡，而可越吾疆界者否？有入贡陪臣，不回本国，而呼朋引类，煽惑吾人民者否？江统《徙戎论》盖蚤烛于几先，以为羽毛既丰，不至破坏人之天下不已。兹著书显言东西万国及我伏羲与中国之初人，尽是邪教子孙，其辱我天下之人，至不可言喻，而人直受之而不辞？异日者，设有蠢动，还是子弟拒父兄乎？还是子弟卫父兄乎，卫之义既不可，拒之力又不能，请问天下之人何居焉？光先之愚见，宁可使中国无好历法，不可使中国有西洋人；无好历法，不过如汉家不知合朔之法，日食多在晦日，而犹享四百年之国祚；有西洋人，吾惧其挥金以收拾我天下之人心，如抱火于积薪，而祸至无日也。……世或以其制器之精奇而喜之，或以

> 其不婚不宦而重之，不知其仪器精者，兵械亦精，适足为我隐患也；不婚不宦者，其志不在小，乃在诱吾民而去之，如图日本、取吕宋之已事可鉴也。《诗》曰："相彼雨雪，先集微霰。"又《传》曰："鹰化为鸠，君子犹恶其眼。"今者海氛未靖，讯察当严，揖盗开门，后患宜惩。宁使今日詈予为妒口，毋使异日神予为前知，是则中国之厚幸也。

光先明明知道西洋的历法、仪器、兵械之精于中国，而且这些的优胜可以为中国之隐忧；然因为了传统的排外态度太深，他不只是反对西洋人、西洋教，连西洋的好东西，也要排除。他忘记了吾们若不虚心去学人之优长，而改良更张之，则西洋人之为中国隐忧者，必将更甚。他又忘记了就使我们不准西洋人来中国居住，然西洋人既能用其精良之兵械来迫吕宋人与之居住，取吕宋而代之，安知西洋人又不会以精良之兵械，来迫中国人与之居住，灭中国而治之。其实西洋人之文化既胜于中国，正如中国人之文化胜于南蛮北狄。那么西洋人之能用其优胜文化，随时随处，来征服中国，正如中国人之以优胜之文化征服南蛮北狄一样。这样浅白的道理也见不到，怪不得从中国外交史上看，中国无时不处于失败之地位了。

此外又如艾儒略所著的《职方外记》，南怀仁的《坤舆图说》，本来是地理学上很大的贡献，对于中国的智识界，可以有不少的帮助。但是因为这些东西都是出自西洋人之手，所以连所谓当代硕学的阮元和纪晓岚，在《四库全书》提要里竟把他们当做古代小说一流著作来看；这一点，胡礼垣在其《康说书后》里说得颇详，略录于下：

> 纪公曾于内庭管理《四库全书》，阮公曾建设学海堂于广东；江西、江南各省南北学者莫不资法于二公。二公博览群书，不愧一代之文宗。今者艾儒略、南怀仁等重涉重洋来诣吾邦，二公表面勉为敬崇，而不用其说。其意以为我中华《一统志》卷帙五百，至详且尽，安用此浅近之《地球说略》《坤舆地图说》等为。又以为尧、舜之时，已创历法，垂四千年而不变，彼琐琐之说，恶足以异之。（《胡翼南文集》卷十三）

然其绝妙的，还是天下开名的王壬秋的《陈夷务疏》。疏云：

> 言御夷者，皆欲识其文字，通其言语，得其情伪，知其山川院塞、君臣治乱之迹，及其国内虚实之由；其最善者，取其军食以济我师，得其器械以为我利；今设同文，意亦在此。而臣独以为无益。……火轮者，至拙之船也；洋炮者，至蠢之器也。船以轻捷为能，械以巧便为利。今夷船煤火未发，则莫能使行；炮须人运，而重不可举。若敢决之士，奋忽临之，骤失所恃，束手待死而已。（《湘绮楼全集》卷二）

义和团可以说是这种思想的结晶品。他们的肚〈子〉能够抵抗枪炮的自信力，不外是以这种思想来做他们的护身符。无奈肚子终敌不过利害的炮枪，结果不只是他们的肚子被人家打破，连了整个中国也被人家打得破碎不堪。本来义和团的自信应该给中国人一个很大的教训，却是抱着复古像佛脚的中国人，委实不易教训；身可杀，肚可破，却是信仰切不可失。枪毙事小，失信事大。他们之内夏外夷正如孔子之夺崇尧、舜的古一样。复古是孔子的精神所在，也许是性命所托，信仰孔子，信仰复古，也就是他们的精神和性命所在。因此之故，我们见得满清虽然推倒，却是复古尊孔的运动，还是层出不穷。什么"洪宪"诞生，什么张勋"复辟"，什么"思想统一"，表面无论怎样好看，歌颂的文章无论做得怎样好，骨子里头不外仍是复古，不外仍是复孔。

我们已经说过复古的办法，是绝对的，是不变的。复古既差不多是复孔，那么复古也差不多就是尊孔，而尊孔又要排斥别的学说和外来的东西。所以理论上除了孔子之道外，是不能容许别的东西。万一事实上不能做得到，要采纳别的东西，他们若不是含默不言，必定是乱言惑众。这一种的弊病，在孔子自己的言论里，虽不多见，然在后来之发崇孔子者，却处处可指。比方孟子的民贵君轻的学说，是和老子的圣人无常心，以百姓心为心相合。又他的乡村小团体的农国思想，是染了不少的老氏色彩。然他既不明白说明是从老子采过来，他又没有像反对杨、墨的来反对老子，结果是鼎鼎大名一个思想家老子却不能在孟子的书里找出。这是什么原故呢？我以为不外是因为门户之见太深，他既明白的赞颂孔子，尊崇孔子，他虽然是受了老子不少的暗示，他却是含默而不愿说出来。江琼在其《读子卮言》里说得好：

> 至若孟子痛辟杨、墨，不遗余力，而无一言语及老子，此盖渊源所自，不敢轻议其师也。

这是窃了人家东西而含默的弊病。至于明白的受了人家的影响，而却要声明为孔子之忠臣的，我可以把陆象山来做个例证罢。

陆象山开口就自命为忠实的儒家，而且明白的反对佛老，然他在与王顺之书里又说："大抵学术有说有实，儒者有儒者之说，老氏有老氏之说，释氏有释氏之说。天下之学多矣，而大门则此三家也。"又与曹立之书云："杨朱、墨翟、老、庄、申、韩虽不正，其说自分明。"所谓各家有各家之说，以及其说自分明，就是承认他家的长处。他又说："我无事时，只好似一个全无知无能的人，及事到方出来，又却似个无所不知，无所不能。"这正是老、庄无为而无不为之旨。又如"道非争竞者可知，惟静退者可入"；这又是佛老的清静之旨。佛老之清净无为之说，陆氏不但只承认其价值，而且能够身体而力行，然他还是口口声声，自称为儒家之忠实信徒，岂非可笑。

从这种的毛病再推衍下去，便变成像康有为一般，一方面赞美自由信教之宪章，同时一方面又提倡以孔教为国教配天的宪法。这种错误和矛盾，再推衍下去，便像我们侨居于人的殖民地的同胞，如在香港一般的孔教信徒们，坐着一九三三年式的汽车，住在重楼大厦的洋房，食着英法的大餐，而讲着"贤哉回也，一箪食，一瓢饮，在陋巷，人不堪其忧，而回也不改其乐"的经训。

然而我们觉得特别痛心疾首的，还是他们依着西洋文化和势力的统治之下，而提倡复回孔子之道，而维持和苟延他们的生命。他们已不再贴起"夷狄之有君，不如诸夏之亡也"的标语也算罢了，他们还要歌颂人家皇帝万岁，国寿无疆。他们不再念着"攻乎异端，斯害也已"也算罢了，他们却偏偏去尊崇他们八十年前所目为夷狄的言论和主张，而反对一般所谓新思潮和新理论的介绍。

第四章　评辜鸿铭的复古主张（上）

上面数章里所举出的主张复古的代表人物，差不多个个都是只对于中国文化的演化上，有了一知半解的认识。他们对于西洋的文化，差不多可以说是完全没有半点的了解。自孔子到明末，因为东西的航路尚未开通，而且在这个时代里的西洋文化，也许未必是很优胜于中国文化，所以我们实在怪不得这般孔家徒弟的顽固的主张复古，到了东西航路既通而两种文化接触以后，中国人之对于西洋文化，还是照旧鄙视，顽固的排除。王壬秋固不待说，就是知道西洋文化也有其精到处的杨光先，也脱不去数千年来的固习态度，而主张宁愿中国无好的历，无好的器械，勿使中国有洋人。此外像所谓维新的中坚人物，而且写过十余国游记的康有为的对于西洋文化，除了走马看花的看过西洋各国外表，和从很不完全而很为浅白的翻译书籍，得到半点皮相的西洋智识外，他委实不晓得西洋文化是什么东西。他不外是像我们近十余年来的一般失意政客，不得已跑到外国逛逛，在"唐人街"里见得外国人也有不少的因为好奇的心理，或特别的原故，到唐人街一尝中国的杂碎，或是欣赏一下中国的古董店中品物，于是神经过敏的人，以为外国人也要崇拜采纳中国文化了。结果是回国以后，到处提倡发扬中国文化，保存中国国粹。

这样的去提倡复回中国的固有文化，是值不得我们批评的，也值不得我们一瞧的。我们以为对于东西文化这问题上的讨论，想有多少的价值，应当对于东西文化的认识上要有相当的了解。不晓得中国文化是甚么，固然配不上来谈东西文化这问题；不晓得西洋文化是什么，也是自然而然的配不上来谈这个问题。我们数十年来屡见一般的卫道先生们，开口便骂一般对于中国历史现状以及文字没有了解的留学生，乱谈中国问题；然而他们忘记了像他们一般的不晓西洋情况文字，就配得来谈西洋的文化吗？就配得来谈中西文化的问题吗？

因为这个原故，我觉得这位所谓中西学问兼通的辜鸿铭先生的复古的理论，是值得我们在这里介绍的。

我想中国留学生之出洋较早，而对于欧洲各种文字之明晓较多，而且能引起外国思想家之给与多少的注意者，恐怕莫如辜鸿铭。然中国留学生之守旧最深，而主张复古最力者，恐怕也莫如辜鸿铭。辜氏留英差不多是五六十年前的事。他除了本国文字外，能写流利的英文，能说流利的德语，能读情深意浓的法文歌诗，能述古典的拉丁文字，能听希腊、俄罗斯等话，而且回国以后，又追随了二十余年前的位尊望重的张之洞，所以好多外国的支那①学者，像 Giles 还把他来和张之洞一样的名人并称齐列。

然而这样的辜先生之在国内，很少得到人家的赏识，连他的著作，到今也很不容易找得。这个原因，大概是由于他的重要著作，多是用西文发表，不晓得西文的人，当然欣赏不到辜先生的言论；而晓得西文的人，大概对于辜先生的极端复古，又加以否认，结果也是不愿去领略辜先生的著作。

辜先生的关于本题的重要著作，据我所知的，约有三本：一为《总理衙门论文集》(*Papers From a Viceroy's Yamen*)；一为《中国牛津运动史略》(*Story of a Chinese Oxford Movement*)；一为《春秋大义》(*Spirit of the Chinese People*)。《春秋大义》是欧战发生后，在北京出版，后来除了在伦敦英文再版外，又有德文和法文译本。《中国牛津运动史略》是张之洞死后刊行的，也有德文译本。《总理衙门论文集》是义和团事发生，八国联军入京后刊行，其中一篇题为《文化与纷乱》("Culture and Anarechy")，也有德文译文。这一篇和《中国牛津史略》均为德国支那学者 Richard Wilhelm 译为德文，而题为《中国对于欧州观念之辩护》("China's Verteidung gegen europaeische ideen")。我们试根据这本书和其《春秋大义》下论断罢。

《中国牛津运动史略》大概是述他和他的同僚的复古运动的事实，《文化与纷乱》("Culture and Anarechy")是受过联军陷京师后，一种对外的宣传。而《春秋大义》却是从欧战发生而生出的反响。辜先生最初看见一个四千余年而有四万万民众的古国，现在被西洋各国蹂躏不堪，后来又见了欧战中的欧洲各国，自相残伤到这么利害，于是忍不住的要对着西洋人说几句话。他劝告西洋人一方面不要恃了现代文化所产生出的优胜器械来征伐蹂躏他自己的祖国，一方面不要自相残害。而其结果是不但主张西洋人而今而后不要踏着西洋文化所走的错路，而且希望西洋人能够跟着中国人数千年前所已走的正路。

这是辜先生著书的动机和其立说的大意。但要是辜先生要劝外国来复中国之古，辜先生是自然而然的要自己而且要中国人去复古。西洋的路是不通的呵！西洋的路是很残酷的呵！西洋文化的本身，是要破产的呵！这是辜先生的呐喊；还是照着我们的旧路跑罢！这是辜先生的劝告。

然而辜先生这种的结论，除了欧战方完，欧洲人为了变态心理所驱使，而稍表同情于辜先生外，现在他们已不再相信了。而辜先生的著作之在欧洲，也许没有几个人去过问罢。因为他们现在早已从变态的心理，而回复常态的心理。不但这样，欧战以后的事实，也并没有丝毫的足以证明欧洲的文化是要破产，中国的

---

① 编注："支那"作为古代域外对中国的旧称之一，直到清末民初，使用时并无贬义。此后，随着日本军国主义的兴起，"支那"一词演变为近代日本侵略者对中国的蔑称。为保存历史文献原貌，本书于相关表述未作修改，读者当能正确辨别。

固有文化是能够保存，而且能够实现我道而西。反之，欧战之所摧残者，不外是欧洲文化所发出之果实，果实固是被人打落和鸟兽的摧残，然果树依然存在，欧洲人见得那季的打落和摧残，于是格外努力去培养和保护。结果是来季的果树和果实，不但没有见得损伤，简直是比去季生长得好看。这是欧战以后的欧洲文化的情况。至于中国呢，天天鼓吹复返固有的文化，天天希望西洋、日本来卫道；西洋、日本人既没有来卫道，反是时时刻刻的重给庚子甲午的教训。不只是固有的文化保不下来，连固有的田园土地也被人家占据了。我们现在只想保存这些固有的文化，在我们的博物院里来给我们的子孙鉴赏玩视已不可得，还说甚么续长增高，还说甚么发扬域外。

我以为辜先生之所以陷于这种错误的根本原因，是由于他对于文化本身是甚么？没有充分的明瞭。同时他对于西洋文化内容和历史，既没有做过深刻的研究，他对于中国文化的精神和演化，也免不得有了不少的误会。质言之，因为他所根据以为他的文化观的前提，已经错误，所以他从这种前提得到的结论，也是错误。

我们现在且把他的前提分开来说：

辜先生以为所有的文化最初都是从征服自然而来，而所谓征服自然，就是压制和管辖足以祸害的、可恐怕的自然势力。他承认欧洲近代文化之对于征服自然上，是很成功的，这些的成功，是超过历史上和世界上任何一种的文化。但是除了这种可怕而足为人类祸害的自然势力之外，还有别一种比较来得利害，而更为可怕的势力，这就是人类的心理的情绪的冲动。这种情绪的冲动之为害于人类，比之自然的势力的压迫，还要利害。所以除了人类的情绪的冲动能够得了相当和适宜调节和管辖，则文化无疑的无由发生，而人类也会没有人生的兴趣的可能。

这段话是从《春秋大义》的"绪言"里首一段译意而来，虽然不能尽量的代表英文原文的词句，但是大意却没有差别。辜先生既明明白白的指出文化之发生，由于征服自然而来的，临尾又忽然以为若不把人类的情绪的冲动压制，则文化无从发生，这是什么话。他以为情绪的冲动所发生的结果如战争，是误把以征服自然而创造文化的武力来破坏文化。所以应当用道德的势力去节制情绪的任意冲动，而保存文化。他却忘记了不但是文化的创造是要依赖于情绪的冲动，就是道德势力之养成也是很多依赖于情绪的冲动。辜先生承认基督教条是一种道德的势力，然而试问这种道德势力之养成，是不是靠着不少的情绪的冲动呢？情绪的冲动与道德的势力，决非两种完全处于对峙地位的东西；反之两者有时互为利用。比方十字军之举动，是一种由情绪而发生的武力，然而这种情绪之发生及武力之后盾，完全是靠着基督教的道德的势力。可知基督的道德的势力，不只是不能节制十字军的情绪的冲动，还是助长了这种情绪的冲动。

辜先生又在同页中接着告诉我们，在初期和简单的社会里，人们不能不用自然势力（武力）来节制人类的情绪的冲动，只有在文化进步的社会里，人们始发明出比较有效的道德的势力，来节制情绪的冲动。其实道德的势力是随着文化的发展而发展的，在文化比较进步的社会，固然是有道德的势力，在文化低下和简单的社会里，也有道德的势力。我们还且相信在文化比较低下比较简单的社会里的道德的势力，对于人类的行为的节制上，比之文化较高的社会，还要利害。一般俗人所谓某种社会里是野蛮的，没有道德的信条来范围他们的行为的，这些捏造，完全是戴着自己的眼镜，去批评人家的东西。事实上并非这个社会没有道德的信条，而乃因为他的信条是和这般俗人的道德的信条，各有不同。我们试放开眼睛，看看世界上无论其文化的程度怎么低下，那里有没有所谓道德的势力的存在者。其原因是因为道德势力之发生，差不多是和文化的发生是相连带而来的。而所谓道德的信条的势力，也不是所谓文化的势力的部分罢。

因为道德的势力的发展，是随着文化的发展，而且道德的势力，是文化势力的部分。所以道德势力随时随处跟着文化而变换的。因此之故，专靠道德的势力，去节制因情绪的冲动而生的武力的战争，以免文化的破坏，而至于沦亡，是不异持半升之沙土，而阻黄河之溃决一样。

辜先生对于文化道德的发展上的解释，固是错误，他对于文化性质和内容是什么，也没有充分的了解。在他的《文化与纷乱》那篇文里（德文译文），他以为文化的标准不能专从生活的程度而定，他以为德国的大学教授的生活的安乐上，未必能及一个百万家财的美国富翁的儿子，然决不能说这位德国教授的文化，就低过这位富翁的儿子。同样在英国一种商场的不景气象，可以抑低了英国人的生活程度，然决不能说英国的文化就因之而衰（德文本页三）。我们也许相信辜先生这话，然而他又说：

> 我们可以无疑的把生活程度之优高来做文化的必要条件，然生活程度的优高的本身上，不能叫做文化。

我们以为生活程度的优高，不但是像辜先生所说，是文化的必要条件，而且生活程度的本身上，也就是文化本身上一方面或一部分。文化是人类适应环境时代，以满足其生活的努力的结果和工具。所以一种宗教或道德的信条，或是一个教授所编出的讲义，固然可以叫做文化，一间美丽安适的屋子，一套舒适的衣服和一餐合口的饭菜，也不能不叫做文化。

辜先生虽然没有明白的告诉我们，文化是什么一回事，而同时他自己也觉得说明文化是什么，并非一件容易事。但是他在《春秋大义》的"序言"里说：

> 照我看起来，要想估量某种文化的价值，我们所要问的问题，并不是问问什么大的城，什么大的房子，什么好的道路已能建筑，或是能够建筑；也并不是问问什么舒服和美丽的家私，什么灵敏和有用的各种器具，已经造成

及能够造的；而且不是什么制度，什么艺术和科学，已经发明。我们所要问的问题，以估量某种文化的价值，是那一种的人类，Humanity 那一种的男男女女——这种的人们——能于某种文化里产生，是这一些人才能够证明出这个文化的本体、人格，或总而言之，她的灵魂。

其实我们已经说过，文化是人类的创造品。某种文化的价值如何，固然是赖于这种文化里的男男女女，但是这种文化里的男男女女的价值和程度如何，也能于他们所创造的文化中见之。辜先生好像是把某种文化所养成出来的男男女女来做评估这一种文化的价值，他却忘记了这种文化的价值，也是由于这种文化里的男男女女所养成。要是辜先生的说法是对的，那么文化这件东西，不但只是停滞不变的东西，而且是发生比较人类为先的东西。这不只是反乎事实，而且理论上是说得不通的，原来所谓文化不外是人类所创造的；文化既是人类所创造，那么没有人类，决没有文化。照辜先生的说法，文化的价值是从文化所变成出来的男男女女中看出。这样一来，就是承认先有文化，然后养出某种人类。殊不知文化之最初发生，是由于人类的努力的创造。我们在这里并非否认文化能够淘汰和影响人类，然而无论那种文化之能够发生和发展，是由于人类的创造和改变。辜先生以为文化是固定的不变的，殊不知这么一来，还能叫做什么文化。

辜先生这个错误，是由于他对于文化的根本观念——文化的成分，没有充分的了解。他处处都暗示我们，文化不外是道德；同时他又相信道德是固定的，不变的。这种的错误，本来是他用来作他的复古论调的根据。因为设使他相信道德是变化的，那么复返孔子的伦理信条的主张，就要根本打破。然他却忘记了，道德不外是文化各部分中的一部分；道德固然可以叫做文化，城市、房屋、家私、器具、制度、艺术、科学等等就不算做文化吗？须知道德固然是文化一部分，文化未必就是道德。难道辜先生对于这么浅白的道理，都不晓得吗？并且我们已经说过，因为道德是文化的好多方面之一方面，所以道德是时时处处都受整个文化的影响和牵制，而且时时处处是随着整个文化的变更而变更的。

所以无论是从文化的发展上，或是文化的性质上看去，辜先生的文化观，都是错误的，偏见的。为了这样的原故，怪不得他把道德来看得太重，怪不得他把道德看做千古不变。因为把道德看得太重，所以文化的别的方面通通都被他抛弃了；因为看道德是不变的，所以他极力主张复返孔子之道。

第五章　评辜鸿铭的复古主张（下）

前一章是说明辜先生对于文化的根本观念没有相当的认识，在这一章里，我们要做进一步的去考研辜先生的东西文化的解释及其出路。

原来辜先生的东西文化观是筑在他的文化根本观念上。我们也许可以说他的东西文化观，是从他的文化观推衍出来的。我们前一章既已说过，他对于文化的根本观念是错误的，那么他之对于东西文化的观察的错误，也是一件自然的事。不但这样，辜先生是位学文学的人，而他对于文学上的兴趣，又不外是注意于一两个人。因此之故，他对于文化的根本观念，缺乏相当的了解，也是一件自然的事。

其实辜先生的著作的全部，差不多是为着东西文化而解释。我们这里因为篇幅所限，只能将其大概来说，同时也只能将其重要的错误指摘出来。

我们且先从辜先生的西洋文化观方面说起：

辜先生以为西洋人自从中世纪到现在之所赖以维持他们的社会安宁，而不致其文化衰落者，有了两种势力：一为宗教，一为法律。质言之，中世纪之欧洲文化，不外是基督教的《圣经》文化，而近代的欧洲文化，又不外是法律的文化。所以中世纪的社会能够安宁，是由于欧洲人之畏惧上帝，而现代欧洲社会之安宁是由于他们之畏惧法律。畏惧是包含使用势力，而势力又是控制社会和保存文化的要素。但是要想使人畏惧上帝，欧洲人不得不维持了一大帮而没有用的僧侣，因为了僧侣太多，糜费过繁，人民担负多而痛苦增，而事实上所谓宗教改革的三十年战争，不外是欧洲人之努力推倒僧侣；僧侣既倒，欧洲人遂失了以畏惧上帝的势力来维持社会的安宁，于是遂代之以法律。但是要使人民畏惧法律，他们又不得不设立糜费比较僧侣为繁的军警；军警所给与于欧洲人的痛苦，就是欧洲的大战。所以正如欧洲人之在三十年战争之努力推倒僧侣。欧洲人之在欧洲大战，又想推倒这些军警；军警既倒，欧洲人除非再回过去所赖以维持社会安宁者，则必别寻一种与僧侣和军警有同样的势力的，来维持欧洲的治安。

辜先生觉得这个问题，是欧洲文化最大的问题，同时他又觉得过去的经验，所诏示于欧洲人者，是他们没有法子再叫一班僧侣回来，维持欧洲的局面，而保存他们的文化。就使能够叫他们出来，也没有用处，因为欧洲人已不再信上帝之威权。因此之故，欧洲人的唯一出路，不外是完全抛弃僧侣和军警二者，而代以中国之文化。

上面这两段话是辜先生的著作中处处可以找出的。我们现在且慢一步的去解译辜先生的中国文化观，先把他的西洋的文化观的错误处指摘出来。

原来欧洲中世纪的文化的中心，固然可以说是基督教的文化，但是所谓中世纪的欧洲的基督教文化的本身，至少已含了三种要素：一为古代希腊的伦理；次为罗马帝国的色彩；三为犹太的教义。所谓宗教化的中世纪文化，实在是含了政治、伦理的色彩。事实上教会和帝国的长期争持，是表示政治势力之支配中世纪，并不亚于宗教的势力，何况教会势力之澎涨，不过是中世纪中之一个很短的时期，又何况在教会势力最澎涨的时期，政治的势力还是照旧的做了维持欧洲社会的安宁的中坚。此外封建制度之在这时期里，是一种很流行而有势力的制度，然而与其说封建制度是一种宗教制度，不如说是经济或是政治和伦理的制度。忠于主人是一种伦理的关系，受了主人的保护，是一种政治的关系，而耕种主人之地，又是经济的关系。封建制度既是含有经济、政治、伦理的要素，那么封建制度之在中世纪的文化上所占的位置当然不能轻视。

中世纪之文化，既不是纯粹的畏惧上帝的文化，现代之欧洲文化，更不是法律代表的文化。把法律这件东西来包括这么繁杂的现代欧洲文化，那是太过于抹煞事实。难道辜先生看不见三百年来的西洋思想的解放的事实吗？听不到三百年来的科学的势力吗？想不到三百来的政治、经济、工商业的变迁和发展吗？

辜先生在他的《文化与纷乱》一文里，以为从教会僧侣的崩裂而至军警制度的代替的中间，欧洲会经过一个真正的文化的时代——这就是十八世纪的自由主义。自由主义之发生于欧洲，是从中国输入的，输入这种主义的媒介，是在中国的欧洲教士及著名的著作，像孟德司鸠的《法意》（*L'espirit Des Lois*）。因此之故，辜先生不但劝欧洲要复返十八世纪的时代，他且觉得现世所谓东西文化或黄白人种之斗争，不外是亚洲的文化和中世纪的文化之斗争——十八世纪的文化和中世纪的文化之斗争。

我们以为从中世纪的文化，而进到现代的欧洲文化，中国文化之输入，固有多少的作用。然这是十二三四世纪的事情，欧洲自由主义之发展，从文艺复兴，宗教的改革和政治的解放，一步一步的逐渐得来。孟德司鸠也不外是这些历史所产出的果实。他的《法意》虽有几处提及中国，但所提者与其说是自由主义，不如说是专制主义。他写这本书的主要资料，是从英国拿到来。他的自由主义之暗示，是从他的三权分立的学说而来，然而三权分立的学说，是孟德司鸠错认了英国政治组织的结果。

反过来看，自由这件东西之在中国历史上，不但没有见过，就是这两个字还是不易找出。严几道译穆勒《自由论》而苦无适当之中国名词，因而题为《群己权界》。中国人之出世，在家有森严的家法，在国有至尊的帝王，在社会有牢不可破的礼俗，死了阴间有阎王，天上有玉皇。黑格儿在他的《东西方历史哲学》老早说过，自由之于中国人，是绝对没有的。我们不但享不到自由，连说也说不到自由，设使十八世纪的欧洲人，像辜先生所说，是从中国输入的自由主义，那必定是欧洲人的错误了。

辜先生既错认十八世纪的自由主义，是从中国输入，他又不说明白他所谓其正文化的自由主义如何继承中世纪之僧侣制度，以及僧侣制度如何崩裂，而生出军警的制度。他以为三十年的战争是推倒僧侣的主因，而这次的欧战又是军警崩裂的明证。然读过欧洲历史的人，总能知道三十年的战争，并非僧侣倾倒的主因，留心过欧洲现状的人，也会觉到一九一四——一九一八的大战，像我上面已说过，也非打倒辜先生所谓继僧侣而起的军警文化。

辜先生既错认了欧洲打倒了军警，于是他又劝欧洲人复返十八世纪的自由主义——复返中国人所已指示过欧洲人的路。我们以为就使欧洲而复返十八世纪的自由主义，不但像我已经说过这非中国人的路，而且更不是像辜先生所说的孔子之道，何况根本上自由主义，就不能包含范围这么广大的文化。自由主义固可以叫做文化里头一种特性，然所有的文化，是和自由主义有了莫大的差异的。

我们现在且来谈谈辜先生的中国文化观罢。

上面已经说过辜先生见得可怜的西洋人无路可跑，于是发了慈悲的婆心，去劝西洋人来跟着我们已跑了数千年的固有的路，这就是中国文化的路，但是什么是中国文化呢？

我们前一章已经说过辜先生用来估量某种文化的价值的标准，就是这个文化所养成出来的男男女女，所以要问中国文化是什么？应当问问中国的男的和女的是怎样？但是除了男和女以外，辜先生还觉得别有一种要素，这就是这些男男女女所说的语言。辜先生那本《春秋大义》中有三篇最重要的文章，这三篇文章，就是专为说明中国的男男女女及其语言。首一篇是说明中国的男子，次一篇是说明中国的妇女，再次是说明中国的语言。把这三种东西合起来，就是中国的真正文化了。

辜先生的文化观念的偏狭，前一章已说过，我们这里觉得很奇怪的，是他于男男女女之外，加了语言，而却不加其他的文化要素，像科学、艺术、社会、制度，及以各种物质上的需要。语言是代表这些男男女女的观念、动作和成就，难道这些东西就不是表示他们的观念、动作和成就吗？

然而辜先生是错误的，尤其是他对于男男女女及其语言这三件东西上的偏见和固执。我们现在先从语言方面说起，辜先生大概这样说：

> 现在的中国，好像当拉丁语言是欧洲的学术，或是缮写的语言（Learned or written language）的时候。人民是适当的分为两大显明的种类——有过教育的和没有教育的。说话（Spoken）的语言是没有教育人所用的语言，而缮写的语言（文字）是真实的有过教育的人所用的语言。为了这样的原故，在这个国家里（中国）不出一半的有过教育的人民。照我看来，正是为了这个原故，所以中国人才极力主张有了二种语言。我们现在可

以想想在一个国家里有了一半的有过教育的人民所产生出的结果。试看今日的欧美，便能知道。在欧洲和美洲，自从拉丁语言没用以后，文字和说话的语言的显明区别，也因之而没有。结果是产生出一种一半有过教育的人民能够用了其实的有过教育的人所用的同样语言。他们也会说什么文化、自由、中立、军国主义，及泛斯拉夫主义（Panslavinism）而同时对于这些名词的真正意义，却没有半点的认识。有些人说普鲁士的军国主义，是对于文化很危险的。但是照我看起来，这一半的有过教育的人——今日世界上这一半的有过教育的流氓，乃是其实的对于文化很危险的。（《春秋大义》英文本页一〇一——一〇二）

读者看了这段话，总能知道辜先生除了为中国人着想和辩护外，还替欧美人担忧。好多年前钱玄同先生所提倡的废除汉字，从辜先生看起来，是诛之而后快；吴稚晖的注音字母，也是禁之而后安；就是胡适之们的白话语言，也是要贬之而后可。再推衍下去，就是中国六十年来之派留学生，学习英、德、法、日文和设立外国语言学校，努力平民教育这类东西，也是离经叛道的行为。不过最可怜的还是这位辜先生。他不只是不幸而学了这些只会产生出流氓教育的言文不分的英、德、法语言，还是要用了这些只会产生流氓的教育的语言来发表和宣传至圣先师孔子之道。试问这些流氓的语言怎能达得至圣的语言，怎能表出至圣的意想呢？

其实辜先生之不喜欢有一半人民能够明晓文字（缮写的语言），不外是希望能够实行"民可使由之，不可使知之"的孔家遗训，"庶人不义"，"不在其位，不谋其政"的信条。然他却忘记了中国之所以弄到这步田地，也就是因为有了这些遗训和信条的势力的缘故。

我们再来看看辜先生对于中国妇女的观念。

辜先生以为理想的中国妇女，可以从这个妇字解释得来（参看《春秋大义》页七七以下）。妇从帚，帚就是扫帚，质言之，理想的中国妇女，是手里把着一把帚的，为着打扫家宅的。放广其意义，就是专为管理家室的了，管理家室又叫做主中馈——厨房里的主人。这不过是从劳力方面看去的理想妇人，从德性方面看去，就有三从和四德。四德是妇德、妇言、妇容、妇工；三从是在家从父，出嫁从夫，夫死从子。三从四德和尽劳力于家室的真谛，是没有自己（No Self）。换句话来说，就是专为着人牺牲的。因此之故，丈夫的妾媵之纳取和种种的连带礼俗，当然为辜先的所赞许了。

辜先生也觉到有人也许问难道：为甚么专要女人牺牲，却不提出男人牺牲？辜先生的回答是：男人对内要负扶养之责，对外要忠于君，忠于国，这也是很大的牺牲。质言之，女人因为男人而牺牲，男人又为君而牺牲。这么一来，女子之绝对服从男人，也犹男人之绝对服从君主。这样看起来，政治和社会家庭的专制主义，又为辜先的理想妇人的理论的根据了。同时辜氏既把妇女来专做执扫主厨，那末无才便是德，又是辜先生的当然信条。而一般所谓女子教育运动，参政运动，又是他的理论中所不容许的事情了。

我们的意想，是工作上的分工，是复杂的社会所必有之事。妇女在家庭管理一切的事情，是世界各国所共同的现象，用不着辜先生去宣传。而且照个人的经验和平情静心来说，外国妇女之忠心勤劳于家务，恐怕胜过中国妇女百倍，像辜先生所赞美的有闲的贵族的太太奶奶们。然而智识上的给与和社会上的位置，至少要当作平等观。辜先生所说的男女同有牺牲，并非平等的牺牲，而是连带的牺牲，这种牺牲的尽头，还是单方的牺牲。因为男子之绝对为君主而牺牲，而君主却不为男子而牺牲。何况一个人为着他人而牺牲，不应当就再要别一个来为己而牺牲。要是要了，那么牺牲和牺牲二者相等相消，结果是君主固无牺牲，男子也无牺牲，而牺牲者仍是妇女。至于辜氏之辩护妾的制度，及其他的偏见，我们觉得时代自己能评判，用不着我们多费篇幅罢。

关于辜先生的中国男人观念，他说得最为详细。《中国人民的精神》一文，占了《春秋大义》的大部分，且是本书西文的名称。事实上这里所说的中国人民，应当是包括女人。辜先生在《中国妇女》一文里，也说理想的中国妇女和理想的中国男子一样。理想的男人是要做君子（Gentleman），而理想的女子是要做"君女"（Gentlewoman）。所谓君子，就是得乎孔子所说的君子之道的人，而君子之道，又是孔子之道。孔子之道，照辜先生的说法，虽不是宗教之道，然她有了宗教的功用；孔子之道难不是法律之道，然却有了法律的功用。要是法律是理性之果，宗教是情感之花，那么孔子之道，就是兼乎两者而有之。所以一个真实能行孔子之道，而成为真实的中国人，是一个头为成人之头，而心为赤子之心的人（《春秋大义》页十三）。头为成人之头的人，是理性成熟的人；而心为赤子之心的人，是心地平坦的人。这两种东西合而有之，遂成为一个理想完全的人。这种理想完全的人，是中国文化的精神所在。欧洲文化的最大缺点，是不能把这两件东西来调和，他们一方面有了科学和艺术，一方面有了宗教和哲学，一头之于心灵，魂之于理性。没有法子调和，所以唯一的救药，是把孔子之道来代替。

欧洲人的科学和艺术，与宗教和哲学的关系，这一点我暂不必提。至说孔子之能够把理性和感情融洽，却为我所不敢承认。孔子一方面受过老子"圣人皆孩之"这句话的影响，一方面又受过圣人而作之的影响，于是一口吞了这两个意想，入了肚里。然他一生未尝能把这两个意想融化起来，反而生出处处都有矛盾的结果。原来老子所谓圣人皆孩之，就是希望天下人人都有赤子之心；伏羲、尧、舜、禹、汤、文、武、周公这班人是创造器物制度而有特别智能的人，是像长成而有理性的人。也许孔子以为"圣人皆孩之"和"圣人而作之"，是同样的圣人。却不知老子的圣人自己也是"孩之",所以他说圣人无常心,以百姓心为心。结果是"孩之"和"作之",没有法子来融化。"作之"必非孩所能为,而孩之,又不能作。因此之故,在孔子的思想里,处处都现出矛盾来。比方《论语》所说的仁的道,是固定的,而《易·系辞》却说易的道,是变动的。舜是依着自然而无为,然他又是造作文化的圣人。学固可以至于道,然而"上智与下愚是不移"的。器固是君子圣人所造,然而"君子不器"。这些的举例,均是表明名义上他固然是说过"吾道一以贯之",事实上却是处处矛盾。孔子自己既免不了这种矛盾,难道还要把来解决西洋人的矛盾吗?

事实上辜先生的复古运动是失败的,这种失败是他自然承认的。他的《中国牛津运动史略》,简直是一本凭吊已死的复古运动的自白和回忆。我们读到《中国牛津运动史略》的尾语(Aber nun, während der Ausgang der Schlacht noch ungewik ist, ist unser Führer tot),免不得要代辜先生感叹道:"道不行,道不行,归与,归与。"然而谁与归?谁与归?

第六章　评梁漱溟的复古主张（上）

要是前面两章里所说的辜鸿铭先生是复古主张者之能引起外国的思想界多少的注意，那么在国内复古主张者，于近十余年来之能引起国人注意较大者，恐怕要算梁漱溟先生了。

梁先生之复古主张之见于著作者，要算他的《东西文化及其哲学》一书。据梁先生自己的话，他对于这个问题的研究，是在民国六七年间，过了三四年后，他才将其研究所得，于民国九年、十年间，在北京大学及山东济南教育会讲演。他这本《东西文化及其哲学》是从这些演讲而编成的。最近梁先生会将其已在《村治杂志》发表过的数篇重要文章，印成一册，名为《中国民族自救运动之最后觉悟》。从这本文集里，我们见得梁先生的《东西文化观》虽有多少变更，然根本上可以说是仍然如旧。而且这本文集的言论，是偏于政治方面的村治救国。所以在这一章里和下面一章里所据以为解释及批评梁先生者，还是以《东西文化及其哲学》为主。

本来十余年来之解释及批评梁先生者颇不乏人，然平情来说，他们好像看不出梁先生的病症所在，而大概上若不是做了枝叶的批评，就差不多只会像张君劢先生所说，苦索难明，而置之不理罢。为了篇幅的关系起见，我们这里只能将梁先生的见解大概加以说明。而对于其错误比较重大的点，略为指摘。

照梁先生的意见，文化这件东西可以把他分为三方面，而他也不外三方面（《东西文化及其哲学》页一五——一六）：

（一）精神生活方面：如宗教、哲学、科学、艺术等是。宗教、文艺是偏于感情的；哲学、科学是偏于理智的。

（二）社会生活方面：我们对于周围的人——家族、朋友、社会、国家、世界——之间的生活方法，都属于社会生活一方面，如社会组织、伦理习惯、政治制度，及经济关系是。

（三）物质生活方面：如饮食、起居、种种享用，人类对于自然界求生存的各种是。

文化本身上既有了这三方面，现在的世界的文化的派别上，又有了三种；这三种文化又好像暗合了文化本身的三方面。现在世界的文化的三派，就是印度、中国和西洋，而其差异处据梁先生的公式是（页八十——八一）：

（一）西方文化是以意欲向前要求，为根本精神的。

（二）中国文化是以意欲自为调和持中，为其根本精神的。

（三）印度文化是以意欲反身向后要求，为其根本精神的。

梁先生以为所谓以意欲向前面要求，是文化的本来的路向；其特点是努力奋斗，去满足和取得其所要求。"遇到问题，都是对于前面去下手，这种下手的结果，就是改造局面"。比方有了一间屋子，因为了种种原故而漏起来，那么照这种路向去做，就是要再翻造别一间新的房子。所谓以意欲调和持中，是文化的第二种路；其特点是没有解决改造局面的要求，而适应于某种境地之下，以求我自己的满足。比方上面所说的房子是漏了，但并没意想去再翻造新房，而却变换自己的意想，去迁就这种境地，同时自己也觉得满足和有趣。至于所谓以意欲反身向后的路，却又是别一种路向，而和前两种路向都不相同；其特点是遇着问题发生的时候，其意想是根本取销这个问题，遇了要求发生，根本是想取销这种要求。换言之，就是禁止欲望的路向。

我上面已经说过梁先生所谓世界文化分为三大派——印度、中国和西洋。是暗合他所说的文化本身的三方面——精神、社会和物质。这就是说印度是精神的，而特别是印度的佛教宗教生活；中国是偏社会的，而特别是孔子的生活；西洋是偏物质的生活。从文化本身的三方面而观察现代世界文化的三派别，这三派别的文化虽各有所偏重，但是从文化自身和现世的成就来看，所谓偏重未必就是优胜。因此之故，若把文化本身三方面来评估现世文化的三大派别，则西洋文化之成就，无论比之印度或是中国，都较胜一等。梁先生告诉我们道：

> 如果就此三方面观察东西文化，我们所得到的结果，第一精神方面，东方人的宗教——虽然中国与印度不同——是很盛的，而西方的宗教，则大受批评打击；东方的哲学，还是古代的形而上学，而西洋人对于形而上学，差不多弃去不讲，即不然，而前途却是很危险的。此种现象的确是西洋人比我们多进了一步的结果；西洋人对于宗教和形而上学的批评，我们实在不能否认。中国人比较起来，明明还在未进状态的第二社会方面，西洋比中国进步更为显然。东方所有的政治制度也是西方古代所有的制度，而西方却早已改变了。至于家庭社会，中国也的确是古代文化未进的样子，比西洋少走了一步。第三物质生活方面，东方之不及西方犹不待言，我们只会点极黑暗的油灯，而西洋用电灯；我们的交通上只有很笨的骡车，而西洋人用火车、飞艇。可见物质方面的不济，更为显著了。由此看来，所谓文化只有此三方面，而此三方面中，东方化都不及西方化。那么东方文化明明是未进化的文化，而西方〈文〉化是既进化的文化……是很对的。（页十六）

上面的比较，所用的名词，固是东方和西方，然大概是指着西洋和中国。梁先生对于印度文化之西方和中国，也做同样的比较。梁先生说：

> 印度文化与中国文化，同样的没有西方文化的成就，这是很显明的。……其物质之无成就，与社会生活之不进化，不但不及西方，且直不如

中国。他的文化中俱无甚可说，唯一独盛的只有宗教之一物，而哲学、文学、科学、艺术，附属之。于生活三方面成了精神生活的畸形发展，而于精神生活各方面，又为宗教的畸形发达，这实在特别古怪之至。（页九六）

从文化的横的方面——精神、社会和物质——来看，印度固不如中国，而中国又远不及西洋。然而从文化的纵的方面——文化发展的时期或阶段——来看，其发展的秩序，却是由物质而社会，再由社会而精神，或是精确的说，由西洋化而中国化，再由中国化而印度化。读者须要记得，梁先生以为世界文化的横的分析，固不外是三方面——西洋文化、中国文化和印度文化，就是纵的方面文化的发展的阶段，也不外是这三方面——西洋、中国和印度。换言之，文化最初的发展，是西洋文化的路向，次为中国的文化，再次就为印度的文化。由此看起来，在文化的发展的途程上，中国是比西洋进一步，而印度又比中国进一步。因此之故，印度文化的生活，是最高的文化的生活，中国的文化的生活，是比较低一级，而西洋的文化生活，又比较再低一级。这三个文化的阶段，是文化发展所必经的阶段，而人类文化的趋势，也是这样的朝向的。

文化发展的必然的阶段和趋势固是这样，然而每个阶段或方面的本身上，又必有了相当的成熟的发展，然后能进到较高的一级或一方面。比方我们说西洋的文化是物质的文化，但是物质的文化，必定发展到完满和相当的程度和范围，始能进到第二的阶级，这就是中国文化的阶级或方面。同样中国文化的阶级或方面，也必定发展到美满和相当的程度和范围，然后始能进到第三的阶级，这就是印度文化的阶级。

设使文化的发展是有秩序的，不躐等的，那么理想中的最高的文化，就是印度的文化，次之则为中国的文化，再次然后到西洋的文化。这是什么缘故呢？原来人生的最终的目的，是求着佛教的文化——印度的文化。目前所必有的文化，是物质的文化——西洋的文化。介乎这两者的中间，而不能不经过者，是孔子的文化——中国的文化。然而要做佛教的文化生活，必先把孔子文化生活弄得适当完满，而要做孔子的文化生活，又必先把物质文化生活弄得适当完满。因此之故，物质文化生活，是孔子文化生活的首先条件，而孔子的文化生活条件，又是佛教文化生活条件的前提条件。

设使文化的发展是没有秩序的躐等的，那么就是早熟。早熟固未必就夭逝、衰亡，然早熟却是文化发展上一件很不幸的事；因为一经早熟，有时就会长此以终，没有再上发展的轨道。从历史上看去，每种文化都有早熟的弊病，东方的中国、印度，固然是早熟，西方文化也有过早熟。原来世界上三种文化——印度、中国和西洋最初发展的时候，都是走着西洋文化——物质文化那条路，然而走了不久，物质文化——西洋文化的路，还没走完，还没弄得安当，西洋和印度却跑入第三条路——印度的路。中国也躐等的跑入第二条路——中国的路。中国自从这一次走错路后，一直到了现在，还是在第二条路上。同样印度从那一次走错路——早熟后，一直到了现在，也是走着第三条路。惟有西洋自从转入第三条路——中世纪的宗教的路，或是也可以叫做印度的路，经过了一千多年，始再走回一千多年以前那条原路。梁先生说：

> 欧洲到了文艺复兴的时代，乃始拣择批评的，重新走第一条路，把希腊人的态度又拿出来。他这次当真的走这条路，便逼直的走下去不放手，于是人类文化所应有的成功，如征服自然、科学、"德谟克拉西"都由此成就出来。所谓近世的西洋文化的胜利，只在适应人类目前的问题。（页二九四）

西洋人既重新折回第一条路，逼直的走，有了成就，而得到第一步所应当有的妥当和完满的发展，"他可以沿着第一路走去，自然就转入第二路，再走去转入第三路，即无中国文明或印度文明的输入，他自己也能开辟他们出来"（页二九九—三〇〇）。因此可知西洋的现在的文化的发展，已上了正当的轨道，反之中国和印度的文化，还是没有达到这种轨道。

西洋的文化，既明明白白的走了第一条路——西洋文化或物质的路，西洋人当然是要走第二条路——我们中国文化的路——而尤其是孔子的路了。

西洋人是这样的，中国人要怎样呢？据梁先生好几年来研究这个问题之最后结论是：

> 第一，排斥印度的态度，丝毫不能容留。
> 第二，对于西方文化是全盘承受，而根本改过，就是对其态度要改一改。
> 第三，批评的把中国原来态度重新拿出来。（页二九八）

这些最后结论，据梁先生说，是几经审慎而后决定，并非偶然的感想。我们阅了上面的解释，对于这三条的结论的提出的背景，已略明白，然想得充分的了解，还要加入点说明。

原来印度的态度之所以**丝毫不能容留**的排斥，就是因为她太理想、太高尚，此时此境的已上轨道的西洋文化，还才开始转入第二条路，离开这理想高尚的第三条路的印度文化，还不知要走多少途程，而需了多少的时间，何况第一条路还未走完的早熟的中国文化呢？梁先生说：

> 本来印度人那种生活，差不多是一种贵族的生活，非可遍及本民；只能让社会上少数居优越地位，生计有安顿的人，把他心思才力，用在这个上边。唯有在以后的世界，大家的生计，都有安顿，才得容人人来作，于自己，于社会，均没有妨碍。这也是印度文化在人类以前文化中为不然，而要在某种文化步段以后，才顺理之证。（页二九七）

目下万做不到的东西，无论怎样理想高尚，勉强来做，不但没有益处，还怕有害。三十六计避为长，所以顶好还是不要做。这是梁先生绝对反对印度态度的理由。

至于对于西方文化之要全盘接受，就是因为全盘的西洋文化，是文化发展的第一阶级所必有的适当和完满的阶级，故要全盘承受。设使不是全盘承受，那又恐怕尚未成熟而走入早熟的歧途。然而为什么又要根本改过，或是对其态度要改一改呢？梁先生的回答是：西洋自从文艺复兴时代，折回第一条路以后，逼直走下，真个不休；这就是说走得过度，结果是生出好多毛病和烦恼。所以为中国文化的目前前途计，当知其毛病烦恼而改之。梁先生说：

> 西洋人从他的文化而受莫大之痛苦，若近若远，将有影响于世界的大变革，而开辟了第二条路文化。从前我们有亡国灭种之忧虑，此刻似乎情势不是那样，而旧时富强的思想也可不作。那么，如何要鉴于西洋弊害，而知所戒，并预备促进世界第二条文化之实现。（页三〇一）

所谓西洋文化受莫大之痛苦，根本上要改过，梁先生虽没有明白的说明，然大概是指物质文化太过繁杂，于是人生刺激太多，而痛苦愈出。梁先生这里所说的第二条路的文化，当然是指着中国文化，而特别是孔子的文化。梁先生在其书末的"自序"里会说：

> 我又看着西洋人可怜，他们当此物质的疲敝，要想得精神的恢复，而他们所谓精神，又不过是希伯来那点东西；左冲右突，不出此圈，真是所谓未闻大道，我不应当导他们于孔子这条路来吗？我又看见中国人蹈袭西方的浅薄，或乱七八糟，弄那不对的佛学，粗恶的同善社，以及到处流行种种怪秘的东西；东觅西求，都可见其人生的无着落，我不应当导他们于至好至美的孔子路上来吗？无论西洋人从来生活的猥琐狭劣，东方人的荒谬糊涂，都一言以蔽之，可以说他们都未曾尝过人生的真味，我不应当把我看到的孔子人生贡献给他们吗？然而西洋人无从寻得孔子，是不必论的；乃至今天的中国，西学有人提倡，佛学有人提倡，只有谈到孔子，羞涩不能出口，也是一样无从为人晓得。孔子之真，若非我出头倡导，可有那个出头？这是迫得我自己，来做孔家生活的缘故。

这正是"吾曹不出，其如苍生何"的口气；这正是当今之世，舍我其谁的感慨；这正是如有用我者，期月三年而有成的殷望。孔子文化之要提倡，固为欧洲人目前的需要，孔子文化之要提倡，犹为中国人之目前的急务。孔夫子已说过，"如有王者出，必世而后仁"。乃至今天始有圣人出，仁乎，道乎，安得其能立行而救燃眉之急乎？痛哉，哀哉。

孔子文化之必行，既为时势所使然，而孔子文化之本质，又若是之完满美好,为什么还要批评的把中国原来态度,重新拿出来呢?

大约照梁先生的意见,因为一方面孔子的文化被了没有真正的中国文化的色彩所遮染,一方面被了所谓康(有为)、陈(焕章)一般未闻大道的人所误解,所以不得不批评的重新拿出来,而且全盘承受西洋文化这件事之于保存发扬孔子之文化,在一般人的心目中,总有了不少的冲突。所以梁先生说:

> 我们可以把孔子的路放得极宽泛,极通常,简直是去容纳不合孔子之点,都不要紧。

梁先生好像是要说,道不同亦相为谋,乎攻异端,斯益也已。我们于此且暂作一个段落,至于批评梁先生的学说,当于下章说明。

第七章　评梁漱溟的复古主张（下）

我们为要明了梁先生的学说的大概，所以在上面一章里除了将自己的理论说明外，并没有加以指摘和批评。我会全力地做一个忠实的解释者，而保全梁先生的真面目；我曾尽力的去使读者对于梁先生的学说的大概，能够有了一目了然的认识。设使读者只像张君劢先生的对于梁先生的原书，只见得"苦索难明"，而读了上面一章，却见出梁先生的不少的明明白白的矛盾和含糊，那就是对于梁先生的著作有了多少的认识。因为梁先生的学说之所以"苦索难明"，就是因为了他的矛盾和含糊，你若不见他的矛盾含糊，怎能懂得真正的梁先生。换句来说，真能对梁先生明白者，就是能够明白梁先生的矛盾和含糊。

我们现在且把梁先生的矛盾和含糊，比较重要的几点说明于下：

梁先生把文化分做精神、社会和物质三方面；本来是我们为了认识和研究文化便利起见，而把文化来分析的好多种类之一种。我们尽管分析做两方面、三方面、四方面，至十至五十方面，然而文化本身上却没有这一回事，她是处处互相交错的，互相连带的。所以在世界和历史上无论那一种的文化，都含有这三方面——物质、社会和精神。西洋的文化固是如此，中国、印度的文化也是如此。梁先生把印度、中国和西洋的文化来相比较，都是从这三方面来看，可见得梁先生也承认每种文化都有了这三方面。要是每种文化都含有了这三方面，那么文化的发展就是三方面的发展。梁先生以为印度文化的这三方面，仿佛不及中国，而中国文化的这三方面，又是比不上西洋。那么从文化发展的秩序阶级上看去，明明白白是西洋最高，中国次之，而印度又次之。试问梁先生所谓文化的发展的秩序和阶级，是由西洋文化而进到中国文化，再由中国文化而进到印度，岂不是自相矛盾吗？

梁先生也许说道，文化的发展的步骤，正是像所谓衣食足而知荣辱，仓廪实而知礼节；知荣辱与礼节，而后明神灵。衣食仓廪是西洋的物质文化，礼节荣辱是中国的社会文化，神灵是印度的精神文化。神灵的精神的生活，是好过礼节荣辱的社会生活，而这后者又高于衣食仓廪的物质生活。所以印度高于中国，而中国优于西洋。这样一来，是把这三方面的文化分开起来，大家没有连带关系。然而我们已经说过，文化的这三方面，是分开不来的，每种文化都有了这三方面。她的本身既是分开不来，我们试问怎能把她来做了三种不同的文化，同时更有什么法子来把这空间上分开不来的三方来，再造成时间上的三个不同时期的发展呢？

文化因为本身上分开不来，所以一方面的波动，是常常会影响到别的方面。

就把梁先生所谓西洋文化在三方面的特性来说,精神方面的科学特性是和物质方面的机器是一而二,二而一的东西,而社会方面的"德谟克拉西"又是和这机器与科学有了密切难分的关系(参看前章的说明)。"德谟克拉西"好像是机器所产生出的工业的制度的结果,而机器又是科学所产生出的花叶。那么我们不要机器则已,要是像梁先生所说一定是要机器来发展文化的物质方面,我们一方面不能不要精神文化的科学,而他方面又不能废去她们所产出的"德谟克拉西"(民主政治)。这么一来,不但是去欲去物的佛教文化不能留存,就是"君子不器"的孔子文化又怎能把他来融于一炉?从物质上的影响而更动了孔子的社会生活和佛家的精神生活,结果是把整个的孔家和佛家的文化推翻打倒,还说什么提倡孔佛生活呢?

不但这样,梁先生明白的说西洋人现在已走完了第一条路——物质文化的路。他们可以沿着第一条路走去,自然而然的进到第二条路。那么西洋人之不必跟着中国孔子的路,而能自行正路,是件很为显明的事。梁先生所谓要把中国孔子的路来救一般可怜的西洋人,岂非多事?我们就算中国孔子的路是第二条路,然而西洋人既自能开辟第二条路,西洋的第二条路是人自辟的路,结果仍是西洋的路,而非中国孔子的路。若说中国孔子的路是第二条路,所以说西洋人第二条路,就是我们中国孔子的路,那就是等于说中国人能做诗,西洋人也能做诗,故西洋诗也就是中国诗。这样的逻辑的错误,是很显明的,因为中国孔子的路,固是文化第二条路,然而第二条路未必就是中国孔子自己的路。把人家自辟自做的东西,来当作自己的东西,那是太过分了。

梁先生又告诉我们道,西洋文化自从折入中世纪的时代,是像印度一样的,未等第一条路走完,就错入了第三条路,或是像印度文化的路。这么看起来,西洋人若是循序而升,达了一级又到一级,则将来西洋人之进入第三条路,也是自然而然的。但是这条第三条路——宗教的路,也是西洋人已经行过而为西洋人所固有的路,并非什么东方印度的路,西洋人若再次进去,无非是复返故路。换言之,这条最高最好的路,仍是西洋人自己的路。那么西洋人用不着去跟着印度的路,正像西洋人之用不着去跟着中国的路。这么一来,东方的印度文化之于将来的西洋文化上,又有了什么用处,什么功劳呢?梁先生与其说文化发展的最高一级和将来的文化的实现,是印度的文化,不如说是西洋的中世纪的天国文化,从墓坟里复生出来,较为妥当,何必又要捧出印度文化。

综而言之,西洋人最初的时候,也许偶一不慎,蹦等的错入第三条路;西洋人经过千多年后,能够转身回来,再跑着那条正当的第一条路。到了现在,竟然能够循序而进,就要跑入第二条路,以至第三条路。中国和印度人自从走错路后,一直到了现在,无法转回。像梁先生所说若没有外力进门,环境不变,他会长此终古。不但第三条路永无希望进去,就是第一条路,也是终无法子退回。这样看起来，西洋人之能进能退，能转能变，要是孔子再生，免不得又要叹道："其犹龙乎。"反之，中国人连自己走错了路都不知道，感官悟性，如此愚笨，同时还要西洋人把针注射，然后有了知觉，才知是走错路，才知有所适从。孰知他只一醒，路途还不跑，工夫还不做，却只是口里念念对着西洋人说：呵！可怜的西洋人呵！你们真是可怜呵！你们真的要来我们这里，学学我们孔子的道呵！这岂不是癫狂吗？这不是错误中的错误吗？

从文化事实的发展方面看去，梁先生的最含糊的地方，是他的文化早熟的学说。他以为印度、中国、西洋的文化最初发生，都是顺装的，都是走本来所应走的路。但是到了后来，印度和西洋折入第三条路，而中国折入第二条路，西洋能够自己转返第一条路，而中国和印度却是不能。这个原故，梁先生实在没有法子去说明，若说中国因为是走入中间条路，不上不下，长此终古，然我们就要问问为什么同西洋一样的跑入第三条路的印度，却也没有法子去转返正路。梁先生把印度、中国和西洋三部历史略念一遍，既不明白，又无法子来说得通顺。因此想出早熟之说，以为物质文化，至少要有汽车、飞艇才算止境舒服。他却忘记了过去的神话的飞天穿地，不过是文化发展的途径上的一个阶级。梁先生所满意的汽车、飞艇，安知又不是一千年后的人，所觉得像梁先生所觉的骡车、手车同样的笨呢？物质文化既无止境，至少照我们过去的经验和现在的努力上看，既是日进无疆，把现在的西洋物质来做止境看，而跳入孔子之路，岂不是又转入早熟的路，过去已经错了一错，万牛莫挽，现在又错一错，如何使得。大约读过欧洲史的人，都知道十三世纪的西洋人之游历中国者，无不惊叹中国物质文化之胜，甲于全球，而达了最高之点；他们所觉得遗憾者，是中国没有精神的文化。万一当时孔子再生，岂不叫起弟子"鸣鼓而攻之"，然而生在二十世纪的梁先生，又做了一种相反的观察，耶稣、康德有知，又当作何感想。

再从理论上的发展看去，梁先生所说的三个时期，同样是含糊不明。梁先生以为继西洋的物质而起的文化，是中国孔子的文化，再下去就是印度的佛家文化。我们现在要问再走下去，又是什么文化呢？若说是要止境，那么经过这么多年后，人口增加，地方和物质供给早已止境，僧多粥少，孔子的社会信条，固无法来维持，念佛又有什么心事？若说到那时，再来转回提倡物质文化，如此下去，结果是成了一个循环的发展。明知是要再返第一条路，何不现在设法提倡，以避将来之患。若说是不知，那么又是走了错路，走了错路，又是早熟，那又变成像上面所说的早熟的错中错。若说文化发展到了印度的路，还要发展，我们就要问问印度文化以后的文化，是什么文化呢？

再来看看梁先生所谓印度、中国和西洋文化的三方面的态度的不同。梁先生以为西洋文化是以意欲向前要求的，中国文化以意欲调和持中的，而印度文化是以反身向后的。是完全错误了意欲的真谛；意欲是无论何时何处，都是向前直赴的，她并不持中，也不退后，她正是像炉中的火，有了一点火焰，就有了一点热度。她时时都是向前向上的赴，只有没有火时，才没有热了。同样意欲之所以为意欲，就是因为她是向前活动的，惟有完全没有意欲，才没有向前的动作。同样一切文化所走的途径，都是以意欲为向前要求。进一步，加一点，固要有向前要求的意欲；去做保留祖宗所传的遗业，也要有向前要求保存的意欲。就是禁止意欲，而不理一切来到目的问题，也要有了向前要求的意欲。梁先生很明白的说印度人是极有勇气的，他们那样坚苦不挠，何尝不是奋斗。梁先生既把宗教和科学并列而为精神方面的文化，那么从事科学上的研求，固是要有向前要求的意欲，难道矢志于宗教上的精进超脱，就不要有向前要求的意欲吗？

事实上以意欲向前面要求，来做西洋人根本精神所在，以区别于中国人的以意欲调和持中，梁先生自己现在也怀疑起来了。且看梁先生在近著《中国民族之自救运动的最后觉悟》里一段话（页二九九—三〇〇）：

> 余往于《东西文化及其哲学》中，拈出"向前面要求"五字为西洋人根本精神所在，而以"自己调和持中"释中国人之态度；历久而弥觉此言之不可易。但自近年来，于人类之所以为人类，大有所见，深悟中国古人之学，为人类自尽其天赋、才性、体力之学；遂觉"自己调和持中"一语，虽可概说一般中国人之态度，而未足以尽中国古人之精神，道出中国文化之根据。故近年乃恒用"有对""无对"字样，以为东西人之分判。无对，即中国古人所谓"仁者与物无对"之无对；有对亦即与物为对之意。

梁先生这一次的变，其非同小可？我想要是梁先生若再从这么的变，用了这些有对无对的公式，再写一本《东西文化及其哲学》，则根本上我们现在所据以为讨论的那本《东西文化及其哲学》恐怕简直是不可再用罢。至说仁者与物无对的无对，和与物为对的有对的意义，据我们的意见，好像是老子的道物，而特别是孔子的道器的意义。这么一来，梁先生差不多可与四十年前的薛福成所说的道的文化和器的文化的折衷办法，并驾齐驱。

但是梁先生会抗议的说：我的"君子不器"的孔子之道，安能和薛氏道器调和之说，混为一谈呢？

是的，梁先生是一位主张复孔最力的人，这是我把梁先生编入复古一派的原因；并且梁先生在他的《东西文化及其哲学》里，作过不止一次的声明，他是极端反对调和派的，极端主张复孔派的（看原书页二九二—二九三）。但是话固然是这样的说，骨子里头梁先生老早是位有意或是无意的，要我们中国人去做一种中西合璧的生活的人。

梁先生是位恭敬信仰罗素很力的人，这种的态度，在《东西文化及其哲学》里，已表露不少。在他的近著《中国民族自救运动之最后觉悟》里，他且禁不住的叹道：呜呼！贤矣罗素，伟矣罗素。然而罗素怎么样呢？罗素说：

> 中国政治独立之所以重要者，非以其自身为最终之目的，乃以为中国旧时之美德与西洋技艺联合之一种新文化，非是莫由发生也。苟此目的不达，则中国政治之独立，几无价值可言。

本来罗素是主张折衷办法很力的，梁先生把他上面一段话写下后（页九七），于是赞道："贤矣，伟矣。"这岂不是赞成他的折衷调和办法吗？

不但如此，梁先生曾说过，我们可放宽孔子之路，而容纳有些不合孔子之点，本来是调和论调；而忘记孔子的"道不同，不相为谋"，"攻乎异端，斯害也已"的遗训。而况他又主张全盘接受西洋文化，来做中国文化的下层基础。一上一下，一先一后，无论从发展上看去，或是从分析方面看去，都是中西合璧，还说是反对调和，这是什么话呢？再者若照梁先生的理想文化看去，文化是要发展到印度的文化才好，然而要进到印度佛家之路，要先作好中国孔子之路，要达孔子之路，又要弄好西洋物质之路。可知印度是不能离中国和西洋而发展，而中国又不能不兼有西洋的文化。这样的发展完全时，不只是中西两者合璧，而是西中印三者调合了。

然而梁先生还是说目前文化的趋势，是中国文化复兴的时代。中国孔子的文化到了现在，已兴了二千余年，还未绝气，复兴的是什么呢？

大约梁先生的最大弊病，是对于这个问题没有做过澈底深刻的研究。他把贩运来的一些东鳞西爪的材料，见得样样都好，同时又不甘从人；人家的意见，样样都是不好。自己只管说话，说得多，文章做得长，使得读者只能得到一个扑朔离迷，莫名其妙的结论。

然而梁先生并非一个绝对固执的复古者可比，他曾告诉我们"二十岁后折入佛家，一直走下去，万牛莫挽"。连了他最敬爱的父亲，主张复孔，他也反对。但是后来他父亲死后，多经世故，又想起他父亲当年留下的深刻印象，于是变了一变，来做孔子生活，主张复孔。我们读了他的《思亲记》（《漱溟卅后文录》）要为他感叹道：先君在天之灵，导他于道。我们现在为他可惜者，就是像他自己所说，没有出过国门一步，未得一见西洋文化的真相。胡适之先生述过日本有名的经济学家福田先生，不愿跑去美国，是怕着美国的事实和印象，会变换了他素来的主张。梁先生是位容易而且愿意变换主张的人，我们相信一到西洋，必定再变一变，而做西洋的文化生活。那么从印度化，而做孔子化，再由孔子化而西洋化，岂不是一个绝妙无双的自身的三步发展，而和梁先生刻下所主张的由西洋化面变至孔子化，至印度化，针针相对吗？

在前一章的首一段，我已说过辜鸿铭先生和梁漱溟先生是近代主张复古最力而在国内国外各有特殊地位的。辜先生的著作刊行较早，而且年岁较深，梁先生和辜先生究竟关系如何，我无从得知。他们的异点，自然很多，然而其同点，也复不少。我把他们这两位的著作，仔细考研，合我疑心梁先生是受过辜先生的影响不少。梁先生虽说西文不好，看书不易，然口传翻译，总有可能。辜先生所谓孔子之道，是可以调和和替代西洋的宗教和法律；这一点是梁先生所乐道（页二〇六及二八六以下）。他们两位，都以为孔子之道，虽非宗教，却有了宗教的功用；虽非法律，有了法律的功用。梁先生的文化三方面及其发展的三个阶级，也正是把中国孔子的文化来放在感情的宗教文化和理智的物质文化的中间。他不但是横方的分析的三方面的中间物，而且是纵方的发展的三级段的中间必经的途径。辜先生的中心思想既如彼，梁先生的中心思想又如此，这是一个很好的巧合。

然而他们也有异处，从文化的横的方面看去，辜先生的文化不外是社会的道德文化，而梁先生却于这层以外，加了精神和物质二方面。因为他的文化的范围广了好多，他觉得于孔子的社会的道德之外，要有物质和精神融合起来，而成为理想的文化。换言之，辜先生是一个诚诚实实的认识，而提倡孔教的人，梁先生却是一位借重孔子，而迎合时势的人。再就文化的纵的方面来看，辜先生的唯一标准，是孔子之道，所以他把文化看做固定不动的东西，梁先生因为加入精神宗教和物质两件要素，于是不得不把孔子之道，来放得极宽泛，宽泛就要变动，所以他看得文化是一步一步的变动，然也是有限定止境的。由此来看，我们觉得辜先生是一位孔子的忠实信徒，而梁先生差不多可以说是冒徒。因为辜先生是信徒，所以他对于孔子的认识，特别深刻精到；因为梁先生是冒徒，所以他对于孔子的认识，若明若晦。因为了深刻和精到，所以看辜先生的书的人，一看就能明白；因为了若明若晦，所以看梁先生的书的人，免不得要"苦索难明"。

最后梁先生的三种文化的发展的程序的见解的渊源，他自己虽没有说出来，然事实上却和谭嗣同的《仁学》里所说的耶、孔、佛三教的施行和发展的程序，有了很凑巧的暗合。梁先生以为文化只有西洋、中国（孔教）、印度（佛教）三种。从文化的性质方面看去，佛教文化最为高尚，孔教次之，西洋又次之。但其发展之程序，却应从西洋，然后再至孔教，最后乃至佛教。谭氏好像以为西洋、中国、印度的文化，可以耶教、孔教、佛教三者为代表。从各教的目标上看去，佛教最为高尚，孔教次之，而耶教又次之。从教义的施行和发展的程序上看去，耶教应先昌明，次及孔教，再次就是佛教。不但这样，从各教的发生史上看去，佛教却是最先，孔教次之，而耶教又次之，这种历史上的发生程序和其所应当发展的程序的背驰，谭氏虽没有明白的叫做早熟，然已暗合了梁先生的文化早熟学说。我们且看谭氏的话：

　　□□□曰三教其犹行星之轨道乎，佛生最先，孔次之，耶又次之。今乃耶教既昌明矣，孔教亦将引厥绪焉，而佛教仍晦盲如故。先生之教主、教反后行，后生之教主，教反先行，此何故欤？岂不以轨道有大小，程途有远近，即运行有久暂，而出现有迟速哉。佛教大矣，孔次之，耶为小。小者先行，次宜及孔，卒乃及佛，此其序矣。□□□曰，佛其大哉，列天下六道，而层累于其上，孔其大哉，立元以统天；耶自命为天已耳，小之其自为也。(《仁学》卷上)

我以为除了梁先生好像把耶教和佛教来相提并论，而以物质文化为西洋文化的特征，与谭氏好像以西洋的物质文化乃耶教的表现以及其他的不甚重要的差异外，上面所抄出谭氏那段话，可以叫做梁先生的《东西文化及其哲学》的总纲了。

第二编　折衷办法的派别

引　言

　　复古派是主张复返或是保存中国的固有文化的；折衷派的主张是要把一部分的西洋文化来和中国的固有文化融合起来，而成为一种中西合璧的文化。关于复古主张的错误，我们已在上篇指摘出来，我们现在且来谈谈折衷派。从历史上看去，东西文化的不断的接触，虽有三四百年的历史，但是折衷派的产生，却不过是七十年来的事。把七十年来的历史来和四百年来的中西文化接触史，尤其是四千年来的中国文化史，来相比较，虽是很短，然折衷派内部的派别之多，则较他派为甚。我们这里所批评的，不过是我们所认为较重要的几种派别罢了。

第八章　道的文化与器的文化

道和器两个名词之连用，最先见于《易·系辞》上第十二章，这两个字本用为对待名词，而其词句是：

> 形而上者谓之道，形而下者谓之器。

据说《系辞》是孔子所作，而《系辞》之言道器者尚有多处。道与器固虽然是对待名词，但却非完全没有关系的东西。《易·系辞》上第一章里说：

> 是以明于天之道，而察于民之故，是兴神物，以前民用。……是故阖户谓之坤，辟户谓之乾。一阖一辟谓之变，往来不穷谓之通，见乃谓之象，形乃谓之器……

可知器是从道而来的。孔子大概是受过老子的影响的，他这里以为器是由道而来，正像老子所说：

> 道生一，一生二，二生三，三生万物。

从上面所举《系辞》一段话里看，从道到器，中间尚有一个间隔东西——这就是象。老子不说道生万物，而说："道生一，一生二，二生三，三生万物。"也是感觉到由道到万物非直接的，这中间有了一个东西，像老子也明白的说：

> 道之为物，惟恍惟惚；惚兮恍兮，其中有象，恍兮惚兮其中有物。

象是什么？象就是从道而到器的中间所必经的阶段或步骤，这种步骤是赖于变动。故《系辞》传说："易者，象也。"所有的万物制度，都是从道而来，然并非从道直接而来，这是孔子和老子的同处。但是他们也有其异处。照老子的意见，从道而至万物是一步一步，自然而然的发展出来，所以老子就主张圣人无为。比方他说："圣人无为，而民自治。"他又说："万物将自化。"照孔子的意见，从道至器，固然也是一步一步的发展，然其所以能够发展，是赖于圣人之有为。所以他说八卦之作，是由包牺之"观象于天，观法于地"。从此推衍下去，一切的器用制度，都是赖于圣人之造作。故《易·系辞》说"有圣人之道四焉……以制器者尚其象"，又说"立成器以为天下利"。

孔子不只是把老子的自然而然的发展，改作天生圣人而造作，他对于老子所说的道，好像也没有充分的了解。所以他一生对于道这个字的解释，总只是含糊过去，怪不得子贡要说："夫子之言性与天道，不可得而闻也。"这个原因，大约也是由于他既把老子的自然而然之道，改作圣人造作之道。结果是他既没有相当的魄力去推翻老子，而又没有法子去把这人为之道来调和自然之道。所以最好是含糊的说"吾道一以贯之",而使弟子们自己去解释。

从这些的异同和孔子的含糊不明,遂生出后来宋代的苏、朱之争。苏辙和朱熹的道器的解释的不同,在朱子、苏氏《黄门老子解》一文里,说得很透澈(《朱文公集》)。我且把他分段抄下来:

(1) 苏曰:"孔子以仁义礼乐治天下,老子绝而弃之,或者以为不同。《易》曰:'形而上者谓之道,形而下者谓之器。'"

余(朱子自指)以为道器之名虽异,其实一物也,故曰:"吾道一以贯之。"此圣人之道,所以为大中至正之极,亘万世而无弊者。苏氏论其言而不得其意,故其为说无一辞之合。学者于此先以予说求之,使圣人之意晓然无疑,然后以次读苏氏之言,其得失判然矣。

(2) "孔子之虑后也深,故示人以器而晦其道。"

余谓道器一也,示人以器则道在其中,圣人安得而晦之。孔子曰:"吾无隐乎尔。"然则晦其道者,岂圣人之心哉。大抵苏氏所谓道者皆杂器而言,不知其指何物而名之也。

(3) "使中人以下守其器,而不为道所眩,以不失为君子。"

余谓以苏氏此言,是以道为眩人,使之不为君子也。则道之在天下,适所以为此人之祸乎。

(4) "老子则不然,志于道而急于开人心。"

余谓老子之学以无为为宗,果如此言,乃急急有为,惟恐其缓而失之也。然则老子之意,苏氏亦不能窥者矣。

(5) "故示人以道者薄于器,以为学者惟器之知,则道隐矣。故绝仁义弃礼乐以明道。"

余谓道者仁义礼乐之总名,而仁义礼乐之体用也。圣人之修仁义礼乐,凡以明道也。今日绝仁义弃礼乐以明道,则是舍二五而求十也。

平心来说,苏、朱两者各有其是,也各有其非。苏氏见得老子说"失道而后德,失德而后仁,失仁而后义,失义而后礼"之言,因以道器二字来区别老子、孔子之说,以为孔子既注重仁义礼乐,显然轻视老子之道。因为老子明明的说,道失然后有仁义礼乐,因此遂以为老子取道,孔子取器。朱子见得孔子以为圣人体天道以造万物,故曰道器乃一。照两者的解释,道器的本身上,并非完全没有道理,然两者都忘记了孔子所说:

君子不器。

原来孔子所谓君子,是得乎道的人。得道的人既不器,则朱子所谓示人以器,则道在其中的道器一体,既非孔子之真意,而苏子所谓孔子取器不取道,也非孔子之真意。孔子明明白白的说:"朝闻道,夕死可矣。"又说:"士志于道,而耻恶衣恶食者，未足与议也。"他之对子贡去食存信，他之骂樊迟请学稼，均是表示取道而舍器。他固然觉得器是由道而来，但是道却又可以离器而独存。

照我的意思，苏氏、朱氏的错误，就是不明白孔子自己之对于道这个字，就没明白。孔子一方面放不下老子之所谓至高至善的自然而然的道，一方面又放不下所谓圣人对于人生所不可无的器用和制度的创造，结果是生出一个矛盾。他忘记了若是顺着自然而然，就不愿当靠圣人出而创作，若要靠着圣人的创作，就非自然而然。其实孔子的根本思想，就是矛盾，这种矛盾是处处能找出来。比方他一方面希望人人学而致君子之道，然他方面又说："唯上知与下愚不移。"孔子本身既是矛盾，所以照着孔子一样的去解释道器的意义，固然是会生矛盾，就是明白道器本身的人而以之解释孔子，也是错误。只有承认孔子的道器观念是矛盾错误的人，才能知道真的孔子才能没有矛盾，没有错误。

老子的道物观，一到了孔子之手，遂成为含糊难辨的道器观念，而道器观念之在中国历史上所占的地位，又和孔子在中国历史上所占的地位为正比例。我们差不多可以说，二千余年来的中国文化，都可以道器这两个字来代表。所谓道的文化，是形而上的，而所谓器的文化，是形而下的。前者大概是指了一切所谓视而不见，听而不闻，摸而不觉，嗅而无味，要想而始知的东西；后者大概是指了那些看能见，听能闻，摸能觉，嗅有味的东西。

自东西文化接触以后，国人于是把道器来区别中国本身文化思想以外；又把来区别东西文化的差异。他们以为东方的文化是道的文化，而西方的文化是器的文化。因为了道的文化和器的文化之不同，于是遂生出两者融合的论调。把东西文化来区别为道器文化，而主张一种折衷办法的代表人物，要算无锡的薛福成了。薛福成说：

> 尝谓自有天地以来，所以弥纶于不敝者，道与器二者而已。开辟之初，生民浑噩，所需于世者盖寡。其后不能无以自养，不能不相往来，即不能无争斗。圣人者出，于是有耒耨之教，有舟楫之利，有弧矢之威。其风气所趋，不能不然者，道也；而道之所寓者器也。数千年来，土宇日辟，智巧日生，吴、楚、秦、越昔之所称戎蛮者，今皆为中原腹地；匈奴、突厥昔之常作边患者，今即是蒙古外藩。而天复使泰西诸国，研精器数，以通我中华，于是有农织之机器，有火轮之舟车，有铜铁之枪炮。盖中国所尚者道为重，而西人所精者器为多。然道之中，未尝无器，器之至者亦通乎道。设令炎帝、轩辕复生于今世，其不能不从事于舟车、枪炮、机器者，自然之势也。今之议者，动引古圣，啜糟粕而去精华，务空谈而忘实践，失之于弥远。欲求驭外之术，惟有力图自治，修明前圣制度，勿使有名无实；而于外人所长，亦勿设藩篱以自隘。斯不道器兼备，不难合四海为一家。盖中国人民之众，财产之丰，才力聪明，礼义纲常之盛，甲于地球诸国；既为天地精灵所

聚，则诸国之络绎而来合者，亦理之固然。(《薛福成文集·文编》卷二)

这篇言论，本来是薛福成代李鸿章答彭孝廉书里一大段。鸿章阅后，曾评为"精凿不磨之作"。我对彭孝廉之原书，虽未得阅，然据福成答书述云：

> 来书拨引古今，推究形势，所谓中国之洪荒，以圣人制度文物辟之，外国之洪荒，以大轮舟车机器电报之类开之……世界日开，其机自外国动之，其局当自中土结之。

这些言论，本和福成东西道器融合之旨相近，而薛亦以为"此乃崇论闳议，于中外大局，洞若观火，足破物墟之见"。可见得他们二位和势大位尊的李鸿章都是心神相印的。

这篇答书，是写于光绪二年丙子年间（一八七六），福成于光绪元年（一八七五）曾有过《应诏陈言疏》洋洋万余言，疏上后，据说"京师颇多传诵，议论一播，鼓动中外，建言者往往响应而起"。然而我们可以说答彭孝廉的书，乃是这篇疏的结晶品，而这篇疏又是十年前（一八六五）福成应曾国藩张榜招致贤才而上曾氏之书脱胎而来。国藩得读此书后，曾大加奖誉，因此而邀福成入幕府。文正且每语人云："吾此行得一学人，他日当有造就。"所以我们可以说与彭孝廉这封信所说的道器之异，名称固未见于前，然意思却是一八六五年的。

一八六五年正是太平天国失败，而洪秀全自杀之第二年。我以为中国人于鸦片之战，虽败于洋人，然鸦片之战之失败，大家还以为是由海岸固守之缺少联络，并不大觉得西洋人有特别之优点。在洪、杨时代，国人见得外国人及外国器械之精，得之足以致强败敌，于是开始提倡效法西洋，薛福成之上书于国藩，可以说是这种趋向的开始。福成最初追随国藩，后来又得李鸿章之绮重，最后出使外国，见闻虽较广，然其根本思想，至死仍然如故。光绪二十年（西历一八九四甲午丧师以前）这卅年中，乃是曾、李时代，而福成之言论，又可以为曾、李之代表。福成之东西文化之根本观念，既可于道器之说找出，福成之道的文化及器的文化，对于这时期之重要，可以想见。

但是我们已经说过，孔子和历来对于道器之说既矛盾含糊，福成应用之以区别东西文化，更是错误。孔子的"君子不器"是反器取道。福成想把西洋之器而融于孔子之道，根本已是错误。孔子欲以老子所谓天地自然无为而生长之道，以调合伏羲圣人所创造之器之矛盾，福成默许承认，结果也是矛盾。

福成以为道之中未尝无器，而器之至者亦通乎道。照这种议论而应用到东西文化问题，就是说东方固然重道，然也有器；西方因为器精，故也通于道。我们现在要问西方之精于器而通于道的道，和中国的道，是不是一样呢？若说是不同，那么孔夫子已经说过，"道不同不相为谋"，东西的道之不能融合，可以立见。何况福成以为西方人之于道，不若中国之重呢？若说东西之道是同的，那么为什么有了同样的道，而有了不同的器呢？为什么西洋之器则精过中国之器呢？若说中国是从道而见器，西洋是从器而见道，那么老子、孔子所谓道先于物于器之说，可以不攻而自破，而孔子所谓必有圣人（得道者）出，而后制器立器以为天下利之说，岂非荒谬。若说以轻道的西人而能因器之精而通道，而得道的中国圣人，却不能造出精良之器，则不但中国之道器根本上是和西洋之道器不同，而且中国之得道的圣人，简直比不上西洋人了。因为西洋人既能由器精而通道，中国圣人却只能通道而不会创造精良之器，且要效法西洋人始有精良之器；西洋人之优于中国圣人也如是！有了天生之圣人，只能通道，没有天生之圣人的西洋人，却有了道器两全；中国圣人之无用，孰甚于此，中国古道之没有价值，亦可以概见。

福成不察这些道理，他的头脑充满了孔子之道，同时又见得欧人器械之精巧，想搬过来，于是发出舍短取长之说。且看他说：

> 今诚取西人器数之学，以卫吾尧、舜、禹、汤、文、武、周、孔之道，俾西人不敢蔑视中华；吾知尧、舜、禹、汤、文、武、周、孔复生，未始不有事乎此；而其道亦必渐被乎八荒，是乃所谓用夏变夷者也。（全集卷九《筹洋刍议·变法》篇）

西人既因器精而通道，试问何须乎中国之道呢？中国人既只有道而要效法西人之器，那么中国人正是用夷变夏，还说甚么用夏变夷呢？假使中国之道，是高过西洋，则中国之器，亦应当高过西洋，这么一来，我们何必用西洋之器，来卫中国之道。事实上我们的道既要西洋的器来卫护，我们又怎能说"而其道亦必渐被乎八荒"。简单来说，我们的道既是要西洋的器来卫护，就是表明我们自己没有自卫的能力，而须求卫于人。自己既承认自己的无能，而求卫于人，怎能又说"俾西人不敢蔑视中华"。这么浅白的道理，以曾、李幕下唯一人才的薛氏尚不见及，中国士大夫的智识的浅陋固塞，一至于此，那么中国此后的前途之所以日趋日下，已可概见。

从东西道器的不同，他又发出东西新旧文化及文化接触的特异的学说来。他说：

> 中国上古之世，继天立极之圣人，应运造卦，画造市易……使鸿荒气象一变，为宇宙之文化，盖新莫新于此矣。其化由东而西，至今西学有东来之法，是能新中国并能新及遐方殊俗者，莫中国之圣人若也。降及近古，中国之病固在不能更新，尤在不能守旧，即以制器一端而论，惟周公之指南针，民间尚知造针之法，外此如《考工记》所论，暨公输般之攻具，墨子之守具……诸葛亮之木牛流马……已尽失其传。藉令因其旧法，相与潭思渴想，庸讵不能出西人上乎。（《考旧知新说》）

中国文化之输入西洋，乃元之初叶，若说西洋之由鸿荒之世而成为文明之世，乃中国圣人之赐，则希腊中世纪的文化，将为中国文化的支流了。这么一来，我们就要问问为什么这些像指南针的文化——器的文化。在西洋却能日新月异，而在中国却是日趋日退呢？像周公的指南针的器的文化，显明是由他的道的文化产生出来，现在西人的器的文化，既是百倍优于周公的器的文化，那么西人的道的文化，又岂不是百倍胜于周公的道的文化吗？假使近古中国之病尤在于不能守着过去的器的文化，那么提倡守旧就已够用，我们又何苦取西人之器，来卫中国之道呢？并且假使中国上古已有了继天立极的圣人来造作出这么多这么好的器的文化，为什么到了现在不但这些圣人不生产，连了保守固有的器的文化的人，也找不出来呢？这岂不是明白的指示天之将亡中国，而不赐以圣人。没有圣人，怎能保存圣人之道，没有圣人之道，那么尧、舜、禹、汤、文、武、周、孔们的圣人的道，老早就已成为历史上的陈迹。我们生在今日，不求所以生存于今日的道，而急急然要卫这些老早已亡的道，还要把他来渐被八荒，这岂不是愚昧之至。

原来西洋人制器之精，乃由于西洋人通道之至而来。中国人造器之劣，乃由于中国晦道不明，所以有了西洋之器固像福成所说，亦通乎道。然反过来看，我们也可以说，惟有了西洋之道，然后始有西洋之器，故器精则道至，道至则器必精。反之，器不精者，其道也必不至，道不至者，其器也必不精。俗人固明白画符以治病，而病不能治者，是由于道士之道不至，然他们却看不见中国之器之劣于西洋者，乃由于中国之道之不至，劣过西洋之道。今欲以西洋之器而融化于中国之道，那真何异乎叫画符的道士，舍其用符以医疮，而授之以西洋的医方器具以割之。这样一来，其流弊危险之甚，不待言而自知。

不但这样，福成及曾、李以至世人所称为见识较高一点的郭嵩焘之所谓西洋的器的文化，不外是专指机器而言。我们试读薛氏一八六五年的《上曾侯相书》，及十年后的《应诏陈言疏》以至二十年后的言论，所谓效法西洋者，虽于商业条约外交方面略为致意，然大体均以机器为主。所谓造兵船、筑铁路以至开矿务，都不外是机器的器的文化，这种文化的介绍，始于曾文正而继于李鸿章，都没有多少的变换。除了机器的器的文化，他们不知西洋有了道的文化，就是别的器的文化，他们也是茫无所知，视若无所睹。

第九章　中学为体与西学为用

　　体用之说和道器之说的关系如何，颇难确定。有些人说，前者是由后者脱胎而来，这话也未尝没有多少道理。原来《易经》上也曾说过，"立成器以为天下利"，所以这里所说的器是注重这个利字，而利用厚生也可以说是注重于用。故器用两字可以连用。此外体用的体，和道器的道，也有多少同义。又道器和体用，两者都表示一重一轻，一本一末的意义。换言之，道和体为重为本，而器和用为轻为末。又从时间历史上看去，道器之说，是流行于太平天国败后，而至甲午之辱的三十年左右，而体用之说却是从甲午以至欧战的二十年左右。从这一点看起来，我们可以说道器的折衷办法，是体用的折衷办法的前身了。

　　然而体用两字，不但字面上和道器不同，就是意义也非完全一样。道器的意义正如《易·系辞》所说："形而上者谓之道，形而下者谓之器。"体却是可以包含有形的。《易》曰："故神无方而易无体。"易固无体，而道更是无体。又《易》曰："形乃谓之器。"那么体也就是器，而和道处于对待之地位。器既是有形，而用却不必是有形，有器固不必一定有用，然用却不能离器，于是又见得器与用之不同了。

　　事实上道器体用这些名词，用之者既没有明晰的解释，而所谓道器之差，体用之别，又是含糊不清，结果是找不出一个确定的意义来。我们的结论，是道器之于体用，虽有了差别，然并非没有关系的。

　　体用之于道器的差别和关系，固没有明白正确的解释，体用本身的意义也是言人人殊。有些人以为体是当做桌子，用是当做椅子，这样说来，那么中学为体西学为用，就是以中学去比桌子，以西学去比椅子，还有什么意义。又有些人以为体是能力（Capacity），用是动作（Action）。更有些人以为体是机体，用是功用。这些解释层出不穷，我们这里所举只略表示其分歧之繁罢了。

　　我已经说过，中学为体西学为用，是甲午到欧战的二十年间一种最流行的折衷言论，而主张这派言论的人，简直是指不胜屈，上自名流学者，下至私塾小学里的学生，都能侃侃言之，然我觉得比较说得透澈而最有力量者，恐怕要算南皮张之洞氏。张氏对于这种主张最力的著作，是他的《劝学篇》。这本书约有四万言，广布于光绪二十四年间，本子有好几种，故印刊时间多不同。张之洞的序是光绪二十四年三月写于湖北，然四五月间广东广雅书局已有王存善写检本，篇末且有王氏一篇跋云：

　　　　为政者能读此书，可变弱而为强也，为学者能读此书，可变患而为明也，农工商贾能读此书，可变贫而为富皆长存而不亡也。欲御外侮，先修政令，欲靖内乱，先明纲常；是诚迷流之舟筏，苦海之津梁也。吾愿七十万方里，四百兆丁氓，书万本诵万编，笃信谨守，而勿敢忘也。

光绪二十四年七月后所刊之本多载了下面一段谕批：

光绪二十四年六月初七日，内阁奉上谕，本日翰林院侍讲黄绍箕，呈进张之洞所著《劝学篇》，据呈代奏一折，原书内外各篇。朕详加披览，持论平正通达，于学术人心大有裨益。著将所备副本四千部，由军机处颁发各省督抚学政各一部，得广为刊布，实力劝导，以重正教而杜卮言，钦此。

张之洞在当时本为第一等名流疆吏，言论足以左右人心，自不待言，而又得了学者之若是提倡，圣旨之若是奖励，其影响之大，可以想见。张氏早年主张尊孔复古最力，传说后来见得康、梁维新运动，如潮汹涌，于是不得不变其素来之极端主张，而迁就潮流。此书之作，乃对康、梁而发。辜鸿铭《中国牛津运动》一文（德文本）说此书之起源，稍异其说。惟据张氏自序里说：

图救时者言新学，虑害道者守旧学，莫衷于一。旧者因噎而食废，新者歧多而羊亡；旧者不知通，新者不知本；不知通则无应敌制变之术，不知本则有非薄名教之心。夫如是则旧者愈病新，新者愈压旧，交相为病，而恢诡倾危、乱名改作之流，遂杂出其心，以荡众心。学者摇摇，中无所主，邪说暴行，横流天下，敌既至无以战，敌未至无以安。吾恐中国之祸，不在四海之外，而在九州之内矣"。（《序言》）

为了这个原故，所以不得不找出一个折衷办法来。然所谓折衷办法，就是中学为体西学为用。《劝学篇》的目的，就是说明这种折衷办法的。这本书分内、外两篇，内篇有九，其题目为：《同心》《教忠》《明纲》《知类》《宗经》《正权》《循序》《守约》及《去毒》。外篇分为十五题目：为《益智》《游学》《设学》《学制》《广译》《阅报》《变法》《变科举》《农工商学》《兵学》《矿学》《铁路》《会通》《非弭兵》《非攻教》。内篇的旨趣务本，外篇的旨趣是开风气；内篇所说皆求仁之事，外篇所言皆求智求勇之事。所以内、外两篇的差异和需要，正是暗合乎中学为体西学为用的差异以及两者的需要。这里所说的折衷办法，据张之洞说，是合乎中庸之道。他说：

夫中庸之书，岂特原心杪忽、校理分寸而已哉。孔子以鲁秉礼而积弱，齐、邾、吴、越皆得以兵侮之；故为此以言破鲁国臣民之聋瞆，起鲁国诸儒之废疾；望鲁国幡然有为，以复文武之盛。然则无学、无力、无耻，则愚且柔，有学、有力、有耻，则明且强。在鲁且然，况以七十万方里之广、四百

兆人民之众者哉？(《序言》)

照张之洞的意见，所谓中学，就是旧学，所谓西学，就是新学。四书、五经、史事、政书、地图、为旧学；西政、西药、西史，为新学（《设学》篇）。张氏这样去分别中西之学，只有程度上的差异，没有种类的区别。所以中学里的政书固要学，西学里的政书也要学。结果是要"新旧兼学，不使偏废"（《设学》篇）。"知外不知中，谓之失心；知中不知外，谓之聋瞽。"（《广译》篇）

因为中学为内学，西学为外学，所以中学乃治身心的学，西学乃应世事之学（《会通》篇）。我们对于新旧、中西、内外之学，既不可偏废。我们为学者，"不必尽索之于经文，而必无悖于经义。如其心圣人之心，行圣人之行，以孝弟忠信为德，以尊主庇民为政。虽朝运汽车，夕驰铁路，无害为圣人之徒也"。（《会通》篇）

大约在当时之一般守旧者，差不多样样都依据经文而行，在经文里找不出的东西，均在排挤之列。汽机、铁路，是经文所不载的，故应在排挤之类。听说曾纪泽因奔父变，而坐汽船返乡，全乡人都以为他不只是反经违道，而且污辱家风。因是在这样的环境里，免不得要使张之洞发出不必尽索之于经文，而必无悖于经义的言论。若把张氏的言论推衍起来，则一切西洋文化中国都可采用，只要这些东西和中国的固有文化没有针对的冲突。

但是若要从西洋输过来的文化，不要和中国文化相背驰，则中国文化不只是有了存在的必要，而且成为采纳西洋文化的标准。假使这些文化是和中国的文化有了背驰处，则宁可弃西学而留中学。因为这个原故，中学仍当为本，而西学不外为末。而在求学和采纳文化上，也应以中学为先，西学为后。这样看起来，中西之不同，不但只有内外新旧的差异，而且也有本末先后的区别。他在内篇《循序》里说：

> 今日学者必先通经，以明吾中国先圣先师立教之旨，考史以证吾中国历史之治乱、九州之风俗，涉猎子集，以通我中国之学术文章；然后择西学之可以补吾阙者用之，西政之可以起吾疾者取之，斯有其益而无其害。如养生者先有谷气，而后可饫庶羞，疗病者先审脏腑，而后可施药石。西学必先由中学，亦犹是矣。

然而张氏又说：

> 今欲强中国存中学，不得不讲西学。

照他的意见，西学是不可不讲的，因为西学不讲，则中国弱，中国愈弱，则必至于亡，中国亡则学亦必随之而亡。所以不但是为强盛中国计，要讲西学，就是为保存中学计，也不得不讲西学。所以中学为体西学为用，是两件缺一不成的东西。一者是末，一者是本，无本固是没有末，然若是没有末——照张之洞的逻辑来说——也保不住本了。中学固不可无，而且要先学，然为保存中学及强中国计，西学尤其是不可不讲的。

上面是略将张氏的中学为体西学为用的理论，大概解释出来。细心的读了这些理论的人，当然看出张氏本身上的矛盾和错误。事实上现在也再没有人去相信这种理论，她已成为历史上一种陈迹。然而她在当时的确是一种金科玉律，不刊之论。她又是一种上承道的文化和器的文化，而下开后来一般的折衷派的论调，而且她的理论上的错误所在，四十年来好像没有人做过详细研究而指摘，所以我们不妨略将她的错误处说明于下：

第一，张之洞是像一般对于体用这两个字没有明白的认识。他说，"虑害道者守旧学"，好像是把道来做体，然我们已说过道和体是有很大的分别的，而且他在自序里又说："中学考古非要，致用为要。"这么说来，那么中学为体西学为用的分别，根本就打破了。

第二，他以为中学为体西学为用，乃合乎孔子中庸之道，这也是牛头不对马嘴的一个很大错误。原来孔子中庸之道，既是包括仁、智、勇三者，那么我们尽管照着我们孔子固有的仁、智、勇的三不偏废的中庸做去，就已够了，何苦再要去学西人之智、之勇，而只留孔子之仁呢？若说西方之智、之勇，是胜过中国，故要采纳，那么西人之智、勇，是和孔子之所谓智、勇不同了。把西人的智、勇去加在孔子的仁上，本来是行不得的，就是有了可能性，那么这个中庸又是张之洞的中庸，怎说是孔子之中庸呢？

第三，一般用"中学""西学"这名词的人，其所指明的范围虽是很广，然他们所谓中学、西学从文化的立脚场来看，总是嫌得太狭。他们所说的西学不外是西政和西艺；而所谓西政和西艺，照张之洞的看法，不外是学校、地理、度支、赋税、武备、律例、劝农工商（统称西政），算、绘、矿、医、声、光（统称西艺）。张之洞又说："西艺非要，西政为要。"那么所谓效法西洋文化的范围，更是狭隘。我们当然承认张之洞心目中所见的西洋文化上比了机器的器的文化范围较广，这是因为甲午受了蕞尔的日本教训以后，而引起较深一层的觉悟。然除了西药、西政以外，一切的西洋的哲学、人生观、社会观，以及促成西洋文化的原动力，他们不但没有注意，简直是不知其存在。同样他所说的中学，也不外是指四书、五经、史事、政书、地图。所以他之所谓学，固然是想包含一切而等于文化的全部，或是重要部分；然为了他对于学的范围，既只知其一，而不知其二，结果他对于学是什么东西，就没有充分的认识。不懂学的本身是什么，而来高谈东西的学的优劣以及异点，而定取舍之方，以为调和东西文化的张本，这正是舍本而求末呵。

第四，学固有新旧之分，却没有东西中外之分；质言之，学固有时间上的差异，却没有空间上的不同。在东西中外未曾接触以前，我们既没有东西学的观念，致东学、西学的名词也无由成立。在东西接触以后，其趋势和结果，若不是一致，必定和谐；若不是一致，又不是和谐，则必是一者逐渐伸张，一者逐渐成为陈迹，而只有历史上，或为研究而研究的价值，而其结果也是一致。而所谓中西学的真义，又不外是新学、旧学，张之洞屡用中西、内外、新旧诸名词，而不指其接触以后的各种不同的结果，于是把中学为旧学，西学为新学。要是旧了，她必定是旧时代的产儿，旧时代的产儿，是旧时代用的，新时代的产儿，是新时代用的。张之洞既承认西学乃救时应世之学，那么西学之为新环境所需要，必更甚于旧学。张之洞且承认不讲西学，不但中国不能强盛，就是中学也保存不来。那么西学之为体为本，而中学之为用为末，不言而明。何况中学既是旧学，事实上就不能和新学熔于一炉，因为若能融合，她必定也是新时代所需，新时代所需要的东西，就是新的，又怎能叫做旧学？

第五，体、用这两件东西，若照普通的意义来说，是分不开的，有其体就有其用，有其用必依其体。中学因有中学的体，西学也有西学的体，中学固有其用，西学也有其用。然而中学之用（要是她有了用），必定是依着中学的体，而西学之用，也是依着西学的体。换句话说，有了体，固未必一定有用，然要有用，必定先有体。所以西学之用，完全由西学之体而来，没有西学之体，必无西学之用。比方听是用，耳是体，视是用，目是体，耳的用所以异于目的用，就是因耳的体是异于目的体。今因了耳聋而欲以目的视的用，来配到耳的体，怎能配得？同样。他们既承认中西学之不同，则中西学的体用也有其不同处。今欲存中学之体，而只取西学之用，其愚昧之甚，和以目之用而配于耳之体，有何分别？其实体、用是二而一的东西，要是中学只有了体，而没有用，那么中学已成了废物，至多只能当作古董来玩玩，或为研究而研究罢。

最后张之洞还有一种错误，这就是养成为学不澈底和浮夸的风气。这本来是由于他本身上对于学问就没有做过澈底的工夫，这种错误也是由于他的中学为体西学为用的信条推衍出来。他不知道学有专科，而劝人就其所欲所长者以求精益求精，而把学分为中西。同时又感觉到不讲新学，则势不行，兼讲旧学，则力不给的困难，于是劝人中西兼学，而其实是弄成中西兼缺。

因为要学兼中西，所以劝人不必以殚见洽闻为贤，同样他又见得西文难于东文（日文），所以他又劝人读西文不如读东文，译西书不如译东书，留西洋不如留东洋。我想晚清以来西洋文化之介绍于中国，以留日学生之功劳最大，大约是由于张氏之赐。然因此之故，国人所得之西化乃间接而非直接，乃皮相而非澈底，梁启超在其所著《清代学术概论》里说：

> 晚清西洋思想之运动，最大不幸者一事焉。盖西洋留学生殆全体未尝加于此运动，运动之原动力，及中坚乃在不通西洋语言文字之人。坐此为能力所限，而稗贩、破碎、笼统、肤浅、错误诸弊，皆不能免。故运动垂二十年，卒不能得一健实之基础，旋起旋落，为社会所轻视。就此点论，则畴昔之留洋学生，深有负于国家也。

其实梁氏所责备于留学生者，正乃张氏之所盼望于他们的。而其原因，就是因为他要以中学为体西学为用。他忘记了学问的门类到这么多，能够专精支流百出的西学中的一件，已是不容易事，何况要学贯中西。他忘记了直接去学西学，尚恐不能窥其全豹，何况从日本人手中所得来的西学。他更忘记了日本人既能直接去学西学，中国人安有做不到之理？自暴自弃，一至于此，学之浮夸，可以想见。

第十章　精神文化与物质文化

　　与主张中学为体西学为用的论调有多少的关系，而又有其差异的折衷派，是所谓精神文化和物质文化了。

　　从历史上看去，这一派差不多是承着前一派而继起的折衷论调。要是从甲午到欧战的发生是中学为体西学为用的论调流行的时代，那么从欧战的发生到了现在这廿年左右，又是精神文化和物质文化的论调的流行的时代了。

　　主张这一派的人们，已感觉到专把学字来区别中西文化的各方面，是未免太过狭隘而未妥。所以东方人之须效法于西方人者，既不专只在范围较小的学的方面，而西方人之应当效法于中国人者，也不专只这个学的方面。并且体、用两个字，像道器一样的表示一轻一重，结果是会使人就重而弃轻。因此之故，他们乃把文化或文明这些名词来代替张之洞们之所谓学，同时又把文化来分析做两方面——一为精神的，一为物质的。这两方面的分析，既不像器从道来的道器的关系，又不像用必依体的体用的区别。照他们的意见精神和物质不外是文化所含有的两种元素，这两种东西既未必是表示一轻一重，也未必是一末一本，一先一后，或是一新一旧，两者差不多可以说是两件平衡的、对峙的东西。质言之，文化是有两种的，一种可以叫做精神，一种可以叫做物质。

　　文化既有精神物质之分，东西文化之差异，又是精神物质的差异。东方的文化——他们告诉我们道——是精神的文化，西方的文化是物质的文化；物质的文化生活，固是人生所不可无的生活，精神的文化生活，也是人生所应当有的生活。西方的文化既是物质的文化，而且优过中国的物质文化，则中国人之效法西洋人的物质文化是应当的，中国的文化既是精神的文化，而且优过西洋的精神文化，那么中国除了保存这些优点外，应当把她发扬起来，以救济西洋人的精神上的痛苦。

　　我们已经说过，所谓精神文化和物质文化，特别流行于欧战发生后，所以我们可以说这一派的主张是欧战的一种反应。他们见得欧战的利害和惨状，是由于所谓机器枪炮的进步的结果，而同时又见得欧洲人的汽车、飞机的生活过于繁杂，于是他们禁不住的要手动足舞起来叫道：

　　　　我们可爱的青年啊！——立正！——开步走！——大海对岸那边有好多人，愁着物质文明破产，哀哀欲绝的喊救命，等着你来超拔他哩。我们在天的祖宗三大圣和好多前辈，眼巴巴盼望你完成的事业，正正拿他的精神来加佑你哩。

　　这是梁启超先生，于欧战后到了欧洲游后而作的《欧游心影录》的末段劝告。这种论调，在欧战初发，已有不少人去提倡。所谓精神救国论，所谓中国人对于世界文化之责任等等好听题目，都是极力发扬中国的精神文化。不但是为了中国计，且想把来救所谓受困于物质文化的可怜的西洋人。梁先生又亲目看过满目疮痍的战后惨状，所以说得格外沉痛，而当时国人之感受这位"笔锋常带感情"的梁先生的劝告，特别深切。

这篇《欧游心影录》虽然是注重在精神文化的发扬，然梁先生究竟是位澈底相信中国物质文化太过缺乏。所以一方面他虽是劝中国人要保存着在天的祖宗三大圣和好多前辈所遗留的精神文化，而输运到西洋去，以调和西洋人的物质文化，一方面他却承认中国应当努力于物质文化，而提高其物质生活。使中国人不但在精神文化上得到相当的位置，就在物质文化上也有相当的享用。换言之，精神和物质两方面都要俱有，而不可偏废。

我们可以说从欧战发生后尤其是欧战完了后，国人之持此种调和论调者，恐怕比之二十年前的相信中学为体西学为用还要热闹、还要利害。智识阶级唱之于先，一般的人们随之于后，以为战后之世界文化的追势和出路，只有这个精神、物质融合起来的办法了。

中国人固是这样的相信，外国人也有不少的这样相信；印度的所谓智识分子，像泰戈尔们和日本不少的学者，为着保存和发扬东方的固有东西，相信这种调和的可能性和必然性，固不待说，就是西洋的学者像罗素、杜威也持同样的见解。罗素在中国各处讲演，对于这种东西文化融合的论调，已唱了不少，然其有系统和比较详明的著作，要算他那本《中国的问题》（*The Problem of China*, 1922）（赵文锐先生译为中文，题为《中国之问题》）。他以为中国的问题，是文化问题，而所谓文化问题，又不外是东西文化的融合问题。第十一章题为《中西文化之异同》，他以需吾人（西人）文化的特长，是科学的方法，而中国人的特长，是人生目的的正当观念。精神和物质的名词，虽不多应用，然科学所产生的文化，大都是物质文化，而人生目的的正当观念，是属于精神文化的。中西的特长既不同，中西的特长又可以兼用。他以为日本人只知效法西人之短，而保存自己之短，所以对于中国人则诚恳的希望，能效西人的所长，而保存自己之所长。事实上他相信若非合中西之所长，不足以救中国。

杜威先生对于这个问题，虽没有专书讨论，然到处演讲，都脱不去这种调和的口号。他在《亚细亚杂志》（*Asia*，一九二一年）发表的《中国人的人生哲学》，就是主张这种折衷办法的表示。

杜威和罗素都是欧战后被中国人请过来演讲的，他们一方面受过欧战后一种变态心理狂，一方面因为中国人对于他们太好，专说中国人样样不好，也是他们心里很难过，而对不住东主的事（罗素曾自己这样的承认）。并且他们来了中国，正是走马看花，而长年生活又被了全国的最高等、最洋化的社会和环境所包围，结果他是自然而然的没有机会去做一种深刻的考察，而持一种严密的态度。中国人既看不出这层，于是以为西洋的大哲人，都这样的觉得中西文化的融合的必要；火上加薪，其气愈焰，东方的精神文化和西方的物质文化互相调和之说之流行，可想而知。

然而事实上，战后的欧洲的物质文化，既并不见得破产，而中国的精神文化，也并不见得是吾道而西。同时在中国呢？精神文化的保存，既并不见得有了什么成绩，物质文化的需要，也并不见得是已经充足。这是什么原故呢？我们的回答，就是根本上，他们已经误会了精神文化和物质文化的真义。

原来一般把文化来分析而为所谓精神文化、物质文化的人们，总差不多以为精神文化是指着道德、哲理、思想方面的，而物质文化是包含像机器、建筑物，以及一切的实物的，但是文化的真义，据一般的人类学者所公认，是包含物质和精神两方面。其实所谓文化精神或物质方面的分析，不外是我们对于研究文化的便利起见的分析，而这种分析又是随各人的观念的不同而差异的。文化身上并没有这回事。文化本身既没有这回事，每种文化都含有物质和精神两方面。世界上既没有过只有精神而没有物质的文化，世界上也没有只有物质而没有精神的文化。除了所谓天堂和阴间，除了只有物体的月球，我们找不到所谓人类的社会的文化，是只包含精神或物质一方面的。但是要是她不是人类的社会的文化，我们也没有法子，去找出文化来。

再从文化两个字的语源来看，文化也是指明精神、物质两方面。Culture 或德文 Kultur 一字本由拉丁文 Cultura 而来，而拉丁文 Cultura 一字，又出自 Cultus。Cultus 这个字，含有两种意义：一为 Cultus Deorum，一为 Cultus Agri。前者含有拜祭神明之义，而后者含有耕作土地之义。这两种意义在原始社会本有密切的关系，因为文化的演进而逐渐趋于复杂，这两种意义的范围，也因之而扩大。崇拜神明遂包括一切的精神方面的动作，耕作土地遂包括一切的物质上的动作。社会的文化愈进，分工的动作愈显，于是不但从事物质上动作的人不能兼顾精神的动作，或是从事精神的动作的人，不能兼顾物质上的动作，连了从事两者中之一者的人，也没有法子能够完全做了这一件，所以分工愈趋细微。因此一般普通人，遂以为文化这个名词，是包含了好多没有关系的东西，所以从语源上去考究所谓文化，并不专指精神或物质之任何一方面，而乃含有精神、物质两方面的。

设使我们上面所说的话尚不能给读者以充分的明白，我们从东西文化的实体上看去，则读者也必觉得我们上面所说的话是不错的。折衷派的人尝说东方文化是精神文化，其实东方文化何止只是精神文化呢？中国的丝绸缎纱、山珍海错、花园大厦、长城运河，以及一切的物质方面的工具及成就，岂不是东方的物质文化吗？可知中国不但是有精神文化，而且有了物质文化。

从这个时代看起来，东方的物质文化，也许远比不上西方的物质文化，然从四百年前来看，东方的物质文化却又不是这样了。我们知道马可波罗的游记，在欧洲刊行以后，欧洲人正在那里惊讶中国的物质文化之驾于欧洲，而四百年前的欧洲人心目中的中国文化，恐怕也不外是物质文化，所谓火药、指南针、所谓印刷版、丝布以及园艺种种，是不是吾物而西呢？所以事实上经过十数世纪受制于精神天国的欧洲人，见了中国这东西，总免不得的要说东方只有物质文化；西方呢，却只有优美的精神文化。我这话并不是凭空说的，四百年前的欧洲人，老实是这样的想，这样的说，我现在且把数段很有趣味而证明吾所说的话之真实的欧人自白，抄之于下：

契丹国者，地面最大国也。幅员之广，莫如伦比；人口众多，财富无穷。国滨大洋，海中岛屿星罗棋布，无人能知其数究为若干，盖无人能见其所有群岛也。其为人所得知者，皆藏珍宝，难以数计。

其国最昂贵之物，即橄榄油也。有自外国运往其境者，国王及贵族皆以重价收买之，宝藏之，视若无上之膏药。契丹国奇异物品极多，皆为世界他国所罕见。其国人聪慧敏巧，远过他人，蔑视他国之工艺、美术、科学，一若皆出其下者也。其人尝自夸，谓世界人类惟契丹人视物以两目，拉丁人以一目，而其余诸国之人，则皆盲目者。由此语吾人可以推测其国人之心理，视世界各国为野蛮不开化，不能与其人相比例。然其国亦实多奇异珍物，贩运四方，制工优雅，精美过人，诸国之人，亦诚不能为也。

国境之内，所有人民皆称契丹人，然亦有依其地方之名而称其异号者。各地人民男女皆甚娇美，而大抵两目甚小，男子无须。契丹国人，文字书法皆为美观，可与拉丁文并驾齐驱也。国内宗教派别甚多，不可以数计。有拜金铸偶像者，有因牛耕田产生五谷水果供给人食而拜牛者，有拜各种大树木者，有研究天文而拜天者，有拜日者，有拜月者，又有人民一无信仰，又无法律，生活如兽，而与野兽亦实无别者也。

物质上或有形诸学，其人皆极灵巧，驾于他人之上。然精神上或无形之学，全国境内，不得一人，有毫厘之智识，或感觉也。

这数段的记载，而特别是最末数句，和我们中国今日之谈西方文化为物质文化者，真是千古绝无仅有的暗合。原来这里所谓契丹国者，就是中世纪的欧洲之叫中国的别名。传说欧人之由陆路来中国者叫中国做契丹，而由海道来者名曰支那。最初一般欧人以为支那乃契丹外之别一国，到了明万历之末，葡萄牙人鄂木笃自印度随往契丹之回救商人而抵中国境，始知契丹为支那。上面数段话是元成宗大德十一年游过中国而返的小亚美尼亚亲王海敦所口述。张星烺编《中西交通史料汇编》（第四册页二七—二九），因从亲王海敦的《契丹国记》中译出来，张氏且加了下面的附注：

近数年来，中西人士颇有言西洋文明以物质胜，而东方文明以精神胜，殊不知此乃近二百年来之大差异耳。二百年前西洋物质文明，固未必胜于东方，海敦此记，可以作为左证也。

然而现在的东方的圣人，却又告诉吾们道，西方只有物质文化。我想这话不但中世纪的欧洲人会百思莫解，就是现在的欧洲人也会惊讶起来问道："东方的圣人呵！你的文化解释是怎么样呵？我们不只是有爱迪生、亨利福，还有卢梭、黑格儿，我们不单只有汽船、飞机，还有宗教、文学、哲学。试问你所持以夸耀的精神文化，是那一件为我们所没有，是那一件好过或多过我们一点呢？"

可知精神文化既非东方所独有，物质文化也非欧洲的特产。

然而折衷派的智者，也会说道，我们并非独断的说中国没有物质文化，欧洲没有精神文化，我们不过是说欧洲偏重于物质文化，所以欧洲的物质文化，是优于东方的物质文化，东方偏重于精神文化，所以东方的精神文化，较优于欧洲的精神文化。我们的主张不外是把西方之长，以补东方之短，以〈东〉方之优，去救西方之劣。

这种理论是很好听的，可惜好听未必适于实行。原来我已说过，文化本身上因为没有精神、物质之分，所以所谓某种文化的物质方面，不外是精神方面的表现，而精神方面的表现，又必赖于物质。欧洲的物质文化，能够这么发达，是赖于欧洲的精神文化的发达，而欧洲之精神文化之发达，又可从欧洲的物质文化的发达中见之。有了科学上的发明及方法，总有科学上的果实。一间五十层楼的高厦，不只是靠着一桶桶的士敏土，还要靠着不少的思想和计划；一只五万吨的大轮船，不单是靠着一堆的钢铁，还要靠着不少的潜思冥索。所以一切的文化的进步，都依赖于精神文化的进步，我们一看了人家的物质文化的程度，就可以明白人家的精神文化的程度。同样看了人家一本制造飞机和汽车的书册，我们可以推想人家的物质的文化是怎么样。这本书是精神文化之一，然这种精神文化之有无价值，是要待物质文化来表明。设使看了这本书而照样的去做，而造不出一个飞机，或是造成而不能飞行，则这本书的价值，也不能表现出来。根据了这些道理，我们的结论是：东西的物质文化的差异，是由东西的精神的文化的差异而来，看了东西的精神的文化的不同，也可以知道东西的物质的文化之不同。我们若要西方的物质文化，我们不能不要西方的精神文化，我们若是要保留东方的精神文化，我们也只能享受从这里精神文化所表现出的物质文化。

退一步来说，就使物质文化与精神文化可以分开，我们能否把西方的物质文化来配上中国的精神文化呢？我们的回答是否定的。所谓中国的精神文化，无非是一种简单的物质生活的文化，而所谓物质简单生活的文化，并非没有物质文化，而是对于物质生活的复杂及发达上加以否认。这种文化是全由于传统思想所造成，而传统思想的代表的最显明者，又要算老子和孔子。老子之反对复杂和发达的物质生活，固不待说，孔子之所谓："君子食无求饱，居无求安"，"士志于道而耻恶衣恶食者，未足与议也"，和"君子不器"，"去食存信"，"邦无道谷，耻也"，以及骂樊迟之学稼，赞禹、回之为贤，以至宋儒所谓"饿死事小，失节事大"，无一无非为着他的道的精神文化而着想。这种的精神文化，不但是物质最低下最简单的文化，而精神文化本身上已是最低下最简单。因为惟有低下简单的物质文化，始能得到这种精神文化，欲达到这种精神文化，也必先有了这种物质文化。老子、孔子明明叫我们先做这种简单低下的物质生活，然后能达这种的精神生活。去把西洋的优高和复杂的物质文化运输过来，就是违背了老子和孔子的意旨，违背了他们的意旨，是反叛他们，打倒他们，还说什么调和，什么取长去短。须知你们所谓孔、老之长，就是孔、老之短，而孔、老之短，就是你们所谓孔、老之长，西洋之长，也许就是西洋之短，然而西洋之短，也就是西洋之长呵。

第十一章　静的文化与动的文化

所谓静的文化和动的文化的融合的主张，和上面所说的精神文化与物质文化的融合的主张，虽有根本不同之点，然也并非没有密切的关系。所以一般主张前者的人，也很多的主张后者，同样一般主张后者的人，也很多的主张前者。大约把文化分为精神、物质的人，是注重在文化的分析的横方面，而把文化分为动的和静的，却是注重在文化的历程或纵的方面。

以静、动来区别东西文化的人，总以为西方物质文化之所以急进，是由于欧洲人征服自然的力量很大；而这种征服自然的力量，就是动的表示，故叫做动的文化。反之，中国人因为顺乎自然而自然的供给，自己不必用力去征服自然而能于精神上得到不少的安宁和静定，以成其静的文化。所以根本上，东西文化的差异，就是一则以动，一则以静。

主张这一派的人很多，印度的泰哥儿以及好多的西洋学者，均以为东西文化之差异，是由于静动之不同。国人之极力鼓吹这种差别和调合者，当推李大钊先生，及欧战时的《东方杂志》记者伧父先生。

李大钊先生于民国七年七月在《言治季刊》里发表了一篇《东西文明根本之异点》，对于动的文化和静的文化之不同，说得很透澈。现在且把文中很重要的一段抄在这里：

> 东西文明有根本不同之点，即东洋文明主静，西洋文明主动是也。……一为自然的，一为人为的；一为安息的，一为战争的；一为消极的，一为积极的；一为依赖的，一为独立的；一为苟安的，一为突进的；一为因袭的，一为创造的；一为保守的，一为进步的；一为直觉的，一为理智的；一为空想的，一为体验的；一为艺术的，一为科学的；一为精神的，一为物质的；一为灵的，一为肉的；一为向天的，一为立地的；一为自然支配人间的，一为人间征服自然的。南道之民族（指东洋），因自然之富，物产之丰，故其生计以农业为主，其民族为定住的。北道之民族（指西洋），因自然之赐予甚乏，不能不转徙移动，故其生计以工商为主，其民族为移住的。惟其定住于一所也，故其家族繁衍；惟其移住各处也，故其家族简单。家族繁衍，故行家族主义；家族简单，故行个人主义。前者女子恒视男子为多，故有一夫多妻之风，而成贱女尊男之习。后者女子恒视男子为缺，故行一夫一妻之制，而严重尊重女性之德。农业为主之民族，好培种植物，商业儒主之民族，好畜养动物。故东人食物以米蔬为主，以肉为辅；西人食物以肉为主，以米蔬为辅，此饮食嗜好之不同也。东人衣则广幅博袖，履则缎鞋木履；西人衣

则短幅窄袖，履则革履。东方舟则帆船，车则骡车、人力车，西方舟则轮船，车则马车、足踏车、大车、电车、摩托车。东人写字则用毛笔、砚池，直行工楷于柔纸；西人写字则用铅笔或钢笔，横行草字于硬纸。东人讲卫生则斗室静坐；西人讲体育则在旷野运动。东人之日常生活，以静为本位，以动为例外；西人之日常生活，以动为本位，以静为例外。试观东人西人同时在驿候车，东人必觅坐静息，西人必往来梭行，此又起居什器之不同也。

李先生于是进而分别东西思想之不同，以为一持厌世主义，一持乐天主义。东方人听于定命主义，西方人信于创化主义。至于东西宗教也有不同之点，东方之宗教为解脱之宗教，而西方之宗教为生活之宗教。因此之故，又生出道德之不同，东方之道德，在个性灭却之维持，西方之道德，在个性解放之运动。最后李先生又举出东西政治之不同，以为东方想望英雄，其结果为专制政治，以及专制所产生之各种特色，西方依重国民，其结果为民治政治，以及民治制度所产生之各种特性。

这是李先生的东西文化根本之异点的大概，然概括起来，所有的异点，都是从静的文化和动的文化产生出来。伧父先生之对于动的文化和静的文化的观察，也有了下面一段的重要结论。他说：

> 综而言之，则西洋社会为动的社会，我国社会为静的社会。由动的社会发生动的文明，由静的社会发生静的文明。两种文明各现特殊之景趣与色彩，即动的文明具都市的景趣，带繁复的色彩，而静的文明具田野的景趣，带恬淡的色彩。

我们这里应该声明伧父先生是偏于静的文化方面，而大钊先生是偏于动的文化。伧父先生说：

> 吾人之美慕西洋文明者，犹之农夫牧子偶历都市，见车马之喧阗，货物之充积，士女之都丽，服御之豪侈，目眩神迷，欲置身其中以为乐；而不知彼都人士，方疾首蹙额，焦心苦虑于子矛我盾之中，作出死入生之计乎。

大钊先生却说：

> 中国文明之疾病已达炎热最高之度，中国民族之运命，已臻奄奄垂死之期，此实无容讳言。……今日立于东洋文化之地位观之，吾人之静的文明，精神的生活，已处于屈败之势。

但是他们两位都相信静、动文化之能够融合，而成为一种第三者的新文化。大钊先生说：

> 东西民族因文明之不同，往往挟种族之僻见，以自高而卑人，近世政家学者颇引为莫大之遗憾。平情论之，东西文明互有长短，不宜妄为轩轾于其

间。……中国民族今后之问题，实为复活与否之问题，亦为吾人所肯认。顾我人深信吾民族可以复活，可以于世界文明为第二次之大贡献。然知吾人苟欲有所努力以达此志的者，其事非他，即竭力以受西洋文明之特长，以济吾静止文明之穷，而立东西文明调和之基础。

伧父先生更给吾们以东西文明已经调和的事实。

> 至于今日两社会之交通日益繁盛，两文明互相接近故抱合调和，为势所必至。以事实证之，则西洋社会以数世纪竞争活动之结果，所获得之资本，流入吾国，以开发富源；吾国社会以败千年刻苦安静之结果，所滋生之人口，输入他国，以兴起工事，此固于两社会交有利益者。吾国现时水陆交通之逐渐便利，皆赖西洋资本之助，而西美、南非及澳洲各埠之开辟与南洋群岛各国之兴盛，亦赖吾国人民之移殖，皆事实之彰著者。

伧父先生于是又举出欧战时法人欢迎华工，以证明东西文化之日趋于调和。然他却忘记了华工之赴欧，除了以血污之劳力受役于欧人以外，并没有携了半点东方文化给予欧人，事实上要希望这些在国内觅不得食、目不识丁的华工，来负宣传东方文化的责任，已是一种梦想。何况华工之赴欧，与其说是使欧人东化，不如说是他们多只运回欧人的文化的皮毛。在欧战的时期，除了法国以外，别的国没有请过华工，而欧战以后，欧美各国之禁止华工，固不待说。连欧人统治之下的南洋群岛之禁止华工，也只见得变本加厉，那么伧父先生之人口调济之说，不攻而自破。

因华工之西赴，而谋东西文化沟通之说既未必是，伧父先生所谓赖西洋资本以开中国之富源，而发中国之交通，也有不少的错误。中国应否借外债以发展实业，是别一问题，然伧父先生所指已往之外国资本之流入，对于中国，恐怕是害多益少。中国政府数十年来之所谓借外债以开实业的说既不外是以资一般武人之内争，饱官僚之私囊，而外人自己投资之事业，又不外是施行其剥夺殖民地之出产，而增加其国力的政策。故这两种外资之流入，都没见其益，而只见其害。至说年来交通之便利，乃得西洋资本之助，固非无例可举，然我们试看年来之道路开辟，结果不外是为美孚福特公司畅销货物，交通上的利便，固得享受，然事实上的钱财，只有流出，没有流入，也不能加以否认。

李大钊先生的调和主张，实在是一种矛盾的主张。且看他自己所说的话：

> 余既言之，物质的生活，今日万不可屏绝勿用，则吾人之所以除此矛盾者，亦惟以激底之觉悟，将从来之静止的观念，怠惰的态度，根本扫荡，期与彼西洋之动的世界观相接近，与物质生活相适应。

这是简直把他东西文化各有长短而持调和之说，根本打破。然而李先生研究没有十分诚意的承受这种结论，他简直徘徊于不知何所为而可的地位。

然而大钊先生和伦父先生所列出东西文化异点的错误，更是不少。比方大钊先生以为东洋文化乃南道文化，而西洋文化为北道文化。结果是满洲、蒙古是属于北道，而成为西洋文化，这恐怕无论是谁都难相信的。满洲、蒙古的文化要是西洋文化，那么元、清之统一华夏，老早把东西文化相调和，中国何苦再学西洋，西洋何苦再学中国。此外又像李先生以为家族制度下的女人多，个人主义之下的男人多，于是生出多妻一夫制。中国既因女多而多妻，西洋何故不因女少而多夫，则根本上家族主义和个人主义之于男女多少有了什么关系呢？

像上面所说的各种错误，在大钊和伦父先生的文里，举不胜举，我们以为他们的枝叶上的错误，是由于根本上他们所说的动静的文化的错误。所以我们现在且从这方面来指摘，则他们的全部见解的错误自见。

我们以为文化是人类适应时境以满足其生活的努力的工具和结果。因为时代和环境是时时处处变迁的，人类而想适应这种时代和环境，不能不时时和处处努力。文化既是这努力所得的结果，或是工具，那么文化本身上就是动的，不是静的。因为文化本身是动的，所以一切的文化，都是动的，西方文化固是动，东方文化也是动；高等文化固是动，低级文化也是动；古代文化固是动，现代文化也是动。

我们的见解，是人类之所以异于他种动物，是人类有了文化，而动物就没有。然而人类之所以能够有文化，也是由于人类能够努力去改造环境和适应时代，而创造文化。努力总是要动，而努力所得到的结果——文化——当然也是动的。因此之故，没有努力去动作，文化固没有法子产生，没有努力去动作，文化也无由发展。某种文化之能够发生，是要赖人类的动力，某种文化之能够不断的发展，也是完全靠着不断的动力。所以变动老实是文化形成的原动力，也是文化的特性。没有变动的力，文化决不会演进，所以文化演进的速度，是和文化变动的速度为正比例。变异的动力愈大，则文化的演进愈速，文化的演进正像赛跑，要想先登，只有时时刻刻的不停的向前跑，然而每一步的途程，就是代表每一寸的动力，赛跑而不愿去出脚力，怎能配得赛跑。文化的发展，也是这样的，她之所以能够日进无已，就是赖于人类不断的动力，没有动力，她也是要停滞的。

文化的发生和演进，固是赖于动，文化之所以能够保存，也是赖于动。前人创造了一点东西，我们若想继长增高，则我们所需的动力，当然要多，就使我们而只想沿旧蹈常，去保存这件东西，也是要了不少的动力。比方一间屋子，是我们祖父创造出来的，祖宗之创造这间屋子固是用了不少的动力，然而这间屋子决不是寿比南山、万年不坏的。因此之故，要想保存这间屋子，我们总要时时修理，时时照顾，修理和照顾总免不得要助力。可知保存的工作，也就是动的表示。

不但这样，所谓保存不只是修理和照顾，还要明白我们祖宗创造这间屋子的方法，所用的材料，因为这间屋子也许因了水灾或是风灾被推倒，也许是因了经过日子太久而自倒下来。我们若不依着我们祖宗创造这间屋子的方法，用他所用过的材料来重新建造一间，那么我们恐怕没有屋子来住。然而照样的像祖宗所用的方法，所用的材料，当然是需要了不少的努力和工作，努力去记着这个法子，努力的去采集材料。若是用不着自己来亲手的记着这些方法，搬运材料，自己也要努力的来找着别人，并给与人家做了这些东西的代价。于是又可知想要照旧的重建祖宗已经创造过的屋子，而保存着祖宗所创作的功劳，也要不少的动力。

一间小小的屋子的保存，已要不少的动力，一种文化的全部的保存，试问又要了多少的动力呢？

因此我们可以断定西方文化固是动的文化，东方文化也是动的文化。世人但见得中国今日的固有文化，乃数千年前的祖宗，已经创造过的文化，于是以为中国的文化是静的，而不是动的。他们忘记了数千年前已经创造过的文化之所以能够流传至今，而不至消灭者，也靠着子子孙孙，世世代代的不断的照顾、修理、重造的动力。设使中国人而有了这些没动力，不但中国的文化不能传诸数千年，恐怕数十年间也要烟消云散了。所以事实上世间并没有静的文化，静的文化是死的文化。然而要是静了，要是死了，怎能叫做文化？所谓静和死的文化，至多也只是化到成为乌有罢。

老实说，要是我们的文化不是动的，那么我们不只不能保存着数千年前，祖宗已经创造的文化，我们祖宗也决不会从茹毛饮血而进到熟食宴饮地位，我们祖宗决不会从穴居野处而达到高楼大厦的地位，我们祖宗决不会从结绳记事而达到用文字以记载的地位。我们祖宗既还脱不出禽兽生活的圈子，我们今日又怎能有了所谓固有的文化？

进一步来说，据科学家所考究的结果，天地万物时时刻刻都在变动的过程中，何况要靠着人类的精神脑力，手足胝胼，而始得来的文化。提倡静的文化的人们，其理论的结果，简直会弄到我们上做皇古的生活，而下做禽兽的生活了。他们忘记了皇古的人类和禽兽的生存，也是依赖于半斤头脑的焦思苦虑，和两手两足的动作不断呵。

若说动、静二字不外是相对的名词，而非绝对的，那么我们觉得西洋文化，既不像伧父先生所说，只具都市的喧阗景趣，东方文化也不像他所说只具田野的恬淡色彩。中国人的乡村虽有田野的恬淡色彩，然而中国人既不只是有乡村而没有城市，中国人的性情和举动，并不见得比较西洋人为静。反之，西洋人固有车马喧阗的都市和喜好运动的性情，然而运动既不是终日为之，而都市的喧阗也有规定的时间。西人之家庭既小，而居住地方又和其做事业的地方相离，而且事事都有秩序，所以车马云集的柏林，比之道狭人多的中国任何城市，未必就见得喧阗像伧父先生所说，也未必见得西人以动为常而中国人以动为例外，像大钊先生所说。这样片面的观察，不外更显出见解之错误。

第十二章　植物文化与动物文化

除了上面所举出数种折衷办法之外，又有所谓动的文化和植的文化之分，主张这种相异而趋于折衷的态度的，是刘鉴泉先生所著的《外书》。刘先生的书的全部，很可惜我刻下没有法子去找得着，我现在所见者却是他书中《动与植》一篇。这一篇见于梁漱溟先生的《中国民族自救运动之最后觉悟》（《村治论文集》）里。梁先生以为读之喜为得未曾有。但是梁先生从来说话既未可尽信，而刘先生的言论，至少在这篇比较重要的《动与植》篇里，也有不少的错误的地方。

所谓动的文化和植的文化，固然是和动的文化和静的文化有了分别，然刘先生的动与植好像是从动与静的差异脱胎而来。刘先生说：

> 近日论东西文化之异点者多矣，较而论之，以静动一说为最能该。虽然，论文化者必根据于生活状态，社会组织，此型成民性之要素也。两方文化之所以异，正在于是。吾敢妄造二语以分别之，曰，东方为植物生活，西方为动物生活。

从这段话里和刘先生的全篇言论来看，动与植与动与静固有不同之处，然根本上没有很大的差异。因为了东方的文化是植的文化，西方的文化是动的文化，于是从动物和植物的影响而生出不少的不同。刘先生因用表列之。

中国	西洋
植根于土壤　农村 惟死物受死徙 田出乡尚首丘	游而求食　牧群　商群 逐水草而居 离乡轻家尚探险
赖自然之惠　安定 保守知足	尽人力　躁动 进步贪多
枝干相扶 血统相结　古人言家每以草木相比 重天伦　家单位　黏合 国家之性质如家恃同情 大君为天下之宗 子地方官称父母 政府权力不及家	亲子分散 利益相结　西人言群每以兽类为例 重大群　个人单位　离散 国家之性质如公司恃法律 欢行分立制 家日崩坏为他种联合形式所代

续表

互相容让 出入相友守望相助 兵主自卫	好为斗争 种族仇敌阶级斗争 兵主侵略
分治 由农村而封建制 小工场	集中 由游群而大帝国 大企业

刘先生这个表是从他的动物文化和植物文化的前提推衍而来。我们以为根本上这里所谓动物文化和植物文化的意义，已经含混笼统。结果是他从这个前提所推衍出的各种异点，也是错误。

我以为设使我们把生物像生物学家一样的分为植物和动物，那么人类也是动物之一。欧洲人固是动物，难道中国人就不是动物吗？同样欧洲人的文化既是动物的文化，难道中国人的文化，就不是动物的文化吗？

若是我们承认人类是和动物、植物不同，而有其根本差异之处，那么所谓人类的文化，也必和动物、植物不同。事实上人类之所以异于动植者，就是惟有人类才有文化，植物固是没有文化，动物也是没有文化。就使我们相信动植物而有文化，则动植物之文化，也必和人类之文化不同。因为根本上人类是和动物植物有很大差别的，人类既和动植物不同，把动物、植物来做区别东西文化之不同的错误，是显而易见的。

刘先生说："生物学家又言动物分两大类，食肉之兽类，大多为非社会的，食草之兽类，大多是社会的。"照刘先生的意见，以为动物之食草与食肉的不同，遂生出非社会和社会的的差异。同样人类也可以因食植物与动物之不同，而产生出文化的不同。据刘先生的意见，欧洲人是食肉的，中国人是食植物的，因为食物之不同，而起了身体上的生理之差异，因为生理上的差异，而产生出勤作和思想的不同，因为了思想动作的不同，而成为文化的不同，东西文化之不同，也就是这样。然而这样的议论，至少有下面数点的错误。

第一，所谓生物学家之分动物为食肉和食草两类，而生二种不同的社会，不过是一种臆说，确实的证据，还是找不出来，而且这种臆说，是反乎我们平日所见的事实。比方牛羊及好多动物，虽是能群，然好多食肉动物，未必就见得像刘先生所借重的生物学家所说，是非社会的。

第二，就使相信因食物之各异而影响到文化之不同，然这种原因，只能算作多因和远因之一。所谓多因就是除了食物之影响于文化，还有很多的原因，像气候之不同，地理之各异，心理、习惯、风俗等等之差别，这一点刘先生也有多少承认。比方他说：

> 人之质性大半生自习惯，可以递传而生于生活状态，生活状态受限于经济地理。

文化之形成的原因，既非一端，那么把东西的文化，名为动〈物〉文化、植物文化，岂非等于所谓气的文化、地的文化、心的文化、俗的文化吗？

所谓远因，就是文化之受文化如风俗、习惯、社会组织等等，深于所谓心理、遗传及食物等原因。人生固不可一日无食，然而文化愈进步，则文化之受限制于自然养料之力愈薄。因食动植物而名曰动植文化，则犹不如像因信耶、佛之异，而名曰耶佛文化之较为妥当。

第三，就使因养料之异，而成为动植文化之不同，则西人既非特别注重于肉，而中国人也非特别注重于菜食。一般没有去过外国的人，见得在中国的西餐馆的大菜，鱼、猪、牛、鸡固是肉，就是汤及饼食也舍了不少的油质，于是以为西人乃肉食的人类。这正像在外国的中国餐馆注重肉食一样。其实普通的西洋人的餐食，肉食不过是好多件东西中之一，面包、蔬菜、茶、咖啡、生菜、薯类，为每餐之重要食品，而这些东西通通是植物。而一般生活程度比较低点的人家，肉食简直是件非常事。反之，中国之应酬酒席之多为肉食，固不必论，就这平常三餐之食肉食者，并不见得少于西洋人。肉食比菜食为贵，中国人因穷贫之故，未能饱以肉食，固不能说是不喜欢肉食。若说东方人因信佛之多，而蔬食之人也多，故名为植物文化，这也是错误。因为东方人，并非因蔬食而信佛，乃因信佛而蔬食。这么说来，则世界文化之差别，乃成为佛教文化，与非佛教文教〔化〕，而无动植之异。何况中国人之信佛而完全蔬食的，并不算多。不但这样，一般普通人之观念，皆以为北地苦寒，植物较少，故多食肉食，然则这里所说的食物之影响于文化，只能有南北之分，并没有东西之分，而所谓南北之分，乃是中国本身上所有的，然若以此而绳中国之文化，以为北方文化是动物文化，故其文化是动的，而南方文化是植物文化，故其文化是静的，那又是反乎现代中国文化之事实。何况在交通发达的近代，食物之运输既便，北人固不因寒冷而少蔬食，南人也未必因蔬菜之多，而少肉食呵。

第四，宇宙物类之进化，本来由无机而至有机，由植物而动物，由动物而人类。植物是靠着无机物而生长的，动物又靠着植物而兼以动物，至于人类也靠着植物与动物。刘先生若说人类因为靠着动物、植物为生，故有动物文化、植物文化，然则再推下去，所有植物都是靠着无机物，或是矿物，结果是与其叫做动植文化，不如叫做矿质或无机物的文化了。这么一来，岂不是成为玄之又玄，妙上加妙吗？

刘先生也许说道，我所说的动物文化和植物文化，并不是说植物或动物的本身的文化，而是人类对于动植物所生的兴趣，而影响到人类的文化上。比方西洋人喜欢养狗、养猫，而中国人却喜欢种菊、种兰，因为嗜欲菊狗之不同，而其结果是菊狗之影响于人类文化，也有不同，这就是说从一种的间接的影响于人生生活。像种牡丹的人喜富贵，种竹的人喜气节，养羊喜驯性，养狗喜活泼，从这种的欲望和特性，而生出某种特殊的文化。刘先生自己说：

> 畜马之民健斗，畜牛羊之民温驯，人性受畜之影响，此社会学家所证明。

我们就是翻阅任何一本社会学的书，恐怕也找不出像刘先生说得这么津津有趣，就使有了，也并不见得是一种已经证明的事。而事实上我们却以为牛马之养畜，在文化低下的社会里，固受地理及他种原因的限制，而在文化较高的社会里，牛马之养畜，不但影响于人性很少，或是简直没有。连了牛马之养畜与选择，也是随乎某种地方的需要和人类的意志而定。人之所以异于禽兽者，也是前者能够用自己的意志而改造环境，而后者却为环境所支配。要是人性而像刘先生所说之受影响于禽兽，人简直是比不上禽兽了。

上面是说明动物文化和植物文化的名词和意义之不当。我们现在且再将刘先生表中所列的动植之不同，而产生出东西文化之差异的要点的错误，略为说明。

在刘先生表内第一格所列之中西异点，一者植根于土壤，一者是游而求食，因此前者成为农村而后者成为牧群。然而事实上，一切人类都是要植根于土壤以为生的，所谓游而求食，也不外是求得一片土壤肥沃，水草生产较盛的地来居住。这种的居住，比之所谓农村的居住时间，虽然较短，然此种差别，只有程度上的差别，并没有种类上的差别。比方在五指山及南方各处的黎人、苗人，他们本来是属于刘先生所谓农村者，然而他们这季在一个地方耕种，到了下季也许因为土壤的肥质已被这季的稻谷所吸收，或他种原因，于是又移到别处。这样的农村，试问比之一个牧群找得一片水裕草丰的地方，住了一年半载，再移去别处，又有什么很大的分别呢？何况刘先生所谓游而求食的人是逐水草而居，我们试问他们所逐的水草是动物还是植物，畜类所吃的东西，既是植物，那么这些牧群的文化，也是植物的文化了。

事实上稍能涉略欧洲历史的人，恐怕总不会相信刘先生所谓欧洲文化是游牧文化。希腊的伦理生活和理想，及其城市的文化，既不是游牧文化，罗马帝国之发源于南欧半岛，也非游牧的文化。中世纪的教会生活，及封建制度，既不是游牧文化，近代的国家民族主义，为中心的文化，更是和游牧的文化绝对不能兼容。国际公法学者，固不承认游牧民族为有国家的民族，而事实上世界今日也差不多没有过一个没有土地的国家。

若说欧洲之喜于迁移，敢于冒险，而能开辟世界，开拓殖民地，而趋于帝国主义，而名之为游牧文化。那么中国人自从西方移来，沿着黄河流域而发展，而扬子江，而珠江，也岂是不时时刻刻都在迁移、开辟、开拓的历程中吗？而其结果也岂不是成为游牧文化吗？若说欧洲人文化之发源是从这些牧群而来，遂目欧洲文化为游牧文化，那么吾们的庄子所谓太古之时，人与群兽居，商君及诸子所谓古之民"知有母而不知有父"的，没有教化的时代，也岂不是一种游而求食的文化呢？

刘先生是不相信一般经济学家所谓文化之进步，是必经过游猎而牧畜，由牧畜而商业，而工业，一步一步的没有躐等而进的。然而他又很奇怪的说：

> 夫牧畜者，渔猎之初变也，游群之风，初民所通有也。中国已无其风，而西人至今犹未脱尽。然则宁谓西人少进一步，尚谓近理，何反言中国为未进耶。……中国已至汉矣，而西方乃为诸种族角逐期。今西人种族之见极甚，盖去部落之时，犹未远也。

这真是"夜郎自大"，这正是像梁漱溟先生所说中国文化已进了第二步，而西人却方走完第一步。怪不得梁先生读之叹为得未曾有。然而他却忘记了这种首尾不相呼应的最大矛盾——一方面以为文化进化是没有阶级步骤，一方面却说西洋现在之文化还未脱渔猎的时期，而比之中国为退步。

从农邨生活与游牧生活的错误，遂生出刘先生所说的农业文化和商业文化的差异。刘先生说：

> 大抵农业而兼收畜者多畜牛羊；畜马者，非农业也。

这真是天下之妙论，以农业为主的农邨生活，本来是刘先生所谓为植物的文化。农业而兼了牧畜，怎能叫做植物文化？事实凡叫做农家，都免不得养牛、养猪、养鸡、养鸭。我们并不以农者为专事种植的人，然想像不到提倡植物文化的刘先生也会明白这么显浅的事实，而仍要主张农业文化是植物文化，这个逻辑是什么逻辑呢？然而最奇者，是他说畜马者，非农事也。刘先生要是没有见过，至少也应听过欧美人之耕田，是用马的。刘先生好像以为牛是用以耕田，马是用以拖车运货，而为商业流通上所必用的。同时又以为西人多用马，中国多用牛，因此之故，牛是农业的主要，而马是商业的主要。这样一来，刘先生差不多是要叫西洋文化为马的文化，而中国文化为牛的文化，然而我们试问，牛马文化之分别，又与动植文化之理论，有无矛盾？

刘先生明白的承认欧洲也有农业，中国也有商业，他所说的不外是欧人重商，而中人重农。然而这样说法，又只有程度之差别，而这个程度之差别，不但在欧洲本身上有，中国本身上也有的。中世纪的封建制度，既不是重商，广东、福建的人民，也未必是很重农。此外从此推衍下去，刘先生义以为中国文化是农村文化，而欧洲文化是城市文化，也是片面的见解，我们只能从略罢。

此外又如刘先生以为中国人是赖自然之惠，而西人却尽人力，因此中国乃保守知足，西人进步贪取，以及表中所列的各种异点，均是片面及笼统。这是稍能留心于东西文化者，所能言及，用不着这里把来详细讨论的。

动物文化和植物文化的根本观念既错，动物文化和植物文化的调和的论调，也可不攻而自破。从这一篇文来看，我虽然不敢断定他是一个主张动植文化融合很力的人，然而从他这篇的语气来看，他虽很看不起因牧群而染习于野兽的西方人，然他也觉得西人有其长处。又如他说静躁、进退、散合、商农之利害，均是朝向在调和折衷的路上，然而折衷本身上的理论，已是错误，折衷办法而施诸实行，结果也是路不通行罢。

最后我觉得刘先生这篇动与植的文化的分别，不外是从李大钊先生的动的文化与静的文化脱胎而来。大钊先生言因根本的动静之别，遂有农业、商业、种植、畜牧、蔬食、肉食种种不同。刘先生把这些异点推衍起来，而成为动物文化植物文化之别。我们在前一章已将大钊先生动静之说加以驳议，那么刘先生之从李先生之动静主张脱胎而来之动植文化之不当，可以想见。

第十三章　人的文化与物的文化

近来又有些人而特别是前年（民国二十年）在南京成立的亚洲文化协会的人们，把东西文化之差异，来分做人的文化和物的文化。名词上所谓人之于物，虽和上面所说那五派有了分别，然骨子里头并非完全没有关系。其实我们还是免不得要怀疑，他们所谓人、物的分别，是复返去数十年前的道的文化和器的文化的主张。不过他们所谓人的文化、物的文化，是一方面含了上面所说那五派不少的色彩，而一方面又有了他们的自己注重点。

所谓人的文化这个人字，好像是由亚洲文化协会的诸君捏造出来，但是物的文化的物字，却已有人说过。前一章所谓植物文化和动物文化，都可以叫做物的文化，而老子之所谓道、物，和这里的人、物，均含有对待的意义，而有不少的同样的关系。此外十余年来所最流行的精神文化和物质文化，这个物字就是他们所谓人和物的物字相沟通。换言之，所谓人与物的物，也就是物质文化的物字。

所谓人的文化和物的文化的意义，在亚洲文化协会于民国二十年所出版的半年报告书里，所载亚洲文化协会第一次大会的主席的《开会词》里，及《亚洲文化协会的使命》一文里，说得很详细。我现在且把主席《开会词》里几段话录之于后：

> 他们（西洋人）自己夸耀自己的文化，实际上他们的文化的本质，只是物质的侵略，他们的文化简直是物的文化，而不是人的文化。在现在的世界里，物的文化竟代替了人的文化，这是多么可痛，而又可惜的事。
>
> 欧罗巴的文化是世界上大多数民众呻吟痛苦的文化，是近百余年兴起的文化，是物的文化，是霸道的文化。
>
> 亚细亚的文化，是具有解放一切被压民族的特质的文化，是具有悠久的历史过去的光荣的文化，是人的文化，是王道的文化。

原来一切的文化都是人的文化，没有物的文化，因为惟有人才有文化。人固然依赖于物以创造文化，但是物的本身上决没有变成文化的可能性。一块很美丽而可以有用的云石，藏于大山之中，没有经过人工磨琢而成了一件东西，像一间大厦的柱或是别的用途，决不能叫做文化。一株生在深林里的果树，没有用过人工来培养，决不能叫做文化。连了能飞、能走、能叫喊、能动作的禽兽，也创造不出文化来，所以物的文化这句话，简直就是不通。

但是要是一切的文化都是人的文化，那么中国人的文化固是人的文化，难道欧洲人的文化，就不是人的文化吗？中国人从来就有夏夷之分，以为华夏才有文化，蛮夷是没有文化的。没有文化的人是近于禽兽，二千年前的孟夫子既已说过:"人之所以异于禽兽者几希。"近来像刘鉴泉先生也说西人乃习染于野兽。所以亚洲文化协会诸君，也许有了这种见解，以为亚洲乃人文之邦，而西洋乃兽物之邦。然而孟夫子之时代既想不到有西洋，而他简直是把禽兽两字来加在名满宇内、学感天下的杨子、墨子的身上。这样说来，我们两千年前之祖宗，大半就是禽兽。那么我们二千年来所传下的文化，也是物的文化了。至于刘先生以为西洋文化是动物文化，而东方文化是植物文化，不但是说东西文化都是物的文化，而且在进化的程序上看去，动物的文化，就比了植物的文化高了一级。儒家的健将荀子岂不是说过吗？

> 水火有气而无生，草木有生而无知，禽兽有知而无义；人有生，有气，有知，亦且有义，故最为天下贵也。

我已说过物的本身不能变出文化，所以物的文化这句话就不能成立。就使动物文化、植物文化这些名词而有成立的可能，那么像荀子所说的有生又有知的动物的文化，岂不是胜过有生无知的植物的文化吗？那么西洋文化又岂不是胜过东洋文化吗？

上面的话似近于戏谑，但是从字面上看去，人的文化和物的文化，已是一种戏谑。自然的，我们承认人与物文化的意义，还有别的重要意义，不过把人的文化和物的文化来区别东方文化和西方文化，最是容易使人〈犯〉因词害意、望文生义的错误。所以这里所说的人的文化和物的文化，至少在字面上是不妥当的。

若说物的文化，不外是物质的文化，那么我们就要问问物质的文化，是不是人的文化呢？饮食是充饿渴，衣服是蔽寒冷，宫室是御风雨，以及一切的物质的用具，都是物质文化。这些文化无一不是由人创造，由人创造，就是人的文化了。何况人类一旦离了这些物质文化，像食物、像衣服等等，若不饿死，就要冻死。人之于物质既不能须臾离开，物之文化正是人之恩物，有之则生，无之则灭。今把物之文化来做人之对方仇敌，岂非愚昧之至？其实人的本身就是物质，没有了组成人的物质，那里还能有人，更说什么人的文化。若说所谓人的文化就是人道，而人道之对方，就是物质；人道是包括了一切的道德的美性，如仁、义、礼乐等。但是专说人道而不讲物质，物质固不会进步，人道也是讲不来。管子不岂是说过吗？

> 衣食足而后知荣辱，仓廪实而后知礼节。

管子固然是偏于物的方面，而不大得孔子的赞同，然试问孟子之所谓"制民之产，必自经界始"，以及他的重农主张，岂不是把人道、物质来混为一谈呢？

可是他们又说物的文化是霸道的文化，人的文化是王道的文化，这么一来，简直是愈弄愈糟了。近年以来国人因外患日亟，于是异口同声的以为西洋文化不外是霸道文化，而东方文化乃王道文化。殊不知所谓王道、霸道无非乃政治上一种策略，而所谓政治，又不外是文化的很多方面之一方面。今把王道、霸道来表示全部的文化，其笼统浅薄之见，孰甚于此？何况东方文化里既不只是王道，而没有霸道，而西方文化里，也不只是霸道，而没有王道。何以见得中国不只是有王道呢？原来所谓霸道，大概是指着征伐，而征伐在中国历史上，是一件并非希奇的事。自我们的开国元勋直到现代，试问霸道政策之实行，指何可胜屈。《吕氏春秋》曾说：

> 兵之所自来者久矣，与始有民俱。凡兵也者，威也；威也者，力也。民之有威力性也，性者所受于天也，非人之所为也。武者不能革，而工者不能移，兵所自来者久矣。

又说：

> 黄炎故用水火矣，共工氏固次作难矣，五帝固相与争矣，递兴废，胜者用事。又曰蚩尤作兵，蚩尤非作兵也，利其械矣。未有蚩尤之时，民固剥林木以战矣。

五帝固是如此，三王又何独不然。夏禹绥服，汤武用兵，以直到春秋之五霸，以开口就说王道之孔子，也免不得要叹道："微管仲，吾其被发左衽矣。"降及战国，七雄相争，那是更闹得了不得。秦始皇统一天下，人人知道不是王道，汉高、汉光武一般的开国人主，中兴君王，所用之道，难道不是霸道吗？三国之世，六朝之时，而唐，而宋，而元，而明，而清，那一代不是用了霸道，那几个君主是不用过酷残酌〔的〕干戈。在明朝的末叶，在清时的太平天国时代，我们的皇朝人物，还要借西方之机械、枪炮、霸道所养成之臣民，来征伐所谓皇朝之叛乱，而扶王道于危倾。这样看起来，中国不但只有霸道，中国之王道，还借霸道以维持。所谓逆取顺守，所谓攘夷尊王，岂不是显明的证实了上面所说之不诬吗？

反过来看，一部欧洲历史虽有了不少的你征我伐的事情，然而雅典人的正义主张，斯多亚的世界观念，罗马法家的自然平等之法律，基督教的博爱信条，以至近代的哲学家像康德的永久和平的思想，近来的民族自决、裁兵运动种种的主张和动作，难道就是霸道的主张和运动吗？

我们的见解是，要是亚细亚人强盛起来了，那么亚细亚人之霸道之施行，恐怕还要甚过西洋人。亚细亚文化协会诸君，未尝不见及这点。所以协会开会时，除了弱小民族像中国、高丽、印度等外，日本不但不邀之入，而且反对之、谩骂之。年余以来，日人之霸道气焰，有加无已，始而占领东三省，继而扰乱淞沪，再而侵犯热河，今且进而窥伺平津。试问诸君所谓亚细亚文化乃王道文化之说，岂非矛盾错误之甚。籍曰日本乃步着西洋之后尘，不能称为亚细亚固有的文化。

那么诸君之所谓亚细亚文化者，固非亚细亚之文化，乃是中国、印度之弱者的文化。就把日本算做例外，试问三保太监元征服南洋诸国，元代军马之犯欧西，又岂不是霸道吗？元帝之西征欧洲，教皇之势力尚未崩坠，我们一读当时教皇所遣来求中国之使者的游记，只觉得欧洲人心目中之中国的文化，大都不外是霸道文化，而反乎欧洲之王道文化。在东西沟通艰难的十三世纪之欧洲人，尚能见到这一点真诠，乃在中外交通后的二十世之中国智识界，尚不及十三世纪欧人之观察，岂不令我们自觉羞愧吗？

从物质文化的霸道，和人的文化的王道，他们又分出欧洲文化为物质侵略文化和亚洲文化为解放文化。八十年来的中国历受外人的侵略的痛苦，凡是中国人都这样感觉固很自然的，然而要免除这种痛苦，绝非盲目的自尊自大和感情的空言的抵抗侵略所能济事。欧人、日人固恃其物质优越的能力来侵略中国，然而中国有枪阶级之侵略民众，何尝不是物质的侵略。事实上欧人之侵略中国，并不止是物质的侵略，还有其他的侵略，可知欧洲人之文化，并不只是物的文化。

欧洲人之对外，两百余年来虽有了不少的侵略的形迹，然而欧洲各国之对内，却有不少的解放。思想上的解放，宗教上的解放，而特别是政治上的解放，无一不是欧洲近代文化史上的特点。至于中国所谓对外既不见得有所解放，而对内呢，却无时无处不在压迫之中。中国人之于欧洲民族，在历史上固以蛮夷相视，其对于亚洲之各种民族也并不见得是当作平等民族看。春秋和传统的内夏外夷，既不是解放思想；德以治中国，刑以威四夷的信条，更不是对外解放，而乃对外压迫的表示。若说近百年来之放弃黑龙江以北之土地，东南海之大小岛屿，以及高丽之放弃，安南之割让，和最近来东三省之丧失，乃是解放的明征，那就未免过于滑稽，而且背手协会诸君之本旨。

再从对内方面来说，恐怕有史以至今日的中国，都不见得做过什么惊人的解放。《书经·周书》里《多士》一篇，所载之事实，就可知所谓以王道治天下的圣人的周公，没有法子去用王道来感化一般臣民，而唯一的办法，也不外是迫压他们，迁到洛邑。孔子之尊君屈民，商君之愚民，秦始皇之徒天下之有智识、有财富的人们于咸阳，也不外是行周公之故策，这些的政策难道就是解放政策吗？此后一朝一代，几经沧桑，然思想上的束缚，礼教上的固执，专制政治之形成及发达，无一非违背解放之真谛。我们所谓亚洲文化，具有解放一切被压民族的特质的文化，究竟是指着那一件事呢？

他们所谓物与人的文化的观念，既是错误，他们对于文化的发展史上的观察，也是错误。他们说现在的世界，物的文化竟代替了人的文化，难道过去的世界，是没有他们所说的物的文化吗？他们又说欧罗巴的文化是最近百余年兴起的文化，这也是错解了欧洲的现代文化史。欧洲的物质文化的发展的速度，虽是最近百余年来的事，然而近代欧洲文化之兴起，却是好几百年的事。此外又如他们说亚细亚文化具有悠久的历史，过去的光荣，我们也有了这种感想。不过，过去的历史和光荣，是亚洲过去的人所做的历史、所得的光荣。你们生在千数百年后的，不自努力振作，去显出你们的能力和光荣，不但是太过自暴自弃，弄到样样都不如人，试问还有什么面目来对着你们的祖宗？说起祖宗的光荣，岂不是愈显得自己的丑拙吗？

我们老实的感觉到这一派的人们，对于文化这两个字的认识上太过糊涂。他们凭着一种感情的作用，去号召所谓亚洲的弱小民族，联合起来，希望能够反抗欧洲文化之压迫。这种的热忱是很可嘉的，无奈他们错误了文化的根本观念，以及发展的途径和目前的趋势。于是想唤起所谓东方之优美特质来，抵抗西方的文化的输入。殊不知东方之所以衰败到这个田地，就是因为东方人忍不住的放弃他们所谓祖宗数千年来所传下那些特性特质。现在再来重张旗鼓，把这些三百年来屡试无效而反受害的法宝，去和欧洲的文化挑战，岂不是见得不死不休吗？

他们只知道日本是可恶的，然而他们却忘记了六十年前的日本同样的受过西洋文化的征服，他们又忘记了今日的日本不但四百兆众的中国没奈他何，就是目则情况的西洋各国之于日本，也是没奈他何。然而这是什么原故呢？大约稍能留意过这问题的人，决不会不明白的。

平心来说，这一派的人们之反对西洋文化和歌颂亚洲之固有文化，他们好像是偏于复古的路上。然而他们看得欧洲的文化，只是物的文化、霸道文化。而东方的文化，是人的文化、王道文化；他一方面想把这些东方的优点去救济调和西方的物狂，一方面并没有反对西人之吾物而东，所以骨子里还是走在折衷办法的路上。

而且把东西文化分为王霸文化的论调，不只是亚洲文化协会诸君的独有论调，国人自从甲午战后，无时不希望能够利用西方之机械、枪炮、武备、兵法，来卫护尧、舜、禹、汤、文、武、周、孔之王道。所以王霸互用之说，也是一种有了相当的历史和一般普通人所主张的学说。但是根本上这种学说既不能免于错误，则这种调和学说之实施，终于不外是一种梦想。

第十四章　所谓科学的选择办法

上面已经说了六派的折衷办法，并指摘其错误处，这六派的名称和意义虽各有不同，然却有不少的关系。所谓道器的文化，既和中学为体西学为用有关系，而这后者又和物质和精神的文化有关系。此外，所谓动的文化和静的文化，所谓植物文化和动物文化，以及人的文化和物的文化，均有了不少的互相交错的关系。

这六派的横的方面固如上面所说，纵的方面也有了多少的新陈代谢的秩序。所谓道的文化和器的文化，是流行于甲午以前三十年，所谓中学为体西学为用的论调，是唱于甲午以后，至欧战以后，所谓精神文化和物质文化的折衷办法，是很流行的。于这时期中，应运而起的较早者为静的文化和动的文化的论调。此外如所谓动物文化、植物文化之说，虽由动静之说脱胎而来，然时间上却在民国十八九年间，到了民国二十年后，又有所谓人的文化和物的文化的提倡。

然而除了这纵和横的都有密切关系的上面所说六派外，还有一派和这六派设有多大关系，而本身却也是一种折衷的办法，就是本章所标出的所谓科学的选择办法。

所谓科学这回事，一看而就知是一件舶来的东西。原来近年以求国人对于社会学的介绍和研究的兴趣，好像是逐渐浓厚。在外国而尤其是美国，社会学上的学派，比较新鲜一点的要算所谓文化学派。研究社会学的人，当然对于这么新鲜的学派，要加以特别注意。

本来所谓文化学派的社会学之在外国，正是新兴的社会学，他的根基既方才立定，他的目的是想在社会学上得着多少的贡献。所以主张这一派的人，除了从学问上和解决社会学上的难题外，还说不到解决实际的文化的问题。可是在中国，研究的工夫虽很少做过，却是应用来解决实际问题已见端倪了。

平心来说，从文化的根本观念上去研究文化，以解决东西文化的问题，本来是一件很好的事。因为东西文化这问题本来就是文化问题之一，而且至少从我们东方人的立脚点来看，她可以说是文化问题中一个最重要的问题。数十年来的中国人之对于这个问题，虽然有了不少的研究和讨论，然而好像是发了无的之矢，而其根本原因就是没有明白文化本身究竟是什么一回事。文化本来是一件很复杂的东西，研究的人若只执一端来度全部，结果总是陷于偏见，于是他对于从这种偏见所得到东西文化的解决的办法，也是自然而然的陷于偏见。

现在有人能够从文化本身上来研究文化，再从这些研究的所得，而求所以解决东西文化的问题，比之过去一般讨论这问题者，总算做进一步的工夫。但可惜目下专为解决东西文化问题的著作,尚不容易找出来。而且这些的人们对于文化的根本观念,没有充分的了解,结果他们所谓用科学的文化研究,以解决东西文化问题,也是未能使得我们满意。

关于主张这种折衷办法的人物,很不容易找出来,许仕廉先生在其《文化与政治》里曾有论及,但为便利解释起见,我且暂把孙本文先生在《社会学刊》第一卷第四期所发表的《中国文化研究刍议》这篇来讨论。这篇文章是为中国文化的研究而作,而所谓现在的中国文化,又和西洋文化有密切的关系,因此之故,孙先生自然而然的谈起东西文化的问题来。

孙先生研究中国文化的动机,是见于下面一段话:

> 我中国文化富有悠久的历史,与特殊的发展,卓然自成为东方文化的一大系统。但自海通以后,欧风美雨,滚滚而来,潜滋暗长,势不可遏。时至今日,欧美文化充斥都市,遍及乡僻,可谓无孔不入,无微不至了。在此潮流中,究竟中国固有文化,有否保存的必?要欧美文化又有否全盘接受的必要?此诚中国目前急需研究的一个切要问题。要解决这个切要问题,自非把中国固有文化,做一种客观的科学分析不可。

他又说:

> 我们相信只有这种科学的文化研究,方可把中国社会的特性和盘托出;只有用这种和盘托出的方法,方可见到中国文化的真相;只有根据这种文化的真相,方可决定我国目前应取的文化政策。

从这种的研究以解决东西文化,我们已经说过,是一件很好的事。无奈所谓科学的研究对于某种研究的对象上,固可以得到充分的认识,然而对于某种实际问题的应用上和解决上,未必一定能见功效。换言之,科学也有她的范围和境域,她有她的山穷水尽处。但我要特别的声明,我并非反对用科学方法来解决实际问题,我们应该尽量的去应用科学方法,来解释和应付文化问题。然她既有她的范围和止境,我们在她的范围和止境以外,把她来应用,那是不但没有见功效,恐怕还生出不少的弊病来。

事实上孙先生所谓科学方法的文化的分析,照我看起来,好像是非科学的。他把中国文化的特质来分为十四条大纲,每条大纲又分为若干细则。这个大纲虽和人类学者 Wissler 所著的《人与文化》里所列的大纲,和社会学者 Hankins 所著《社会研究绪论》里所列的大纲有多少出入,但是从这两大纲脱胎而来,是无疑义的。我们若把所有学者关于文化分析的大纲,来看一看,那么恐怕没有两个相同的大纲。所以比方 Ratzel 的分析大纲和 Wissler 不相同,Wissler 的大纲一到了 Hankins 的手里,又变了一个相差很远的大纲。再从这两者而至孙先生又复一变,结果是有十个大纲,就有十个花样。这是什么原故呢?我以为就是因为他们通通是随着主观去分析，并非客观的分析，而其弊病并不亚于一般把文化来分做为物质、精神，动、静，动、植，等等。

我们若把孙先生十四条文化分析大纲来研究，我们觉得处处都有可以商量的余地。而其最奇者像政治制度、司法、立法，三者列于政府之下。大约凡稍有政治学智识的人，都知道政治制度这个名词，是广阔过政府这名词。孙先生不把行政部分而把政治制度列于政府之下，难道司法、立法，以及政府都不是政治制度吗？又如外交固含有斗争的意义，然多亦含有和平解决的意义。此外每一大纲及他的大纲之不甚清楚，还不可胜举。这样的分析已缺了科学的精神，难道还能用科学的方法，求解决文化的实际问题吗？

我们以为折衷派的主张的缺点，是对于研究文化的方法和文化本身没有充分的了解，为了便利起见，我们不妨把文化来分做物质方面、精神方面，或者像各学者所列出各种文化分析的大纲，但是我们须知，文化本身上并没有这样的分开一回事。没有明白这一点，结果不但所谓物质文化和精神文化的分别是缺了客观的态度，而是主观的分类。连所谓科学的客观方法的分析文化的特性，也是主观的分类。假使科学这个名词是严格的，像自然科学家所常用，而应用来研究文化问题，我们根本上就会发生疑问。究竟文化问题的解决，能不能适用科学的方法？因为把所谓科学的方法来为研究而研究文化，像上面所说各家的文化性质的分析大纲，已免不了不少的主观态度，而缺客观的态度。何况要从这些究研所得的结果，而应用来解决文化的实际问题。又何况文化本身的范围，是不像科学本身的范围，这么狭小，这么严格呢。

文化本身既是一个整的东西而分析不来，我们所假设而为研究和认识上便利起见的分析的各方面，都有连带的关系。一方面因了内部或外来的势力的冲动，必影响于他方面。她并不像一间屋子，屋顶坏了可以购买新的瓦来补好，而不必理及其他的部分，她并不是这样的机械的、简单的。

上面是说，孙先生所谓科学方法的分析的研究和应用的缺点。因为这种缺点，所以孙先生所拟的科学的文化的研究的目标，也不免有了错误。孙先生的目标约有三种：

（1）分析我国固有的文化，而了解其种种特性。

（2）根据现代世界趋势对于这种种特性的价值，加以严密的评估。

（3）了解我国固有文化的特长及其缺陷，以为改造文化的张本。

我们可以设一个例子来解释其目标的错误，比方我们照孙先生的办法去做，而寻出大家庭制度是中国文化一种特性。第二步的工作，是看看世界的趋势如何，我们对于这一点的研究的结果，是大家庭不合于世界的趋势，而且没有法子在这种趋势之下生存。第三步工作，是看看大家庭制度的好处和缺点，对于这种的研究的结果，是大家庭的好处是互助的精神，而其缺点是依赖的惰性，缺点当然是要废除，好处是应该保留。然而世界的趋势，既不容许大家庭的存在，不但是缺点要逐渐消灭，好处也没有法子去保留，结果是所谓科学的选择的办法，也是没有办法了。

孙先生和一般折衷派的最大缺点，是太过忽略中国目前的需要，而过重所谓理想的生活文化。理想的东西通通是好的，然而理想未必能够实现，而且未必就合乎需要。去东西文化之短，取东西文化之长，好像是理论上一件很好的事。然而世界的趋势和目前的需要，有时未必能合乎我们的理想。何况天下无论那一件事情，总是利弊参错而并生，长短相互而同存。人生固不会能达到其唯一至高的理想生活文化，设使真能达到，试问人生又有什么趣味？文化的演进是没有止境的，惟有没有止境，才见得人类创造文化的价值。但是所谓没有止境就是承认时时处处都有缺点，我们承认现代的西洋文化不是一种理想至高的文化，我们并且相信将来的文化，也不会达到将来人的理想文化。然而我们如果承认欧洲目前的文化是比中国较好一点，则全盘放弃中国的固有文化，而全盘接受西洋的文化，总比过去进步一点。我们自然承认我们对于文化上的奋〔奢〕望没有折衷派这么大，然而我们所跑的路的危险，毕竟没有他们这么利害。他们以为东西文化各有长短，去短取长固是很好，然而往往弄到去两方之长，而取两方之短，简直是危险万分的。而且这种危险，是东西文化接触以后，日趋日显的现象。

孙先生岂不是告诉我们吗？"但自海通以来，欧风美雨，滚滚而来，潜滋暗长，势不可遏。时至今日，欧美文化，充斥都市，遍及乡僻，可谓无孔不入，无微不至了。"试问所谓滚滚而来的欧风美雨，是不是现在世界文化的趋势呢？如其不是，那么我们所当据以为评估我国固有的文化的特质的现在世界的趋势，是那一样呢？如其是，那么照孙先生所说我们已完全西化了，即我们全盘接受西方文化，已成为一种事实，而且合乎现在世界的趋势了。

可惜事实上的中国，并不像孙先生这样说，就算是了，也不外是我上面所说的去长取短的危险。假使中国而真完全西化了，中国老早赶上欧美，至少也赶上日本。无奈孙先生所说的西乃化是我们只晓得享受的西货，并非我们自己所创造的西货，也并非我们自己所创造的西化。不会造汽车，只会坐汽车，这样能叫做西化吗？我们自己不会造汽船，只会乘汽船，这样能叫做西化吗？无怪数十年来的提倡西化，终不见得化的什么？

并且孙先生既承认文化是人类适应环境的出产品，那么不能不承认环境既变，文化也随之而变。把二世纪前的环境来和现在的环境来比一比，无论是谁都要承认其完全不同，然能够承认文化上应该根本改变者，能有几人。

理论上我们若把世界的趋势来做评估我们固有文化的特性，我们也要问问这种世界的趋势，是否容许我们固有特性的存在呢？要是这种回答是"是"，那么我们所谓固有的文化的特性，并不是我们的固有了，也非吾们的特性，因为她是世界所共有，和世界所共趋。换句话来说，她是我们适应现在的环境的出产品。从历史的眼光看去，她固然是和过去的固有特性相偶合，也许是相连带，然而我们决不能说因为她是我们的过去的固有的特性优点，所以要保存她，因为我们的文化观的前提，是人类适应环境的出产品，环境变了，她也要变。

假使我们对于这个问题的回答，是否定的，则我们的固有文化的特性，已没有存在的余地，因为她已不合乎世界的趋势。不合乎世界的趋势，不但没有存在的余地，而且没有可以评估的价值。因为孙先生所用评估价值的标准，是现在世界文化的趋势。

最后我们以为这里所谓固有和特性这些名词，只有历史上回顾的价值。因为在东西文化没有接触以前，我们既没有固有和特性的可能，而在东西文化接触以后，她若不是变为普通所有和普通性，她必定是不能存在的。

第三编　全盘西化的理由

引　言

在第一编里，我们已经说明复古主张的错误，在第二编里我们又指摘折衷理论的缺点。就大概来说，他们的最大缺点和错误，是前者昧于文化发展和趋势的道理，而后者昧于文化的成分和分析的意义。前者以为文化是永远不变的，他们忘记了文而不化，怎能叫做文化。其实我们的祖宗，若是能够从野蛮的时代，而变到周公、孔子的地位，岂有到了周、孔就成了止境。后者以为文化的全部，好像一间旧屋子，我们随便可以部分的拆毁，看看那几块砖石，或是木料，可以留用。他们忘记了文化的各方面的特质的分析，不外是我们自己的假定，而非文化本身上有这么一回事。复古和折衷的路既是不能走得通，我们且来谈全盘西化的理由。

第十五章　西化主张的态度趋向（上）

东西文化的接触，而没有间断的继续增加者，是始于十六世纪初叶的东西海道之沟通。从十六世纪的初叶，到十六世纪的末叶，西洋人之来中国通商互市者，虽如春笋怒发，然中国人之对于西洋文化的态度，简直脱不去数千年来所传下的内忧外夷的信条。

及至利玛窦及其"耶稣会"的教士来到中国以后，中国人对于西洋文化的态度，始有了多少的变更。

利玛窦及其耶稣会的教士，来中国的目的，本为宣传天主教义。但是中国人的内忧外夷的偏见既深，又加以根深蒂固、森严不可破的传统礼教，和天主教义者有了不少的冲突，传教遂成为最不容易而无从下手的事。因而这般信仰至诚、意志至坚的教士，除了放宽其严格的教义，来迁就中国的固有的礼教外，不得不别设方法，来引起与引诱守旧不变的中国人。

所谓别设方法，又不外是尽量输入西洋的科学智识。

本来科学之于宗教，在欧洲的历史上，而特别是十五六世纪间，是两种处于对抗地位的势力。科学之在十五六世纪的欧洲，从一般教士的立场看去，简直是异端，是仇敌。我们还可以说中世纪的教会势力之崩坚，是因了科学智识的发展。然而这般东来的教士，却能把这些科学的智识，来做他们宣传宗教的导线，这是一件很为希奇的事。

科学智识输入最为显明者，厥为天算、地理、武备，以及多少的医学。天文、地理依赖算术，然观察天象、测量地舆，又赖于器械；此外武备所用的新式铳炮，均可总其名而叫做器械文化。有了良好的器械，可以知天象，测地图，胜强敌；所以明之末叶名士像李之藻、杨廷筠、徐光启之竞学天算，天启时之派人仿制铳炮，均为中国人之变更态度，而为采纳西洋文化之明证。至于满清顺治之采取西法，尤见其重视西洋的文化。

耶稣会的教士，既因输入科学智识，而得了中国朝野之同情，天主教义之宣传，也因之而得效。除了平民与士大夫之信教者外，人主之尊崇者也不乏人，明永历太妃于国家危倾之时，且致书罗马教皇及其耶稣会，祈祷上帝以保其国中兴。

科举智识之输入，固为宗教宣传之媒介，然宗教宣传之结果，也可以说是中国人排外澎涨之原因。利玛窦和一般的信徒最初因宣传宗教之不易，故放宽其信仰之教义，而迁就中国之礼教。后来信者日多，势力日涨，流弊既不能免，又加以西洋教士之内部纷争，于是天主教义之不能容于中国的礼教，愈见明显。因为这个原因，遂起了中国排教之运动，排教可以说是排西洋人，而排西洋人也可以说是排西洋人所输入之科学智识。

原来中国人之蔑视和反对外来东西，是数千年来的传统态度。明末清初为了一时的权宜起见，而采纳西洋科学智识，已是一种变态。今因欲以传教为目的而藉科学以为媒介，则中国人之反对宗教而连及科学，乃是一种自然的事，并且因此而愈引起极端之排挤西洋人，亦非一件希奇的事。我们试看杨光先所谓"宁使中国无好历，勿使中国有洋人"的言论，便能知道。我们试一阅马加特尼之《出使中国日记》，及乾隆之反对英使之请求通商通使的敕谕便能知道。排外态度之最大原因，固由于中国人的传统思想，然宗教宣传之为中国君主臣民所不齿，实为排外热度增加之阶厉。

不但这样，西洋科学智识之输入，虽始于明末，然采纳力求，却盛于清初。满人文化本低于汉族，其为汉人所蔑视并不亚于洋人。从满人的心目中看去，中华及西洋文化均为外来的文化，采纳西洋文化，以征服汉族，与同化于汉族没有什么分别。故顺治、康熙之世之力求西化，不遗余力，并非无因。但是汉族既被征服之后，而满人自己之被化于汉族文化者，又很容易而且很澈底，其结果是不但利用了汉族所遗传之尊君愚民政策，以压迫汉人，而且染了汉族的传统的排外思想。结果是极端的守旧和排外，又成为满清保存位置与势力的唯一政策。外来的文化于是不但不为朝廷臣僚所提倡，且为他们所极端反对。所以雍正、乾隆以后的复古排外的政策和思想的特别利害，亦非无因。

中国人的复古和排外的观念，既藉耶稣会教士之传教和满清的提倡而增加其热度，中国人在明末清初之半点虚心效法西洋文化的态度，也因之而烟消云散。一直到了七十年前，中国人之于西洋文化之采纳的态度，始重见端倪。然这种态度的变更，也非出于中国人之自动，而乃出于被动。中国人自鸦片战败以后，割地求和；英法联军入京，更使至尊之天子，避难热河。外患的频来既若此利害，而内乱之起伏，又层出不穷。我们对外之失败是由于器械的笨劣，而内部紊乱像太平天国之发生与消灭，均赖于外力之帮助。因此之故，国人之对于西洋文化的态度，不能不从蔑视排挤而趋于畏惧的地位。这种的觉悟，我们于薛福成记胡林翼一段故事中可以见出。

> 有合肥人刘姓，尝在胡文忠公部下为戈什哈。尝言楚军之围安庆也，文忠曾亲往视师，策马登龙山，瞻眄形势，喜曰：此处俯视安庆，如在釜底，贼虽强，不足平也。既复趋至江滨，忽见二洋船鼓轮西上，迅如奔马，疾如飘风，文忠变色不语，勒马回营，中途呕血，几至堕马。文忠前已得疾，自是益笃，不数月薨。盖粤贼之必灭，文忠已有成算，及见洋人之势力方炽，则膏肓之症，著手为难，虽欲不忧，而不可得矣。阎丹初尚书向在文忠幕府，每与文忠论及洋务，文忠辄摇手闭目，神色不怡者久之，曰：此非吾辈

所能知也。

胡林翼之死，是在咸丰辛酉（一八六一）年间，法国联军入京是在前一年，而洪秀全因金陵被拔而自杀，是后三年。自鸦片战后，到太平天国之灭，有了二十二年，其中的十五年间，清廷用了全副精神，注力于靖平太平天国，所以鸦片战败于外人之耻，几无暇顾及。林翼虽知洋务之可畏，然他既不知洋务为何物，更无余暇去考求研究，他死之后，大臣之最负盛誉者，要算曾国藩。国藩自平太平天国以后，鉴于外患之日迫，而内乱之平靖，又得力于外力之帮助不少，巨创之后，颇思振作，所以他不是像林翼之见而失色，听而不怡，还且努力于采纳西洋文化。吾们于此可以见国藩之比林翼已进了一步。然国藩心目中的西洋文化，不外是西洋的机器，或是机器文化。容纯甫先生在其自传里（中译为《西学东渐记》）有一段话足以证明曾氏所欲采纳之西洋文化。录之于后：

> 数日后，总督果遣人召予。此次谈论中，总督询余曰，若以今日欲为中国谋最有益、最重要之事业，当从何处着手？总督此问范围至广，颇耐吾人寻味。设予非于数夕前与友人谈论，知有建立机器厂之议者，予此时必以教育计画为答，而命之为最有益、最重要之事矣。今既明知总督有建立机器厂之意……于是余乃将教育计画暂束之高阁，而以机器厂为前提。

平心来说，曾氏的机器文化，比之两百年前的器械文化观，并没有上下之别，不过两百年后的西洋机器，比之两百年前的西洋器械，已大不相同。两百年前的欧洲只有观天测地的器械，而两百年后的欧洲却有缩地短海的机器，所以吾们见得曾氏所欲采纳之机器，是比李之藻所欲采纳的器械为精为优。这并非后者之见解不及前者，而乃因十九世纪的欧洲文化，远胜于十七世纪的欧洲文化。

曾国藩死于同治壬申（一八七二）年，继曾氏而在当时最负重望者为李鸿章。李氏之提倡洋务比较曾氏为多，然他之所谓洋务，也不外是国藩的西洋机器，他在答郭嵩焘书里说：

> 鄙人职在主兵，亦不得不考求兵法。……兵乃立国之要端，然欲强兵，则机器不能不讲求。

自太平天国之乱后，而至十九世纪之末叶，大臣之识洋务而能举办者要算曾、李两氏，至于名士大夫之能洞识较深而提倡较力者，要算郭嵩焘与薛福成。薛氏于一八六三年上曾国藩书中已极言洋务之急当提倡；其后《应诏陈言疏》及各种著作，均极力提倡。他实以为当时乃天地适然之气运，亦开辟以来之变局，故中国文化之不能不变，亦为时势之所趋。至于郭氏也说西洋立国自有本末，诚得其道则相辅以致富强，由此而保国千年可也；不得其道，其祸亦反是（看《使西纪程》）。此外在他与李鸿章来往书信中，屡见他之所谓洋务意义，较广于李氏。然总而言之，郭氏与薛氏之所谓西洋文化，仍和曾、李之机器文化没多差别。

曾、李、郭、薛尚知西洋之机器胜于中国，而其他的一般臣僚民众连这些东西也未知道，李鸿章复郭氏书里说：

> 西洋政教规模，弟虽未至其地留心咨访考究，二十年来亦略闻梗概。自同治十三年海防议起，鸿章即沥陈煤铁必须开挖，电线铁道必应仿设，各海口必应添设洋学格致书馆以造就人才。其时文相目笑存之，廷臣会议皆不置可否。是年冬晤恭邸极陈铁路利益，请先试造清江至京，以便南北转输。邸意亦以为然，谓无人敢主持。复请其乘间为两宫言之，渠谓两宫亦不能定此大计，从此遂绝口不谈矣。人才风气之固结不解，积重难返。鄙论由于崇尚时文，小楷误之。世重科目，时文小楷，即其根本，来示万事皆无其本，即倾国考求西法，亦无裨益。洵破的之论，而中国上下果真倾国考求，未必遂无转机，但考求者仅执事与雨生、鸿章三数人，庸有济耶。

郭嵩焘于致李鸿章的书中，有一段更为愤慨。他说：

> 中国士大夫甘心陷溺，不为悔数十年来国家之耻……江浙风俗，至于舍国家钱币，而专使洋钱，且昂其值，漠然无知其非者。一闻修造铁路电报痛心疾首，群起阻难，至有以见洋人机器为公愤者。……是甘心承人之害，以使朘我之脂膏，而挟全力自塞其利源，蒙不知其何心也。办洋务三十年，疆吏全无知晓，而以挟持朝廷曰公论，朝廷亦因之而奖饬之曰公论。呜呼！天下之民气郁塞壅遏，无能上达久矣。而用其嚣张无识之气，鼓动游民以求一逞，又从而引导之宋之弱、明之亡，皆此嚣张无识者为之也。

从这两段话里，就能知道曾、李、郭、薛的见解之在当时，不为流俗所取，而他们的机器文化态度，比之一般臣僚民众百倍超越。然而比曾、李、郭、薛们之西洋文化的观察尤为深切弥远者，要算容闳（纯甫）先生。纯甫先生于一八四七年赴美游学，至一八五四年始返中国。一八六〇年他曾一度到过南京，旦陈七事于干王。后来因友人之荐，遂于一八六三年见用于曾文正。容氏少年生长澳门，与洋人接触较多，后又久住美国，见闻也较他人为广，读过他的自传的人，总能知道他所觉得为最重要和最有益于中国前途者，是教育而不是机器。而且他所谓教育是要从欧美直接得来的教育，这种的教育计画，于一八六三年于初见文正时，虽未能提及，然十年之后，竟得实行。所可惜者是留学生之派送到外国求学的重要，在当时还没有人见得到，连了自鸣明晓洋务的李鸿章也不加以帮助。结果是使一般由容氏苦心经营而留美之百余学生，不能不于一八八一年全数返国。

及甲午中日战争以后，国人始觉日本、西洋之所以强，不只是靠着机器，因为中国在中日战争时，所用的器械，并不劣于日本。然而偏偏却败于蕞尔三岛的日本，于是兴教育的，改政制的声浪，途因之而起。在这时期里，一般号为懂得时务的人的标语，大概是中学为体，西学为用。这里所说的西学，比之容纯甫的见解虽未见得优高，然比之曾、李、郭、薛的机器文化的意义，却广得多。因为西学乃指着西艺（大致与机器文化相同）和西政而言，张之洞之对这种标语说得格外透澈。此外名士如吴汝纶（挚甫）辈，之对于西洋文化的态度虽和张之洞有了多少不同，然骨子里没有很大的差别。张之洞以为留欧不如留日，学西文不如学东文，而汝纶却以为学东文不如学西交之能直接通晓西学（《尺牍·与冀州绅士》）。又如他说："中医之不如西医，若贲育之与童子"（《答王合之》）及各种言论，比之张之洞虽远胜过之，然而他所谓西学以新为贵，中学以古为贵（《答严几道》）和《谕儿书》里云："民权革命之说，质言之，即叛逆也，中国不可行，勤王亦是倡乱之议有损无益。"均和之洞同唱一调。此外所谓康梁的维新，虽和张吴之目的不同，然见解之差别，并非根本的。梁任公著《清代学术概论》也曾自己承认过这一点。

在中学为体西学为用的标语流行的时候，能做深刻的批评而别树一帜者，恐怕要算三水胡礼垣先生了。胡氏蛰居香港数十年，英文文字既能通晓，外国情形也很留意。他所著的《新政真诠》里面，有《劝学书后》专为批评张之洞的书而作。他说：

自《同心》至《去毒》（张氏《内篇》篇名）所谓《内篇》者，细思其自治之法，竟无一是处。

由此以观其外，则《外篇》虽有趋时之言，与泰西之法貌极相似者，苟仿而行，亦如无源之水，可立而待其涸，无根之木。可坐而见其枯。

综观《劝学·外篇》各论，其合于西法者不无一二，然皮之不存，毛将焉附。以《内篇》诸说蔽塞其中故也。是故由其《内篇》诸说而观，则中国振兴之机无由而冀。虽然论必有其源，说必由其本，其所以颠倒错乱，或不自知其非者，则以民权之理，绝未明也。

看了上面两段话，我们知道胡氏已不像张之洞之以中学为本、西学为末，而做进一步的接受西洋文化。他尝说道："中国之学西法，错在不学其心，而但学其法。"这种一刀割断的见解，则半世以后，能言之者还是寥寥无几。可惜胡氏之唯一目的，是在于政治上的民权的介绍，而他所谓民权，又不外是君主立宪。（按胡氏以总统制为民主制，而以民权为君主立宪。）

此外尚有一个人能够道破中国二千余年来之病根所在，而直接介绍西洋思想于国人，以期中国能做比较澈底的西化者，要算侯官严复。严氏早年留学英国，返国后力治中文，他的《上皇帝万言书》，吴汝纶以为王荆公上仁宗书后，仅见斯文而已。然这篇文里所说，既偏于政治方面，而事实上也不能代表严氏思想的精华。他的《辟韩篇》虽为反驳韩愈《原道篇》而作，实则是对着孔夫子而发议论。他的《保教余义》也是对着一般以孔教为国教者而作。此外他所译的数种西书，无一不和中国之传统思想礼教互相抵触。所谓《自由论》《天演论》以及其他的译述，使中国而能有充分的了解，则对于中国思想的改革的功效，当匪浅鲜。他尝谓："中西事理，其最不同而断乎不可合者，莫大于中之人好古而忽今，西之人力今以胜古。"他又说："华人言西治常苦于难言其真。"他以为徒执西人之一端，如汽机、兵械，或天算、格致，或会计、理财，而遂以为西法之精神不过如此，均未得乎西人的精神所在。他所说的西洋命脉就是西人讲自由，而中国却没有。这些言论，处处中肯，处处针对，不过在他的环境和时代，既容不住了这些言论，而他自己之对于西洋文化的澈底采纳，也没有明白的表示，同时他又欣喜以古文来翻译西书，意义上的传递，既未能充足，一般普通的读者，更觉得不易了解。结果是连了他所介绍的西洋思想之能否影响于中国的一般思想界，也成了疑问。

严几道和胡翼南的重要译著，均成于光绪晚年。自庚子八国联军攻陷京师，经过甲辰日俄战争，及庚戌日本灭朝鲜，而至满清倾覆，国人的言论的焦点，大都完全注意于政治上的君主立宪与民主立宪。于是全国人士，大都分为两派，主张革命者属于后派，反对革命属于前派。两派都以为其主张苟能实现，则中国之与泰西各国，并驾齐驱，指日可待。然事实上清朝末年的宣布立宪，既满足了前者的欲望，而革命成功又满足了后者的理想。然中国终不见得转弱为强者，大约由于国人太无明白政治不外是文化各方面的一方面，并且所谓主张民权论者（包括君主立宪、民主立宪而言）因欲迁就中国人的守旧顽固心理，而求速效，于是穿凿附会，以为民权之制，乃本我国数千年来所已有的学说，像胡翼南以君主立宪比之夏禹，民主立宪比之尧、舜。因此之故，赞赏唐尧、夏禹的孔孟也把他们来做提倡民权之哲人。结果是一般复古折衷之流，有所藉口，而洪宪"复辟"层出不穷。遂使一般所谓苦心努力以求中国的政治的西化，终成泡影，而所谓从政治上的改革而能推及文化其他方面的改革和西化的希望，也成画饼。

对于这一点错误，而加以多少纠正的人物，我们当于下章说明。

第十六章　西化主张的态度趋向（下）

满清已经推倒，民国也久成立，却是外患和内部的紊乱只是有增无已。欧战既起，初而青岛被夺于日本，继而发生胶济铁路管理问题，再而有廿一条款的耻辱，这通通是外来的患难。至于内部，所谓二次革命，洪宪皇帝，张勋"复辟"，护法战争，正像外患同样的层出不穷。于是新思潮又应时而产生，新思潮的引导不能不算民国四年创刊的《新青年》（当时叫做《青年杂志》），而其中坚人物是陈独秀（仲甫）先生。陈氏说：

> 要拥护那"德"先生，便不得不反对孔教贞节旧伦理政治。要拥护那"赛"先生，便不得不反对旧艺术旧宗教。要拥护"德"先生又要拥护"赛"先生，便不得不反对国粹和旧文学。（《新青年》六卷一号本《志罪案之答辩书》）

"德"先生便是民主主义，"赛"先生便是科学。我们看了这段话，使能知道他不只是要积极的提倡民主主义，还要积极的提倡科学。同时在消极方面，他又极力打倒孔家店。这样的态度连了提倡孔子文化的梁漱溟先生在其《东西文化及其哲学》也禁不住的要赞道：

> 从前人虽然想采用西方化，而对于自己根本文化没有下澈底的攻击。陈先生他们几位的见解，实在见得很到，我们可以说是对的。

陈氏所反对的中国文化，是包括旧伦理、旧政治、旧艺术、旧宗教和文学。质言之，差不多是包括中国文化的全部。要拥护"德"先生，和"赛"先生不能不先反对这大部份的旧文化，然所谓"德"先生和"赛"先生是不是包括了西洋文化的全部呢？陈先生在上面所引本《志罪案之答辩书》里说：

> 大家平心细想本志除了拥护"德""赛"先生之外，还有别项罪案没有呢？若是没有，请你们不用专门非难本志。要有气力，要有胆量来反对"德""赛"两先生，才算是好汉，才算是根本办法。

若照道段话的语气来看，陈氏所要的西化，不外是民主主义和科学，除此以外别没所要。那么陈先生所要的西化却非全部的西化，而是部分的西化。自然的，陈先生也许以为这两位先生是西洋文化里的最重要和最根本的东西。但是无论如何，积极的主张全盘接受西洋文化的工夫，陈先生还做不到。所以陈先生在中国思想上，能够别开一个纪元，乃在他根本的否认中国一切的孔家化（试看《孔子平议》《宪法与孔教》《孔子之道与现代生活》《吾人最后之觉悟》诸篇），并非主张全盘西化。

陈先生的思想,前后有了不少的不同,比方在《新青年》二卷五号《再论孔教》一文,他以为既以科学为正轨,一切宗教皆在废弃之列,这种言论是同样的反对西洋输入来的基督教。到了后来,他在《基督教与中国人》一文(七卷三号),却表同情于基督教。至于后来他又相信了一种特殊的主义,我们这里可以不必把来讨论。我们且把在同本《志罪案之答辩书》那年里所发表的宣言,摘录于下:

> 我们相信世界上的军国主义和金力主义,已经造了无穷的罪恶,现在是应该抛弃的了。

这种思想本来是欧战方完后,一种很流行的思想。欧洲人因为感觉到战争的惨状而生出一种的反响,这种反响,我已说过,是一种心理的变态。中国人既配不上来说这些话——而特别是九一八以后的中国人。欧洲人也老早忘记了。无奈我们中国人也会上了欧洲的当。我并非主张军国主义和金力主义而出此言,我不外是就事言事罢。原来所谓近代军国主义和金力主义,都是和"赛"先生有了密切的关系,他们不外是互相关系,互相影响的西洋文化的各方面之两方面罢。要是"赛"先生是西洋近代一切文化的根本与主脑,那么,"军"先生和"金"先生是由他所制造出来,至少是由他所赞助的。陈先生在他的《吾人最后之觉悟》一文里,岂不是主张要抛弃我们数千年的萎靡不振的旧国家,而建设一个新国家吗?这个新国家又岂不是要和世界各国处于同等的地位吗?要是是,那么我们照旧的不想作为,不想抵抗,萎靡不振,偷安过日,能不能在这个世界里长久生存呢?就使我们而觉到军国国主义、金力主义是不好的东西,然而世界各国的军国和金力主义到了这么猖獗,试问除了用着军国主义和金力主义去防备他,去抵抗他,还有什么方法呢?设使我们以为好多的罪恶和病弊,都是由军国主义和金力主义产生出来的罪恶和弊病,所以应当反对,那么"赛"先生和"德"先生也造出不少的罪恶和弊病来,我们也应该反对他们了。结果我们还是再提倡孔子之道罢。

其实要是我们觉得中国的文化是不合时需,西洋文化是合用了;孔子之道是不好了,"赛"先生是好了。那么要享"赛"先生所给与我们的利益和快乐,应当也要受受"赛"先生发脾气时所给与我们的多少痛苦和烦闷。比方若是我们觉得单轮的手车是太不合用,太跑得慢,太误大事,太无人道,而要坐火车,那么我们应当预备火车,也许跑得太快而出轨以致有生命的危险。要是我们要火车公司去担保绝对的没有半点危险,而且能像单轮手车一样的两脚时时能够贴地,火车公司一定是要劝告我们道:您最好是乘手车罢,不要来坐火车。世间既找不到绝对完全的利益和快乐,真的好汉也决不会只有快乐而就快乐,也决不愿只求利益而享利益。这是愚人的做梦,这是惰人的空想。要是惰了,要是想了,怎能得到利益，怎到享到快乐，怎能见透弊病，怎能避免痛苦。

欧战的发生和完毕后所给与中国人一种反响是多么利害，向东跑，向后转，折衷罢，调和罢，这是义和团的口号，这是张之洞的谏言，这是开倒车，这是融水火。然而一人唱，百人和，好像东方文化就要为了这些标语而发扬，西洋文化就要见了这些标语而魂飞。但是事实上既没有这回事，理论上却徒使了一般见识较远的人，做进一步的主张西化。作《狂人日记》的鲁迅，老早说道：

> 我翻开历史一查，这历史……每页上都写着"仁义道德"几个字。我……仔细看了半夜，才从字缝里看出字来，满本都写着两个字是"吃人"。

吃人的道德仁义，是值得我们提倡吗？那么调和好吗？他说：

> 中国人的性情是总喜欢调和折中的，譬如你说这屋子太暗须在这里开一个窗，大家一定不允许的。如果你主张拆掉屋顶，他们就会来调和，愿意开窗了。没有激烈的主张，他们总连平和的改革也不肯，那时白话文之得以通行，就因为有废掉中国字而用罗马字母的议论的缘故。

鲁迅有一个时期是被人视为主张过更激烈的主张，也许是想中国人去调和，来接受全盘西化。然而全盘去接受西化的言论，鲁迅并没有做过明白表示。他的最大贡献，还是指摘中国文化的短处，而且因为他是一个文学作者，对于这个东西文化的问题，始终只有给与我们片断的讨论，而未有系统的著作。

此外又像吴稚晖、钱玄同和林语堂诸位先生都对于过去的中国文化，加以澈底的攻击，而对于西洋的文化很愿诚心接受。吴先生以为中国人之腐败，达于极点（《吴稚晖先生文粹》卷三页三零三），他的标语是"实事求是，莫作调人"。他在《箴洋八股化之理学》一文里，还且反对把什么科学方法来整理那些国故的臭东西。他的中心思想是在他所著的一个《新信仰的宇宙观及人生观》。在这篇文里，他极力鼓吹一个干燥无味的物质文明。吴先生这种的直往勇气，也许年来消磨殆尽。然而平心来说，吴先生的文化观既只是干燥无味的物质方面，全盘接受西洋文化的论调，当然是谈不到。老实说，吴先生对于文化的根本观念，我们恐怕还弄得不清楚。

钱玄同先生曾提倡过废除汉字而代以罗马字母，这种议论，就是五十年后恐怕还是超过时代的议论。他的东西文化观可从他在一九二五年第二十三期的《语丝》里发表《回语堂的信》里看出来。他说：

> 讲到现在的中国人，工艺与政治固然很坏，固然应该革命而道德思想则更糟糕到了极点，尤其非革命不可。

最透澈的是他说：

> 我坚决地相信所谓欧化便是全世界之现代文化，非欧人所私有，不过欧

人闻道较早，比我们先走了几步。我们倘不甘自外生成，惟有拼命去追赶这位大哥，务期在短时间之内赶上，然后和他并辔前驱、笑语徐行才是正办。万不可三心两意，左顾右盼，以致误了前程，后悔无及。

这封信的复颂"十安"并候"洋祉"和林语堂先生的"顺类欧安""并问化祺"，虽乃戏谑之词，然其真义却是一针见血。林先生在他的给玄同的信（同处）里，所谓"惟有爽爽快快讲欧化之一法而已"，正和玄同先生所说的"拼命去追赶这位大哥"一样。此外他在《猛进》第五期（后入《剪拂集》）的《孙中山非中国人》的论说，和十九年第二号的《中学生》里所发表的《机器与精神》一文，以及好多的中西文文章里，均是极力主张全盘欧化。最后所举那篇文章犹为透澈和有系统。钱、林两位先生的文章，虽常常出于幽默（Humor）之笔，但其中之真理，我们中国人不可等闲视之。

我们因为篇幅的关系，不能尽量的把上面所举出数位主张西化者的见解详细讨论；同时除了他们数位以外，还有别的主张西化，我们没有提及者。我们现在且把比较有系统而影响较大的胡适之先生的著作来讨论，并做本章的结论。

胡先生关于这个问题的著作也有好几篇，其最重要的是《我们对于西洋近代文明的态度》。此外他又应了 Charies A. Beard 做了一篇《东西文化的比较》论文（有中文译本）。我以为胡先生对于这个问题的见解，最好是在他所编的《胡适文选》里《介绍我自己的思想》一文。他说：

> 我很不客气的指摘我们的东方文明，很热烈的颂扬西洋的近代文明。
>
> 人们常说东方文明是精神的文明，西方文明是物质的文明或唯物的文明。这是有夸大狂的妄人捏造出来的谣言，用来遮掩我们的羞脸的。其实一切文明都有物质和精神的两部分。材料都是物质的，而运用材料的心思才智，都是精神的。
>
> 少年的朋友们！现在有一些妄人煽动你们的夸大狂，天天要你们相信中国的旧文化比任何国高，中国的旧道德比任何国好。还有一些不曾出国门的愚人，鼓起喉咙对你们喊道：往东走！往东走！西方的这套把戏，是行不通的了。
>
> 我要对你们说，不要上他们的当，不要拿耳朵当眼睛。睁开眼睛看看自己，再看看世界。我们如果还想把这国家整顿起来，如果还希望这个民族在世界上占一个地位——只有一条生路，就是我们自己要认错，我们必须承认我们自己百事不如人。不但物质机械上不如人，不但政治制度上不如人，并且道德不如人，知识不如人，文学不如人，音乐不如人，美术不如人，身体不如人。

设使这些言论是代表整个胡先生，那么这个胡先生差不多可以说是主张整个西化的胡先生。设使整个胡先生是要从整个胡先生的言论里找出，那么我们免不得要怀疑胡先生对于整个西洋近代文化是否热烈去颂扬，而对于整个东方的文化是否不客气的指摘。

胡先生以为西洋文化第一个特色是科学（看《我们对于西洋近代文明的态度》，在《评梁漱溟的〈东西文化及其哲学〉》一文，他以德、赛两先生为西洋文化的特色），然而胡先生却处处说三百年来的中国学问，是合于科学的方法。胡先生说：

> 一千年的黑暗时代逐渐过去之后，才有两宋的中兴。宋学是从中古宗教里滚出来的。程颐、朱熹一派认定格物致知的基本方法，大胆的疑古，小心的考证，十分明显的表示一种"严刻的理智态度，走科学的路"。这个风气一开，中间虽有陆、王的反科学的有力运动，终不能阻止这个科学的路重现而大盛于最近三百年，这三百年的学术自顾炎武、阎若璩以至戴震、崔述、王念孙、王引之，以至孙诒让、章炳麟，我们决不能不说是"严刻的理智态度，走科学的路"。

我读东西学术接触史会发生过一个疑问，这就是三百年来的学问工夫稍合于科学方法，而又正合于西洋科学输入中国的时期。究竟这两件东西有没有关系呢？正确的证据固然是不易找出，然合理的假证每每使我相信他们有了不少的关系。原来中国人的排外和门户意见最深，受了人家的影响却还是闭口不说。陆象山之所谓"我儒之道"，戴东原之附托孔子，均是显明的例。我因此遂暂把我的疑问来做为肯定——就是三百年来的半点科学的方法是受过西洋的影响——以为研究的假设。若把这个假设来说明中国三百年来的科学方法，那么胡先生所说西洋文化的特色是科学，就没有什么问题。不过胡先生在上面所说的科学方法是始自程颐、朱熹，显然是中国的固有东西。这一点至少是胡先生的意见。假使大家都是科学方法，至多只有程度上的差异，没有性质上的不同。但是为什么这些发达比西洋的科学方法还早的科学方法，除了用来鉴别古董的书籍外，没有发生别的效力呢？有些人固然可以说，科学未必一定是科学方法，然科学方法却不能不说是科学。而且胡先生口口声声表明我们好几百年来都是在"严格的理智态度，走科学的路"，那么若说科学是欧洲文化的特色，岂非自相矛盾。并且所谓西洋的物质文化——近代文化，都是靠着这些科学，中国走了这么久的科学的路，找不出半点科学的果出来吗？科学固未必可以生果，胡先生也许这样的回答。这么一来，西洋之有科学，犹如中国之有科学，则东西文化之分别，却又不在于科学了。若说有了西洋的科学，就能有了物质的文化；有了中国的科学，却不能生出物质的文化来，那么中西科学性质之不同，又很显明。这么一来，科学也有了好多种吗？七千年来的冬烘先生，正是翻阅古书来证外国所有的科学：机器、民主、政体等等，中国老早已有，现在又得了胡先生的证明，他们还那有心去效法西洋，效法西洋文化的唯一特色的科学呢？

其次在胡先生所著的《中国哲学史大纲》的"导言"里，我们找出下面一段话：

> 世界上的哲学大概可分为东西两支。东支又分印度、中国两系，西支也分希腊、犹太两系。初起的时候，这四系都可算作独立发生的。到了汉以后，犹太系加入希腊系，成了欧洲中古的哲学。印度系加入中国系，成了中国中古的哲学。到了近代，印度系的势力渐衰，儒家复起，遂产生了中国近世的哲学，历宋元明清直到今。今欧洲的思想，渐渐脱离了犹太系的势力，遂产生欧洲的近世哲学。到了今日，这两大支的哲学，互相接触，互相影响，五十年后，一百年后，或竟能发生一种世界的哲学，也未可知。

我是从民国十四年的第十一版抄出这段话的。胡先生有了一篇再版自序，他声明有点见解，本想改正，他究竟指那一点，无从知道。但是再版序是民国八年写的，我阅梁漱溟先生的《东西文化及其哲学》对于胡先生这段话会提出严重的抗议（页十八）。胡先生在十一年（？）的《评梁漱溟先生〈东西文化及其哲学〉》一文，却没有一言提及。所以也许胡先生对于上面一段话，还是负责。但是这样一来，则胡先生所说的西化不外是部分的西化，而非全盘的西化。其实中国的哲学是和中国的文化有了很密切的关系。若是中国的哲学能和西洋的哲学相接触，而产生出一种世界的哲学，其和一般所谓东西文化的接触，而能产出一种世界文化的论调，相去几何呢？

严格来说，能够澈底和贯串而做有系统的全盘西化的主张，还是找不到。然看了还两章的解释以后，我们觉得中国人七十年来，对于西洋文化的态度上，的确有了不少的变更。把曾国藩的西洋文化观，来和李鸿章的西洋文化的见解来比较，相差固然有限；然而把胡林翼的西洋文化观，来和胡适之的西洋文化观来比一比，却有天渊之别。这是无论是谁，都要承认的。于此我们可以见得中国人之对于西洋文化的态度的演化，是从很小的范围而放到较大的范围，从枝叶的接受主张，而走到根本的采纳的主张。而所谓全盘的西化的接受，也不外是这个演化发展上一个最后，而且必经的过程罢。

第十七章　西化采纳的事实趋向

态度上的西化已经说过，事实上的西化又怎么样呢？我们的回答是，事实上的西化，正像态度上的西化，是随着时代的发展而趋于全盘西化的。

原来十六世纪一般开辟东西航路的先锋的目的，是求商业上的发展和赢利。他们谈了马可波罗和好多东游的传记，以为东方，尤其是中国，是工艺发达、珍品具有的国家。因此冒险重洋，想把这物质文化先进的国家的珍品输入欧洲，以获厚利。然而投桃换李，是商业上所必然的，做生意的人，决不会空来满去，也不会满来空去，所以东西货物之流通和交换，遂同时代的发展而发展。

中世纪的欧洲的物质文化，固然未必胜过中国的物质文化，物质文化之在十六世纪的欧洲，却已超越过那时的中国。商业的职务，既为货物的转输，欧洲的物质文化之输入中国，亦犹中国的物质文化之输入欧洲。但是十六世纪的欧洲已朝向着现代的欧洲的路上。现代的欧洲的文化，是日进千里的，而在一般普通人的观察上，尤其是物质方面，进步格外利害。到了机器发明以后，货物能够大帮的制造和出产，而趋于供过于求，中国遂成为欧洲货物——物质方面的出产畅销场。好几十年前郭嵩焘在给李鸿章的信中已经说过，钟表玩具，家皆有之，呢绒洋布之属，遍及穷乡僻壤。到了现在，我们差不多可以说，我们大部分的物质生活的必需物品，大都采用了西洋的。

西洋物质文化之能够这么普遍在中国，不外是因为西洋物质文化胜过中国的物质文化。汽车比骡车好，汽船比帆船好，洋楼比中国的房子舒服，洋布比中国的麻布精美，洋具比中国的器具轻便，洋食比中国的食料合卫生。所以我们现在放眼一看，我国能做得到的人，大都是趋于西洋的物质生活，而且是趋于全盘采纳西洋的物质文化。

我们说到这里，应该声明西化和西货的不同。一船一船的运过来给与中国人享用的是西货，而非西化。西化固和西货不同，采纳西货是含有西化的。可是西化的真谛，是要中国人自己创造西货来享用，然欲享用西货，则应当必要西化。原来我们若是一定要用西洋货物文化——西货，那么自己必定要努力去制造这种西货来享用，这才是西化。要是我们不愿自己去创造，而只靠着西洋人输来的货，那么我们的财源必因为享受西货而日渐用尽，结果是受了经济的侵略，而成为西洋人的殖民地和奴隶。到了那个时候，我们人人都要被迫而西化，正像印度、安南之被迫而成为西化一样。由此观之，物质方面的全盘西化，是一种必然的趋势。我们今后所要解决的问题，不外是若不愿做被迫的奴隶的西化，就要自己从速的努力于西化。

其实不愿创造西洋的物质文化，而徒然只去享受的危险，七十年前的曾国藩已经见得到。他知道专去购买西洋枪炮战舰来张本国的声威，是行不通的路，所以他尽力提倡设机器厂，以便自己创造这些东西。他和李鸿章都能见到，要想享受汽船火车种种的便利应当由自己制造这些东西。所以船厂开矿的建设，都是希望中国在机器上能够西化。机器可以替代劳力人工，而且能够帮助一切的农工商业，而且促进物质文化。七十年来的物质文化的西洋化的发展，虽然令人很为失望，然而若说中国人现在对于物质文化方面的西洋化上，比不上五十年前的曾、李的时代，那是无论是谁都难承认。不过物质文化的发展的速度，太跑得慢了已经进步到了很高地位的西洋物质文化，还是天天在那里发展得那么速，落后而望尘莫及的中国若不特别赶紧的急起直追，结果是恐怕将来人人都要卖身给外国人，来维持着一日三餐的需求呵。

五十年前，有些人见着人家乘了轮船而愤恨，三十前有人指出火车、汽船是最笨的东西，然而这个时代已经过去。现在一般卫道先生，也觉得汽车是要坐，洋楼是好住，洋布是要穿，西餐是要吃。我们试看自命为孔家后裔提倡东方的精神文化的人们，也会出洋考察实业，以求中国物质文化之发展，就可知道中国今日物质文化的落后。同时我们试看政府和私人之设立什么工厂，改良什么农业，开掘什么矿产，明明白白是走在西化的路上，而且是走在全盘西化的路上。物质文化之已趋于全盘西化的方向，是事实上所已然，还有什么可疑的地方呢？

东西商业的沟通，不但引起中国物质文化的西化，而且引起基督教之输入。基督教之传入中国，始于唐时的景教，然而景教之在中国，不过是昙花一现，不久中辍。到了元朝，天主教也会传到中国来，但是因为陆路跋涉的困难，和元室的衰弱，也没有法子去发展。海道既通，Francis Xavier 遂于一五五二年抵上川岛，他虽未竟其志而死于这个岛上，但是继他而起的，像利玛窦们（一五八一），却能使基督徒之势力发展扩充，以至今日而不绝。传说十七世纪的中叶，信徒的人数有了十四五万，而教堂之建设于广东江南者，也有了百余所。十八世纪的时代，因为中国政府的反对态度和严禁政策，天主教虽遭了一回厄运；然十九世纪的初叶，又逐渐的兴起来。同时新教也由马礼逊的宣传而逐渐发展，到现在旧教既到处都有，新教更是无孔不入。不够一百年前的一个梁亚发已经变了几千几万的梁亚发，穷乡僻邑固可以找出基督徒的动作，黎洞苗峒里，也可以找出传基督教的信徒。连那萍踪靡定的水上蜑民里，到处都可以遇着宣传耶稣福音的楼船。我们一把最近中国基督教会及其事业的报告，或是中国年鉴里的记载一看，免不得要惊讶着信教的人有这么多，教会的势力能达到这样的程度。

人们尝说，中国人对于宗教的兴趣最淡，色彩最浅。中国本身既产不出什么救世教主，而佛教之能够立足，是巧合老、庄的胃口。所以三百年来的基督教，差不多时时都有人攻击反抗，清初像杨光先，清中像乾隆，清末像薛福成，民国像朱执信、汪精卫等，均是旷世君主，及所谓民主时代名流。然而基督教不但只进入中国人的肚里，而且好像渐渐的消化起来，吸收在血管里，这是的的确确的事实。所以理论上的基督教可以有时不合于我们的理知，信徒的个人行为上，可以有令我们生出反感的地方，制度上的基督教也可以见出不少的弊病。然事实上她的势力的澎涨，却是我们不能加以否认的。欧洲人有时对着我们说，欧洲的文化是基督教的文化，欧洲的国际公法学者没久以前，还且相信，非基督教的国家，国际公法差不多允准当作没有人住的地方，可以取而代之。但是我们相信，与其说现代欧洲的文化是基督教的文化，还不如说现代的基督教是欧洲现代化的基督教。然而事实上，中国人既有了这么渐渐的增加相信基督教的现象，那么中国的基督教化——西洋宗教化，又是一件很为显明的事呵。

因为宗教的输入，而又起科学上的输入，宣传宗教而同时宣传科学，也许不是这般初次从海道东来的教士的本心，而是他们藉以传教的一种工具和手段。然而种子一栽，花果终于开发生长出来，利玛窦在广东时已计划译书，到了北京以后，他和一般教徒能够得了天子至尊的赏识厚待，出入宫庭而没有困难者，是完全因为他们的科学上的贡献，而非宗教上的传播。十六七世纪的欧洲的科学虽是萌芽的时代，中国却收得了不少的果实。历书的改正，观象台的建造，铳炮的铸造，皇舆全览图的测绘，均是这些科学的产儿。现在呢，枪炮之效法西洋，固不待说，天象的观察、地舆的测绘，也要从西洋学回来，至于日历那是十足的采用西洋的，更是显明的事实了。

科学所包括的范围，当然不只是像上面所说的算术、天文、地理数件东西，她且包括了物理、化学、生物，各种天然现象的研究。要是她的范围能放阔，社会现象也是科学的研究的范围，这些研究在今日的中国看起来，落后得很。然而试把十余二十年来的各大学、各团体——特别是像中国科学社，以及私人所研究得的成绩来看，落后当中的发展，并非没有一线曙光在我们的前面，而所谓科学上的全盘西化，也不外是时间上的问题。

科学上的西化是这样，教育上的西化更是显明。本来要想提倡科学，则教育之提倡，刻不容缓，所以曾、李时代的教育可以叫做科学的教育。所谓教育之西化，是从两方面进行的，一方面是派送留学生出洋留学，一方面是废除旧的教育而接受新的教育。出洋留学始于一八七三年容纯甫所护送之留美学生，这一次的结果虽未完满，然自中日、日俄战争以后，留学生之到日本欧美者如潮如涌，到了现在，留学人数之多，更不待说。新教育之提倡，可以说是发轫于同文馆之设立，继而起者如湖南时务学堂、上海南洋公学、北京京师大学之开办，以及废八股以至后来设教育部。至于今日，旧的学塾，固有不少仍然存在，然时代已经表示，这些东西只能苟延残喘于最近的将来。从教育的纵的方面看去，从幼稚园，而小学、中学、大学，而研究院，无一不是西洋输运过来。从教育的横的方面看去，所谓平民教育、职业教育、科学教育、乡村教育种种，也无一不受过西化的洗礼。可知教育之西化，和教育的全盘西化，是没有疑义的。

政治方面之趋于西化也是很显明的。清末之派五大臣出洋考察政治，光绪末年的谕示预备立宪，已是朝向这条路上。孙中山们所从事的革命运动，那是更为显明。共和成立，民国创造，以及政府的制度，政策的施行，通通是效法西洋。二十年来的政治状况，固然好像日趋日下，然这种正是表明我们不能澈底全盘西化的错误，错误是由于他们除不去数千年来的政治上的恶习。所谓洪宪"复辟"以至十余年来的政治病态，都是这些恶习的遗毒。所以今后的唯一出路，仍是要斫断过去的遗毒，努力去跑在西化的路上。事实上要想中国旧式的政治制度之重现，就是天作之君的溥仪，现在也相信，就是相信，也实行不来。我们以为要是中国的政治果真是没有出路，而长此以往，那么五十年后的中国，免不得是继着安南、朝鲜和满洲（？）的故辙。要是有了出路，那么这个路，无论是民主主义的路，或是独裁主义的路，以至社会主义的路，或是一个这些形形色色的主义的调和的路，还是西洋的路。

政治如此，法律也如此。宪法的运动是根本法律的改造，这个运动三十年来虽然未见功效，然民法以及各种法制的编纂，通通是以西洋的法律来做篮本，而且有了不少的法制，差不多是从西洋翻译过来。国内的法律是逐渐的西化，国际公法更不必说。事实上我们现在要想取消治外法权——领事裁判权，我们第一步就要把法律来西化，因为外国人所以不愿给回这些法权，就是说我们没有西化的法治。现在世界上只有这可怜的中国，是受着这么利害的耻辱：在中国的国境内，也有了西洋人设立自己的法庭来施行自己的法律。中国苟不及早的自己西化，不但在法律方面，这种耻辱无法废除，恐怕这种耻辱还要继长增高，而至样样都为外人所管理，都为外人来迫我们去西化。

法律和文化的他方面既已西化，道德也不能不西化。世界上自恃其道德之高，固守其道德之切者，恐怕再没有像中国人了。然而道德既不外是文化的一部，文化的变迁，是包含道德的变迁。比方三从四德和绝对的尊崇长老，是我们的道德信条。然而法律上的男女平等，和法律上的发展个性，明明白白是和这些信条处于对峙而不能两立的地位。教育和法律既是西化，这些信条也不能不置之高阁。所以现在稍叫做明白世情的人，总不会念着饿死事小，失节事大来阻止一个孀妇的再嫁，也不会守着父母之命，唯天唯大来强迫一个子女去顺从他的一切的旧道德信条。这不过是举出一个浅白的例来说明，但是从此亦可以推想到道德的其他方面。

施诸四海而皆准的道德，已在西化的途程中，万世师表和百家诸子的哲理，也不能满足了我们的欲望。我们不但是要介绍斯宾塞、赫胥黎，我们不但要研究叔本华和黑格尔，我们还要恭恭敬敬、诚诚恳恳，费多量的钱财，出不少的情面，请杜威和罗素到我们这里来谈谈哲理，来解释人生给我们听。我们的大学里的哲学课程杂志上，所发表的哲学论文十九都是西洋的。怪不得蔡元培先生为《申报》五十年纪念而做《五十年来的中国哲学》，开宗便说所谓中国的五十年的哲学这句话，不能成立，因为老实来说，五十年来的中国哲学，并非中国固有哲学，而是西洋的哲学。我们现在所谓哲学的派别，像"唯心论""唯物论""实验派"，通通可以说是西洋式的派别罢，那么哲理之已西化，又是事实所明证的了。

然而最可怪的是文质彬彬、文名赫赫的中国，也会醉心于西洋文学起来。骚人娱乐的《迦茵小传》，也会引起桐城嫡派的林琴南先生的重译。林先生虽看不懂外国文字，然也奋臂来译了百数十种的小说。过了不久，西洋诗也有人谈了。到了现在，那些汗牛充栋的文学出版物，大多数是从西洋文学译过来，或是深染过西洋文学的色彩。从小学里的学生，到提倡文学的专家，都受过西洋文学的洗礼。文学他们不谈韩、柳、欧、苏，而谈沙士比亚、歌德。他们不谈汉、魏、唐、宋，散体、骈体，而谈北欧、南欧，"实写""浪漫"的文学，所以文学之已西化，又是很明白的。

此外又如艺术、娱乐，同样是趋于西化。电影的流行，弄到旧式的京戏，大大亏本。最奇怪的是一般不懂英文、英语的人，也喜欢外国的有声影片甚于中国的影片。又如各种体育的发展，也是表示娱乐方面的趋于西化。至于艺术方面像写真、雕刻之逐渐染着西洋色彩，均是随处可见的。

连了那些像吴稚晖先生所说的臭东西的古董的国故，也西化起来，这是奇特再没有的。关于这一点，我且把梁启超先生一段话抄在这里：

> 国故之学，曷为直至今乃复活耶？盖由吾侪受外来之影响，采彼都治学方法，以理我故物。于是乎昔人绝未注意之资料，映吾眼而忽莹；昔人认为不可理之系统，经吾手而忽整；乃至昔人不甚了解之语句，旋吾脑而忽畅。质言之，则吾侪所恃之利器，实洋货也。（《先秦政治思想史》）

死的国故，把西洋的方法来注射，也会复活。孔孟有知，也要赞赏西洋文化之玄妙神通。事实上，国人近来有了所谓比较有系统、有价值的国故著作，像梁先生的《先秦政治思想史》、胡适之先生的《中国哲学史大纲》等，总可以叫做西洋文化的产物，怪不数吴稚晖先生要叫做洋八股。

我们上面不过略举文化的得方面的西化事实，加以说明，此外还有好多方面，像医药之类，均是趋于同样的方向，我们只能从略。然也可以给我们一个印象，这就是我们已经在西化的路上，而且是趋到全盘西化的路上。要是有人问道，为什么已经西化了，而仍然处于这么紊乱的地位。我们的回答就是，现在还未达到相当——全盘当然说不够——的地位。物质方面我们既不会格外努力去创造来享受，而徒然靠着西洋人运过来，不但是不能叫做自己能够全盘西化，还有生出将来为人奴隶而被人强迫去全盘西化的危险。所以全盘西化是必然的趋势。我们所要明白的，是要自己化自己，毋待到他人来化我们。至于物质以外的各方面，也许叫做精神方面，也是应当赶紧的去澈底西化，决非从西洋转运过来就算完事。须知所谓西化，是要像放入自己的肚子，而能起了消化的作用。照板的运过来，只能叫做运，不能叫做化，运过来而不能化，其危险也许还要甚于不运，正像食了东西若不消化，就会生病，就会致命。然而同时若说不必运她过来，那又是为了时势所不许，何况若因了不能消化而就永久不食东西，则其结果，仍是因饿而致命。

第十八章　近代世界文化趋势

像前章所说，事实上，中国固已逐渐的趋于全盘西化，就是事实上的世界也逐渐的趋于西洋文化的路上。换言之，所谓西洋文化，可以叫做现代文化，或是世界的文化。她是世界文化，因为世界任何一国都是采纳这种文化；她是现代文化，因为现代任何一国，都是朝向这种文化。简单的说，西洋的文化，是现代世界的文化。

假使中国要做现代世界的一个国家，中国应当采纳而且必需适应这个现代世界的文化。

怎么说欧洲文化，是现代世界的文化呢？

欧洲的现代文化，是发生于文艺复兴和宗教改革以后。文艺复兴引起人类研究自然的兴趣，宗教改革引起人类信仰自己的精神。因为要信仰自己，个性始能充分发展，因为研究自然，故宇宙的隐谜得有相当的了解。两者所生的效果，固有这种的差异，然两者对于欧洲现代文化的贡献上，都有密切的关系。自然世界的研究，和自我本身的信仰，两者相辅而行，始能造成灿烂美丽的现代文化。设使个性而受制于专制淫威之下，那么纵有研究自然世界的兴趣，也许为了这种淫威所繁迫而无从发展；同样纵有了信仰自己的精神，而没有研究自然世界的兴趣，则个性的发展，也许没有表现的机会。

欧洲人因为对于自然的研究的兴趣的增加，所以在天文、地理、物理、化学、生物各科学上，都有了相当的了解；因为个性的认识，所以他们在政治、法律、经济、以及社会的各方面上，都有了充分的发展。而所谓现代的欧洲文化，也不外是这些东西和其所产生出的果实的总和。这个总和为了研究的便利起见，我们随便可以把她来分析为若干部分，然她的本身上，却是互有密切的关系。欧洲文化之所以为欧洲文化，而别于其他的文化，就是因为这个总和的本身上，有了她的特性而没有可以分开的可能。

这个欧洲的文化，是从欧洲的文艺复兴和宗教改革发展出来的；文艺复兴和宗教改革是欧洲中世纪的文化的反应。反应固是发生于欧洲，然而反应的发展，却越过欧洲的境界，而逐渐的传播与分布于世界其他的部分。

从时间上看去，这个文化的传播和分布，并没有多大的差别。世界各洲和各国的航路的沟通，差不多是在同一的时期里。南菲洲的极南好望角是发现于一四八六年，新世界的美洲是发现于一四九二年，欧亚航道的沟通之由南菲洲而达印度马拉巴海之加尔各达，是在一四九八年，到了一五一〇年左右，达马来半岛的麻拉呷，再越五年（一五一六年）而至中国；其由美洲之南绕海道而至菲列宾者，是在一五二一年。由此看起来，差不多全世界的海道的沟通，也不过是十五世纪的末叶到十六世纪的初叶的三十年左右间的事。欧洲的文艺复兴，虽开始于十四世纪，然宗教改革却在一五一七年以后，于是可知现代的欧洲文化的萌芽时代，也就是世界各洲和各国文化因海道沟通而开始接触，而继续不断的时代。

十五世纪的世界的文化的种类，虽繁不胜举，但是大概来看，可以分为三类。一为关于欧洲的文化，一为属于中国的文化，一为属于其他的文化。欧洲文化在这个时期里，从发展的情势来看，比于中国虽占优越的地位，然实质上未必很优于中国。所以我们差不多可以说欧洲和中国的文化是处于对峙而没有多大高下的地位。除了这两种文化以外的各种文化，都比这两者低下得很。两种差不多处于平衡的文化，因为历史的发展和特殊的性质的不同，若是接触起来，当然要经过不少的时间，然后始能和谐。但是两种一高一下的文化，一经接触，立刻就分出胜负，而成为一种受制和屈服于他种。比方在十五世纪的初叶，三保太监郑和之使西南洋，据《明史》所载，降服了三十余个西南洋的诸国。其原因就是因为西南洋诸国的文化，低于中国的文化，所以一经接触，胜负立分。可惜明初的成祖之遣使的目的，并非为着这移民通商，乃想一扬耀中国的威武富强于异域，其结果是西南洋诸国之屈服于有明者，也不外是昙花一现。同样欧洲的文化既比这些其他的文化为优越，所以两方的文化，一经接触胜负也能立现。然而欧洲人之冒险异域、开辟海道的目的，却和中国的扬威耀武不同，而乃在于通商互市，开土殖民。因为了他们的目的是这样，所以不转瞬间，这些文化较低的地方，差不多全为欧洲人所占据。我们试把十六世纪以后的世界地舆一看，除了中国本部和其藩属的暹罗、安南、朝鲜以及中国文化上的弟子日本以外，所有其他的种族土地，差不多通通都在欧洲文化的势力范围之下。这么多的种族，这么大的土地，既为欧洲人所征服，欧洲文化之趋于世界化，老早已是一件自然而然的事。何况欧洲的文化，自从文艺复兴和宗教改革以后，正像旭日初升、春花怒发一样的向前急进，而随着时代的变换，随着时代的新鲜而新鲜——质言之，她是时代文化之最能时代化者——她是现代的文化。

她既老早已趋于世界化，她又时时随着时代化，她正像我已说过，是现代世界的文化。

假使中国要做现代世界的一个国家，中国应当采纳，而且必需适应这个现在世界的文化。

这个结论，完全是基于世界文化的已往的事实及趋势，推衍出来。而这里所谓世界文化，又不外是欧洲文化。要是读者对于这些事实和这个趋势，尚没有充分的了解，我们不妨略为说明于下：

欧洲人自从十六世纪以后，既征服了这么多的种族，这么大的土地，他们最初总把它来作殖民地看。其隔离较近，气候较适，物产较丰，而人烟较少的地方，欧洲人的移居，也逐渐的较多。因为欧洲人日来日多，结果是这些地方遂逐渐的成为欧洲的第二。这就是四百四十年来的美洲新大陆，而特别是亚美利加合众国。合众国（美国）这片地方本来是美洲的土人——印第安人的土地，自从欧洲人占据东北的海岸以后，逐渐的扩充而至于南北，及西方的海岸。欧人既日来日多，土地日占日广，原居的那些土人遂日退缩而日减少。读过美国早年历史的人，总能觉得征服这些土人，是欧洲人一个最困难而最重要的问题。到了一八七六年，加士德（Custer）将军还要拼命来征伐而始得到最后的胜利。然而印第安人（红种人）最终败北之日，也就是他们种族趋于灭亡、土地全为被占的时候。五十余年来的土人，只有日趋日下。据一九二〇年的调查，仅有二十五万左右，而所居的地方，不过是美国的八个州里之很小的部份。我们回顾在欧人未到美洲之前，整个土地山河到处都有他们的足迹，现在零落到此，不但他们和旁观者要有今昔之感，就是美国人也由仇恨而生了怜悯。所以五十年前的征伐的政策，已变为保护的政策——保护这就要灭亡的人种，来做人类学者的研究资料，来开后代子孙的眼界。

原来这些土人有他们自己的文化，现在不但文化保存不住，连到人种也要消灭。这是什么缘故呢？我们的回答是，因为他们不愿采纳和适应于欧洲文化。自己的文化本来就不及人，自己既不愿学人，而固守残余，把它来对抗人家日新月异、日进月增的文化，安有不至完全覆灭的道理。

也许有些人说，这些土人的衰落，未必是由于他们不愿适应和采纳欧洲文化，而乃由于他们的本来文化太低，没有法子来赶上进步很高的欧洲文化。要是这个见解是对，那么一切低下的文化的民族之和欧洲文化接触者，必至种族与文化灭亡，则将来这些地方，仍为全盘西化的地方，而合于我们的结论。不过文化是人类的创造品，凡是人类有文化，都有创造和模仿文化的能力。各种文化的差别，既只有程度，而没有种类的不同，那么文化较低的民族，也可以模仿文化较高民族的文化。美洲土人之到这个地步，完全是由于他们不愿放弃其所谓固有的文化，来迁就欧洲的文化。这个结论并非空凭臆造的，她有了历史和事实的证据。

留心过美国问题的人，均能知道美国的白种人所觉得美国的人种和社会上的很大问题，是黑人问题。黑人本来是菲洲那些文化低下的人种，他们的本来文化比之美洲土人的文化，未必见得优高。白种人到了美洲以后，因为感觉到工人缺乏，所以把他们从菲洲像牛马一样运过来卖给人家做奴隶。然而也许正是因为他们是白种人的奴隶，他们接触欧洲人的文化的机会较多，同时又能采纳和适应这种文化，结果是开放黑奴以后，他们的环境逐渐的进步起来，而他们的文化也像欧洲文化一样的进步。他们的人数，据一九二〇年的调查，是一千一百万以上，比起一九二〇年的美洲土人要多了四五十倍，比起十八世纪的末叶和十九世纪初叶在美国的黑人，要多了三倍。据人口学者的推算，他们的人口的增加，很是利害，这是什么原因呢？我们的回答就是，他们能够采纳和适应于美国人的文化。设使他们而像美洲的土人一样的要保留他们的固有的文化，来抵抗欧洲的文化，那么他们的种族，也许同着这些土人的命运一样。而且平心来说，美国一八六〇年——一八六五年的南北战争的结果，名义上虽为黑人解放而胜，然实际上黑人从此以后，之为美国白种人所仇视，比之美洲土人还要利害。美国的白种人之稍能主持正义者，都觉得他们之对待黑人的手段之残酷利害，然而黑人的人种照旧的增加无已，他们的文化逐渐的进步不止，其视人种锐减、文化衰落的土人，正如天渊之别。我们苟能想及这个一则受人"怜悯"保护，而衰而亡的民族，一则受人憎恶、仇恨，而兴而盛的民族，怎能不有所警惕于心呢？

美国既为欧洲人所垄断，而且为欧洲文化所垄断，那些土人因为不愿采纳和适应这个文化，而致于灭亡，那些黑人已经放弃其固有文化，而采纳和适应这个文化，其结果是整个美国是生活于整个欧洲文之下。事实上我们若放大范围，我们可以说整个美洲都差不多是生活于欧洲文化之下。因为了这个原故，美洲的文化，也可以叫做欧洲的文化，而一般用欧洲的文化的名词的人，也是包括了美洲的文化。

我们上面是说明欧化的欧洲的美洲殖民地，我们且来谈谈欧洲的殖民地的其他地方罢。

菲洲北部是和欧洲比邻，埃及之在古代，已和欧洲沟通；其极南的好望角之为欧洲人发见，也比美洲较早。但是因为气候的酷热，沙漠的横贯，以及其他的原因，所以欧洲人之经营菲洲不若美洲一样。然而整个菲洲也是被欧洲人的征服而瓜分了。事实上英国统治之下的南菲洲联合，已朝着脱离英国而趋于第二英国的路上。东西沿海一带的土地，都是受制于欧人之下，有五千年的历史的北部埃及也是英国的保护国。最近来虽有了独立的机会，然而除非埃及自己能够彻底西化，独立恐怕还是有名无实。所以现在和过去的菲洲正是被迫而趋于西化的菲洲，简直可以说是欧洲文化的移植场罢。

菲洲固是这样，澳大利亚洲和新西兰及太平洋南部的海岛也是这样。澳大利亚和新西兰自欧战以后所处的地位，正和美洲的加拿大、菲洲的南菲洲联合一样。她名义上虽然是英国属地，事实上却可以叫做英国的第二；而她的文化也就是英国的文化，也就是欧洲的文化。我们自然承认在菲洲和澳洲，土人的人数是很多，土人的文化还是遗存，然而这些土人因为已在欧人的统治之下，他们若不是像美洲的黑人，诚意虚心来采纳和适应于欧洲的文化，他们只有像美洲的土人一样的束手而待毙。

我们放开眼睛来看版图最大、人数最多的亚洲，内部情形和文化状况，虽比较的复杂，然而历史和事实上的文化的趋势，却同各洲一样。欧洲人的殖民地像印度，像马来半岛，像苏门答腊、爪哇以及安南等处，所处的地位既和菲洲的殖民地一样，他们之为欧洲人所欧化，固不待说，所谓独立国家像暹罗、中国，而特别是日本，没有一国不跑在欧化的途上。中国在事实上已趋于西化，前章已经说明。暹罗四十年来之努力于西化，也是一件很为显明的事。治外法权的取消，暹罗比之中国还进步得多。而一九三二年的革命，数日之间，马上宣布宪法，成立君主立宪，尤见得朝野两方的认识潮流。暹罗实际上曾做过英法的保护国，现在能够在逐渐的一步一步的自己独立起来，不外是得力于暹罗自己的欧化。

至于六十年来日本的西化，更是显明了。日本在过去的时代，曾受过欧洲人的胁迫，曾经有过治外法权的存在，然自明治维新以后，数十年间，始而战败皇朝的中国，继而打胜狮象的俄国，再进而为欧战后的世界五大强国之一。三十五年前的中国人，大多数以为日本的强盛，是由于她能够购买和仿制欧洲的精良枪炮和战舰，然而一九〇〇以后的中国人，早已觉悟她不单是在战具方面能够效法西洋，她在教育、政治、农、工、商业以及其他方面，也能诚意虚心的欧化。卫道尊孔像张之洞一般人也会劝人留西洋，不如留东洋，因为照他的意见，西洋所有的精华，日本都已学到了，所以能学日本就是能学西洋。这种见解的流弊，我在他处已经说过，然而他们以为日本所以应当效法，所以致强是由于效法西洋，却是没有错误。三十五年前的日本已能做到这样澈底的西化，二十年后的日本怪不得要做世界五个一等国家之一。

我们四十年来，因为屡受了日本的侮辱和压迫，只会起了仇视的心理和谩骂的口气。然而平心静气，认真克己的人一到日本看看他们六十年来的西化的成绩，他们六十年来的西化的普遍，他们六十年来的西化的澈底，他们六十年来的西化的努力，我们自己真要愧死。看一看横须贺的兵舰，翻阅一下日本在世界上的航业的地位，坐一次由横滨到东京的电车，东京到西京的火车，入入东京帝国大学的图书馆，和这里的教职员谈谈话，我们就很容易的见出彼我成就的不同了。

六十年来日本的西化，能够那样，三百年来的中国的西化，不过如此，七十年来的中国西化，又不过如此，这是甚么缘故呢？

我们的回答是，固有的传统的因袭太深太重，所以上下都不愿诚意虚心的澈底全盘的西化所致。

事实上四百年来的欧洲文化之趋于世界化，亦犹四千年来的汉族文化之中国化一样。中国人若看不清楚四百年来的欧洲文化史，至少也要知道四千年来的汉族文化史。传说汉族乃来自中国之西方，最初从甘肃而逐渐的沿着黄河流域而向东南发展。这时候的中国是中国土人的居住——也许是现在所谓苗人和黎人。他们因为文化低下，结果是汉族进了一步，他们就要退了一步。春秋战国的时代，现在所谓长江以北附近和以南的地方，还是中国土人居住的地方。自秦以后，而特别是经过东晋南宋的北方的胡狄之乱，汉族向南迁移逐渐由长江流域而趋于珠江流域，遂使原住中国的土人，日趋日下，日迫日困。在明初的时代，比方在南方的琼州一岛，征黎伐苗还是政府为保持汉族的安宁起见，所要解决的重要问题。我们试一读明代琼岛名人节士像邱濬、海瑞之对于这个问题的讨论的疏策，便能知道。延至满清末季经冯子材的苦征，始无再患。现在所谓平黎策、征苗论不但没有再见，反而还见化黎育苗的政策。我们若问这些黎、苗或是土人，为什么到了这个田地？那么唯一的原因，就是他们的文化既低下，而又不愿采纳和适应于汉族，结果是趋于衰灭。

　　四千年来的汉族文化，正是四百年来的欧洲文化的历史的放大，而汉族文化之于中国，正是欧洲文化之于世界的缩影。我们察久明暂，由小知大，欧洲文化成为世界的文化的趋势，还有什么疑义？何况上面所举事实上的欧洲文化，已成为世界五大洲的文化呢？

　　由此观之，中国人的情愿澈底全盘西化与否，于欧洲文化之已为世界的文化的趋势及历程，并不发生障碍，不过为了中国的本身计，则吾们的结论是：

　　假使中国要做现代世界的一个国家，中国应当澈底采纳而且必须全盘适应这个现代世界的文化。

第十九章　东西文化发展的比较

欧洲的文化是现代世界文化，而她之所以成为和趋向为世界文化，是因为她是日新月异、比较优高的文化，假使读者对于我们这话没有充分的了解，我们把欧洲的文化来和中国的文化比较，那么两者的优劣高下可以立见。

比较中西的文化，可以从两方面着手：一是把她们的各种特质的分析，来做横的方面的比较，一是把两者的发展的历史来做纵的方面的比较。关于前一种的比较，我们当于下一章说明，我们现在且把后一种的比较来解释。

照一般普通人的见解，周秦时代的中国文化，比之古代希腊、罗马的文化，是没有什么差别，而且没分什么高下的。从表面上看去，这种见解，好像是并非没有道理，然详细的考究起来，却是一种很肤浅而不澈底的见解。

原来文化的优高与低下，从其发展的趋势的立脚点看去，并不一定在于这个文化本身上所已达到的程度如何，而在于其发展上的可能性如何。有了发展上的可能性，则其文在〔化〕的本身上所已达到的程度，也许比之他种文化所已达到的程度，处于相等的地位，或是处于低下的地位，然在文化的发展的趋势及将来上看去，则前者必较后者为优高，是甚明显的事。

比方有了一位品性、环境、意志种种都比较不大好的小学五年级的小孩子，和一位这些种种东西都比较好一点的同级或是低级的孩子比较起来。那么前者在年级上，在这个时候，固然是和后者相等，或且高了几级，然而从他们的学业的将来和趋势上看去，则后者较之前者必定优高，是用不着什么智者才能明白。

同样七十年前的日本文化，比之七十年前的中国文化，也许是相等的，甚且是低下的。然而因为日本文化发展的可能性，比较中国，已处优胜的地位。所以从文化的发展的趋势及将来上看去，结果正像德国的铁血宰相在甲午以前所说，中国与日本较，将来中国必败，而日本必胜。

日本之于中国固然是这样，古代希腊、罗马的文化之于中国周秦时代的文化，也是这样的。

中国文化自从汉族从西方移植到中国以后，逐渐的已变成单调的文化。黄帝战胜蚩尤，传说是汉族成为至尊的地位，此后的尧、舜、禹、汤、文、武、周公，不过将这个文化的局部逐渐的发展起来。根本上既没受过动摇，所谓政治社会上的改革，也不过是暂时的变态，不久又回到常态来。春秋战国的时代的紊乱不定的状况，虽有了四百余年之久，然除了思想上比较自由而能稍有放异彩外，政治、社会、道德、礼法，以及物质上的各种生活，老实没有很大的变更。而且所谓思想上能略放异彩，也不外是从量的方面来说，在质的方面，与其说是发展，不如说是退后。老家之返复自然，既是反对一切已经成就和达到的文化，孔家的复古，也是反对再做向前的发展，法家像我在第一章里所说，虽主张因时制宜，然而骨子里头也是觉得文化演化的历史事实是退化的。对于文化的演化的观念，既只有向后转的发态，努力创造出比较一种更好，或是变换出别一个样子的文化，也为势所不能的事。

同时因为围绕着中国文化的其他的文化，事实上既比不上中国，中国人也为了传统观念及自大的态度所阻，而不愿虚心接受。我们试读《战国策》赵造及一般群臣之反对赵武灵王采纳胡服这段故事，便能明白中国人之对于他们自己以外的一切的文化，都是极力反对，格外鄙视。

持了这种反对外来的东西的偏见的人，当然没有法子去变更和创造文化，结果是中国的文化，无论是在时间上或是空间上，所谓发展不外是死板的延长和放大，决无改变的可能性。没有改变的可能性，决不能使其再进一步。因为这个原故，其结果是正像黑格儿于一八二〇年在他的《历史哲学》的《中国历史哲学》里所说："过去的中国，就是现在的中国，而现在的中国也就是过去的中国。"所以明白过去中国的人，能够明白"现在"的中国，明白"现在"的中国的人，也能够明白过去的中国。

古代希腊、罗马的文化，却不是这样的。

所谓古代希腊的文化，是好几种文化的混合体。他们的建筑和科学是从埃及运过来的；他们的商业的标准方法和法典，是从巴比伦输入的；他们的艺术，是仿效克利地（Cretan）的艺术；他们的文字，是仿效腓尼基（Phoenician）的字母。这些外来的文化特性，和他们祖宗传下来的文化融化起来，遂成为古代希腊文化。换言之，希腊人除了自己的文化以外，还能虚心诚意来采纳外来的东西。事实上希腊人之鄙视希腊以外的民族，并不亚于中国人，然而希腊人却不因此而耻效外来的文化。他们自视为天之骄子，然而他们并不因此而排外人之和他们做智识货物上的交换，反而他们所谓"市民"是包括了那些外国的侨民，同时他们又极力奖励商业以通有无。因此之故，他们能够时时刻刻都和"世界"文化的最高水平线相接触，再加上他们的虚心效法他人和努力以求上进，他们且能因此而达到比较优高的地位。

因为他们的文化是各种文化的混合体，所以他们的文化无论在物质，在政治，在社会、法律、道德各方面，都有了变动的弹性。比方在政治上，他们最初所行的制度是君主制度，后来君主变坏了，他们再变换为贵族制度，贵族又变坏了，他们又改换出平民政治来。这样的能变能换的政治制度，是希腊政治之不致趋于单调，像中国一样的政治。政治固是如此，其他的方面，也是如此。

然而他们的特殊优点，还是思想方面。哲人一派的思想，把人来做万物之尺度，而主张人能改造变换文化，其目的固是向前发展。继承苏格拉底的柏拉图所说，理想的至善的社会，也是引导着人们到向前走的路上。至于亚里士多德的发展学说，更是显明的主张演化是进步的。所以无论是哲人所主张的人的万能，无论是柏拉图的《理想国》，无论是亚里士多德的发展观，均和我们的复皇古、返自然、安时势的观念，大不相同，而处于对峙的地位。

总而言之，希腊人一方面能够尊重自己，一方面又能够虚心效人；一方面享受实在的文化生活，一方面却又努力来求一个至善或较好的社会。所以从他们的实际的成就和已经达到的文化各方面来和周秦时代的中国比较，固各有可取之处。然在文化发展的可能性方面来看，则他们正如旭日初升，而中国却已入了黄昏时代。

同样罗马的文化也是一种混合而很有发展的可能性的文化。罗马征服邻国，席卷欧洲，在军事、政治、法律，方面，虽占了优胜的地位，然在文化的其他方面，却受了外来不少的影响，而特别是希腊的文化。罗马人征服希腊，不但征服希腊的文化的精华，运过罗马，而且把那些战时的俘虏和有知识的希腊人送到罗马去。结果是希腊人变成罗马人的师傅。在物质方面，他们教罗马人从衣服的制作到庙堂的建筑；在精神方面，所有罗马的科学、哲学、文学和正义的原则，都可以说是希腊的。此外他们又受过其他的文化的影响，像埃及的宗教，我们这里只能从略罢。

从文化的发展的趋势上看去，古代希腊、罗马的文化，固是优胜于中国的周秦时代的文化，就是从文化的本身来看，后者也未必就比较前者为优。从物质方面来看，伟大的长城，华丽的阿房宫，精美的丝布，也许不亚于罗马的道路，希腊的柏地那（Parthenon）。然从法律、科学、哲学的成就方面来看，周秦远比不上希腊、罗马。比方亚里士多德所采集百余种的宪法，罗马的法律，姚格里（Eulid）的几何，泰尔斯（Thales）的天文，亚里士多德的生物学，而特别是他的政治、伦理、哲学，以及柏拉图的《理想国》，简直是我们望尘莫及的。

从文化的发展的趋势上看去，周秦既比不上古代的希腊、罗马，而中古的中国又比不上中古的欧洲。在中世纪的欧洲因为教会势力的澎涨，而成为所谓长期的黑暗时代，故论者每以为中古的欧洲文化，是远不及中古的中国文化。平情而论，不但中古的欧洲是黑暗时代，中古的中国也是黑暗时代。中古的欧洲的文化重心是宗教——基督教。中古的中国文化重心是孔家，孔家的专制和愚民政策，比之教皇的专制和愚民政策，并没有甚么的差别，董仲舒之罢黜诸子百家和教父的排斥异说是唱同调的。

但是中世纪的欧洲却和中世纪的中国有了很大的差异：后者仍旧的单调，而前者又增加了外来的文化特质。有些人说汉唐时代，从印度输入的佛教，也是外来的文化，不过佛教究竟是合于老、庄的脾胃，我们可以说佛教是老、庄思想的制度化。佛教自输入中国后，好像处于儒家的对方，所以不少的儒家信徒，像韩愈们都排斥佛教。然事实上佛、老之否认复杂的物质文化，正像孔家一样，而且孔、老的思想，除了程度的不同，并没有根本的差异。孔、老固是如此，孔、佛也是差不多这样。此外孔、佛两者都是仰息于政治势力之下，而政治势力不但是两者的监督者，而且是调和两者的媒介，所以信孔、信佛两者可以并行而无冲突。因此之故，佛教、孔家和政治遂成为辅车相依，有时因为政治上的君主，略为偏重于佛或孔，然而大家均可以互相利用。佛教给君主以心灵长生超脱的安慰，君主给佛者以实力的保护；同样孔家给君主以专制统治的理论，君主也给孔家以实力的保护。忠君劝善和专制调和起来，势力更大，而其在历史上的延长时间也较久，结果是中世纪的中国文化，愈趋于单调而愈难于变动。

反之，中世纪的欧洲文化，是希腊、罗马和犹太三者的混合体。希腊人的理想社会，是伦理上的小国寡民；罗马人的理想社会是政治上的全欧帝国；犹太的理想社会是宗教上的天国生活。这三者若能互相利用，也许能够辅车相依，而成为欧洲中世纪的统治势力。结果也许像中国一样的能够溶洽宗教、伦理于政治，而使其势力坚固，久长迁延。无奈欧洲的教父在理论上始终相信政治是一种罪恶，这种罪恶固可用伦理而特别是宗教来改正，然而改正罪恶，则政治应当离开神圣的事业，结果是主张政教主权的分离。因此之故，在三种理想的实现方面，遂成互相冲突而不能溶洽。他们一方面以为精神的事是属于教皇的，一方面以为俗事（Temporal）是属于皇帝。皇帝是帝国之首，教皇是教会之首。事实上所谓世俗的事和精神的事，本来是分开不来的，理论上既强把它来分开，实际上遂有了永久的纠纷，所以中世纪的历史，有些人说是政教的纷争史。在社会组织的横的方面，既有了罗马帝国和犹太教会之争，在社会组织的纵的方面，又有了像希腊的小社会的封建制度，和大社会的帝国与教会的对峙。名义上这些小团体在宗教方面是受制于教会，在俗事方面是受制于皇帝。然事实上他们各有独立的能力。他们若偏于教会则教会势力大，他们若偏于帝国则帝国势力大。然而他们本身上能含有宗教与政治二种势力，他们本身也许有了冲突。

因为世俗事和精神事的冲突，小社会和大社会的对峙，中世纪的悠长历史，与其说是一种静止调和的文化，不如说是文化的过渡时代。因为也是过渡时代，所以她正是在发展的途程中，正是待着机会而开新的局面。而且因为中世纪的文化是好几种文化的混合，所以对外来文化的输入，并不像中国之鄙视排斥。因此之故，才能生出现代的欧洲文化。

我们上一章已说过，现代欧洲文化是始于文艺复兴和宗教改革。然文艺之所以能复兴，宗教之所以能改革，而生出来现代的欧洲文化，也非想空而来的，其主要的原因，照我的意见，至少有二：一是十字军的东征，一是元朝的西征。

十字军的东征的动机，是为着夺回已被回教所据的圣地，然其结果却出乎意料之外。的确的，救起圣地的目的，也曾达到，然而与其说这是教会宗教战争的成功，也可以说是罗马教会崩溃的最大原因之一。从欧洲的内部的变化看去，十一和十二世纪是政教纷争最烈的时代。十字军的号召，虽引起欧洲人的宗教热诚，而增加教会的声势。然教会所有一切的精华，而特别是统治欧洲而忠心于教育的贵族阶级、智识阶级和血气方刚的青年，他们经过数次的东征，历过不少的艰难，财产及其所有，既差不多荡然无存，而身死于此役者，更不知几许。结果是使一般反对教会者势力骤然增加，而成为打倒教会统治的利器；教会势力之崩溃，就在于此。

从外部的影响看去，这些经过东征而得再回欧洲的信徒，因为和东方（近东）文化的接触，眼界为之一新，而且日前所仇恨的回教叛徒，至此因相触日久，而逐渐且成为亲爱的朋友。日前信仰教皇至尊之心，至此而也逐渐趋于薄弱。思想上的人生观、社会观、宇宙观、自然观，均生出不少的变化，而引起文艺复兴的运动。同时在物质生活和精神生活方面，也从近东移入不少于欧洲，而惊动了单调的宗教化的生活。这么一来。曩日所信仰的向上以求天国的实现，转为向外以求新的智识和新的生活。新的智识和新的生活，从积极方面来看，是文艺复兴的研究自然的背景，从消极方面来看，是逐渐的脱离罗马教会而处于反教会的战线上，以促成宗教的改革，而发展信仰自己的个性的主张。

至于元朝的西征之影响于文艺复兴和宗教的改革，而开欧洲现代文化的新局面，也是很显明的。元朝西征是打通远东和欧洲的陆道，而使东西文化得以接触。欧洲人从十字军的东征，已放大了眼界，而发生新要求。元朝西征又是放广眼界和新的要求。比方一般东来的教士及游行者，像马可波罗的游记和传说，对于欧洲人之向外发展，开辟航道，均有不少的关系。而且实际上，中国文化也为欧洲人所采纳而影响到他们的文化，别的东西我们不必尽举，专以印刷、火药、指南针数件来说，已可见一斑。印刷的影响是打破教会教士及贵族垄断智识，而使书册文字流传于民间，其结果是思想上得以解放，而脱离教会和贵族的统治思想。火药的影响是打破武士的制度，使部落的贵族的势力减少，而输之于平民，以开民治的途径。指南针的影响是使航海家能够远渡重洋，而辟新世界。这些的影响和十字军东征的影响，均可以说是文艺复兴和宗教改革的主因，而促成现代欧洲的文化的新局面。从此以后，欧洲的文化在横的方面，既是日趋日广，而在纵的方面，犹能日变日新，日趋日进。

我们于是可知道，欧洲的文化不但是从现在的实情和趋势上看去是世界的文化，就是从已往的历史看去，也是世界的文化。因为在欧洲的文化里，不单是欧洲各种文化以及近东菲洲的文化的总和，而且是含了远东中国的文化的要素。物质方面的中国文化，既可从欧洲文化里找出来，精神方面的中国文化，也没有一件不是欧洲所有。有些人还说来尼兹（Leibnitz）的思想，是受过孔子的思想的影响，而十八世纪的反复自然主张，是从老子里输去。我们虽未相信来尼兹是孔子的弟子，老子是十八世纪的流行思想的祖先，然孔、老的道在大体上看来，并非欧洲人所未曾闻的。大概读过柏拉图的书的人，有时免不得要想孔子思想也是柏氏思想的一部分，而赞美自然的老、庄也非完全为希腊人所未道及。

欧洲在现代文化的启明时代，既已含有了各种文化的成份与要素，欧洲人从此以后又能格外努力求上进，结果是愈进则愈速，愈速则愈进。所以从文化发展上看去，不但是三千年来欧洲人所处的地位，已比我们为优，就是他们在文化阶级上，自从文艺复兴和宗教改革以后，已比我们高了几级。

反观中国，六百年前的文化，除了脾胃相合的佛教，不久就绝的景教以外，始终是一种单调的文化。元初的东西陆道交通，既不能引起中国人的新世界观、新要求心，明末的海道交通，又为中国人所极力排斥。机会一失而再失，情景遂愈趋而愈下。我想设使中国人而在元初能像十字军之虚心接受外间的文化，同时打破内部数千年来的僵局，而努力从事新文化的创造，则今日的中国文化，也许和欧洲的不相去太远。不然则循着明末和清初之努力西化，再从而发展之和扩充之，则今日的中国文化，至少也许赶及西洋。再不然则太平天国荡平以后，和英法联军入京以后，而能虚心诚意全盘澈底去效法西洋，则今日的中国文化，总赶得及日本。乃固步自封，迟疑复迟疑，错误再错误。所以数十年来始而被迫于西洋的势力，想求半点皮毛的西化，终而被迫于日本的势力，才做折衷的西化，近又为日人所迫，惶惶以为种族之难保，土地之必失，惟远望西洋各国之悯怜，以脱重围，而减耻辱。事实上数十年来的苟延生命，亦只靠人家对我之悯怜和人家相处的嫉妒。万一人家不再对我垂怜，不再互相嫉妒，那么整个中国就要瓜分，整个民族就要做奴隶了。

第二十章　东西文化分析的比较

上面一章是把中西文化的发展的历史来做纵的方面的比较，现在且来谈谈两者的各种特质的分析，来做横的方面的比较。

"民以食为天"，这是东方的俗话。所以食是人类维持生命的条件。孔子虽说"食无求饱"，然而多数的圣人，都很重视饮食。食固然是这么重要，但是中国的固有文化，对于食这件事，不但没有西洋人那样的合卫生，而且没有西洋人那样的充足。其实大部分的中国人，还且找不到食，遑论甚么卫生。数年前国际救济会秘书莫来利（Mallory）先生著了一本书，叫做《饥荒的中国》（*China: Land of Famine*），说明中国人之对于食的问题之艰难。据他推算中国的人，平均每年只有一百元的收入，然而除别的费用外，还要养着五口之家。在南方的中国，生活程度虽较高一点，然而大多数的人，平均每月只有三四块钱的食〈用费〉。我们把这个统计来和西洋人的大多数的人的食用费比较，简直是没有可以比较的。中国每以食物之美夸耀于世界，而然大多数的人还是饥饿，而且这些所谓精美的食，未必合于卫生。那么，以食自夸于西洋的中国人却是连食都未及人的中国人了。

中国人又尝自夸为衣裳之治的国家，推其意思大概以为蛮夷戎狄是没有冠裳衣服的种族，可是事实上西洋人何尝没有冠裳衣服。中国人素持以自炫的丝布，至今也逐渐的比不上外人所制者之精美。至于其他的一切布料，比之西洋真是望尘莫及。十余年来，国人大声疾呼提倡土布，平情来说，土布始终不能发达的缘因，是由于不若洋布的精美耐久，何况所谓土布的多数原料，仍须仰给于西洋呢。

至于住的简陋，更是没有可比的余地。我想今日一般像在上海附近的穴居野处，过其非人的生活的人们，可以不必提及。就是普通一般中等人家的住宅的简陋，可以说是在欧美例外仅有的。连了我们数百年的帝皇都城中的紫禁城、万牲园、颐和园里的宫室，比之外国一个很平常的人家住宅，除了广大以外，布置设备与清洁上还不及人。

人生需要的衣、食、住既比不上西洋，日常生活的娱乐，也是比不上西洋人。闲时可以散步的花园，除了帝王贵族和富人的私有者外，公共的园林，简直是没有的。所谓旧式的繁华城市，固不待说，就是发达较快、建设较好的广州的观音山呵，中央公园呵，比之柏林的动物园，芝加哥的林肯园，当然是没有可比，就是比之人口不及三万的欧班那（Urbana）的水晶湖，也是瞠乎其后。体育运动我们差不多是没有的，直到了兴学校以后，才逐渐的注意。近年以来，中国人的最流行的娱乐要算麻雀了，数年以前，美国人也曾有过麻雀狂，但是这些伤神费时的东西，不够两年，美国人就把它抛掉了。可怜的中国人却是日打夜打，日趋日甚，我们民族之萎靡，可见一斑。我们看看数年以来，卫道正俗的政府，对于跳舞犹以为伤风败俗，禁之不暇，然对于麻雀却没有一言过问。平心来说，跳舞与麻雀均是费时，然活动的跳舞，总比萎靡的雀戏好的多。

　　再从交通的设备上来看，中国的落后，尤为显明。人家到处有了火车、汽车、电车，我们只有骡车、牛车、马车和最没人道的人力车。六十年来政府人民无不竭力提倡建筑铁路，然提倡尽管提倡，建筑寥若晨星，有之也多是人家半世纪前所用的旧物。我们坐了像叫做进步较速的广东的粤汉广三铁路，和坐了中西合办的广九路线，或是外人管理的胶济路线，已有天渊之别。至于长途电车像横滨到东京，巴黎到凡尔赛的，固不待说。在繁盛的城市里，除了北平、上海几处外，像广州这么富庶的城市，也办不来。至于汽车，年来虽大开道路，可是自己没有油池，自己没有车厂铁厂，结果是道路愈多，则输出的金钱也愈多，不穷不困，而能购买，也算罢了，还说什么比较？

　　这不过是从陆路的交通来说，若说水道交通，那是更为可怜。世界航业上，除了十年前有过数年间的南京中国两三只轮船航行上海、美洲以外，再也没有试过。至于沿岸内河有数十年历史的招商局，只有亏本借债，只有减船停航，没有见过发展。比之一家太古公司由数只轮船而增到数百只，已要愧死，还可说要和欧洲、美洲的轮船驰骋吗？

　　最近国人异口同声，提倡航空救国，好像有了很多飞机，国就强了。我们也很希望这种理想，能够实现。然而这种论调，好像是五十年前曾、李所提倡的战舰救国一样。战舰自从甲午败后，只是挂着空名，适宜内战。现在的飞机除了能炸沉中国的战舰的成绩外，并不见得在猖獗的日本飞机和战舰范围以内，一显手法。何况所谓航空救国，又不外是像战舰救国的，只会东购西买，并不见得提倡自造飞机来救国。这样做去，就是再过一百年也决不会有济于事的。

　　国防固是如此，政治更不堪说。把所谓军政、〈训政、〉宪政三个阶段来做标准，至今还未结束第一个阶段。苛捐杂税、剥皮刮脂、乱杀乱缚、因利乘便、假公济私可以不提。而最奇怪的，是在五千年来，失地未有这次之速。而且多在国耻正殷的时候，广东有了两陈之争，四川有了两刘之战，山东有了韩、刘的相打，贵州有了王、犹的构兵，几乎都是私事。他们这么一来，就使日本不来伐我们，但是这样做法的中国也会自亡，同时无怪乎有些人很激烈的要喊着："中国之不亡，实无天理呵。"其实我们放眼一看，见得盗贼的满野，民生的涂炭，军阀的残酷，官僚的贪污，我们就有时会觉到做现在的印度人，还远胜过做中国人了。

　　我们现时的法律，比之西洋法律又怎么样呢？我们的回答也是同样的。所谓根本的大法，除了民元南京临时政府所宣布的临时约法外，此后固有多次宪法的起草，然而起草的宪法，不但没有效果，而且有了本身的非法问题。至于临时约法，也已老早置之高阁，所以至今都没有国家根本的大法。此外民法以及各种人民生活动作，刻不可无的法律，虽已次第编就颁布、然在这政治紊乱不堪的时代，有法多是等于无法。以目前的法律来看，固比不上西洋，以固有的法律来看，更是比不上西洋。原来中国人素来主张以人不以法，以德不以刑，法律之不能发展，可以想见。春秋战国的时代的法家，虽有人说是主张法治，其实骨子里头，他们所谓法治，还是人治。因为他们所说的法是随着君主的意志而立的法，君主既能立法，当然也能毁法、背法。并且就是所谓法家的法，也为中国圣人所唾骂，而差不多没得实行。安石变法而失败，受过不少的指摘，商鞅变法而强秦，也被人说是刻薄寡恩，罪当车裂。

然而号称德治的国家的道德的状况也比不上人家。最先尊孔的皇帝的汉高能食太公一杯羹；称为张超义友的臧洪，忍杀爱妾来飨其将士，这是吃人的道德。明明是冤枉而死，还要说道，臣罪当诛，臣族该灭。男人能有三妻四妾，女人的信条，却是饿死事小，失节事大。生男像韩非所说则相贺，生女则杀死，这是野蛮的道德。弱者素来无反抗强者的勇气，便说是酷爱和平的美德，现在且得国际的称誉。满纸抵抗敌人、收复失地的口号和宣传，事实上还是预备逃走，这是我们的为国赴难的美德。老实说，公共道德，固不如人，个人私德、家庭美德，也不如人。要是中国以为最可自夸、最自负的是他们的道德，那么实在是自己欺骗自己罢了。

中国的哲学优胜过西洋的吗？这无论是谁都不敢相信。要是哲学而像梁漱溟先生所说是思想的进一步，那么中国差不多可以说是没有哲学的。一部孔子的菁华的《论语》，一部孟轲的菁华的《孟子》，西一句，东一句，这里一个意思，那里一个意思。意思既不贯串，词句也没相接。听说最初译成西文时，一位欧洲人这样说："要是想保着孔孟的盛誉于西洋，这些书是顶好不要翻译。"我们也许会说，他们言之太过。但是于心来论，能读柏拉图、亚里士多德的书的人，把他们来和孔孟的书来对照起来，高下当能易见。有些人说孔孟的书乃弟子所记，故无条绪，但是我们一把周秦诸子甚至汉的王充，晋的七贤，唐的四杰、韩柳，宋的欧、苏、朱、程，明邱濬的《大学衍义补》，清顾、黄、戴、王等等的著作来看，章句篇段，思想见解，大多数也是乱七八糟。所以梁任公先生说，要赖西洋的方法来整理，才有端绪，才能复兴。思想既到这个田地，还说什么思想的进一步的哲学呢？

至于文学也是落后得很，所谓诘屈聱牙的古籍，词不达意，不必提及。所谓词笔像山川那样的雄壮的太史公的《史记》，做出不少的言不符实的文章来；所谓文起八代之衰韩文公的《原道》老实是言不及道，文不达意。一般有了多少文学兴趣和价值的著作，又被人家目为败坏风俗，不合圣道而烟没沉沦。我们所谓文学是使人读之不容易懂的才算好的。文学读之不容易明晓，就失了文学的兴趣，就失了文学的价值，怎能叫做好文学呢？换句话说，我们只有死的文学，没有活的文学。质的方面既不及人，量的方面无论在文学那一方面，那一种类，也不及人。怪不得现在一般为着文学用功的人，谈论也好，翻译也好，总免不得染着西洋的色彩。

若说科学，愈要愧死。科学可以说是我们得未曾见过的东西。人们自夸宋儒的致知格物，是科学精神，然而致尽所知，格了七日，只有头痛，那有效果。又如说清儒治学合于科学的方法，然而纵使这是他们自己的发现，自己的功劳，顶上也不过是有整理古籍的价值。直到现在，我们所谓科学家、科学馆、科学的发现、科学的成绩，比之欧美各国，简直是惭愧得很。

再说教育，中国之不及西洋，又是很显明的。人家有了百分之九十几是受过教育的，我们正是相反，有了百分之八十几是没有受过教育的。大学之缺乏，中等学校之幼稚，固是彰明可指，小学之不普及，也是处处可见。要是一个留学欧美的中国人，告诉他的房东太太说，他的母亲不会和他通书信，那么这位房东太太实在感觉着岂有这样奇怪的事，正像见着那些没有衣裳蔽体的野人一样。但是事实上，我们这些青年能够留学欧美者虽是指不胜屈，然他们的母亲能够自己和他们互通音问者，恐怕是找不出了几个罢。妇女是这样，男人也多数是这样的。在量的方面教育落后到这么地步，在质的方面教育也是落后到不得了。照中国目下的教育程度，想养出能和欧美的学者相驰骋的人物，差不多是件很不容易的事。因为教育的设备和受训练的机会和学问的工具上，就已缺乏，正像巧妇难做无米之炊。何况社会、政治、经济，种种的环境，都是这么落后。要想远到今日日本的教育地位，已是不太容易的事，遑论与西洋并驾齐驱。

像上面所说的文化的各方面，既大大不如人，我们一切的农、工、矿、渔、盐、商等业也是样样不如人。以农立国的中国，弄到日常生活必需的米麦，也要从外国运来。人家用了自动快便的机器来耕田，我们还是靠手足胝胼，笨器钝牛。人家用了科学的方法来改良种子，驱除害虫，试验土壤，适宜天时，我们还是唱着雪兆丰年、天官赐福。

至于工业，那是更没可说。我们试从比利时入德境后而观察德国西南一带，而看看烟筒的情形怎样？反观我们内地，除像无锡三数地方，略有半点工厂火烟气外，静到要死的北平故都，固不必提。所谓生气勃勃的商埠如广州，也找不出几间能遮门面的工厂来。新的工厂既未振兴，旧的手工工业又是日落千丈，比方广东各处的丝业的不振，就是明显〔明〕的例子。

又如矿业，六十年前不必说了，六十年来像李鸿章甚至张之洞均做有力的提倡和开采。无〔然〕而试问现在有了几多矿产不是开倒车的呢？至今我们所用的煤呵，油呵，铁呵，钢呵，以及一切的矿产，差不多通通是仰给于他人。

中国海岸之长，世界各国之能与抗衡者，恐寥寥无几。然渔盐的出产，不但不能在世界市场上争一位置，还要从外国输入海利，而特别是从日本、安南、暹罗以至于美国。人家用了新式科学方法来捕鱼，我们照旧用着笨拙的器具，人家捕鱼只要长大合食的鱼类，我们连了小鱼也不易找，人家有了法律来保护海里的鱼，这可以说他们有了对鱼的道德。

中国人之在亚洲素来称为善于经商人民，试看他们之在安南、南洋一带做生意的，都比土人伶俐得多。然一遇着西洋人，就要相形见拙。其实安南、马来人之于中国，正像中国之于西洋人。要是我们低看安南、马来人，那么我们就要承认我们比不上西洋人。在美国的纽约、芝加哥、旧金山，在英国的伦敦、利物浦，在荷国的阿斯特潭，德国的柏林、汉堡，法国的巴黎、马赛等的大城市的商家，中国人简直是没有的。连了在国内的大商业，也多是在西洋人的手里。西洋人来到中国，人情、风土、言语，样样隔膜，然而在商业上能操奇计赢，胜于中国人，这岂不是表示西洋文化所产生出的商人都比中国为优吗？

我们若不厌繁琐，而再把中西的医术、美术、音乐，以至文字种种来比较，则相形而见精拙，正像上面所得的结论。中国人的摸脉开方，好像赌博式的彩票一样。医药是没有经过严密的考究，医生也人人能做。我们一把他来和苦心孤诣学习研究试验过十年八年，然后始准挂牌问世的西医，不必问其结果如何，就能知其优劣。我们以为神农、华陀果再生于今日，也要诚意虚心研究西洋医法，也要佩服西洋医法，也要应用西洋医法。

此外美术、音乐，不及西洋也很易见。我们不必从美术、音乐的本身来证明两者的优拙，专从一间戏院里看看人家对于背景之布置，音乐的设备，比之中国的戏院，已大有不同之处。其实一入了西洋人的家庭里，一看见样样布置的适合，人人喜唱，或能弹，我们便能觉到他们整个民族之对于美术、音乐的兴趣，比了我们，浓厚百倍，兴趣是这样浓厚，成绩安得不优异呢？

中国文字的历史，不为不长，然结构文法，未必及于西洋。人家文字所表现的意想、时间、事物之简明确定，远非中国文字所可比。有些人说，这是因为中国生活简单，用不着这么确定简明的文字。这样说法，本来是承认中国文字在发展的程度上，不及西洋。然拉丁、希腊〈文〉的流行，是在欧洲现代文化发达之前，而拉丁文、希腊文之见于柏拉图、亚里士多德以及罗马法家及中世纪著作者，何尝不比中国文字为简明确定。学过中西文字的人，大约总能感觉西文较易、较速，可知欧洲文字必有其特长之处，怪不得汉文音韵文字专家，像钱玄同先生要倡废弃汉文，而采纳罗马字母。

我们上面拉杂的将中西文化的十余方面，略为比较。文化的特性的分析，当然不止这十余类，然举一反三，这些比较也能给与我们以中西文化的优劣高下的大概，同时也能证明非澈底和全盘西化，不足以言自存。

阅者看了这一章，也许会联想到上面一章说明中国已趋于全盘西化的事实，在那一章里我以为中国在事实上已趋于全盘西化，而在这一章里我又指出过去和今日的中国还是事事太落后，样样不如人，既趋于全盘西化，而还不如人，就是因为尚未能澈底而全盘西化。要是我们而能澈底和全盘的西化，则中国必定和西洋并驾齐驱，所以今日所要努力来解决的问题，并非中国是否应当西化，而是中国能否赶紧去做澈底和全盘西化。我们可以说复返固有文化的办法，和主张折衷的调和办法，已为理论上和事实上的过去的陈迹，而再没有问题，再没有研究讨论的价值。我们也可以说澈底和全盘的西化，也是理论上所已达而趋势所必然的。不过这个澈底和全盘的西化，究竟是要在很短的时间，或是很长的时间，能够实现；究竟是由了我们自己去做，还是由了人家来压迫我们去做，而使其实现，那是要问问吾们自己，不然就要候时间的证明罢。

第二十一章　对于一般疑问的解释

我们已经解释全盘和澈底采纳西洋文化的必要，我们现在可以将一般反对这种主张的人所持的理由的缺点，略为解释，以为本篇的结论。

反对全盘采纳西洋文化的人，以为全盘去采纳人家的东西，是蔑视轻鄙我们自己的文化，而成为一种自暴自弃的奴性，我们以为我们的文化和西洋的文化的差别，既只有程度的不同，而非种类的各异，则我们全盘采纳西洋文化，不过是做进一级的文化生活，安能叫做蔑视轻鄙自己的文化。我们在前一章已经说明，从文化的各方面看去，我们样样都不如人，知道样样都不如人，不外是承认自己的缺点和错误；能够明白自己的缺点和错误，才有改良缺点纠正错误的努力；有了改良缺点和纠正错误的努力，才有进步的可能。可知全盘西化，并非鄙视自己的文化。世间只有承认自己缺点和错误，而求改良与纠正的人，才算好汉；世间也只有了这种人，才能够做君子，才能称做圣人。孔夫子岂不是说过吗？"过则勿惮改"，他又说："尧、舜其犹病诸？"那么能够自己承认缺点错误，而全盘西化，岂不是比诸尧、舜还高一层吗？孟子说："舜何人也，予何人也，有为者，亦若是。"我们见过不改，见善不为，恐怕孟夫子只会说道："其异于禽兽者几希。"

退一步来说，若是自己的文化的确是不如人，那么蔑视轻鄙并非奇怪的事。我们所谓"内华夏外夷狄"，《左传》所谓"戎，禽兽也"的传统观念，岂不是蔑视轻鄙文化较低于我的文化吗？我们这种夏夷之分，简直是太不自重，而自贬自己。其实要是夷狄而是禽兽，难道我们自己就不是禽兽？何况亚圣的孟子明明白白的承认当代哲人的墨翟、杨朱乃是禽兽，我们自己之蔑视轻鄙自己，不自今始。今以此我文化较高的西洋眼光来蔑视轻鄙我们，其与我们之蔑视轻鄙夷狄，又有何别？又况我们数百年来之对待西洋人，亦犹数千年来之于夷狄没有分别。弄到西洋人压迫我们来放弃夷狄之称。俗谚曾说，"惟自重者人乃重之"，我不自重，又安能怪他人之不我重。不自重就是蔑视轻鄙自己，今以此罪而加诸主张全盘西化，抑何不思之甚。

进一步来说，所谓全盘西化，正所以重视我们的文化。我们已经说过，中国之于趋于全盘西化，不过是时间的长短问题，我们若不自己赶紧去全盘西化，则必为外人所胁迫而全盘西化。然后者的真义，却又不外是变印度、菲列宾的第二。到了这时，种族且虞蹈着美洲印第安人和中国之苗人、黎人，遑论过去固有的文化。设使我们而能自己赶紧全盘西化，再从而发展扩大，则不但我们自己占有世界文化的优越地位，就是我们祖宗在历史上所做过的成就和得到的光荣，也赖我们而益彰。则今日外人所以因鄙视我们的文化，而鄙视我们的祖宗的文化，也能因为他日之重视我们在世界文化所占之重要位置，而重视及我们的祖宗与其文化。

至说因为全盘西化而成为自暴自弃，那更是无稽之谈。能够全盘西化，怎能叫做自暴自弃。因为只有享受祖宗所遗下的文化，而不想再有振作的人，乃是自暴自弃的人。反之，能够努力去全盘西化，才算有用，才算能干。原来全盘西化，并非一件反掌就得的事，人家费尽无数的脑血时间始达到今日的地位，我们想在短促时期达到同样的位地，已是不易，何况这些东西样样都比我们的文化较为复杂，较为深奥，则其所需的精神脑血，当必很多。试问这个工作，这种成就，是不是庸庸碌碌的自暴自弃的人，所能担任，所能做到呢？

其次有些反对全盘西化的人，又以为每一民族有一民族的文化，所以文化成为民族的灵魂或是生命所在，文化若是抛弃，则民族也随之而亡。这种见解的错误，在于不明瞭文化是人类适应时代境环以满足其生活的努力的工具和结果。文化既是人类的创造品，文化不外是人类的工具，人类的灵魂精神固可以从文化中见之，然而她的真谛，并非保存文化，而在于创造和改变文化。时代和环境既不是永远和处□变，那么文化也不能不随时代和环境而变迁。过去的文化，是过去人适应时代环境的产物；现代的文化，是现在人适应时代环境的产物。要想适应现代的时境，则不能不采纳现代的文化，同时也不能不排除旧时代、旧环境的文化。其实这些道理，并非甚么新奇的道理。五千年前我们的祖宗只会结绳记事，只会穴居野处，也许还是茹毛饮血，也许还是没有衣裳，恐怕是聚生群处，不知父亲而无亲戚、兄弟、夫妇、男女之别，恐怕是日出而作，日入而息，凿井而饮，帝力无有，然五百年后——四千五百年前，文字有了，宫室有了，饮食是火熟的，衣裳是丝制的，婚姻的制度，父母、兄弟、亲戚的关系，男女的类别也有了。上有元后南面之治，下有人臣北面而助。质言之，这个时代已和五百年前大不相同了。我们试想四千五百年前的祖宗的文化，已和五千年前的祖宗的文化有了这么的差别？这是甚么缘故呢？我们回答是，时境变了。要是四千五百年前的祖宗而想保存了五千年前的文化，那么恐怕到了现在我们还做野蛮的生活。然而生在今日的我们，却又固守着二千年或是四千年前的文化，以为不此之图，则民族也随之而亡。殊不知我们四千五百年前的祖宗，没有固守而且改变和抛弃五千年前的文化，我们的民族还能繁殖不断，以至如今。那么文化沦亡则民族难存之愚见的错误，是很显明的了。

反之，像我在上面所说，设使我们不愿全盘西化，则将来也许为了西洋文化所压迫，而至于国家灭亡。到了这个时候，不但固有文化不能保存，连了种族也许灭亡，民族而果亡了，还说保存什么文化呢？

再次，又有些人以为全盘西化，就使民族不至沦亡，然吾祖宗固有之创作，一旦弃之，岂非很为可惜。我们以为我们之抛弃过去的文化，也像上面所说的四千五百年前的祖宗抛弃五千年前的文化一样，又何足怪。何况我们过去的文化，乃中国文化发展之一部份，过去或是固有的文化，虽不能适用于现代的时代环境，然他在历史上所占的位置，并不因此而消灭。进一步来说，中国过去或是固有的文化，乃世界文化历史的一部——一重要部分。就使中国人而不注意，西洋人也必为我们注意。我们近年以来，岂不是时时听过西洋的人类学者、考古学者、历史学者，接踵的来中国蒙古内部各处，调查考究中国的古代人类文化的遗迹吗？我们又岂不是听过他们年年都来收买我们的旧书古籍，一帮一帮的运去欧美吗？我们所谓至圣先师的孔子的名字，既老早已刻在巴黎大学的名人录上，所谓"支那学"也逐渐的在欧美大学里成为课程之一。可知抛弃固有的文化生活，并非忘记了祖宗所传下的文化。

我们这里，应该声明，应用固有的文化和研究固有的文化，是两件不同的事情。应用固有文化，虽是包括研究固有文化，但是研究固有的文化，未必是应用固有的文化。很少数的人，因为为着研究的兴趣而研究中国固有的文化，我们不但不反对，还且表示多少的同情。我们所反对的，是应用这些不合时境的文化。欧洲人之研究中国文化者，乃是为着研究而研究，并非要想采纳这种文化。我们试看那些所谓西洋的支那学者，他们家里的四壁，也许排着许多中国的书册，他的家里的用器，也许是由中国运去的，然而他们的行为思想——灵魂——真的面目，是西洋文化的西洋人。其实欧人之对于世界各种民族，各种学问之研求，并非专只注意在中国。连了菲洲深林里的野人，他们也用了不少的金钱、时间、脑力去研究。然而若说欧洲人之所以为此，是要做野人的生活，采纳他们的文化，那是神经不但过敏，简直是错乱了。所以我们今日见得一般卫道先生，听说欧洲的哲人学者，也有了不少的研究中国东西，于是手舞足蹈，以为欧人采纳中国文化了，吾道而西了，我们只能当他们是愚妄庸人的自扰罢。

的确的，欧洲也有了三五特殊的人，真的去做中国式的生活，真是去采纳中国文化。然而这是例外，这是别有所见、所想像的三二个传教教士。同时欧洲也有三五个学者，提倡东方文化，或是东西合璧的文化，然而这些学者要不是像罗素那样因为东道主的太好款待，不恭维中国文化几句，以报中国人的浓情厚谊，委实过意不去，也许是因为受了欧战的刺激过深，而起了心理的变态。其实像罗素先生，不但回欧洲后，未尝做过中国式的生活，采过中国的文化，就是在中国时，也何尝做过中国式的生活，采过中国的文化。罗素先生告诉我们道，西方的科学固优胜过中国，然而东方的道德却是中国人所应保存，西方人所当取法。然而像罗素先生那样的行为、言论、思想，以及其所主张的新道德观，若放在我们的道德的天秤上看一看，简直是不成样子。孔子而再生，也会说道："道不同不相为谋。"孟子而再生，恐怕要说"是禽兽也"。罗素先生除了为着中国的道德鼓吹以外，他自己何曾尝过中国的道德的滋味，老实说，他那肯去尝这种道德的滋味。

我们的见解是，设使欧洲人而果是要采纳我们中国文化了，那么这是西方人的事，我们东方人——中国人之要采纳西方的文化，是中国人的需要，是中国的责任。中国人的自己屋子弄到这么田地，自己不想有所振作去弄好自己的地位，万一西人而真是完全中国化了，中国也未必就能因此而能一跳就出了目下的难关，转瞬的增高其地位。反之，就使西洋人因为采纳了中国的文化，而使其生活地位较前为好，那么西洋人之所以能达到这地步，也是由西洋人自己的努力模仿改变而来，西洋人至多也只能感铭创造这些文化的我们的祖宗，于我们自己又有甚么荣幸，又有什么功劳呢？其实要是西洋人因采纳中国文化而得利益，我们中国更要愧死。因为这么好的东西，自己弄了这么久，只有日弄日坏，一到西洋人手里，就变做利益，这岂不是表明我们现代的中国人太无用吗？这样日传日下的无用民族，假使不是快快的消灭，岂不是多多的遗嗅于世界和将来吗？

反对全盘西化的人，也许说道：所谓全盘的西化的反面，就是全盘的中国文化没有半点的好处。一种文化之能够继续存在到四千余年之久，未必就没有半点的好处。我们以为在前一章里，从文化的各方面来比较，中国的确是不及西洋，所以的确是没有半点的好处。假使她是有了半点或不少的好处，还不过是历史上的好处，而非现在的优点。比方十三世纪从中国输去欧洲的火药、印刷、指南针、丝布，以及好多东西，在当时固是优于西洋，然而西洋人接受以后，他们经过六百年来的研究改良，到了现在，样样都比了中国为优，样样都为中国所望尘莫及。可知从西洋文化的发展的途程看去，固可找出中国的过去的优越的文化，然从现在的西洋文化的特性分析的方面看去，中国却没有一件不是低下于人。设使这些优点是足以自夸自耀的，那么是十三世纪的中国人才能自夸自耀，我们安能掠美，安不自愧。

事实上每一层和每一种的文化的各方面，都是互有关系的，互相连带的。我们若是采纳人家的一方面，那么从这方面就会影响到他方面，结果是牵动了整个文化。因为了这种的变更并非同时的，一般眼光浅陋的人，遂以为两种文化是双双并行。其实他们是一往一来的过渡时期，就使有了不少的东西，名称虽是照旧，形式虽如前存在，事实上和骨子里已是两样各异的东西。比方三百年前坐车乘船都是有的，到了现在照旧的坐车乘船，然而三百年前的车和船，比之现在的车和船，有了多少分别呢？名称固是一样，事物却已不同。又如基督教是中世纪一种的社会制度，名称上基督教仍旧的存在，然而制度和内容上却变了不少。又如民治主义——德谟克拉西，是古代希腊所已有的观念，名称上现在虽依然如旧，然观念上却已大变。这些举例，均是证明文化是时〈时〉变化的，执了一件千年不变的东西来，绳时时变化的事物，岂有不陷于错误之理。

退一步来说，就使我们而承认中西的文化各有长短，我们还要问问西洋文化的优点多，抑是中国的文化的优点多。三十年前的张之洞也许相信后者。然现在之稍有世界眼光的人，都要承认西洋的优点多，西洋的优点既多，那么全盘西化至少在比较上，都比中国文化为优，而合于舍短取长的谰调。

那么把西洋的比较多的优点来加上中国的比较少的优点，岂不是更好吗？一般反对全盘西化的人，也许这样的提醒我们。这是折衷办法的主张。这种主张的缺点，在第二编里已经详细指摘，用不着在这里再述，何况事实上西洋文化，无论在那一方面，都比我们为优。

折衷办法的错误，不只是本身上的错误，而且生出最大的危险来。这些危险比之真实的复古的危险，还要利害。原来要是真的复古、复孔的人，"一箪食，一瓢饮，在陋巷"或是"食无求饱，居无求安"，衣不求适，也许会减少半点西洋货物经济的压迫，而免利权之外溢。然而折衷派的人，则不然，他们一方面享受了西洋的物质文化以饱私欲，一方面利用中国的旧道德旧思想以欺骗人民。他们购买枪炮就说是物质的西化，他们杀戮无辜，就说是攻乎异端。你叫他们去留学，他们就只学了人家的跳舞；你叫他们要随着中国习俗，他们就沉醉于麻雀。这样的东西合璧，简直是坏上加坏了。我们放开眼睛一看，今日所谓乘汽车，住高楼，食西菜的卫道先生，以至瞒洋人欺同胞的中国人，无一不是挂起折衷办法之名，而行其因利乘便、营私自饱之实，骨子里仍无半点西化。这是时代的投机者，这是文化过渡时代里的蠹虫，这是人类的公敌。

然而又有些人说，欧洲物质文化进步太快，生活太繁，人生目的本过不求物质上的充足，精神上的安静。今因物质的复杂而致精神的烦闷，纵使我们能够全盘西化，而达到他们的地位，还是未致至善安乐的地位，又将奈何？我们的回答是，我们于未达到这个地位以前，何苦先作杞人忧天，而且我们既承认欧洲人无论在物质精神方面，都比我们为优，那么达到他们的地位，已是比较进了一步，何乐而不为。而况在我们这种物质缺乏之下，衣没得着，食没得食，宅没得住，出入不便利，言谈不自由，以及种种的缺乏之使我们的精神的不安，犹甚于西洋人呢？我想世界永远是不会达到至安乐的地位，万一而达到了，那么安乐也没有了。比较的安乐也许从比较的痛苦中得来，多耐一点痛苦，多得到一点安乐。假使至安乐是有的，她也许是从至痛苦中才见着罢。

这些没有系统而随便的解释一般反对全盘西化的缺点，虽是有了不少的遗漏，然至少也能知道这些点的大概。

结　　论

从横的方面看去，研究东西文化的问题，而想寻出一种途径，以为中国文化的前途设想，虽像上面所说，大约不出上面所讨论过的三个派别。从纵的方面看去，中国文化的历史的发展的阶段，在大体上也有三个时期而暗合于上面所说的派别，这三个时期就是：

（一）保守"固有"文化的时期。

（二）所谓折衷办法的时期。

（三）趋于全盘西化的时期。

从中国的文化史上看去，第一个时期所占的时间最长，第二个时期所占的时间较短，第三个时期方在萌芽。从东西文化接触以后的事实和历史的发展的趋势，以及目下的需要上看去，中国是不能不整个的全盘西化的。但是从中国的固有文化而进到全盘西化的中间，在空间上看去，好像是有了东西合璧的各种派别，在时间上却不外是一个新陈代谢的过渡时期。这个过渡时代，也许会再延长下去。然而这并非没有止境的。

我们这种观察，是完全基于过去的事实和目下的需要。比方五十余年前，或是三十年前，除了三五所谓略晓洋务的人，主张所谓中西合璧的文化外，举国人士总是相信闭关自守，而固守我们的固有的文化；就是连这三五位所谓通晓洋务的人，也是相信我们固有的文化要占优先和根本的地位，而西洋文化要占次要和枝叶的地位。所以那个时期的思想的中心，还是复古。然而三十年来，国人一步一步的感觉到西化的必要，到了现在所谓纯粹主张复古的人，差不多可以说是完全没有，而思想的中心已完全趋于折衷，而所谓折衷或调和的论调，又已逐渐的从中本西末而趋到西本中末。同时也有了三五的人士能够感觉到中国的文化，差不多样样都不如人而趋于主张全盘西化。要是三十年前那三五位折衷论者的态度能够逐渐的变为全国稍知外事者的态度，那么现在那三五主张全盘西化者的态度，那安知三十年后，就不会变为更普遍的态度呢？

南北文化观

目　　录

小　引 ··· 215
绪　论 ··· 216
第一编 ··· 219
　第一章　历史上的南北文化观 ····································· 219
　第二章　梁启超的南北文化观 ····································· 231
　第三章　最近来的南北文化观 ····································· 243
　第四章　所谓南北文化的意义 ····································· 253
第二编 ··· 264
　第五章　西化始于南方的原因 ····································· 264
　第六章　南方对于西化的贡献（上）① ························ 275
　第七章　南方对于西化的贡献（中） ·························· 285
　第八章　南方对于西化的贡献（下） ·························· 295
第三编 ··· 305
　第九章　容纯甫的中国西化观 ····································· 305
　第十章　严几道的中国西化观 ····································· 315
　第十一章　梁任公的中国西化观 ································· 326
　第十二章　孙中山的中国西化观 ································· 336

---

① 编注：原书未分（上）（中）（下），为便于区分，编者整理时添加。

小　引

这篇《南北文化观》是我去夏所草成的未定稿。初意不过是想把来做研究这个题目的基础。一年以来，因为他种工作相缠，没有时间去搜集材料和改订内容，本不应把来发表；可是岭南学报催稿很急，因以塞责。据我所知的，关于这个题目的有系统的研究，尚付阙如；材料的搜集，颇不容易；这里所找得的材料，是否有当，尚属疑问。同时，关于这个问题的材料之比较有价值而为我所注意不到者也许很多；此篇之作，不过抛砖引玉而已。

本文分为三编：第一编底目的是把过去以及近来一般人的南北文化观，略加说明和批评；同时也把我个人对于研究这个问题所得到的结论，加以解释。第二编说明南方之所以为新文化或西化的策源地的原因，以及南方对于中国的新文化运动的各方面，如经济、宗教、政治……等的贡献。第三编是把南方几位人物之在近代中国之主张西化最力，而其影响最大的，略为介绍。这几位人物，无论是那一位，从现代化的中国来看，都有了他的特别的位置和他的特别的伟大处，而成为他的时代的先锋，或是他的时代的领袖。

绪　　论

中国两个字的起源,虽难断定,然这两个字之见于历史者,却好像是很早,禹贡里所说"中邦锡土姓"的邦字,据孙星衍的意见,是《史记》里所说"中国锡土姓"的国字之误。要是孙氏的意见是对,就那么在夏禹的时代,中国人已自叫其国家做中国。所谓中国的意义也许很多,然从地理和文化方面来看,大概是别于东西南北的其他的种族。所以《王制》里说:"中国戎夷五方之民,皆有性也,不可推移。"而《左传》更说:"德以威中国,刑以威四夷。"换而言之,中国这两个字,不但是表示在地理的地位上,中国是居乎天下之中,而胜于四方一切的国家,就是在文化的地位上,中国也是得乎大道之中,而优过其他一切的民族,所以胡安国说:

> 戎狄举号外之也,天无所不覆,地无所不载,天子与天地参者也。《春秋》天子之事,何独外戎狄乎?曰,中国之有戎狄,犹君子之有小人。内君子外小人为泰,内小人外君子为否,《春秋》圣人倾否之书,内中国而外四夷,使之各安其所也。无不覆载者,王德之体;内中国而外四夷者,王道之用。是故以诸夏而亲戎狄,致金缯之奉,首顾居下,其策不可施也(贾谊疏)。以戎狄而朝诸夏,位侯王之上,乱常失序,其体不可行也(荀悦论)。以羌胡而居塞内,无出入之防;非我族类,其心必异,萌猾夏之阶,其祸不可长也(江统论)。为此说者,其知内外之旨,而明于驭戎之道。

从地理和文化上看去,中国既处于优越的地位,那么东西和南北的其他国家与族类的文化,都是比不上中国的。这样看起来,所谓南方文化,或是北方文化,均是低劣的文化,而和中国的文化,绝对不能相溶化,同时这里所说的南北文化,乃是中国以外的文化,而非中国本身上的南北文化。

还是从中国两个字的意义上,所产生出的南北文化观。除此以外,又像应㨫谦的《天主论》里所说的南北文化观,虽脱不去中国人的从来固有的内中国外四夷的观念,然他却说出南北文化的主要的差异。他说:

> 窃尝念佛氏生于中国之坤方,则西北乾方必有偏阳之教,与其道相反者。闻欧罗巴人在中国西北,尊天而贱地,殆即此乎?及询之西人,果得所谓天主者,盖生于汉哀帝时如德亚国,起匹夫,有母无父,其国徒众翕然从之,化被远近,殁后千数百年,而西北诸国,尽宗其教。余乃叹《易》之

为书范围天地，一至于此。凡天地之阴，至西南而老极，天地之阳，至西北而老极，亢龙有悔其在西北乎？疑阳必战其在西南乎？中国之圣人有二：孔子乾道也，而德合乎坤；得乾龙无首之义焉；老子坤道也，而德承乎乾，得地道无成之义为。相生而不相克，中和故也，入孝出弟，日用饮食，不亦易知乎？不亦简能乎？吾观《几何》一书，用点画曲直，尽万形之变，天下之易，知诚无如此者，然而为其道不简，从事于此，必至于杀精。吾观《金刚》一书，以无住生心，化被区域，天下之简，能诚无如此者，然而其为道不易，从事于此，必至于灭神。天主瘅患于西北，则阳亢故也。释迦剥肤于西南，则阴亢故也。西北之人，以无不知为贵，故乐于用心，从事于此，则自生神。西南之人，以无知为贵，故乐于怠心；从事于此，则自生精极。其教则阳过者杀，阴过者灭矣。西北者，其天道之失中者乎？西南者，其地道之失中者乎？西北寒胜之地，贵阳而不贵阴焉，中也。西南暑胜之地，贵阴而不贵阳焉，中也。今二教者，将行于中国寒暑交和之地，而相战焉，则失足而败道也。子曰：乾坤成列而易立乎其中矣。乾坤毁则无以见易，易不可见则乾坤或几乎息矣！又曰：天地设位，圣人成能，则参天地成人之位，易凶为吉，中而已矣。

又如近人李大钊先生把世界的文化来分为北道和南道。南道文化，是东方文化。北道文化是西方文化。东西文化的差异，又可以静和动两个字来代表。李氏在其《东西文明根本之异点》一文里说：

> 东西文明有根本不同之点，即东洋文明主静，西洋文明主动是也。溯诸人类生活史而求其原因，殆可谓基于自然之影响。盖人类生活之演奏，实以欧罗细亚为舞台。欧罗细亚者，欧、亚两大陆之总称也。欧罗细亚大陆之中央有一凸地曰榨地（Table Land），此与东西文明之分派至有关系，因其地之山脉不延于南北，而且亘乎西东，足以障阻南北之交通。人类祖先之分布移动，乃以成二大系：一为北道文明，一为南道文明。中国本部，日本、印度、支那、马来半岛诸国，俾路麻、印度、阿富汗、尼斯坦、俾尔齐斯坦、波斯、土尔基、埃及等，为南道文明之要路。蒙古、满洲、西比利亚、俄罗斯、德意志、荷兰、比利时、丹麦、士坎的拿威亚、英吉利、法兰西、瑞西、西班牙、葡萄牙、意大利、奥士大利亚、巴尔干半岛等，为北道文明之要路。南道文明者，东洋文明也。北道文明者，西洋文明也。南道得太阳之恩惠多，受自然之赐予厚，故其文明为与自然和解，与同类和解之文明。北道得太阳之恩惠少，受自然之赐予啬，故其文明为与自然奋斗，与同类奋斗之文明。

此外又如日本鹤祐辅氏在其所著《古典文明和近代文明》一文（见原著

《欧米大陆游记》一六至二五页,中译见《广州民国日报》"现代青年"八四一一期),以为南方文化是古典文化,北方文化是近代文化。他说:

> 古典文明多发生于温暖的地方,沿尼罗河的埃及,临多岛海的希腊,和纱发拉河畔的巴比伦,恒河畔的印度,扬子江畔的中国等,比比皆是。要之那是发生于衣食住生活之烦累少的地方,田野不待费力耕耨而五谷繁实;山林美果,累累渲染枝头,仅要收获采摘之,便可以生活;此外便是吟风弄月地过日子了。所以古典文明的特色是为生活之故的劳动少,因而说物质的观念稀薄。所以那特色势必文艺的,宗教的,哲学的,即对于美的鉴赏,对于善的追求,对于真的理解等热烈。故古典文明是生庄严的宗教,和芬芳的诗、音乐、绘画、雕刻等,那根本的性操,便要生出美善真那样的气分,那便是艺术的文明了罢。近代文明大抵是北方人的产品,更可说北方寒冷国家民族击破南方温度地域民族而成的社会,是近代社会,产生于其间的,是近代文明。
>
> 北方民族因为少沐天地自然的恩惠,与风雪斗争,耕种碌确的土地而营营戮力于衣食住之获得,所以他们生活意识,非常浓厚。找寻食物以防饥,造作衣食住以御寒,这对于他们是人生不可缺的一大事件。所以北方文明是衣食住为中心的文明。南方人可以说是艺术的人。反之,北方人则为经济的人。
>
> 所以近代文明是反乎古代文明之"艺术文明",而以农食住为中心的"经济文明"。古典文明是质的文明;反之,是迅速地便宜地造成多量物品的量的文明,或是能率文明。古典文明,又是赖于人类筋肉劳动的筋肉文明;反之,是全用机械以生产的机械文明。
>
> 所以近代文明,是实际底,具体底,归纳底,现实底,实验底。

上面所举出那几种南北文化观,可以说是广义上的几种南北文化观。我们叫他们做广义的南北文化观,因为这些的南北文化观,是超乎国界而以整个世界或整个历史来做研究的对象,而别于以某一个社会,或某一个国家为研究对象的狭义的南北文化观。

本书的标题固是《南北文化观》,而可以包括广狭两义的南北文化观,但它的目的,却是专为说明中国本部的南北文化观。所以事实上,它只能叫做狭义的南北文化观,而别于像我们在上面所说明那几种的广义的南北文化观。明白了这一点,我们现在可以言归正题。

第一编

第一章　历史上的南北文化观

　　国人对于南北文化的研究的兴趣比较的增加和浓厚，虽是最近的事，然而这种研究的发生和发展，似有了悠久的历史。传说帝舜弹五弦之琴，以歌《南风》，《南风》歌之传说有三：一为《礼疏》所说的《南风歌》，一为《琴操》所说的《南风歌》，但是最流行的，要算《尸子》所说的《南风歌》。其歌曰：

　　　　南风之薰兮，可以解吾民之愠兮；南风之时兮，可以阜吾民之财兮。

　　南风本来是针对北风的，南风是从南方来的，北风是从北方来的。要是南风可以使人民的财力增加和兴盛而得到生活上的充裕，同时又能陶养人民的良好情性，那么从南方而来的南风当然比起北风为好。但是事实上南风之来，不但是南方人能够享受，就是北方人也能够享受。而且在帝舜的时候，所谓中国的南方，简直就是没有开辟的蛮夷的地方，要说这个南方因为得了南风的沾被，遂使其文化较北方为好，那是无论谁都难相信的。所以严格来说，帝舜的《南风歌》在南北文化的观点上看去，当然没有什么意义的。

　　又如《易》里说："圣人南面而听天下，向明而治。"《庄子天道》篇所谓："明虚静恬淡寂漠无为以南乡，尧之为君也。明此以北面，舜之为臣也。"《至乐篇》所谓南面王乐和《韩非子》《论语》各处所说的南面，均含有向南以治，向北以事，而表明多少北优于南的意思。然而事实上所谓南面、北面的真谛，不外是人君和人臣所应当处的位置，正像《荀子·大略》篇所说"父南乡而立，子北面而跪"的意义一样，在南北文化的观点上看去，也没有什么意义。

　　此外又像《易·系辞》说："黄帝尧舜，垂衣裳而天下治。"后来有些人以为所谓衣裳之治，是表明南北文化的不同。他们以为衣字的下半当就是北字，古代北方的人开化较早，故有冠服；南方的人，因为没有开化，所以多数裸体文身，故衣字象北方人之戴冠一样。原来衣服冠带的制作，及其差异，可以表示某种民族的文化的程度。因为衣服冠带不但是表示人类文化在物质方面有了相当的进步，而且可以表示在社会习惯、精神思想各方面的发展。同时在中国的古书中之说南方民族之裸体文身者，虽非没有，但是若说衣裳之治，就是所以说明北方文化之别于南方文化，未免太过勉强。要是黄帝舜尧之治，是衣裳之治，那么在他们统治之下的中国的北方，固有衣裳之治，难道南方就没有衣裳之治吗？若说这个没有衣裳之治的南方，不算作他们所统治的中国的一部分，那么这个南方就不能叫做中国本部的南方；这个南北文化的差异可以说是中国文化和其他的文化的差异，而非中国本部的南北文化的差异。若说中国的南方没有衣裳之治，而成为南北文化的差异，那么中国的北方以及东方西方也可以说是没有衣裳之治。《王制》岂不是说过吗？

> 东方曰夷，被发文身；南方曰蛮，雕题交趾；西方曰戎，被发衣皮；北方曰狄，衣羽毛穴居。

到了周秦的时代，思想发达，学者蜂起，南北文化的差异虽有不少学者说明出来；但是他们的见解，多数是片断的。比方《论语》所说"南人有言曰：人而无恒，不可以作巫医"，并非说出南方北方的不同。《中庸》里说：

> 宽柔以教，不报无道，南方之强也；衽金革，死而不厌，北方之强也。

这不过是从南方人和北方人的性格的不同来说，于文化全部上没有多大意义。又如孟子说：

> 陈良，楚产也，悦周公之道，北学于中国，北方之学者，未能或之先也。

以及：

> 今也南蛮鴃舌之人，非先王之道。

这虽然说明南方和北方的语言及学问的不同，而表示南方的文化，逊于北方，但是学问和语言，只能算做文化的好多方面之一二方面。而且孟子的偏见太深，说话未可尽信。我们知道在孟子时代的楚，从文化的全部来看，也许比不上北方，然而在语言上，却不像孟子所说那样鄙陋，其实屈原、宋玉那些文章和音调比之北人，恐怕是有过之而没有不及的。

孟子以为南人不晓得先王之道，而在庄子的书中，我们随处又可以找出南方人之鄙视北方人。比方在《庄子》的书里，我们找出下面二段故事。

> 温伯雪子（按温乃楚人）适齐，舍于鲁。鲁人有请见之者，温伯雪子曰：不可，吾闻中国之君子，明乎礼义而陋于知人心，吾不欲见也……仲尼见之而不言，子路曰：吾子欲见温伯雪子久矣，见之而不言何耶？仲尼曰：若夫人者，目击而道存矣，亦不可以容声矣。（《田子方》篇）

> 孔子行年五十有一而不闻道，乃南之沛，见老聃，老聃曰：子来乎？吾闻子北方之贤者也，子亦得道乎？孔子曰：未得也。（《天运》篇）

此外又如《天下》篇里所举出的南方之墨，均不外是就南北人的性格或学术方面来说，并没有对于文化的其他方面说出其不同。至如他说："南方有倚人焉，南方有无穷而有穷，以及我知天下之中央，燕之北，越之南。"这也均对于南北文化无大关系。

《左传》之说及南北方的部分方面的差异处，也很多；比方晋人闻有楚师而恐慌起来，师旷对他们说：

> 不害，吾骤歌北风，又歌南风；南风不竞，多死声，楚必无功。

这样的推算太过神秘了。又如成公九年，载晋侯问钟南冠而絷者谁也……使与之琴，操南音。又哀公十二年，卫君习吴国的言语，而书为效夷语。吴人伐郯而书为蛮夷入伐（成公七年）。均是片断的表示南方的文化，不及北方的文化。这与《国语·晋语》里所谓"楚为荆蛮，楚为蛮夷"，一样口气。

《战国策》载南北文化的部分的差异的也有很多地方。比方在《楚三》里，我们找出下面一段谈话：

> 张子曰，彼郑周之女，粉白墨黑，立于衢间，非知而见之者以为神。楚王曰：楚僻陋之国也，未尝见中国之女如此其美也。

又如楚不称中国，楚荆宣王称畏照奚恤为"北方之畏照奚恤"（《楚一》），也是明白的告诉我们，南北的人民有了差异之点。然于文化方面没有什么意义。他如苏秦、张仪一般游说之士，无论是到那一国，都必指出其地理的优势，物产的丰富，以及人才文物的繁盛来做他们游说人主的理由。从这些的言论里，我们可以看出当时的南方和北方，在地理物产以及人才种种的不同，可惜他们的目的是注重于博得人主的清听，结果是常常中了言过于实的病弊。

除上面所说的以外，周秦时代的书籍，如《吕氏春秋》，如《荀子》所谓君子居楚而楚，居夏而夏等之说及南北文化的部分的不同者，并非没有；但是这些片断的记载，每每令我们不能满意，我们只可从略罢。

汉代之说南北文化的不同，比较详细的，要算司马迁的《史记·货殖传》。可惜这里所说，也是紊乱没有系统，关于北方的文化，我们找出下面数段话：

> 夫山西饶材，竹、谷、纑、旄、玉石，山东多鱼、盐、漆、丝、声色……龙门、碣石北多马、牛、羊、旃裘、筋、角、铜铁，则千里往往山出棊置。关中自汧、雍以东至河、华，膏壤沃野千里。自虞夏之贡以为上田。而公刘适邠，大王、王季在岐，文王作丰，武王治镐，故其民犹有先王之遗风！好稼穑，殖五谷，地重，重为邪。及秦文、孝、缪居雍隙，陇蜀之货物而多贾。献孝公徙栎邑，栎邑北却戎翟，东通三晋，亦多大贾。武昭治咸阳。因以汉都长安诸陵，四方辐辏并至而会，地小人众，故其民益玩巧而事末也……夫三河在天下之中，若鼎足，王者所更居也。建国各数百千岁，土地小狭，民人众，都国诸侯所聚会，故其俗纤俭习事……种代，石北也，地边胡，数被寇，人民矜慄忮，好气，任侠为奸，不事农商……其民羯羠不

均。至全晋之时，固已患其慓悍，而赵武灵王益厉之，其谣俗犹有赵之风也……中山地薄人众，犹有沙丘纣淫地余民，民俗懁急，仰机利而食，丈夫相聚游戏，悲歌慷慨，起则相随椎剽，休则掘冢作巧奸冶，多美物。为倡优女子，则鼓鸣瑟跕屣，游媚贵富，入后宫，遍诸侯。然邯郸亦漳河之间一都会也，北通燕涿，南有郑卫。郑卫俗与赵相类，然近梁鲁，微重而矜节。濮上之邑徙野王，野王好气任侠，卫之风也。夫燕亦勃碣之间一都会也。南通齐赵，东北边胡。上谷至辽东，地踔远，人民希，数被寇，大与赵代俗相类，而民雕捍少虑，有鱼盐枣栗之饶。北邻乌桓、夫余，东绾秽貉、朝鲜、真番之利。洛阳东贾齐、鲁，南贾梁、楚，故泰山之阳则鲁，其阴则齐。齐带山海，膏壤千里，宜桑麻；人民多文彩布帛鱼盐。临菑亦、海岱之间一都会也，其俗宽缓阔达，而足智，好议论；地重，难动摇，怯于众斗，勇于持刺，故多劫人者，大国之风也，其中具五民。而邹、鲁滨洙、泗，犹有周公遗风，俗好儒，备于礼，故其民龊龊，颇有桑麻之业，无林泽之饶。地小人众，俭啬，畏罪，远邪。及其衰，好贾趋利，甚于周人……陶睢阳亦一都会也……其俗有先王遗风，重厚，多君子，好稼穑，虽无山川之饶，能恶衣食，致其畜藏……

关于南方的物产风俗，他说：

江南出枏、梓、姜、桂、金、锡、连、丹沙、犀、玳瑁、珠玑、齿、革……楚越则有三俗。夫自淮北、沛陈、汝南、南郡，此西楚也，其俗剽轻，易发怒，地薄，寡于积聚……陈在楚夏之交，通鱼盐之货。其民多贾，徐、僮、取虑，则清刻，矜已诺，彭城以东，东海、吴、广陵，此东楚也，其俗类徐、僮。朐、缯以北，俗则齐。浙江南则越。夫吴自阖庐、春申、王濞三人招致天下之喜游子弟，东有海盐之饶，章山之铜，三江五湖之利，亦江东一都会也。衡山、九江、江南、豫章、长沙、是南楚也。其俗大类西楚。郢之后徙寿春，亦一都会也。而合肥受南北潮，皮革鲍木输会也。与闽中于越杂俗。故南楚好辞巧说，少信。江南卑湿，丈夫早夭，多竹木。豫章出黄金。长沙出连锡。然堇堇物之所有，取之不足以更费，九疑、苍梧以南至儋耳者，与江南大同俗，而扬越多焉。番禺亦一都会也，珠玑、犀、玳瑁、果、布之凑。颍川、南阳，夏人之居也。夏人政尚忠朴，犹有先王之遗风。颍川敦愿，秦末世，迁不轨之民于南阳。南阳西通武关、郧关，东南受汉江、淮宛，亦一都会也。俗杂，好事，业多贾，其任侠交通颍川，故至今谓之夏人。

太史公更将上面所说的南北物产风俗的不同而给我们以一个总论：

总之楚越之地，地广人稀，饭稻羹鱼，或火耕而水耨，果隋蠃蛤不待贾而足，地势饶食，无饥馑之患；以故呰窳偷生，无积聚而多贫。是故江淮以南，无冻饿之人，亦无千金之家；沂泗以北，宜五谷桑麻六畜，地小人众，数被水旱之患，民好畜藏。故秦、夏、梁、鲁好农而重民；三河、宛、陈亦然，加以商贾。齐、赵设智巧，仰机利，燕、代田畜而事蚕。

太史公很明白的感觉到地理、历史、人口、物产各种要素之影响于风俗，从上面数段话里，特别是最末一段，我们且可以明白他对于南北两方的地理、物产、人口、历史、风俗种种的不同，能够说明出来。可惜这里所说的话，根本是以经济方面为立脚点，而对于文化的其他方面，如学术思想、社会组织、政治制度种种，没有注重。而且严格的说，他所说的南北的差异，除了注重经济一点外，好像是从《中庸》的南方之强和北方之强，以及《孟子》所谓南人不得先王之道，推衍出来。而且《货殖传》一篇并非专为着说明南北的差异，其实是为着各都会、各侯国的物产风俗的不同而作，所以在叙述方面，也是没有系统的。

太史公对于北方的侯国，虽屡说得乎先王之遗风，然他对于南方的文化，却没明白的蔑视。这个原故，大约由他注重于物产和人民的性格方面。名义上在汉朝的极南，虽已入了中国版图，但是事实上南方的文化，老是比不上北方的文化。对于这种事实上的认识，我们可从越王赵佗的《报文帝书》见之。他在这篇书里，还自称为南蛮臣佗。他说：

且南方卑湿蛮夷中，西有西瓯，其众半羸，南面称王。东有闽粤，其众数千人，亦称王。西有长沙，其半蛮夷亦称王。老夫故听妄窃帝号，聊以自娱。老夫身定百色之地，东西南北数千万里，带甲百万有余；然北面而臣事汉者，何也？不敢背先人之故……今陛下幸哀怜，复故号，使汉如故，老夫死骨不腐，改号不敢为帝。

永嘉之乱，晋室南迁，遂有南朝、北朝的区别；南朝为汉族所统治，而北朝为外族所统治。事实上南北朝因为种族的不同，文化也有了不少的差异。然这个时代中之能对于南北文化的不同，而做深刻的研究和记载者，也不多得。我们览阅这时代里的著作，比较上对于这一点的表示为详细者，要算颜之推的《颜氏家训》。可惜颜氏这本书的目的，乃在于训谕子孙，表扬家风；故其所说，大概偏于礼俗小节，而非对于这时代的文化的全部，或是比较重要方面来说明。今且略抄数段于后：

江右不讳庶孽，丧室之后，多以妾媵终家事，疥癣蚊虻，或未能免。限以大分，故稀斗阋之耻。河北鄙于侧室，不预人流，是以必须重娶，至于三四，母年有少于子者。后母之弟，与前妇之兄，衣服饮食，爱及婚宦，至于士庶，贵贱之隔，俗以为常。身没之后，辞讼盈公门，谤辱彰道路。子诬母

为妾,弟黜兄为佣。播扬先人之辞迹,暴露祖考之长短,以求直己者,往往而有。(《后娶篇》)

北土风俗,率能躬俭节用,以赡衣食;江南奢侈,多不逮焉……江东妇女,略无交游,其婚姻之家,或十数年间,未相识者,唯以信命赠遗,致殷勤焉。邺下风俗,专以妇持门户,争讼曲直,造请逢迎,车乘填街衢,绮罗盈府寺;代子求官,为夫诉屈,此乃恒代之遗风乎。南间贫素,皆事外饰,车乘衣服,必贵齐整,家人妻子,不免饥寒。河北人事,多由内政,绮罗金翠,不可废阙,羸马悴奴,仅充而已,唱和之礼,或尔汝之。河北妇人,织纴组纠之事,黼黻锦绣罗绮之工,大优于江东也。(《治家篇》)

南人冬至岁首,不诣丧家,若不修书,则过节束带以申慰。北人至岁之日,重行吊礼,礼无明文,则吾不取。南人宾至不迎,相见捧手而不揖,送客下席而已。北人迎送并至门,相见则揖,古之道也;吾善其迎揖。昔者王侯自称孤寡不殼,自兹以降,虽孔子圣师,与门人言,皆称名也。后虽有臣仆之称,行者盖亦寡焉。江南轻重各有谓号,具诸书仪;北人多称名者,乃古之遗风;吾善其称名焉。言及先人,理当感慕,古者之所易,今人之所难。江南事不得已,乃陈文墨,憧憧无言者,须言阀阅,必以文翰,罕有面论者。北人无何,便尔话说……江南饯送,下泣言离,北间风俗,不屑此事,歧路言离,欢笑分首……河北士人,皆呼外祖父母为家公家母,江南田里间亦言之。以家代外,非吾所识。凡宗亲世数有从父,有从祖,有族祖。江南风俗,自兹以往,高秩通呼为尊,同照穆者,虽百世犹称兄弟;若对他人皆称族人,河北士人,虽三二十世犹呼为从伯从叔,梁武帝尝问一中土人曰:卿北人,何故不知有族?答云,骨肉易疏,不忍言族耳……古者名以正体,字以表德,名终则讳之……江南至今不讳字也。河北士人全不辨之:名亦呼为字,字固因呼为字……江南丧哭,时有哀诉之音耳。山东重丧,则唯呼苍天,期功以下,则唯呼痛深,便是号而不哭……江南风俗,儿生一期,为制新衣,盥浴装饰,男则用弓矢纸笔,女则用刀尺针缕,并加饮食之物及珍宝服玩,置之儿前,观其发意所取,以验贪廉愚智,名之为试儿……北人行路相逢,便定昆季,望年观貌,不择是非,至有结父为兄,托子为弟者。(《风操篇》)

南方水土和柔,其音清举而切诣;失在浮浅,其辞多鄙俗。北方山川深厚,其音浊而鈋钝,得其质直,其辞多古语。然冠冕君子,南方为优;闾里小人,北方为愈。易服而与之谈,南方士庶,数言可辨,隔垣而听其话,北方朝野终日难分。而南染吴越,北杂夷虏,皆有深弊,不可具论。其谬失轻微者,则南人以钱为涎,以石为射,以贱为美,以是为舐。北人以庶为戍,以如为儒,以紫为姊,以洽为狎,如此之例,两失甚多。(《音辞篇》)

> 晋宋以来，多能书者，故其时俗，递相染尚，所有部帙，楷正可观……北朝丧乱之余，书迹鄙陋……江南为世之常射，以为兵射冠冕，儒生多不习者……河北文士，率晓兵射。（《杂艺篇》）

我们已说过，太史公虽对于南方和北方的各侯国的天然物产上特别注意，然南方和北方的区别，在《货殖传》里殊欠明白。在《颜氏家训》里对于南北的分别，虽很明白，但是这些的差异，多关小节；而这些小节，若是详细研究起来，不但是南北两方有了差异，就是南方的本部，或是北方的本部的各处，也有不少的不同。而且晋室南迁，中州（北方）固有的文化的嫡系，也在南方。颜氏书中，每每为北方的风俗辩护，以为得乎古者遗风，而含有蔑视南方之意，好像存着偏见。

在南北朝时代的学者，对于当时的南北文化的差异上，能够注意而著之成书者，虽不多见，但是后来学者之指明这种差异者，却是很多。比方唐时李延寿作《北史·儒林传》里，曾指出南北学派的分派。

> 大抵南北所为章句，好尚互有不同，江左《周易》则王辅嗣，《尚书》则孔安国，《左传》则杜元凯，河洛《左传》则服子慎，《尚书》《周易》则郑康成，《诗》则并主于毛公，《礼》则同遵于郑氏。南人约简，得其英华，北学深芜，穷其枝叶。考其始终，要其会归，其立身成名，殊方同致矣。

在《文苑传》里，我们找出下面一段记载：

> 自汉、魏以来，迄乎晋、宋，其体屡变，前哲论之详矣。暨永明、天监之际，太和、天保之间，洛阳、江左文雅尤盛，彼此好尚，雅有异同。江左宫商发越，贵于清绮，河朔词义贞刚，重乎气质。气质则理胜其词，清绮则文过其意。理深者便于时用，文华者宜于咏歌。此其南北词人，得失之大较也。

延寿所说，是偏于经学文学方面，从文化的观点看去，范围当然很狭；然对于南北的区别上，却能明白指出。又如杜佑《通典》卷百八十二，叙述关于永嘉以后的文运的向南发展：

> 永嘉之后，帝室东迁，衣冠避难，多所萃止，艺文儒术，斯（扬州）之为盛；今则闾阎贱品处，力役之际，吟咏不辍。

然而在唐时代的南方，特别是极南的湖南，岭南还是被视为没有开化的地方。韩愈的"云横秦岭家何在，雪拥蓝关马不前"的名句，和他到潮州后的谢表，显明的看不起岭南。又如柳宗元《送李渭赴京师序》里说：

> 过洞庭上湘江，非有罪左迁者罕至；又况逾临源岭，下漓水，出荔浦

（属广西桂林道），名不在刑部，而来吏者，其加少也固宜。

在他《与萧翰林俛书》里，柳氏说：

> 居蛮夷中（按当时在永州）……意绪殆非中国人；楚越间声音特异，鴃舌啅噪，今听之怡然不怪，已与为类矣。家生小童，皆自然哓哓，昼夜满耳，闻北人言，则啼呼走匿。

至像李德裕之被谪到琼崖的诗，更是愁泄言表，他的诗是：

> 独上高楼望帝京，鸟飞犹用半年程；江山只恐人归去，百匝千回绕郡城。

> 一去一万里，千之千不还；崖州在何处，生度鬼门关。

南方简直是鬼门关了。（唐刘恂有《岭表录异》之作，然里面所载，于南方文化没有什么关系。）

晋室南渡之八百年后，又有了宋室南迁，而成为南宋。因为北方既被外族所占据，南北的文化的差异，当然会像南北朝的时代。可惜在这个时代里的学者，能够像颜之推一样的说明两方文化的不同的人，也找不出。司马光的《资治通鉴》里所说的南北对比，不外是历史上的陈迹。他在《梁记》十九说："自晋室渡江，三吴最为富庶，贡赋商旅，皆出其地。"又如薛居正《旧五代史》卷百三十五记陟（刘龑）……每对北人自言"家本咸秦，耻为蛮夷之主"，欧阳修著《新五代史记》说："是时天下已乱，中朝人士，以岭外最远，可以避地，多游焉。唐世名臣，谪死南方者，往往有子孙，或当时仕宦遭乱不得还者，皆客岭表。"（卷六十五《南汉世家》）这些通通是说明历史上的南北的差异。

此外又如曾巩《送李材叔知柳州序》里所说："谈者谓南越偏且远，其风气与中州异。"程伊川所谓"西北东南，人材不同，"均是笼统之言，没有指出两方的异处。至于苏东坡被谪南迁时代的诗词，及其谢表里所说，"并鬼门而东骛，浮瘴海以南迁；生无还期，死有余责"。不外是述□德裕的口气。他如周去非的《岭外代答》，对于南方的物产风俗，虽有叙述，然对于南北的对比上，也没注意。

元代蒙古入主中州，对于汉人的待遇上，很不平等，色目南人，这些名称，都是用以区别北方民族的事实。这时的南方的文化，或是汉族的文化，是驾乎北族之上的。就是滨海的岭南，也逐渐习染中州的文化。所以吴澄在《广州学云章阁记》里说道："今之交广，古之邹鲁。"然元代学者，对于南北的对比的言论，殊不易找。最可惜者，像托托克的宋史，对于宋南迁后的南北文化的不同，也没有明白的解释。

明代学者之对于这个问题的言论颇多，岭南的邱濬尤值得我们注意。邱氏生长中国的极南的琼州，琼州素为海邦鳞介，所以在邱氏的著作里，处处可以找出为南方文运表扬的言论，而注意于中国文化的向南发展，以及南方文化的特殊。他少年的《五指山咏》有"疑是巨灵伸一臂，遥从海外数中原"之句。长年游京师又有《南溟奇甸赋》之作，均是为了南方文运辩护而作。他尝以为"三代以至于唐，人材之生，盛在江北"（看张文献《曲江集序》）。然自曲江以后，文运日趋于南。其论中国南方文化的发展，及其发展的原因，有了下面数段话：

> 中国之地，南北比东西为远，故禹、贡言圣人声教之所及于东曰渐，于西曰被，皆指其地言；而于南北则止曰暨，而不言其地。可见圣人向明之治，自北而南，日拓而远，不可为之限量也。（《大学衍义补》卷二十六《内夏外夷之限》上）

> 是以三代以前，兹地（指岭南）在荒服之外，至秦始入中国。是时也，南蛮之习未改也，椎结卉服之风未革也，持章而适兹，无所用也。魏晋以后，中原多故，衣冠之族，多徙于南，与夫或宦或商，恋其土而不忍去，过化渐染，风俗丕变，岁异而月不同。令则弦诵之声相闻矣，衣冠礼乐，班班然盛矣。北学于中国，与四方髦士相颉颃矣，策名天府，列宦中外，其表表者则又冠冕玉佩，立于殿陛之间，行道以济时矣。"（《广州府志》书序）

他又以为南北两方因地理的不同，而影响于文化。他说：

> 天下之山，皆发源于西北，零散而聚，突起而为岭。天下之川，皆委于东南，流行而止，渟涵以为海。广南居海之间，受天地山川之尽气，气尽于此，而重泄之；故人物之得之也，独异于他邦。其植物则郁然以馨，其动物则粲然以文，是皆他处所未曾有者也。得其气之专而纯，则又朴而茂，秀而习，习气淳直而俗尚随之，浑然天地间小堪与也……广郡地志，唐以前仅附于史，宋以后始有成书，然而略而未详也。入皇朝以来百年于此，天地纯然之气随机而南流钟于物者犹若钟于人者，则日新月盛，其声明文化之美，殆与中州无异焉。（《广州府志》书序）

邱氏很明白的指出中国的文化是由北方而趋向于南方，他又指出南方和北方因为地理上的不同，而影响到人物的各异。而所谓气尽而重泄之，又是推料南方的文化之将兴。重泄的文化，照他的语气来看，当然是由南方而趋到北方，这正与他的遥从海外数中原的意相合。不过邱氏既不明白的说地理上的不同，而影响的南北文化的异点如何，而所谓重泄的文化是什么文化，也没有明言。其实他的全副精神，是想使世人知道南方的文化，是逐渐的要和北方并驾齐驱，而且他所说的文化，又不外是指着文运、人材和相业而言。而人才、相业和文运从文化的观点看去，又不外是很多部分的一部分罢。

此外又如章潢在其《图书编》里也有很多地方说及南北文化的对比，以及中国文化的由北趋向于南。他说：

> 秦汉以前，西北壮而东南稚也；魏晋而下，壮者之齿益衰，稚者之年方长；至于宋朝，而壮者已老，稚者已壮矣。（卷三十四"统论南北形胜"条）

> 汉魏以还，天下有变，常首难于西北，衣冠转而南渡；故西北益耗，而东南益盛。施于隋、唐、宋朝，风教滋美，端与中原无异，而民物丰夥，又复过之。（同上论"东南古今盛衰"条）

> 晋之渡而东也，收数十代之衣冠礼乐，生聚长养其中，彼号为中原者，方且沦于戎马荆榛之域，故相悬也。其后宋又渡而南也，举数百年之皇图帝籍，以保有亿万之命，彼号二京者，方且盛穹庐旃幕之场，故益远也。"（卷卅六"三吴风俗"条）

这和邱濬的见解，大致相同。到了明末清初的顾炎武、黄宗羲、王船山对于南北文化这个问题，均有意见发表。顾氏著《东南形势论》，以为以地势言，自古以来，皆以北取南易，以南取北难。他曾在华北置了不少的田亩，有些人说这就是他预备将来用以做揭竿举义的根据，但在他的《天下郡国利病书》里他说：

> 自昔以雍、冀、洛、河为中国，楚、吴、越为夷，今声名文物，反以东南为盛，大河南北，不无少让。何客有云：此天运循环，地脉移动，彼此乘除之理。（卷一"地脉"条）

在他的《日知录》里，他又论及南北风化之失。他说：

> 江南之士，轻薄奢淫，梁、陈诸帝之遗风也；河北之人，斗很劫杀，安史诸凶之余化也。

> 饱食终日，无所用心，难矣哉；今日北方之学者是也。群居终日，言不及义，好行小慧，难矣哉；今日南方之学者是也。

黄梨洲的《宋元学案》及《明儒学案》对于这三个时代的各方学派，及其思想，分门别类，为中国学派上最有系统的著作。从这两部伟大的著作里，我们当然可以找出南方和北方的学术思想的不同。可是梨洲著书的目的，并非说明南北的学术思想的不同，好像只在他的《明夷待访录》，我们找出下面一段话：

> 或曰：有王者起，将复何都？曰：金陵。或曰：古之言形胜者，以关中为上，金陵不与焉，何也？曰：时不同也。秦汉之时，关中风气会聚，田野开辟，人物殷盛，吴楚方脱蛮夷之号，风气朴略，故金陵不能与之争胜。今关中人物不及吴会久矣，又经流寇之乱，烟火聚落，十无二三，生聚教训，故非一日之所能移也。而东南粟帛，灌输天下，天下之有吴会，犹富室之有仓库匮箧也。今夫千金之子，其仓库匮箧，必身亲守之，而门庭则以委之仆

妄。舍金陵而勿都，是委仆妾以仓库匮箧，昔日之都燕则身守夫门庭矣，曾谓治天下而智不千金之子若与？（《建都》）

王夫之在他的《思问录》也有了差不多和梨洲同样的意见，他在《思问录》的最末一段说：

> 天地之气衰旺，彼此迭相易也。太昊以前，中国之人若麇聚鸟集，非必日照月临之下而皆然也。必有一方焉，如唐、虞三代之中国也。既人力所不通，而彼方之盛，此之衰，而不能徵之。迨此之盛，则彼之衰，而弗能述以授人，故亦蔑从知之也。以其近且小者推之，吴、楚、八闽，汉以前夷也，而今为文教之薮；齐、晋、燕、赵，隋唐以前之中夏也，而今之椎钝骙戾者，十九而抱禽心矣。宋之去今五百年耳，邵子谓南人作相，乱自此始，则南人犹劣于北也。洪永以来，学术节义，事功文章，皆出荆扬之产，而贪忍无良，弑君卖国。结宫禁，附宦寺，事仇雠者，北人尤为酷为。则邵子之言验于宋，而移于今矣。今且两粤滇黔渐向文明，而徐豫以北，风俗人心益不忍问，地气南徙，在近小间有如此者。推之荒远，此混沌而彼文明，又何怪乎。《易》曰：乾毁则无以见易，非谓天地之灭裂也，乾坤之大文不行于此土，则其德毁矣。故曰，黄帝、尧、舜垂衣裳而天下治，盖取诸乾坤，则虽谓天开地辟于轩辕之代焉，可矣。

顾、黄、王三氏都感觉到中国的文化，是由北趋南，然除了黄梨洲外，顾、王两氏，都相信天运之说。所谓天运循环，地脉移动，彼此乘除之理；所谓天地之气衰旺，彼此迭相易也，均是中国人的归诸天命的愚见。而且他们三人，对于南北文化的横的方面的异处，均没有明白的解说。

他如赵翼所著《二十二史札记》和他的《陔余丛考》特别对于宋代北方的将才，和世家之官于朝者之因宋南渡而从行者，详为考证。他的结论，是宋的南渡，诸将立功，虽在江南，而其人皆北人也。这种研究虽非直接说明南北文化的异同，然于中国文化之由北而向南的趋势上，却有不少的帮助。此外又如道光年间吴铤所著《前因时论》，对于南北的对比上，多所论列，今且录数段于下：

> 且夫天下风俗，不出于奢与俭二者，而利皆足以动之。东南多尚奢，西北多尚俭；奢则不自爱其财，至于财尽，则必思所以求之。俭则自爱其财，至于财不赡，而求利之心炽，乃因以愈急。其弊皆中于好利。（《因时论》九）

> 国家用财，饶于东南，东南民溢地寡，而田不足给，西北芜地多不治，民皆游手坐视，无以为生。此生之者未得其道也。（《因时论》十）

> 北方沙土，岁不挑浚，水道淤塞，夏秋阴雨，水无所潴，民罹其害……北方亩数大南方倍蓰……南方耕田，按其时以致民力，北方之田每至播谷辄

下稻，听其成熟，民皆游手无所事。(《因时论》十二)

他又指出南北互选的弊害，因为南北两方相隔太远，地理不同，诸多不便，而主张仿宋朝的南北分选。不过这种的解释，太过断片琐碎，故只好从略。又如王韬著《变法自强》下有了下面一段话：

> 居今日而论中州大势，固四千年来未有之创局也。我中朝素严海禁，闭关自守，不勤远略，海外诸国，至中华而贡献者，来斯受之而已，未尝远至其地也。以故天下有事，其危常系西北，而不重东南……不知时之所尚，势之所趋，终贵因事制宜，以权达变，天时人事，皆由西北以至东南。(《弢园文录外编》卷二)

他虽看见海通以来，东南日趋于重要的地位，然而南北两方的不同，却又没有明说出来。

此外又如署名为"太平洋客"者著有《新广东》一书，这本书好像是写于九龙租与英国的时候。著者主张广东有自能独立的性质，其理由是无论在地理、户口、财力，而特是新时代的人才，广东都占优越的地位。所谓新广东，不但是要新时代化，且要是广东人之广东。所谓广东人之广东的意见，这里可不必提，但是所谓新时代化的新广东，似有介绍的价值。

> 广东通商最早，风气最开，其能通外事知内情者，所在而有。故自有洋务以来，其变国政之形式者，若开平矿务局、招商局、制造局等事；变国民之精神者，若开报馆，开学堂，开学会，开国会等事；无不发起于广东人之手，而他省无闻焉。其在中国之内部如此，若夫在海外者，除福建人外，则皆广东人也。间有能谈时事、开报馆、遣子弟入外国学堂者，惟广东人为多，而近年又有一大会以团海外数百万人为一体，讲爱国爱种之策，俨成一外中国新中国焉。于是中国全部之事几于有广东人则兴，无广东人则废。外国人之论中国者，辄谓命脉在于广东，非虚语也。

这样说法，未免过于夸大，然而广东文化之异于国内其他的文化，未尝没有多少意思。可惜作者的省界的观念过深，故对南北两方的文化的不同的研究，没有注意。至于像著者在该书第四节所说"今夫中国之人，北方则贪于权势，以官而至富，南方则习于奢淫，以富而得官"的南北各异，从文化全部看去，只能算作沧海之一粟罢。

第二章　梁启超的南北文化观

近代研究所谓南北文化的发展和差异，较为详细而影响于思想界较大者，恐怕要算梁任公了。

梁氏关于此种研究的论文，比较重要的有下列四篇：

（一）《论中国学术变迁之大势》；

（二）《中国地理大势论》；

（三）《世界史上广东之位置》；

（四）《清代学风之地理的分布》。

第一篇陆续发表于光绪二十八年（1902）的《新民丛报》（参看第五号起），后来又改为《中国古代思潮》（参看商务书馆所印行的《国学蠡酌》）。第二篇也陆续发表于《新民丛报》（从第六号起），第三篇约发表于光绪三十年？（1904？），第四篇登载于民国十三年的《清华学报》第一卷第二期。

第一篇是一篇很长的文章，其实是预写的一本书。但是这篇文章所研究的对象，是偏于思想方面，而对于南北思想的研究，是见于第二章的第二节。第二篇所研究的范围较广，包括政治、兵事、哲学、经学、佛学、词章、美术、音乐、及风俗等。而且这篇所研究的时代，是从上古至晚清。第三篇说明广东在近代中国及在世界上的位置，而特别注重于地理上的东西文化的沟通。第四篇是研究清代学者的地理的分布，在范围上既狭，在时代上也是很短的。

这四篇文章里最重要的，要算第二和第三篇。第一和第四篇，可以说是第二篇里所研究的对象的部分。所以从发表的时间上看去，《清代学风之地理的分布》一篇虽写于其他三篇之后二十年，然从性质上看，《世界史上广东之位置》却和其他三者有了特殊的不同。

梁氏以为南北文化的不同，根本上是由于地理的各异；而所谓地理，又是重要的指着河流。他在《中国地理大势论》里说：

> 文明之发生，莫要于河流；中国者，富于河流之名国也。就本部而三分之，复可为中、南、北三部。北部者，黄河流域也，中部者，扬子江流域也，南部者，西江流域也。三者之发达，先后不同，而其间民族之性质，亦自差异，此亦有原理焉。凡河流之南北向者，则能连寒温热三带之地而一贯之，使种种之气候，种种之物产，种种之人情，互相调和，而利害不至于冲突。河流之向东西者反是，所经之区，同一气候，同一物产，同一人情。故此河流兴彼河流之间，往往各为风气。在美国则东西异同（美国之河流皆自北而南，而常能均调，在中国则南北殊趣，中国之河皆自西而东），而间其

冲突于统一之中，而精神有不能悉一统者存，皆此之由。

梁先生虽说文明之发生和差异，是因河流的不同，然在上面一段话里，还提及气候物产的重要，所以河流在文化的差异和调和上，固有很大的意义；气候物产于文化的关系，也很密切。因此他以为中国南北文化的现象的不同，是由于地理上的气候河流等等的作用。他在《中国古代思潮》一文里说：

> 凡人群第一期之进化，必依河流而起，此万国之所同也。我中国有黄河、扬子江两大流，其位置性质各殊，故各自有其本来之文明，为独立发达之观，虽屡相调和混合，而其差别相自有不可掩者。凡百皆然，而学术思想其一端也。北地苦寒硗瘠，谋生不易，其民族销磨精神日力，以奔走衣食，维持社会，犹恐不给，无余裕以驰骛于玄妙之哲理，故其学术思想，常务实际，切人事，贵力行，重经验；而修身齐家，治国利群之道术最发达焉。惟然，故重家族，以族长制度为政治之本。敬老年，尊先祖，随而崇古之念重，保守之情深，排外之力强，则古昔称先王内其国，外夷狄，重礼文，系亲法，守法律，畏天命，此北学之精神也。南地则反是，其气候和，其土地饶，其谋生易，其民族不必惟一身一家之饱暖是忧；故常观于世界以外，初而轻世，既而玩世，既而厌世，不屑屑于实际；故不重礼法，不拘拘于经验，故不崇先王。又其发达较迟，中原之人，常鄙夷之谓为野蛮，故其对于北方学派有吐弃之意，有破坏之心，探玄理，出世界，齐物我，平阶级，轻私爱，厌繁文，明自然，顺本性，此南学之精神也。

他因此又列表以明其大体的差别：

北派宗实际	南派宗虚想
北派主力行	南派主无为
北派贵人事	南派贵出世
北派明政法	南派明哲理
北派重阶级	南派重平等
北派重经验	南派重创造
北派喜保守	南派喜破坏
北派主勉强	南派明自然
北派畏天	南派任天
北派言排外	南派言无我
北派贵自强	南派贵谦弱

上面是说南北思想上的不同。梁氏再从而举出南北两派学者的代表人物，他说：

> 要之，此全盛时代（春秋战国时代）之第一期，实以南北两派中分天下。北派之魁厥为孔子，南派之魁厥为老子。孔学之见排于南，犹老学之见排于北也。试观孔子在鲁、卫、齐之间，所至皆见尊崇，乃至宋而畏矣，至陈、蔡而厄矣。未陈、蔡皆邻于南也。及至楚则接舆歌之，丈人揶揄之，长沮桀溺目笑之，无所往而不阻焉；皆由学派之性质不同故也。北方多忧世勤劳之士，"孔席不暖，墨突不黔"，栖栖然终其身焉。南方则多弃世高蹈之徒，接舆丈人沮溺，皆汲老、庄之流者也。盖民族之异性使然也。

> 孔、老分雄南北，而起于其间者，有墨子焉。墨亦北派也，顾北而稍近于南。墨子生于宋，宋南北要冲也，故其学于南北各有所采，而自成一家言。其务实际，贵力行也，实原本于北派之真精神，而其刻苦也过之。但其多言天鬼，颇及他界，肇创论法，渐阐哲理，力主兼爱，首倡平等，盖亦被南学之影响焉。故全盛时代之第二期，以孔、老、墨三分天下，孔、老、墨之盛，非徒在第二期而已，直至此时代之终，其余波及于汉初，犹有鼎足争雄之姿。

除了哲理以外，梁氏以为在经学方面，在两汉以后，也有南北的分别。他举出六朝的时代，北人最喜治三礼，像徐遵明、刘炫、刘焯、李铉、刘献之、沈重、熊安生们，通通以礼学著名。南人却喜治易，常以易老并称，如王弼、郭象、向秀们，均是对于易老做过深刻的研究。这个差别，照梁的意见，也是由于地理不同所生的影响。

同样佛学也因地理的不同，而有南北的差别。他说：

> 隋唐之际，宗风极盛，天台、法相、华严三宗，皆起于北；陈义闳深，说法博辩，而修证之法，一务实践，疏释之书，动辄汗牛，其学说与北朝经生颇相近似。惟禅宗独起于南，号称教外别传，达摩入中国首为梁武所皈依。黄梅大鉴，开山吴越，专凭悟证，不依文字，盖与老、庄、陆、王，颇符契焉。

关于词章他说：

> 燕、赵多慷慨悲歌之士，吴、楚多放诞纤丽之文，自古然也。自唐以前，于诗、于文、于赋，皆南北各为家数。长城饮马，河梁携手，北人之气概也。江南草长，洞庭始波，南人之情怀也。

> 散文之长江大河，一泻千里者，北人为优。骈文之镂云刻月，善移我情者，南人为优。盖文章根于性灵，其受四围社会之影响特甚焉。

又如美术、音乐，照他的意见，也因南北地理而不同。他说：

> 书派之分南北尤显，北以碑著，南以帖名。南帖为圆笔之宗，北碑为方笔之祖。遒健雄浑，峻峭方整，北派之所长也。《龙门二十品》《爨龙颜碑》《吊比干文》等，为其代表。秀逸摇曳，含蓄潇洒，南派之所长也。《兰亭》《洛神》《淳化阁帖》等，为其代表。盖虽雕虫小技，而与其社会之人物风气，皆一一相肖，有如此者，不亦奇哉。画学亦然，北派擅工笔，南派擅写意，李将军之金碧山水，笔格遒劲，北宗之代表也。王摩诘（按王维乃山西太原人）之破墨水石，意象逼真，南派之代表也。音乐亦然，《通典》云："祖孝孙以梁、陈旧乐，杂用吴、楚之音，周、隋旧乐，多涉胡戎之技，于是斟酌南北，考以古音，而作大唐雅乐，直至今日。而西梆子腔，与南昆曲，一则悲壮，一则靡曼，犹截然南北两流。由是观之，大而经济、心性、伦理之精，小而金石、刻画、游戏之末，几无一不与地理有密切之关系。天然力量之影响于人事者，不亦伟耶！不亦伟耶！"

梁氏在《中国地理大势论》里把上面所说的哲理、经举、佛学、词章、字法、雕刻、风画、音乐等，包括于文学之内。而所谓"文学地理"上的差别——照他的意见——是常随"政治地理"上的差别为转移。因此政治上的南北的不同，又为他所特别注重。他说：

> 其在政治，北方亲南方（自注：以下所言南方皆指扬子江流域也，非指极南之西江）常占优势。盖我黄族之始祖，本自帕米尔高原迤逦东下，而扬子江上流，崇峦峻岭，壁立障之，故避难就易，沿河以趋。全国文明，自黄河起点，而传布于西方。帝王实力，亦起于是；积之者厚，故其势至今犹昌也。

所谓政治上的北方常占优势于南方，据梁的意见，可把历代帝王的都城来证明。他因此列了黄河流域国都，和扬子江流域国都两个表；前者始于三皇而至清代，后者始于三国的吴而至明代。他的结论是：

> 北方宅都时代，而南方无他都者垂二千余年；其南方宅都时代，而北方无他都者，惟明太祖建交共二十五年耳。

又说：

> 数千年王霸之国都，其在黄河流域者十六，得姓三十六；其在扬子江流域者二，得姓十；其准黄河流域者一，（北京）得姓四；其准扬子江流域者三，（成都、临安、湖南）得姓六；其不在两流域内者五，得姓七。数千年政治都会，略具于是矣。

因此之故，政治的中心地方简直可以说是黄河流域，换句来说，就是北方。

国都固以北方为中心地点，兵事也是这样。因此他又列出一个历代革命军及割据所凭借的地理表，表里所根据以研究的，自秦末陈胜、吴广之揭竿举事，而至义和团，共一百一十一五次，除了好几次是异族起兵异域入主中国不算外，则统计所表示各省主动多少的数目如下：

直隶十五　山西八　福建四　云南一
甘肃十三　湖北七　陕西三　江西一
江苏十一　四川七　湖南三　贵州一
山东十　　河南五　广东三
安徽九　　浙江四　广西一

他以为这些地方之所以用兵的原因虽很多，然地理上的作用，却是重要主因之一。从上面的表来看，除了直隶、甘肃、山西三个地方多由西北异种乘藉窃据，其主动不专由汉族外，地理上最合于用兵的地点，要算山东、江苏、安徽、河南、湖北诸省。这个原故，是因为这些地方都是位于黄河、长江两流域，因此可知江河之于政治的兵事的关系的密切。

此外他再从南北地理的不同，而举出风俗上的不同。他说：

其在风俗则北俊南孅，北萧南舒，北强南秀，北塞南华，其大较也。龚定菴诗云："黄河女直徙南东，我说神功胜禹功；安用迂儒谈故道，犁然天地划民风。"自注云：渡河而南，天色异，地气异，民情异，盖南北之差殊，稍有识者皆能见及矣？

他又从古书上而特别是《史记·货殖传》中所载南北风俗的差异，摘录出来，以证明南北风俗的不同，是由于地理的不同。

在梁氏《近代学风之地理的分布》一文，梁氏把清代四百六十一位学者来做研究的对象，而寻出他们在地理上的分布。这个研究虽只限于一代和学者，但是学者也是文化上一种重要元素，而从其地理上的分布也能看出他们在南北文化中的位置。依梁氏研究所得，在这一个时代里，学者最多的地方，首推江苏，次为浙江，再次是河北、安徽、广东、湖南、河南、陕西、江西、福建、山西、四川……把各省的人物（学者）来比较，其人数百分比及等级则得到下面一个表：

梁氏近代学风之地理的分布表

省份	人数	百分比	等级
江苏	121	26.24%	1
浙江	90	19.52%	2
河北	42	9.33	3
安徽	41	8.89	4

续表

省份	人数	百分比	等级
广东	24	5.21	5.5
湖南	24	5.21	5.5
山东	22	4.77	7
河南	19	4.12	8
陕西	16	3.47	9.5
江西	16	3.47	9.5
福建	12	2.60	11
山西	7	1.52	12
四川	6	1.30	13
湖北	5	1.08	14.5
贵州	5	1.08	14.5
广西	4	.86	16
蒙满	3	.65	17
云南	1	.22	18
辽宁	1	.22	19
甘肃	1	.22	19
总数	461	199.98	19

（参看朱君毅《中国历代人物之地理的分布》页十四）

上面是解释梁氏对于南北文化各方面的差别的意见，现在且来谈谈他对于中国文化发展的趋向的观念。

梁氏在《中国地理大势论》里说：

> 自周以前，以黄河流域为全国之代表，自汉以后，以黄河、扬子江两流域为全国之代表，近百年来以黄河、扬子江、西江三流域为全国之代表。穷古之事，不可纪，今后之局，犹未来。然则过去历史之大部分，实不外黄河、扬子江两民族竞争之舞台也。前者西江未发达，故通称中部为南部。数千年南北相竞之大势即中国历史之荣光，亦中国地理之骨相也。

他又说：

> 大抵中国地理开化之次第，自北而南；三代以前，河北极盛，秦汉之间，移于河南，浸移于江北，六朝以后，江南亦骎骎代兴焉。而自汉迄今，

全史之大部分，皆演于江河间之原野。彼龙拏虎掷，甲兴乙仆，殆未有出山东、安徽、江苏、河南、湖北数省外者也。惟汉民族之在中国，其犹近世条顿民族之在世界也。而点缀其间者，则有幽、燕、赵、代、陇、蜀诸族，其犹欧洲之有拉丁与斯拉夫也。此外位其南者，未尝有能篇一国之轻重者也，其有之则自近百数十年始也。

南北文化的差异，既是由南北地理的不同而来，而中国文化之由北而趋于南，也是由于地理上的作用。因为地理上的不同，所以在历史上差不多只见北人治南，没有多见南人治北。他说：

> 历览前史，大抵北人南伐者则得志，南人北伐者则不得志？其在北者，如五胡起而晋以东，金辽起而宋以南，蒙古起而宋金夷，满洲起而明社屋。此皆外种凭借异域，姑勿具论。刘、项同为淮人，而汉踞关中巴蜀，楚踞江淮，成功卒归刘氏。三国鼎立，而吴入于晋；六朝并峙，而陈入于隋。自古南渡偏安之局，曾无一焉能北进以恢复者（幸陕幸蜀者有恢复，渡江者无恢复，其故可思也）。不可谓非地理上一疑问焉。北伐之师，惟项羽以江东八千破秦，孙坚以吴会一旅入洛，最称名誉，然卒归于败衄。尔后刘裕之灭南燕，灭后秦，号称南朝，第一盛举，亦不能竟其功。此外南北交战，南人之有功者，千余年来不过三役，一曰周瑜之于赤壁，二曰谢玄之于淝水，三曰虞允文之于采石。然皆防御而已，于进取则概乎未之有闻也。岂徒南人文弱之为哉，毋亦地势地运使然矣。直至明祖用江淮之众，放逐胡元于漠北，光复旧物，混一海内，南之挫北，盖自兹役始。明祖虽暴，其为汉族之名誉，又乌可诬也。而考地理与历史之进化相关系者，亦可于此思其故矣。

过去的南方，固是无足轻重，但是未来的南方，却是逐渐的趋于重要的位置。且看他说：

> 自唐以前，湖南、浙江、福建、两广、云南诸省，曾未尝一为轻重于大局（项羽虽起于会稽，其根据地不在此）。自宋以后，而大事日出于此间矣。宋之南渡在浙，其亡也在广东；明之亡也，始而江，继而浙而闽而粤而汉而桂，此亦地运由黄河、扬子江而趋于西江之明征也。湘中古之南楚，号称大国，而二千年间用之者惟一萧铣一马殷。乃咸同以来，曾、胡骤起，湘军之声誉，东至东海，南逾岭南，西辟西部，西南震苗疆，至今尚炙手可热。三湘民族之有大影响于全国，实自五十年以来也。两广亦然，畴昔惟有尉佗、刘隐等诸羁縻，及洪、杨发难，乃裹五岭之民，凌厉蹴蹈，奋半天下者垂十余年。两广民族之大有影响于全国，亦自五十年以来也。浙人、闽人于明末鲁、唐监国时代，崎岖海上，奔走国难者，号称极盛。浙、闽民族之大有影响于全国，亦自二百年以来也。自今以往，而西江流域之发达，日以

益进,他日龙拏虎掷之大业,将不在黄河与扬子江间之原野,而在扬子江与西江之原野。此又以进化自然之运推测之,而可以知其概者也。

他又说:

> 粤西江流域也,黄河、扬子江开化既久,华实灿烂,而吾粤乃今始萌芽,故数千年来未有大关系于中原。虽然,粤人者,中国民族中最有特性者也;其言语异,其习尚异,其握大江之下流,而吸其菁华也,与北部之燕京中部之金陵同一形胜,而支流之纷错过之。其两面环海,海岸线与幅员比较,其长率为各省之冠。其与海外各国交通,为欧罗巴、阿美利加、澳大利亚三洲之孔道。五岭亘其北,以界于中原,故广东包广西而以自捍,亦政治一独立区域也。他日中国如有联邦分治之事乎,吾知为天下倡者,必此两隅也。

他在《世界史上广东之位置》一文里,劈头就说,从中国史上看去,广东可以说是没有丝毫的价值。百年以前,没有出过一位人物,足为全国的轻重,也没有人把她来做主动,而使全国生出很大的影响。所以从中国史上看去,广东简是像鸡肋一样。但是广东的位置,却并不因此而失其重要:因为广东正如上面所说,是有特殊的民族,吸了中国的菁华,而又是中外交通上的孔道,因为她是中外交通的孔道,所以她在世界史上,却占了很重要的位置。他说:

> 论泰西古代史者,必以腓尼西亚(Phoenicia)占一重要之位置,谓其为小亚细亚、埃及、希腊三种文明之媒介也。求诸东方,则广东庶几近之?

所谓中外交通的孔道,就是中外文化接触和传播的媒介。西方文化之输入中国,固以广东为起点,中国文化之输出也,亦以广东为起点。他说:

> 罗盘针也,火药及火器也,制纸法及印刷术也,此三者为西人致富强之原,然皆由十字军东征时,经阿剌伯人手,间接传自东国者。阿剌伯人至中国者,以广东为第二故乡,则此三物第一之贩卖场,实广东也。又蚕卵一物,我梁简文帝大宝元年(五五〇年),一波斯人由广东携归康士但丁,西方之有丝产始此。又陶器由广东人精制后,更大输出于泰西。至西纪一七零七年,德国名匠勃查(Pottoger)苦心研究,终青于蓝。而中国派之绘画美术,亦缘此以浸被于欧洲。凡此皆广东人对于世界文化之贡献也。

关于西方文化之从广东而输入的,他分为二类:一是宗教,一是学术。属于前者,像回教、佛教、及耶苏教的景教、旧教、及新教;属于后者,他以为历算是由利玛窦的输传,而利氏的修养,全在广东。此外米仑氏(Milne)的英、华书字之在言语方面的贡献,以及医学上的博济医院,以至科学方面像道光间所刊行的《博物新编》等,均是在广东。至于十九世纪的晚年,所谓西洋技术思想的介绍，均以广东为起点。

此外又如广东人的海外事业的发展，也足以证明广东位置的重要。从历史上看去，六朝李唐时的商船的远出，达于红海，明季以来，广东人之冒万险犯万难而卒为南洋诸国之酋长者，也不乏人。而且在南洋的经济权，多半操于粤人之手，同时粤人之移殖于美洲者，也与日增长。这些事实，均足证明广东在世界上的位置的重要。

从上面的研究，遂得到下面的结论：

> 今之广东，依然为世界交通第一等孔道，如唐宋时，航路四接，轮樯充阗，欧洲线、澳洲线、南北美洲线，皆集中于此。香港船吨入口之盛，虽利物浦、纽约、马赛不能过也。若其对于本国，则自我沿海海运发达以后，其位置既一变，再越数年，芦粤汉铁路线接续，其位置将又一变。广东非徒重于世界，抑亦重于国中矣。

我们不厌繁琐来摘录原文，介绍梁氏的南北文化观，不外是因为梁氏对于这个题目的研究，不但是在他以前，就是在他以后，以至现在，恐怕要算最为详细，而且较为透澈。一般的人们，对于这个问题，只做了片断的观察，他却把她来做整个解释。一般的人们的研究大概是限于一个时代，或是限于文化的一方面，他却努力的把整个历史和全部的文化，来做研究的对象。所以在南北文化的研究的历史上看去，梁氏所占的位置，是不能忽略。

但是这种同情，却不是说梁氏的见解是没有错误的。其实他的南北文化观的缺点是很多的。我们因为篇幅上的关系，这里只将其重要的缺点，指摘出来。

梁先生所说的南北，大致是指着黄河和扬子江。我们纵览中国疆土历史，春秋战国以前的扬子江，既尚未入于中国文化的范围，而秦汉以后的中国版土，却已包括西江流域。所以扬子江流域已逐渐的变为中国的中部，而非中国的南部。梁先生在《中国地理大势论》里，也曾声明他所说的南方，是指扬子江流域而非西江流域。这一种的南北文化观，只能说是中国的局部的南北文化，不能说是中国的全部南北文化观。我们所研究的对象，是整个中国，对于这种局部的南北，当然是嫌其太过狭小。因为设使我们而以黄河流域为北方，扬子江流域为南方，那么我们也可以把扬子江流域为北方，而以西江流域为南方。南北这两个字是相对的，一省一县，以至一乡一户，都有南北之分，只要看看我们所研究的范围而定。要是我们所研究的范图，是中北两部，那么以长江为南，黄河为北，未尝不可。要是我们所研究的范围，是整个中国，那么照梁先生之以黄河为北，长江为南，未免有了名不符实的毛病。

梁先生也许说道，春秋战国时代的中国的版图，的确是不出黄河长江两流域，所以从这个时代来看，黄河流域是中国的北，而长江是中国的南。这么一来，那么梁先生的研究的对象，又不外是只限于一个时代——一个很短的时代了。春秋以前的扬子江既尚被视为野蛮没有开化的地方，秦汉以后的扬子江，又变成中国的中部，而且春秋战国时代的文化，是由过去数千年的文化累进而来，这数百年间，因政治上的紊乱，和思想上的开放，固有可以影响到文化的全部可能性。然事实上这种影响，是否使中国在这时期的文化，起了重大的变化，同时是否使南北的文化，因之差异，均是疑问。

梁先生研究春秋战国时代的南北文化的不同的重要点，是思想方面。事实上春秋战国时代的文化，除了思想方面，稍背故轨而略放异彩外，恐怕没有别的可纪。但是连了思想方面的南北的不同，像梁先生所说，未免过于铺张。梁先生表中所列出十一种的异处，好像是很为勉强，所谓北派崇实际，南派崇虚思等等，既不外是一种意象的分别，而一方面说南派贵出世，一方面又说南派重创造，简直是像自己打着自己的嘴一样。要是南派是贵出世，当然是不会重创造；要是重了创造，又怎能贵出世？又岂不是具有了北派的贵自强、贵人事、主力行那些特性吗？

同样他把孔子来做北派的代表，老子来做南派的代表，而以为两者的差异，是由于地理不同的影响，尤为我们所不敢赞同。近来有些日本学者以为老子乃北方人，而非楚苦县人，要是这种学说是对，那么梁先生的南北思想的不同，是由于南方的老子和北方的孔子所处的环境的不同，可以不攻自破。事实上梁先生在《墨子学案》里也以为老子为北人。何况孔子是老子的弟子，所谓北派代表的孔子的思想，也就是从所谓南派代表的老子的思想而来；这么一来，北派的思想就是南派的思想，而南派的思想，也就是北派的思想。梁先生也许否认孔子为老子之弟子的说（梁先生以为老子生在孔子之后），然而在梁先生未证明《礼记》的《曾子问》，《史记·老子传》《仲尼弟子列传》，《庄子·天下》篇，《吕氏春秋·当染》篇，《孔子家语·观周》篇、《五帝》篇和《执辔》篇等是假造之前，梁先生怎能说孔子没有师事过老子呢？不但这样，从孔子和老子的根本思想来看，两者并非有了很大的不同。孔子所谓"吾道一以贯之"，正像老子所谓"昔之得一者，天得一以清……万物得一以生，侯王得一以为天下贞"。根本相同。老子说明道若昧，孔子也说君子之道暗而日章。孔子所说天无言而四时行，百物产，正是老子所说行不言之教。孔子之赞美舜的无为之治，正是老子无为而无不为的真谛。孔子反对繁杂的物质生活，正是老子的根本主张。老子以为历史的演化是日趋日下，而主张复古，孔子也是这样。总而言之，从部分和方法方面来说，他们虽有不少的差异，然根本思想上，特别是文化的道德方面却是没有种类的分别；根本他们既是类同，那么孔、老为北派南派思想的代表的见解，当然是错误了。

梁先生解释南北文化的差异，最精彩的地方，要算春秋战国的思想方面；这方面既是错误，他方面更不待说。比方他以为六朝时的经学，也有南北之分，然而同时他又承认两汉以后儒学统一，打破了先秦学术的南北的界域。此外关于佛学词章各方面的南北的不同，均是枝节，而没有多大的意义。至于他所说的政治和兵事上的北胜于南，不过是据历史的事实而求结论，并非说明南北政治和兵事本身上的不同。

其实梁先生自己也很明白的承认中国的文化是统一的，而没有南北的分别，他在《中国地理大势论》里说：

> 中国者，天然一统之大国也。人种一统，言语一统，文学一统，教义一统，风俗一统，而其根原莫不由于地势。中国所以逊于泰西者在此，中国所以优于泰西者亦在此。

所谓言语、文学、教义、风俗，都是文化的主要特性；这些东西既是一统，自然没有南北之分。那么梁先生所谓南北文化的不同，又岂不是自相矛盾吗？梁先生在同文里又说：

> 大抵自唐以前，南北之界最甚，唐后则渐微。盖文学地理（包括哲学、思想、佛教、词章、美术、音乐）常随政治地理为转移。自从沇之运河既通，两流域之形势日相接近，天下益日趋于统一。而唐代君臣上下，复努力以联贯之；贞观之初，孔颖达、颜师古等奉诏撰《五经正义》，既已有折衷南北之意，祖孝孙之定乐，亦其一端也。文家之韩、柳，诗家之李、杜，皆生江河两域之间，思起八代之衰，成一家之言。书家如欧、虞、褚、李、颜、柳之徒，亦皆包北碑南帖之长，独开生面。盖调和南北之功，以唐为最矣。由此言之，天行之力虽伟，而人治恒足以相胜。今日轮船铁路之力，且将使东西五洲合一炉而公冶之矣，而竟何区区南北之足云也。

梁先生在《中国古代思潮》一文里，分为至盛时代（周秦），儒学统一时代（两汉），老学时代（三国六朝），佛学时代（南北朝）。除了全盛时代以孔、老为北派南派的分歧外，所谓儒学、老学、佛学的统一，明明白白承认在这些时代里，没有南北之分。现在他又指出自唐以后，南北的界域日趋调和一统，可知大致和根本上"中国"的文化是没有南北之分的。就使我们相信上面所录梁氏那段话，所说自唐以前，南北之界最甚，那么这种南北界域，仍不外是历史上一种已往的陈迹；从现在的眼光看去，只有了历史上的研究的价值，对于现在或将来的中国的文化的前途上，没有重大的意义。

根本上我们既不赞成梁先生把长江流域和黄河流域来代表中国的南北文化，事实上这两个流域的文化的本身上，又没有根本不同的地方；就是有了，也不外是枝节的分别和历史的价值。

梁先生此外以为中国文化的发展，是由北而南，从中国本部来说，我们大体上可以表同情于梁氏。然从历史上看去，中国固有的文化，不但是由北而南，而且是由南而北和由西而东。中国文化最初发见于中国西部的甘肃，此后沿着黄河而向东发展，所以由西而东，也是很明显的。同样中国的文化，是最初盛于黄河，后来且向蒙古、满洲而发展，这又可以说是由南而北了。

照梁先生的意见，中国文化虽是由北而南，而中国极南的文化之占中国重要的位置，却是最近百年左右的事，然他在《中国地理大势论》里，已觉到广东在近来中国文化的位置的重要。他在《世界史上广东之位置》一文，更说出广东是中西文化接触的媒介。由广东而输出的中国文化，到西方去，是属于东西文化的接触问题，我们这里可以不必提及。由广东而输入的西洋文化，却对于南北文化上——从我们的见解来说——本来是很重要的，可惜梁氏对于这点，又没有明白的解释和表示。总而言之，梁氏对于广东在世界上东西文化的媒介上，虽觉得很重要，然于中国的南北文化的位置，好像没有充分的认识。这个原故，大约是由他对于南北文化的界域的研究，是偏于黄河和长江两个流域。而同时又觉得广东一地，在百年以前的中国史上，完全没有丝毫的价值，结果是连了他所举出历史上——二百年前的历史的东西文化的媒介的广东的位置，从国史上观察，也像鸡肋一样。他虽然推料将来的广东在中国必占重要的位置，然而他好像忘记了过去的广东之在世界上的位置的重要，也就是在中国的位置的重要。质言之，他一方面把世界和中国分做两种，好像没有相关的东西，一方面又以为中国的南北就是黄河、长江两流域的南北。所以真正的中国南方，却置诸他的南北范围之外，而他的南北文化的范围（黄河长江两流域）和差异（孔老的不同），又筑在理论而没有充足事实无可取证的基础上。结果是使他的南北文化观，免不了错误，免不了缺点。

梁氏虽然说过天行之力虽伟，而人治恒足以相胜。但是从上面所举出数篇文章里，他处处都很相信南北文化的差异，是由于南北地理——河流与气候——的差异而来。我们以为在文化很低下的社会，所谓地理上的势力影响虽显明，但是在文化较高的社会，则这种势力的影响，已逐渐微弱。梁氏对于这点好像没有充分的了解，所以他的解释未免过偏，而他的意见也未免陷于错误。

此外关于梁氏的南北文化观之可批评者尚不止此，我们只可从略罢。

第三章　最近来的南北文化观

继梁任公而研究中国南北学术的不同者，有刘光汉氏。刘氏的《南北学派不同论》，发表于乙巳（一九○五）年的《国粹学报》第一年。他这篇文章长约二万言，严格来说，对于这个问题的专题研究，刘氏恐怕还是最先的人。我们在第一章里所叙述的各代学者南北文化各方面的对比，甚至梁任公的著作里，也找不出一篇专门为研究这个问题的文章。不过事实上刘氏这篇文章，所讨论的内容，并不跳出梁氏所划的圈子。其实他所研究的，不过是梁氏所已研究的一部分，而且梁氏的关于这个问题重要著作，都在一九○二年的《新民丛报》发表过。《新民丛报》之在当时，每出一册，国内翻印者至十余次，刘氏于三年之后，刊其著作，则刘氏之曾受梁氏的影响，也是一件很可能的事。

刘氏以为学术之所以分为南北，是由于地理的作用。从历史上看去，"三代之时，学术兴于北方，而大江以南无学，魏晋以后，南方之地，学术日昌，至北方学者反瞠乎其后"。这种见解，本来是历代留意于南北文化的问题的共同意见，惟刘氏以为历史上中国文化之所以有这种的南北不同者，其故有二。他说：

> 盖并、青、雍、豫古称中原，文化声名，洋溢蛮貊，而江淮以南，则为苗蛮之窟宅。及五胡构乱，元（?）魏凭陵，虏马南来，胡氛暗天，河北关中，沦为左衽，积时既久，民习于夷，而中原甲姓，避乱南迁，冠带之民，萃居江表，流风所被，文化日滋，其故一也。又古代之时，北方之地，水利普兴，殷富之区，多沿河水，故交通日启，文学易输。后世以降，北方水道淤为民田，而荆、吴、楚、蜀之间，得长江之灌输，人民蔚起，迄于南海不衰，其故二也。（《南北学派不同总论》）

他的结论是：

> 就近代之学术观之，北逊于南，而就古代之学术观之，则南逊于北。盖北方之地，乃学术发源之区也。

他又分门别类和详细的说明出南北的诸子、南北的经学、南北的理学、南北的考证学，以及南北的文学的不同。然而这些的各异，大体上和梁启超所已解释者，没有分别，故没有再述的必要。

十余年以来，而特别是近两年来，国人之对于南北文化的研究的兴趣颇为浓厚。关于这种的文章之发表，言论之公布者，不下二十起。但是这些的研究，每每是把文化的某一方面来做立脚点，像学术人物的地理的分布，历史、经济、政治、军事、智识等。关于学术方面的研究，上面所说的刘氏的南北学派总论，可以代表。为了便利读者的认识，我们且将各方面的研究所得，略为介绍，并稍为批评。

从人物之地理的分布上研究南北文化者，有梁任公、丁文江、张耀翔和朱君毅等。关于梁先生的研究，我们在前章已经说过。丁氏的《汉唐宋明各代人物之地理的分布》，是民国十二年发表于《科学杂志》第八卷第一期。他从《二十四史》列传里选出籍贯可考者，五七八三人，按代按省，分配而为表，加以说明。而其结论是：人物最多的省，在前汉首推山东，后汉首推河南，唐代首推陕西，北宋又首推河南，南宋为浙江，明代又为浙江。因此可知南宋以前，中国人物集中黄河流域，南宋以后，逐渐趋于长江流域。又在唐代的广西、云南，北宋南宋的贵州、云南，均无人物。但到明时粤、桂、黔、滇，人物逐渐的增加。

这种人才的繁盛，由北方而趋到南方，本来是过去一般学者所公认的，这一点在前面两章里，已说过好多次。丁氏所研究的结果，不过是将这些见解，加以统计的地理的证明罢。张氏在《心理杂志》四卷一号发表其《清代进士之地理的分布》，其材料是从北京国子监进士题名碑抄出。进士题名分为二类，一为进士出身，一为进士及第。后者专指状元、榜眼、探花。他以为进士出身各省因有固定名额，不能表现自由竞比的精神，故专就进士及第之三四二人来做研究的对象。据他研究所得，清代这种人物最多者，要推江苏，次为浙江，再次为江西，又次为安徽；江、浙两省的进士及第，占全数百分之五八.九，而云南、甘肃、辽宁三省连一个也没有。我们若照历史上的传统的南北分界，而以江苏、浙江为南方，那么张氏的研究的结果，是指明南方的进士及第的人物，盛过北方。除了这一点以外，他的研究之于南北文化没有什么密切的关系。

朱氏所研究的时代，是清朝和民国以来的人物（参看朱著《中国历代人物之地理的分布》），在时代上，他的研究的范围，虽比丁氏为狭，然在内容的分析上，却比丁氏较为详细。关于清代的人物之地理的分布的研究的重要材料，他所根据者，一篇湖南李桓所编的《国朝耆献类征初编》，一为中华书局所出版之《清史传》。他将前书分为十九类（参看该书表四），这就是宰辅、卿贰、词臣、谏臣、郎署、疆臣、监司、守令、僚佐、将帅、材武、忠义、孝友、儒行、经学、文艺、卓行、隐逸、方技；后书分为七类（表五），这就是大臣、忠义、儒林、文苑、循吏、贰臣、逆臣。这两本书的人物都按类列表，以找出每类中以某省为最多，同时又将各书中的人物，在各省分所占的总数之多少为标准。这个结论，若根据李氏书则江苏第一，湖南第二，浙江第三，根据中华本则江苏第一，浙江第二，安徽第三。

这两本书的统计的结果，均以江苏、浙江的人物最盛，而与张氏所得的结论大致相同。湖南从表中看起来占过一次第二地位。这个原故，据他的意见，是由于编者李桓乃湖南人，对于湖南的人物，熟识较多，故尔多征。

关于民国十五年内人物之地理的分布，他所根据的材料，是鲍威尔（J. B. Powell）一九二五年所编的《中国名人录》，和吴德海所编一九二五年的《中国年鉴》。这两本书的人物，有七百五十人，若以省分计算，从民国元年至十五年，产生人物最多者，一为江苏，次为浙江，三为河北，四为广东，五为福建（看该书表六）。

他又将这些人物分为政治、实业、教育、军事、四类，列为四表，其结果是政治人物，以江苏为最多；实业，广东最多；教育，江苏最多；军事，河北最多。

最后他又将民国当代人物之地理的分布来做统计，他以为若根据吴德海氏一九二六年至一九二七年的《中国年鉴》的人物来看，则浙江最多，广东次之，江苏又次之。若根据鲍威尔一九二五年至一九二九年的《中国名人录》的人物来看，则广东最多，浙江次之，江苏又次之。若根据樊荫南民国二十年所编《当代中国名人录》的人物来看，江苏最多，浙江次之，广东又次之。

朱氏的研究，虽限于清朝及民国以来的人物，然他在结论中以为自汉以迄今日，中国人物之变迁，似由西北而趋东南，成半月形。他以为这不但是中国人物变迁的大势，而且是中国文化发展的途径。

我们以为从人物之地理的分布，也许可以指出中国文化的发展，是由北而南，同时也许可以指出南北文化的优劣。但是他们对于南方文化是什么，北方文化是什么，却没有明白的指示出来。从朱氏的表七、表八、表九、表十中，他告诉我们道：

> 阅表七，知政治人物，仍以江苏为最多，浙江次之，广东又次之，河北又次之；其次序与表六大略相同，足见政治人物与人物总数有极大关系。阅表八，知实业人物，以广东为最多，次为江苏，次为浙江，又次为河北；粤人侨居海外，长于经商，善于制造，实业人才之多，自非偶然。阅表九，知教育人物，亦以江苏为最多，浙江次之，河北又次之；江浙教育，素称完善，故其教育人物较多。阅表十，知军事人物，以河北篇最多，次为安徽，又次为山东。此盖由民国十五年以前，中国军事人物多为北洋与皖之人。

阅这段话的人，也许以为中国北部的文化的重心是军事，中部的文化的重心，是教育政治，而南部是实业。可是这个结论，是很不可靠的。比方从表七的"民国政治人物之地理分布"来看，江苏的人数是七十二，浙江六十三，广东五十四，而河北四十四，以江浙两省的人数，远超过广东和河北的总数。若说人物是文化的代表，那么江浙要算政治文化的中心了。然而事实上，无论是从固有的政治或是革命的政治上看，江浙都非政治的中心。因为从民国元年至民国十五年，政治文化的中心，是在河北和广东。又如根据表八的"民国实业人物之地理的分布"来看，广东占有二十七名，而居首位，江苏二十五次之，浙江二十一再次之，河北十一又次之，福建六名居第五位。我们若以广东、福建为南部代表，江浙为中部，河北为北部，那么实业人才，还是中部最多。这么一来，所谓南方的文化的重心是实业文化，又不攻而自破了。再就表九的"民国教育人物之地理的分布"来看，江苏占十九名居首位，浙江十三次之，河北九又次之，河南五又次之，而广东比之四川还不及；若以河北、河南为北部代表，江浙为中部，广东为南部，则江浙又是教育文化的重心了。然而事实上，河北教育，而特别是北京的教育之在民国的位置，并不亚于江浙。若谓广东的教育因人物之无多，而像表中所示，其位置比之四川、云南、福建、江西、山东河南等省不及，是又不合于事实。于此我们可以知道从人物之地理的分布而推算某一地方的文化，总免不得陷于错误。要用这种研究来解释南北文化的不同，更是不易得到公正的结论。

其实文化不只是包括政治、教育、实业、军事；而〈与〉政治、教育、实业、军事，以及文化其他的方面，都有很密切的关系，这是研究文化的人所不可不知道的。何况上面所举出各家的研究所根据的材料，本身上已有了主观的选择，像湖南人李桓所编的《国朝耆献类征初编》，对于湖南的人物特别注意，结果是湖南的人物，占了第二的地位，这种缺点是朱君所承认的。李桓固不免陷于这种缺点，其他的名人录，也免不得多少有了这种缺点。比方鲍威尔的《中国名人录》的采集，也免不了主观。一来因为鲍氏长住沪滨，故无意或有意中，对于江浙人物特别注意。二来因为所谓名人，既没有一定的标准，而且个人认识能力有限，遗漏在所不免。此外自动的将自己的照片履历送列名人录者，又为一般人所不欲为，为之者未必就是名人。这些原因，以及他种原因，已使名人录的本身上有了缺点。然则根据名人录一类书籍，来做所谓科学的统计研究未必合于事实，是很显明的。

不但这样，名人也许是文化的重要分子，然文化未必就是名人。因为某种文化的创造，不只是依赖于少数的名人。某种文化的形成，都靠在这种文化之下的大众人们的努力。比方在某两种文化之下，甲种的名人，可以时时和乙种的名人相等，或且较多；然甲种的文化，也许不若乙种进步之速。我们若把民国二十年来的所谓中国名人来看，恐怕多过许多国家的名人，然而二十年来的中国文化，比之外国文化并不一定见得较为进步。文化因是人类的创造品，没有人类自然没有文化，然而所谓名人，从一方面看去却可以说是文化的出产物，没有文化，也许没有名人。

此外如黄炎培先生于民国二十年八月在《人文杂志》所发表的《清代各省人文统计之一斑》（二卷六期），以及其他关于这种研究的论文，当然不少，我们只能从略罢。

从历史上研究中国南北文化的，有如武汉大学《文哲季刊》一卷二号杨筠如所译日人桑原骘藏的《由历史上观察的中国南北文化》，《新亚细亚杂志》一卷三期张振之的《中国文化之向南发展》，及广西南宁《民国日报》二十二年五月十日及十一日所登载张君劢氏五月七日在省行政会议演讲会所演讲的《历史上中华民族中坚分子之推移与西南之责任》。

桑原氏的论文，约有万言左右，但是注解备考多过本文五六倍，故材料方面，颇为丰富，对于研究这个题目的人给了不少的帮助。他以为旧有的南北区别，大致所谓北者，以黄河流域为主，所谓南者以扬子江为主。而他所取以为区别南北的界限，以淮水、汉水为主。从此以北为北区，从此以南为南区。中国自古代至秦汉的人才，都是在北区，就是由"两汉三国西晋时代文化的中枢，与先秦时代，略相仿佛，都在中国北区。永嘉之乱，北方被了异族的占据，而且支配了古来汉族的根据地，和为文化中枢的中国北区。因此汉族的士民，尤其是中国的贵显大官，名族甲姓——学问知识都是当时最卓越的汉族——的多数，不肯受塞外种族的支配，徒向中国南区永住，将汉族特有的文化向南方传播，南北文化因种族之不同而各异。隋唐统一，南北文化融合，然南派却比北派优越。到了南宋以后，南方文化愈加发达，南盛于北，愈为明显。在文运方面，固是如此，在户口物力方面，也是如此，他的结论是：

> 从上古到中古，中古到近代，随着时代的进展，中国南区的一切文化，都凌驾北区起来。爱护种族的观念很旺盛，智识文化也进步，经济状况也良好，户口数目也众多的中国南区，要占很重要的位置，自不用说。

事实上桑氏这篇文章不过将历来大家所共同感觉到的中国文化的由北向南的历史事实，重加申说，没有什么特见，而且这些解释，只指明中国文化的历史和地理上的趋向途径，并非说明南北文化的性质的不同。

张振之的论文在材料内容见解上，都和桑原氏的著作差不多完全暗合。所以看过桑氏的文章的人，可以不必看张先生的著作。

张君劢先生的言论，大致和桑氏所举出的由北方的黄河趋向到南方的珠江流域，没有差异；不过他对于抵抗外族的力量方面，特别注意。他的结论有了下面一段话：

> 诸君假定问我为什么今后救国之责任，西南为特重？又有人问我这向广东、云南等人去说，亦何不可呢？我到广西没有几天，观察接触的各方面不多，但觉得广西地位及其性质上，约有五特点。一，广西省在中原文化为后起。二，广西人富于自信力。三，广西人有勇气。四，广西人诚朴，故易一心一德。五，广西人能刻苦耐劳，故合于革新时代所需要之清教徒的精神。此五大特点之中，其第一点换一名词来说，可名曰少不更事，惟其少不更事，故能有朝气，故愿意有所作为。试一思之，五六十岁的人，阅历已多，饱经世变，则其前进的兴奋，决不能与二三十岁的青年相比；个人如此，地

方的人民亦然。吾来此后，常闻此间广西人以文化落后为耻，文化有好的方面与坏的方面，科学发达，理智发达，是好的，因此而有文敝的病，则是坏的。广西人因文化落后，而保留许多好性质，是件不可忽略的事情。试想七国争雄的时候，当时诸侯皆以夷狄遇秦，摈斥之不与同中国之会盟。然卒灭六国者，非楚非齐，乃秦国耳。罗马所以灭希腊，日耳曼民族又灭罗马，皆可以同类而并观。惟其为粗悍，乃有朝气，乃有自信力，乃有勇气，而所向无敌。文化落后的缺点固当矫正，然其优点不可不关保存。

"九一八"事件发生以后，国人有不少的感觉到中国民族的复兴的责任，南方比较北方为重。但是张先生以为落后的文化，却有了不少的优点，而为民族曙光，且可以凌驾他族，像秦之于六国，罗马之于希腊，我们却未敢赞同。这一点马君武先生在张先生讲演之次日，在南宁军校讲《民族文化与民族的复兴》（五月十二日《南宁民国日报》）已经指摘出来。马先生的理由，是现代与古代的欧洲（蒙古时代），都完全不同。现代世界经过二大变化，一是十八世纪的工业革命，二是一九一四年的世界大战。经了这二次变化以后，欧洲的物质文明日进无已，至于不可思议，所以救国的责任，不只是靠着简单的不怕死所可能，还要有充分的科学的智识和机器的了解。马先生这种见解，是我们所赞同的。我们固然相信南方在中国的文化的位置的重要。然而极力提倡精神文化，怀疑物质文化的张先生，若只是提倡所谓固有的精神，而怀疑物质的文化，则不但中国的北方没有希望，连南方也恐会变成开倒车的危险呵！

此外又如章太炎先生在其《国学演讲录》里（百九五—九六）所提出的《南北朝时代的南北文化观》，以及其他的片段的历史的或是历代上的南北文化的言论，虽也是从历史的观点来研究南北文化，然为篇幅起见，我们只好从略。

以文化的政治方面来做研究南北文化问题的，像民国十九年冬为宁粤和平奔走而在岭南大学讲演的张溥泉先生，及在《独立评论》第三十七期所发表《今日中国的两线希望》的尹及先生。

张溥泉先生也以为由历史上看去，中国文化发展的方向，是由北而南，而其发展的速度，从秦始皇筑成万里长城以后，较为厉害。始皇想杜绝匈奴的南下牧马，而使其帝业垂诸万世而不朽，因筑万里长城；长城之完成，在政治上固可以阻止外族之南趋，以扰乱中国，文化上却阻止中国文化之北向发展。且当时中国文化之中枢，乃在北方，再向北发展既为长城所阻止，唯一的发展方向，便是南方。

历史上的中国文化的发展的方向，固是由北方到南方，但是现代中国文化发展的趋势，却是由南而北。张先生在这里所指明的，特别是现代政治上的由南而北的运动。张氏本来是在政治舞场上活动的人，这次讲演也是以政治方面为立脚点。在他讲演的时候，沈阳方被日本占据不久，他看看日本数十年来在满洲的经营,正是东北的危机同时他又看到北方的蒙古和西北的新疆,百里没有人烟,而国人,特别是远在南方的南方人,对于这些地方的情形,太过隔膜,所以免不得要唤醒一般青年不要等闲去看待这些疆土。

不但这样,张先生又眼看着南洋一带的行情,日趋险恶,华侨之寄托于这些地方者,好几百万,这么多的人们,要是在南洋没有可以栖身之所,必定跑回中国国内,不但是因为他们回来而断绝了从南洋每年输入的钱财,还且增了无数的无业游民。补救之方,是要向北走,所以向北走的口号,不但是现代历史所已证明的事实,而且是我们所应行的途径,所应采的方针。

张先生固然告诉我们中国的文化的由北而趋于南,以及由南而趋于北的两种趋势。然他却没有告诉我们还两方文化的异同之点如何。所以这种的南北文化观,还是很不清楚,没有澈底。

尹及先生的意见,可于下面数段见之:

> 今日的中国与明末的中国有希望的分别,已如上述。有希望的共同点是什么呢?我以为是这样:华南是反攻的大本营,是救中国、复中国的策源地。
>
> 清朝征服华北,比较速点,征服华南,真费了九牛二虎之力,费了五十年功夫,才告成功。反抗清朝的势力,都不是在华北、华中的一望无际的平原,而是在高山峻岭的华南——江西、福建、广东、广西、云南、贵州。郑成功还占据台湾,到康熙晚年(一六八二),经过康熙雄谋大略的用兵,才告克定。假如中国今日是给外敌征服,华北必在先,华中次之,华南必最后。将来反攻的势力,如洪秀全、孙中山辈,也许来自两广。
>
> 我们试想华北离东三省最近,受外敌的刺激应该最深,抵制仇货的运动,也应该最烈;而实际上不然,抵货运动,反在离东三省最远的广东为最热。近年以来,公共建设事业,还算两广首屈一指。论起民气,无论谁都不能否认南方比北方强烈些。头一个敢与日本开仗的,还是十九路军的南方人。这并不是说北方不成,北方民气之所以不振,也许有原谅的理由,但南方民气的雄比北方强烈些,事实具在,无容讳言。
>
> 原来南方与北方有一个很重要的分别,就是北方灾荒多,而南方灾荒少,灾荒对于中国人人格的影响,美国有一位学者Ellesworth Hungtington已详乎言之。灾荒于中国人自私性格的养成,实在值得注意。中国为一根深蒂固的灾荒国家,所以处处都露着互相倾轧排挤的现象,仿佛人人都不能一饱。至于所谓同情心、怜悯心,更谈不到了。灾荒多重的地方,此种性格愈为显著,灾荒少的地方,则比较好些。
>
> 华南受条约的束缚,比华北地方较少些,华北受"辛丑条约""二十一条"等等的束缚,不知吃亏多少。即如这次山海关的陷落,据何国柱说,因

为"辛丑条约"都把险要给了敌人,所以华军无险可守,节节败退。华南亦未尝无条约的束缚,如香港、澳门虽横梗于珠江出口,但都不是致命伤,历史上亦未曾有过以香港、澳门为对华用兵根据地的事实,以视东三省现已变作日本对华北用兵的根据地,及平津各处都有外国驻兵那块地方,比较的容易作反政根据地,就可不言而喻了。

华南比华北富庶,少受经济上压迫,运筹策画都比较容易下手,这也是事实。国民党的革命几乎完全倚靠广东的财源,以一省之力的广东,给养革命党的迭次用兵者凡三十余年。除江浙而外,中国没有一省有如此能力的。这其中广东的华侨,在财力上的接济,当然不算少。

尹及先生以为中国的政治的将来还是希望和靠南方,而南方的优点,是地理上有天然的险要,民气上比北方强烈些,条约上的束缚比华北地方较少些,经济上比华北较为充裕,以及灾荒上较北方为少。这些优点,以及其相反的缺点,是南北的重要差异。这些差异从地理、政治,或经济的观点看去,虽是我们所不能否认,然从整个文化的观点看去,却没有法子得到一种明白的概念。因为所谓地理上,所谓高山峻岭,是天然的优势,而超出文化的范围以外的。所谓条约的束缚较多或较少,也不外是一种条件或限制,我们不能叫北方的文化做束缚较多的文化,或是南方的文化做束缚较小的文化。这些名词不但不能成立,而且不通。又如经济充裕,灾荒比较稀少,也不能把来说明南北的差异,因为这些经济上的量的比较,对于文化的认识上,没有什么意义。比方我们说贫穷的文化,或是富裕的文化,简直就是没有什么意义。

所以在政治经济或地理上,我们可以表同情于尹及先生的南北异同,然在文化的观点上看去,这些差异,就不能给我们以一个明白的解释。

尹及先生对于中国南北两方的经济的不同,已经见到;但是对于这点加以特别注意的,要算梁园东先生在《新生命杂志》三卷十二期里所发表的《现在中国的北方与南方》。

梁先生也承认:在历史地理上看去,中国文化的发展,是由北方而趋至南方,但是其所以由北方而趋于南方的原因,主要是由于经济重心是在南方,经济重心之所以形成的原因很多,但是地理气候却有了不少的作用。北方因为地理气候种种原因,故其经济生活,不但没有南方这么容易,而且还要依赖南方以维持其经济生活。因为北方要赖南方的经济生活,北方不得不设法和努力去统治南方。梁先生说:

> 北方所以统治南方,是因为北方经济供给不及南方,为维持统治阶级的地位,北方必要取南方,南方却不必统治北方,已可维持。

这是已往的中国的南方和北方的关系,现在却有了很大的变化了,而这个变化，并非内部的自身变化，而是外方势力的影响所致。梁先生说：

> 自欧洲势力侵入中国以来，中国的南部数省起了极大的变化，无论在政治上、社会上、经济上、文化上，无不有极大的改变。现代中国的南方和历史的南方，所有的差异，较之现在北方和从前北方所有的差异，大不止倍徙。现在的北方，寻不出多少社会原素，和历史的北方不同；但是南方却不然，因是南北的关系也就变了。

质言之，现在的北方固和过去的北方相同，现在的南方已和过去的南方大异。其所以大异的原因，是因为欧洲势力侵入中国的影响。这种的改变，又影响到过去的南北的关系。换言之，就是历史上的北方统治南方，已经停止，但是现在的南方固不受北方的统治，北方一据梁先生的意见——若联合数省起来保着固有的精神和能力，却仍可以和南方相对抗，而不受南方的控制。

可是这种对抗是梁先生所不赞成的，而且中国南方和北方这种畛域，是不应当有的。因为中国的民族有了像儒家的思想来做他们的共同意识，而这种共同意识，又是他们同舟共济，不分南北的一种原动力，他说：

> 由北而南，或重北轻南的封建遗论，不应有；即连由南方或由北方统一的思想，也不应有，根本上南北的畛域观念，即不应有。

梁先生好像感觉到南北文化的异点，比较一般的人的见解和研究，颇为深刻。可是他也没有明白的说出，南方文化是什么，北方文化是什么。因为对于这一点没有充分的认识和显明的解释，他遂以为在南方文化起了变化以后，北方虽已失了控制南方的能力，然北方若能团结起来，还能对抗南方。同时他又相信：像儒家一类的传统信条，还可以利用以做中国人的共同意识，而调济南北对峙的缺点。这当然是一个很大的错误，而其错误的原因，我们当在下面说及。

此外又如民国二十一年夏，庄泽宣先生在《朝晖》半月刊第一期发表一篇《西南的贡献与西南的使命》。庄先生指出百年以来对于帝国主义的抵抗最有力而且最成功的，要推西南各省。他以为在鸦片战争时代的林则徐，在中法战争中的刘永福和冯子材，以及最近来的十九路军之在沪抗日，均是西南勇于对外的表示。此外又如南方的华侨之在南洋及各国的经济势力，以及中国近数十年来的大企业家大银行的组织者，都是南人。这是西南人士的对外的力量的表征。至于对内方面，他指出清末的同盟会，民国十三年改组后的国民党，首先倒袁的云南护法的西南政府，北伐中的两广武装同志，以至洪秀全的太平天国和梁启超的学术工作等，都是西南方面的贡献。因为西南在中国近代史上的贡献大，所以她的责任也比较大。所以庄先生又指出西南人士所应当下大决心来做的几件事。如设法帮助华侨，奖励华侨回国投资整理乡村，防止都市的畸形发达等。

庄先生看出南北两方有了很多的异点，如他说西南奋发有为，东北颓丧无能；南方富庶，北方穷困等。但是他也没有明白的给我们以一个概念，南方文化是什么，北方文化是什么。而且经济上的南北不同，老早已有人说过，反抗帝国主义的力量，是历史上的已然的事实，和最近东北事件发生以后的一种反响。

末了如朱谦之先生和其他数位在中山大学史学研究会所出版的《现代史学》一卷二期所发表和转载几篇文章，《南宁民国日报》副刊（廿二年五月十八日）以及《广州民国日报》的"现代青年"栏所发表过几篇文章，以及像 Ellesworth Hungtington 的外国学者的《中国的南北对比观》（参看氏著 *The Character of Races*, Chap. 2）以至广州党部前二年的南方文化运动的提案，均是对于南北文化观这个问题上发挥意见，我们因为篇幅的关系，只能从略。

第四章　所谓南北文化的意义

在上面数章里，我们已将过去和近来一般的人们的南北文化的意见，略为介绍，并稍加批评。在这一章里，我们要将我们对于这个问题的意见，略为解释。

我们以为从所谓中国固有的文化看去，中国只有一种文化，没有所谓南方文化，和所谓北方文化。这种文化不但是从其发展的方面看去，没有南北之分，就是从其性质的方面看去，也说不到南北之分。

我们现在且先从其发展的方面来说：

中国的文化，具有悠久的历史，这是一般人所承认的。可是详细考察起来，她的原始很不容易断定。比方《尚书》以《尧典》为首篇，《史记》又托始于黄帝，到了晋皇甫谧又补了《三皇本纪》。结果是中国的文化史又提前了好多年。到了宋罗泌著《路史》，于是开天辟地的人物也托出来。事实上五帝以前的文化，固是可疑，黄帝、尧、舜、夏禹的文化，现在也有人不相信。这种怀疑，在中国文化史的研究上，当然有了相当的位置。但是怀疑未经证实以前，或是像顾颉刚先生所说，"反的方面的工作，尚未多作"，我们不妨略采这些书籍的记载，来做解释，并以示中国文化发展的大概。

传说古代帝王有所谓燧人、有巢、庖牺、神农诸氏；燧人氏教民钻木取火，所以从此以后，人民始有熟食。据一般研究文化的人，都以为火的发明，是文化史上一个最大的发明；因为火的发明，不但是影响于人类的饮食方面，而且影响于文化的其他的方面。

据古史的记载，古代的人民都是穴居野处，到了有巢氏的时代，始教人民架木为巢；因此居住方面，从此以后，也逐渐的进步起来。

庖牺氏始作八卦，以通神明之德，作结绳而为罔罟，以佃以渔；又教人民以二俪皮制嫁娶之礼。我们于此知道在伏羲的时代，不但在物质方面的田猎已见端倪，在社会方面的婚姻和精神方面的哲理，也见萌芽了。

到了神农的时代，耕种的工具，像耒耜也开始创造，而使农业能够逐渐进步。他又自己尝试百草，使医药能够逐渐发达，以除人民的疾病；教民日中为市，致天下之民，聚天下之货，交易而退，各得其所。

黄帝继承上面所说诸氏之后，对于文化的发展上尤为努力。他和他的臣僚教民制作衣裳、舟车等物质的文化，同时在社会制度，而特别在创作文字上的功劳很大。

尧、舜承黄帝诸氏之余绪，对于文化上的努力，而特别是政治制度上的设施，尤为后代所赏赞。故中国文化根据古代史料的记载，在尧舜时代已有相当的发达，然而中国的文化，一到尧、舜的时代也可以说是已趋于成熟而逐渐固守的途径。我们读史，知道在这个时期，会有洪水之祸，禹治平之后，而有夏的世袭政体，遂为中国家天下的政治制度之始，然根本的政治制度并没有重大的变化。同时在夏朝的四百余年的文化，既没有什么异彩，而对于这一代的记载，也很缺乏。所以孔子免不得要说"杞不足征"。夏朝固是如此，商朝也差不多是这样的。就是到了周初，在大体上也不外是把已往所遗传下的文化，略为增益。所以乡土观最重的孔子之对于周虽尊崇备至，然究不若其对于尧、舜之甚。所以我们说，若据一般史书的记载，中国文化的规模、干体，在黄帝、尧、舜的时代，已经确定。此后一朝一代人物几经沧桑，然除了枝叶的变异外，根本上并没有多大的改革。

  从皇古以至周初，中国的文化，既逐渐的发展，而趋于成熟，而这个文化的本身上，并没有南北之分。事实上在这个时代里，南北的对峙，可以说是完全没有的。所谓中国之南，中国之北，都是苗夷所住的地方。若是中国之南的文化，或是中国之北的文化而能成立，那么这些文化是中国以外的南北文化，而非中国以内，或是中国本身的南北文化。因为中国本身上只有一种文化。文化没有南北两种，《诗·大雅》有"自南自北"之句。但是这里所指的，乃是武王从文王的南方的丰邑而移到北方的镐京，于文化没有多大的意义。

  很多的学者，以为春秋战国的时代是中国文化的全盛时代。可是这种意见，也非尽对，而其错误是由于他们太看重了这个时代的思想，而把思想来代表整个文化。我们承认在思想方面，这个时代确是超越过去的任何一代的思想，可是在思想以外的其他方面的文化，要说也像思想一样的超过已往的时代，而特别放出异彩，却是我们所怀疑的。思想，虽是特别发达，然而思想上的没有南北之分，我们上面已经说过，这里不必再述。此外又如孔子、孟子及诸子书中所说的南方或北方，有些虽和文化有多少的关系，但是这些片段的记载，和枝叶的说明，也不足以代表文化的全部，或是重要部分。这一点，我们在第一章里也已说过，只好从略。

  秦汉以后，中国的文化，不但其他的方面跳不出周秦以圈子；春秋战国时代的诸家的思想，且因好多原故，而被摈斥。结果是不但不能循着已往的轨道而增益，还且好像步步落后。其后佛教的传入，于中国一部分人的人生观，及生活上，虽有多少影响，然中国文化的干体，却不因此而动摇，而于中国的南北文化上，更没有什么关系。

  南北朝的时代，从政治的组织的形式来看，虽有南北之分，但是以整个文化来看，则其差别也是很微。而且无论南朝或是北朝，所奉以为政治上的标准原则，却没有什么不同。又外族南侵之初，因种族的不同，而文化也有差异，然而这个差异，与其说是南北的差异，不如说是中国与五胡的差异。何况在北方的中国人既并不放弃其固有的中国数千年的传统文化，而外族之侵入中国者，且不久而被染华风，奖励华化；结果不但没有南北文化之分，所谓华夷文化之分，亦因之而消灭。

隋唐统一以后，所谓枝叶上的南北各异也且没有；此后而宋而元而明而清，中国固有之文化，没有一代不循着过去的旧路，而成一系统，成一直线，成一音调。

因为时间上的发展，是代代如此，所以中国文化只有一种文化，没有两种文化，也没有所谓南北文化之分。我们若再从空间上的发展看去，则所得的结论，也是一样的。

在前面数章里，我们已经指出好多学者从事研究中国文化之由北方而趋于南方，这个南方和北方，照我们的意见，至多只能说明像刘光汉所说学术方面，也许其他的方面，有时南胜于北，有时北胜于南，然并非说明南北两方文化的不同。然而这种时间上的北胜于南，或是南胜于北，不外是说明中国文化的发展的中心，并非说明其差异。因为中国的文化的发展，只有一种文化，所以无论是北胜南胜，还是这一种文化，而非别种文化。因此之故，我们以为从中国的文化的空间发展看去，所谓北方文化，就是南方文化，而南方文化，也就是北方文化。这一点，我们可以从中国文化的由北趋南的历略中见之。

原来中国文化之在周代以前所占的区域，是在黄河流域的很小的地方。《禹贡》的九州，是否可靠，尚有问题；就算做可靠，荆扬一带，还是南蛮的地方。周室东迁，诸国称霸，南北固逐渐开化。然所谓开化，又不外是中国化；中国化又不外是表明中国固有的文化的范围的扩大，并非南方本身别有一种文化崛起，而和中国的文化两相抗衡。《左传》吴伐郯而书为"蛮夷入伐"（成公七年），卫君习吴语而书为"效夷语"（哀公十二年），只是表示中国与蛮夷的文化的不同，而非中国本身上的南北文化的异点。我们可以说在春秋战国的时代，中国的文化的范围，还是在黄河一带。

晋室东迁，永嘉之乱，中国文化的中心逐渐由黄河域而趋于扬子江流域，这是一般学者所承认的。然而这个变更，不过是一种文化的地理的中心，从一个地方，趋到别一个地方。同时经过此次的迁移，此后一直到了现在，这个中国文化的中心，始终是在长江流域，没有再推进而至于珠江流域。所以事实上所说的文化中心，由北趋南，不外是由黄河流域而趋到长江流域。长江流域在古代固是中国的南方，然在近代却是中国的中部。有些人以为在南宋的时代，中国文化的中心，趋到福建；然而这个见解是片面的。南宋的朱子和其他的福建学者，在学术上虽有相当的位置，然从文化的全部看去，其中心仍在长江一带。所以严格来说，中国文化的中心，从整个中国看去，不外是从北部趋到中部，而非由北部而趋于南部。

假使我们不以中国的文化的中心来做研究的对象,则中国文化之由北部而趋于中部,再由中部而趋于南部,当然是很显明的。然而这里的南北差异,也非文化本身的差异,因为南方的文化,就是北方和中部的文化。质言之,南中北三部只有一种文化——这就是"固有"的文化。

不但是南方的文化,乃北方的文化,而且保存和迁移、传播这个文化到南方的人们,也差不多是北方的人们。唐杜佑《通典》里说:

> 永嘉之后,帝室东迁,衣冠避难,多所萃止;艺文儒术,斯之为盛。今虽闾阎贱品处力役之际,吟咏不辍。盖因颜、谢、徐、庾之风扇焉。(卷百八十二"扬州风俗"条)

又如唐林谞的《闽中记》说:

> 永嘉之铁,中原仕族,林、黄、陈、郑、四姓,先入闽。

连邱濬所谓岭南第一的相业人才的张曲江,以至他自己及好多的人们,都是由北方迁移来南方。他们本身既是北方人,他们的文化,也是北方的文化。

北人南迁的记载,清赵翼说的很多,在他的《陔余丛考》里说:

> 宋南渡时,凡世家之官于朝者,多从行;如韩肖胄、伫〈胄〉,皆琦之曾孙也。王伦,旦之裔孙也,吕本中、祖谦、祖俭、祖泰,皆公著之后也。常同,安民之子也。晏敦复,殊之后也。曹友闻,彬之后也。(卷十八"宋南渡世家多从行"条)

在他的《二十二史札记》里他说:

> 宋南渡诸将,立功虽在江南,而其人皆北人也。张俊凤翔府成纪人,韩世忠、张宗颜皆延安人,岳飞汤阴人,刘世光保安军人,刘锜德顺军人,吴玠、吴璘、郭浩皆德顺军陇干人,杨存中代州山享县人,王德通远军熟羊砦人,王彦上党人,杨政原州临泾人,牛皋汝州鲁山人,曲端镇戎人,成闵邢州人,解元保定军德清砦人,王渊熙河人,赵密太原清河人,李宝河北人,魏胜宿迁人,王友直博州高平人,李显〈忠〉绥德军青涧人。统计诸名将,无一非出自山陕者。是南宋之偏安,犹是北宋之余力也。其他不甚著名,而守城抗节者,亦多系北人。

原来南方文化之中国化,大概是由于北人之向南迁移,而特别是东晋、南宋的时代。北人之或宦或商,以及因乱而南迁者为多。此外一般臣僚之被谪而到南方者,如韩退之之在潮州,柳宗元之在永州、柳州,苏东坡之在琼州,对于这些的地方风俗学术,均有相当的影响(参看屈大均《广东新语》"珠玑巷"条)。

严格来说,中国的文化,不但是由北方而趋于南方,且可以说是由南方而趋于北方。我们已经说过,中国的文化之在古代,是沿黄河的附近,现在华北各省的北方的地方，是狄人的根据地，在黄帝时代的獯鬻，西周时代的狎狁，也许就是狄人或是狄人的同种。在春秋战国之世，得了齐桓公和晋文公等的征伐，到了赵灭中山以后，北狄完全同化于中国。此后又如五胡之乱华，而被华化，元、清之统治中国，而为中国所化，均可以说是中国的文化之由南方而发展到北方。

同样中国的文化也是向东和向西两方而发展。王制说"东方曰夷，被发文身"，就可见得东方的文化之和中国的文化不同。周公营东都于雒邑，据说也是为着镇压东方的民族而施行中国的"德化"。又如《诗经·鲁颂》所载鲁公伯禽之平淮夷的功绩，也是不外表示中国文化之向东发展。至于向西发展，也是很显明的。西周的晚年，西方的犬戎猃狁起来，且把幽王杀死，他的儿子平王没有办法，只有东迁京都的妙计。但是秦国日强，逐渐把西戎二十余国灭起来，结果是在战国末年，通通为秦所征服。到了秦统一天下，这些地方的人民和文化已和中国的人民和文化没有多大的差别了。到了后汉代之通西域，三国时的蜀国之向西开拓，以至后代之青海、新疆、西藏等处之入中国版图，均和中国文化之向西发展上，有莫大的关系。

这样看起来，中国文化的空间的发展，不但是由北向南，而且由南向北，以至向东向西而发展，然则所谓中国的南北文化，简直变为没有多大的意义了。

我们的结论是从中国的"固有"的文化的发展的时间上看去，中国近代的文化，就是古代的文化，而古代的文化，也就是近代的文化。从其发展的空间方面看去，北方的文化，就是南方的文化，而南方的文化，也就是北方的文化。质言之，中国固有的文化，只有一种文化罢了。

我们现在且来谈谈中国文化的性质：

我们以为中国文化的性质，是很单调的；这种单调的文化的代表，可以说是孔家，所谓中国文化，在大体上，可以叫做孔家文化。

本来孔子由今日来看，固生于二千余年前，然由中国全部历史的托始来看，却生于二千余年后。同时他在春秋时代又不过是诸子百家之一，把他来做中国全部文化的代表，岂非太过吗？我们以为中国文化之代表人物，于孔子之外，本可加入老子，但是在大体上，老子的思想之实现于文化各方面者，可于孔子的思想之实现于文化各方面者找出来。同时二千年来的文化的重心，是偏于孔家的思想。在孔子以前的文化的记载，在诸子著作，像《庄子》里虽可以找出，然比较有系统的记载，还要算孔子所删订之书籍。所以严格来说，中国全部的文化，有了这么悠久的历史，因不能以某一个人，或某一部分来代表。可是从文化的重心及大体上看去，孔家之在中国文化的位置的重要，无论是谁，都要承认的。

中国的全部文化，或是文化的重心，既可以孔家来做代表，而孔子的根本原则，又不外是"一以贯之"的道。本来孔子这种"一以贯之"的道的本身，是有矛盾的。可是这个矛盾，后来没有人看出来，而且应用起来。其实现于复杂的文化的各方面，人们更不容易看出，结果是形成中国这种特殊的文化。孔子的道的矛盾，我在别处已经说及，这里不必再述，因为了矛盾，所以也不容易领会。孔门弟子像子夏这么超越，也说"夫子之言性与天道，不可得而闻也"。连孔子自己也没有明白说出来。我们根据《论语》所载，曾子的说法：

> 夫子之道，忠恕而已矣。

我们翻孔子的全部的言论著作，大体上可以相信曾子的解释。我们以为孔子之所谓道，大概不外道德的生活。本来道德生活，不外是文化很多方面的一方面，而且这种生活，是和文化的其他方面有密切的关系，及受文化其他方面的影响。无奈孔子看不出这点，他拼命去提倡他所谓道德文化，结果是看轻了文化的其他方面。

不但这样，文化是演化的，道德既是文化的一部分，道德应该是时时随着环境和文化的其他方面而演化。孔子又看不到这点，遂以为道德是固定不变的东西。同时他既以道德来做文化的标准，道德不变，则文化也无从变换。质言之，这种文化不但在时间上是"一以贯之"，就在空间上也是"一以贯之"。空间既是施诸四海而皆准，那么不但是在中国没有所谓南北之分，就是放大中国的范围，到全个世界，也不应有南北之分。

因为太过重观道德，我们已经说过，结果是太过轻视文化的其他方面，像人生的物质的需要。这一点不但是孔子如此，老子、佛家也是如此。孔子之轻视物质生活，在他的言论和著作中，处处可以找出，比方君子是得乎道的人，所以他说："君子不器。"又说："君子食无求饱，居无求安，敏于事而慎于言，就有道而正焉。"又如："志于道而耻恶衣恶食者未足与议也。"他的弟子中最为他所赞许者，首称颜回，然其原因，不外是像他所说："一箪食，一瓢饮，在陋巷，人不堪其忧，回也不改其乐。"他又称禹曰："禹，吾无间然矣，菲饮食而致孝乎鬼神，恶衣服而致美乎黻冕，卑宫室而尽力乎沟洫，禹，吾无间然矣。"

上面不过是从个人方面来说，其在家庭方面，他说：

> 今之孝者，是谓能养；至于犬马，皆能有养，不敬，何以别乎？

其在政治国家方面，我们且看下面一段谈话：

> 子贡问政。
> 子曰：足食，足兵，民信之矣。
> 子贡曰：必不得已而去，于斯三者何先？
> 曰：去兵。
> 子贡曰：必不得已而去，于斯二者何先？
> 曰：去食；自古皆有死，民无信不立。

他如樊迟请学稼，子曰："吾不如老农。"请学为圃，曰："吾不如老圃。"樊迟出，子曰："小人哉，樊须也。上好礼，则民莫敢不敬。上好义，则民莫敢不服。上好信，则民莫敢不用情……夫如是，则四方之民襁负其子而至矣，焉用稼？"其最显明的是：

> 邦有道，谷；邦无道，谷；耻也。

消极方面，他既反对复杂的物质文化，积极方面他所主张的道德生活，大概是曾子所说的忠恕之道。

原来忠原于孝，而恕发于仁；孝是指下对上所当尽的义务，仁是指上对下的情性。照孔子的意想，人类一切的关系，都可归纳于这两种观念里，而人类一切的关系，也可以从这两种观念推衍而来。原则上这种忠恕或是仁孝之道，略如上说；在应用上这两种观念的施行的基础制度，就是家庭。家庭制度本来是世界各种民族所共有的现象，可是她在中国却占了一个很特殊而且很重要的地位。一般社会学者相信家庭是传播文化的一个媒介，可是在中国的文化的重心是在家庭里，而且只就是家庭。我们差不多可以说，中国的文化，是家庭（家族）的文化。

家庭既是社会文化的基础，一切社会制度和文化的特质，都和家庭有密切连带的关系。比方国家本来是政治的组织，然从孔家的原则看去，却不外是家庭的放大。因为国家所依赖以治理的原则，和家庭所依赖以治理的原则，是一样的。故《孝经·士章》里说："资于事父以事君而敬同，以孝事君则忠。"又如《大学》里说："为人君止于仁。"由此类推，而至于治天下的原则，也不外是这样。所以《大学》里说：

> 所谓平天下在治其国者，上老老而民兴孝，上长长而民兴弟，上恤孤而民不倍；是以君子有洁矩之道也。

又如国家之有君主，天下之有帝王，也犹家庭之有家长。君王之于人民的关系，也犹家长之于子女的关系。家长之于子女，有绝对的威权，所以君王之于人民，也有绝对的威权。数千年来的中国不知换了多少朝代，然专制政体之不变，未始不由于此。

政治如此，宗教也如此，拜祖先是由于孝敬父母而来。孝敬父母，不但在其生的时候，就是死后也要这样。因此之故，拜祖先上一切的需要，像仪式，像神位，像节期，以至庙祠宗族的制度，遂尔产生。

孝敬父母不但可以产生宗教上各种动作和制度，而且生出婚姻丧祭上各种动作和制度。父母死后应当葬得其地，风水的习俗，因之而生。"不孝有三，无后为大"，于是多子多孙的大家庭，因而发生；而多妻多妾的制度，也得了道德信条上的允许。

因为要孝敬父母，所以父母在，不远游，父母死，丧三年。结果是自供自足的农业宗族乡土的制度和观念，因之而发达，而在文化的经济各方面，也现出特殊的性质，而形成中国的特殊文化。

总而言之，这种以孔家化的道德为标准的文化，不但是流行于中国的北方，而且流行于中国的南方。平情来说，这种孔家的道德文化要是没有历代的政治势力的保障和宣传，也许会像春秋战国时的诸子一样。但是孔家既给专制君主以理论的帮助，专制君主又给孔家以实力的保护和传播，从文化的观点来看，政治虽不过是文化的一方面，然而从历史上看去，政治却常为文化的中心。所以过去的历史记载，大都是政治的历史，孔家既能和政治的势力相依赖相利用，孔家化之为文化的中心，也是自然而然的。结果是不但能使孔教及其形成的文化垂诸二千余年而不倒，而且能随着中国版图的扩充而传播愈广。中国的版图若照本部的发展来看，是由西北而趋于东南，所以中国的文化也是由西北而趋于东南，但是空间上的传播的广远之于文化的性质上，却没有什么关系。质言之，空间上的范围，尽管放大，文化的性质，却是处处一样的。

这样看起来，南北文化的观念，简直就不能成立吗？

我们的回答是：从我们的五帝三王所遗下，以及孔家所形成的中国固有的文化看去，南北之分是没有的。但是从中国现代所有的和所采用的文化看去，则南北文化之分，也未尝没有可能的。我记得民国十三年五月间，河南省长李倬章发表过一篇很有趣的的言论，其最足以使我们注意的是下面一段：

> 自古以来，只有北方人统治南方人；没有南方人统治北方人。北大校长蔡元培与南方孙中山最为接近，知南方力量不足以抵抗北方，乃不惜用苦肉计提倡新文化，改用白话文，藉以破坏北方历来之优美天性与兼并思想。其实白话文简直是胡闹，他们说《红楼梦》《水浒》是好文章，试问不会做文言的人，能不能做这样一类的文字？至于新文化全是离经叛道之言，我们北方人千万不要上他的当。

阅了上面那段话的，也许免不得要捧腹而惊讶，这位堂皇的一省之长，竟会顽固和错误到这个田地。但是假使我们把他所说的新文化，未必一定是专指着民国七八年间所谓新文化运动，那么他感觉到新文化是离经叛道的文化，同时这种新文化和南方有了特别的关系，而和北方的文化处于对峙的地位，却非无稽之言。换言之，要是南方文化而和北方文化有了差异，那么这个差异据史实而得到一个结论就是：

南方文化是新的文化，北方文化是旧的文化。

所谓旧的文化，就是我们的五帝三王所遗下，以及孔家所形成的文化，所谓新的文化，就是中西文化接触以后，而从西方输入的西洋文化。所以新的文化，和旧的文化的意义，又不外是：

中国文化，和西洋文化。

我们承认这种的南北文化的差异，不过是一种文化过程上，暂时的现象，从将来的眼光看去，也许是历史上一种的遗迹，因为南北文化的差异，既是新旧的差异，则所谓旧的文化，逐渐消灭，新的文化逐渐发展。到了这时又只有了一种南北相同的文化，而没有南北各异的文化。所以这种的南北文化观，是有时间性的限制的。

其次我们因为见得在历史上这些新的文化的策源，及其输入的首冲，是在南方，所以叫做南方文化，正像中国固有的旧文化，是策源以于北方（指中国本部），所以叫做北方文化。又因新的文化的本质是西洋文化的本质，所以也可以叫做西洋化，而旧的文化却是中国固有文化，所以也可以叫做中国化。这种的南北文化观是注重在文化的策源上，并非注重在文化的发展上。因为从文化的发展上看去，旧的文化的繁盛，固是趋于长江流域，就是新的文化的繁盛，也有进到长江流域之势。

我们以为除了我们从这两种文化的策源上着想，则中国南北文化的观念，殊难成立。也许有些人说，小国的南方和北方，因为地理、气候、物产以至言语上的不同，而生出南北文化的不同。这种见解也非完全没有道理，可是就大体来看，整个中国的文化，是有了一个很相同的模型和内容；而且在文化较进步的社会，地理、气候和物产上的作用，其力甚微。至于南北说话的差异，固是显明，然根本上的文字是处处一样。若细微来说，则广东一省之内，甚至像中山一县之内，也有好多不同的土音。所以要是南北的文化而有各异——比较显明的各异，而值得我们用南北这两个字来区别，则这个南北的文化，必定是新旧的文化，或是西洋和中国的文化。

我们这种结论，也许会引起一般人的疑问，这就是：所谓北方的文化，是中国本来固有的文化，而所谓南方的文化，却是一种舶来的西洋文化。把一种固有的文化，因其策源于北方而叫做北方文化，还可说得通，把一种从西洋运过来的西洋文化，因为从南方输入来，而叫做中国的南方文化，其实却是西洋文化，顾名思义，安能与策源于北方的固有的文化，相提并论，而成为中国的南北文化的差异呢？

我们的回答是：严格的"中国"文化，其实是本来的中国土人的文化。我们所谓中国汉族的文化，也许本来是汉族从西方带来的文化，这个西方的所在，究竟在那里，学者尚没有正确的证明。不过所谓汉族本来不是住在"中国"的本部，是从别处移来的，这是无论何人，都要承认的。汉族既是由别处移来，汉族的最初的文化是，汉族自己创造出来，还是由他族或他处仿效来的呢？要是由他族仿效而来，那么这个文化，并非汉族"固有"的文化。要是自己创造出来，然后输入中国，那么从西方那边移到中国，有没有受过他文化的影响呢？若说是受过,那么这个文化还不能叫做固有的文化。若说是没有受过,那么严格来说,这个西方的文化,还是一种移植的文化,而非"中国"的文化,同时这个西方文化,又安知不是和现在这个西洋的最初的文化,有过关系呢?

其实绝对的本来固有的文化,是很少有的,这是一般人类学者所共认。所以所谓固有的文化这句话,严格来说,就不大妥当。而所谓中国文化这句话,也许是指着中国人所创造的文化。但是中国人若能效法他人的文化,自己又能同样的创造出来,这个文化,也不能不叫做中国文化,就使这个文化不是由中国人自己运输,或仿效过来,而是由外边人把她输过来,而影响到中国文化,然后再由中国人模仿和创造,她也可以叫做中国文化。

这样讲起来,所谓西洋文化,若是的确为中国人所需要,的确是从南方介绍进来,那么叫她做南方文化好像没有什么不妥的地方。我们承认在所谓固有的文化尚深存在一般人的头脑里,同时在西洋文化的接受,尚为一般人所踌躇的时期,人们也许会感觉到这种文化是外来的文化,而非中国人自己的文化。但是假使过了千数百年后,中国人而完全是西化了,而且能将这种西洋文化再来发展下去,比起现在还要进步得多,则一二千年后,试问有谁还要来告诉我们,这种文化不是我们的文化呢?而且我们不应该采纳这种文化呢?假使到了这个时候,我们听了有些所谓卫经辅道的先生们,还是排斥这种文化,而要我们复返所谓固有的文化,则将来我们转身一看,我们二千年来是没有固有的文化的,而我们的六七千年的历史,也因此而中断了二千余年了。

事实上不但是等到哪个时候我们不会排斥一切的西洋文化,而复返固有的文化,现在我们已做不到了。比方我们现在拟写一本中国从古至今的小说史,鲁迅是我们免不得要采入的,然而这位《狂人日记》的鲁迅是怎样说过呢!他说:

> 我翻开历史一查,这历史……每页都写着"仁义道德"几个字。我……仔细看了半夜,才从字缝里看出字来,满本都写着两个字是"吃人"。

这样的鲁迅,在卫道先生们看起来,怎能配得叫做中国小说家呢?然而西洋人又告诉我们道,《阿Q正传》的原本著者的鲁迅是中国的小说家呵。要是鲁迅是个例外,我们且看林琴南先生。他老实是位卫道君子,他又是位大名的小说家,可是《茶花女》这类百余种小说,严格来说,是不是中国的小说呢?小说固是如此,文化的其他方面,也是这样。质言之,现在的西洋文化,逐渐的成为我们文化一部分,而为我们所不能排斥。

平心来说,假使我们始终不变我们数千年来的顽固夸大,以及排外的态度,我们终没有法子去走出这种惟有束手待毙的圈子。三百余年来,也许是一百年来的经验,已给我们不少的教训,而最近的东北风云不外是甲午庚子所种下的种子的花果。要是我们今后还不把这些西洋文化当做我们的自己东西,而提倡之,发展之,则我们终没有法子来达到西化的路。至多只会享受西货,而致财竭力尽,长此以往，中国前途，尚何堪问！

从西洋输入来的文化，一到我们肚子里而起消化的作用便是我们自己的文化；因为她是我们自己的东西，而且是我们目前所急需的东西，为什么我们不努力去提倡和发展呢？她既是我们自己的东西，而其策源——也许是在最初输入的中心，又是南方，那么叫她做南方文化，像所谓中国固有的文化，是策源于北方，或是最初是由北方输入而叫做北方文化，好像没有什么不妥的地方。

然而这种新文化，或是西洋文化，究竟是不是策源于南方，或以南方为输入之中心呢？

要答这个疑问，我们应当看看我们中国西化的历史，并且要将西洋文化的全部分析起来看看她所包含的各方面，或是最重要的数方面的输入和摄取，是否策源于南方。

第二编

第五章 西化始于南方的原因

南方之所以为新文化的策源地,或是西洋文化的媒介,至少具有二大原因:一是由于西洋人之来中国者,主要是在南方;一是由于中国人之到外洋而和西洋文化作直接或间接的接触者,主要都是南方人。

我们且先谈谈西洋人之来中国的概略。

西洋人之来中国的原始,我们至今尚没有确实的智识。有些人因"中国民族西来"之说,以为炎黄以前,中西民族或已有密切的往来。有些人又以为西洋人之来中国,却在三代之世。梁任公稍近前说,张星烺似近于后说。我们根据可靠的史书,《后汉书·西域列传》载:桓帝延熹九年,大秦王安敦遣使自日南徼外献象牙、犀角、玳瑁。这里所说的大秦,世人传说为罗马,而所谓"自日南徼外",明明是指明由中国的南部而来。这样看起来,则西洋人之来中国,老早已从南方。又据《梁书·诸夷列传》:吴黄武五年,有大秦贾人宗秦论来至交趾;交趾太守吴邈遣送诣孙权。这也是先至中国的南方。

唐时的景教,乃西洋基督教的一支流,由波斯传入中国,盛行一时。其东来的途程,究竟是由海道,或由陆道,尚没有正确的证明,但是唐代因为波斯、广东间的交通很盛,政府且设市舶使官职(?)以资治理。则这些传播景教的人,也许是由海道而从南方输入。此外又如元代因兵威疆土远至欧西,西洋人之来中国者,虽多自陆道而达中国的北方,然教士像 Odoric 最先至广东而为罗马旧教传入中国之始。且据马可波罗的游记,他曾由海道由中国东南海而达波斯返欧洲。他又说明印度使者由海道来中国,费用省而历时迅。那么西人之由海道而达中国东南岸者,也非没有可能的。

然而上面所说的西洋人之来中国虽是先至南方,不过所谓海道并非纯粹的海道。他们必定经过不少途程的陆道,然后始能取海道而东来。这些陆道跋涉很是艰难,时日既久,危险又多,结果是使他们不能继续的到中国。所以元代以前的西洋文化之于中国,简直是没有什么大关系。

到了明之末叶,欧洲的探险家有些绕南美洲,有些绕南菲而东来,于是中西的航道始能直接沟通。从此以后,西洋人之来中国者,络绎不绝,而西洋文化之影响于中国,也逐渐发展。

西洋人由航道直接最先来中国者，为伯勒斯持罗（Raffael Perestrello）。伯氏本为葡萄牙人，《明史·外国传》称为“佛郎机”人；他于明正德十一年（一五一六）到中国的南部。其次年，葡人 Ferdinand Andrade 至上川岛。同年葡人 Mascarenhas 也到福建。此后越来越多，浙江的宁波、福建的厦门，而特别是广东的港口，时时有了洋人的踪迹。

到了明嘉靖年（一五三五），葡人且据澳门以为根据地，关于这件事，《明史·外国传》有了一段记载：

> 濠镜在香山县南虎跳门外，先是暹罗、占城、爪哇、琉球、渤泥诸国互市，俱在广州设市舶司领之。正德时，移于高州之电白县，嘉靖十四年，指挥使黄庆纳贿请于上官，移之濠镜，岁输课二万金。佛郎机（按乃葡萄牙之误）遂得混入。高栋飞甍，栉比相望，闽粤商人，趋之若鹜。久之，其来益众，诸国人畏而避之，遂专为所据。（参看《瀛环志略》的记载）

这是葡人占据澳门之始，从此以至香港之割让，澳门都为西洋人在中国的唯一居留租借地，或是东方的欧洲的缩影。

继葡人而来中国者，为荷兰人，关于荷兰人，《明史·外国传》也有一段颇详细的记载：

> 荷兰又名红毛番，其人深目长鼻，发眉须皆赤，足长尺二寸，颀伟倍常。万历中，福建商人岁给引往，贩大泥、吕宋及咬𠺕吧者，和荷兰人就诸国转贩，未敢窥中国也。自佛郎机（按系葡萄牙）市香山，据吕宋，荷兰人闻而慕之。二十九年驾大舰薄香山，澳中人数诘问，言欲通贡市，当事难之，税使李道即召其酋入城，游处一月，乃遣还。澳中人虑其登陆，谨防御，始引去。海澄人李锦及奸商潘秀、郭震久居大泥，与荷兰人习，语及中国事，锦曰：若欲通贡市，无若漳州者。漳南有澎湖屿，去海远，诚夺而守之，贡市不难成也。酋即命驾二大舰，直抵澎湖。时三十二年之七月（一五五三），汛兵已撤，如入无人之墟，遂伐木筑舍，为久居计。当事屡遣使谕之，严禁奸民下海，犯者必诛。由是接济路穷，无所得食，十月末，扬帆去。后又侵夺台湾地，筑室耕田，久留不去。

荷兰人之来中国的南部，虽是很早，然荷兰人在传播西洋文化于中国的位置，不大重要。继荷兰而到中国，而且在中西关系上占得最重要的位置者，要算英国。而英国所注目的中国也是南方的中国。

英国人之始来中国，是在明崇祯八年（一六三五）。他们最初率领舰队到澳门，因被澳门的葡萄牙人拒绝，乃率舰队直进虎门。虎门炮台见而炮击，英舰也发炮还击，结果是炮台被陷，广东总督大惊起来。于是遂许其在广东的河口通商。此后又得郑经的允准，而在台湾的安平、福建的厦门两处通商。清之初叶，国势强盛，英人屡请在沿海各地通商，然除南方的广东外，均未得清廷之许可。到了十九世纪的初叶，鸦片战起（一八三四），至一九四二年鸦片战终，《南京条约》因而产生。① 条约中规定广州、福州、厦门、宁波、上海五口为通商港口，并以香港一岛割让于英，于是香港遂为东方的英国第二，而英国此后之蚕食和侵略中国，也以香港和通商口为根据地。

此外又如美国商船，于一七八四年也始来广州，十四年后且遣派领事以办理邦交。总而言之，西洋人之初来中国者，均以南方为目的地，他们之来中国，主要既在南方，他们的文化之影响于中国，主要也在南方。

事实上，自中西海道直接沟通以后，而特别是英人来华以后，所谓中西交通史，是一部中国人的伤心史、屈辱史，南方首当其冲，说起来徒增遗恨。然其所以至此之原因，固未尝不由于欧人之侵略野心，但是中国人之冥顽不灵，贪污苟且，夸大无知，而昧于世界的大势，乃是造成大错的最大原因。我们的愚见，以为假使中国在中西海道直接沟通以后，而能不为利诱，不为物蔽，虚心诚意来考究西洋的情况，效法西洋的优点，则不但三百年来的中国，不会有了这部伤心史，且或凌驾西洋，而开世界的新局面。中国人不愿这样做去，结果是自己吃亏，被人强迫去采纳人家的东西，模仿人家的文化。所谓首当其冲的南方，在一方面看去，固是受四千年来未有之奇辱，在他方面看去，却为三百年来的新文化或是西洋化的策源地。

我们现在再来谈谈南方人之到外洋，而和西洋文化作直接或间接的接触，而影响到中国，尤其是南方的中国的文化。

西洋人之来中国，是由海陆两道，中国人之去外洋也分海陆两途。然而正像西洋人之由陆道而来中国者，没有什么可述，中国人之由陆道而到外国者，也是没有什么可述。至取海道而由闽粤至南洋澳洲东达南北美，西至欧、菲者，历史既久，人数又多，所以势力也很大。据《汉书·地理志》说：

> 自日南、障塞、徐闻、合浦，船行可五月，有都元国，又船行可四月，有邑卢没国，又船行可二十余日，有谌离国，步行可十余日，有夫甘都卢国，自夫甘都卢国船行可二月余，有黄支国……黄支之南，有已程不国。汉之译使自此还矣。

还里所说的黄支、已程不等国，是否欧洲所属，还是疑问。有些人以为必须步行十余日，是尚未开辟的苏彝士运河一带，而再须二月水路，就是经过地中海，黄支音近法兰西（Frank），可是这种解释，也是□料。但是这里已给我们一个暗示。中国人之由海道而到外国的历史很久，同时其出发点乃是中国的南方，

---

① 编注：1840年，英国政府对中国发动了第一次鸦片战争。1842年，第一次鸦片战争结束，中国与英国签订了《南京条约》。

而且此后国人之由海道到外国者并不乏人，而其最显明者，厥为三保太监之下西南洋。这次的海道长征，虽出发于中部的苏州河，然郑和既是云南人，而从行者也多是南方人。

可是在东西航道尚未直接沟通以前，中国人之由南方而到外国者，从中西文化的接触上看去，没有多大关系。就是有，也是很间接的。自葡人由航道到马剌加后，在南洋各处的中国人起始和西洋接触而继续不断。到了西洋各国征服南洋各国而成为殖民地，中国人之在印度、马来半岛、爪哇以至菲律滨各处者，遂直接的在西洋人统治之下。西洋人之占据这些地方，目的是在于经济的侵略，所以一切设施，都以此为依归。而对于其文化的各方面的实现和传播上，有与其在本国的文化相形见绌，多有差异。比方政治上在本国可以施行真正的民治，而在殖民地却是独裁专制，然大体上总可以说是西洋文化的化身，而处处表现出其文化的精华所在。中国人既统治于这种文化之下，则有意或无意中已受过这种文化的熏染，而其结果是间接影响于自己本国。英国海峡殖民地总督 Drank Swettenham 在 British Malaya 曾说过：

> 白人未至马来半岛以前。华人已在该地开矿、捕鱼、经营各种贸易；英人管理半岛时，着手建筑道路，及其他公共工程，皆成于华侨之手。至于开矿事业，纯由华工首先投身蛮荒，冒万死，清森林，辟道路，每有牺牲其生命者，此外为煤工、伐木工、木匠、泥水匠者尚多。英政府之修铁路筑桥，皆由华工包办。当欧人不敢冒险投资时，华侨则冒险而为之，又经营商业，开半岛之航路，招致华工，辟半岛未启之富源，英政府收入十分之九，皆出华侨之手。马来半岛之有今日，皆华侨劳力之结果云。（李长传译文）

不但如此，所谓欧人所办的公司商店，也多由中国人为之主持。

欧人的学校教师，也找了不少的中国人。欧人治理之下的政府人员，也有不少而并非没有重要的中国人。所以不但马来半岛之有今日，皆华侨劳力之结果，其实马来半岛就是华侨的马来半岛。要是马来半岛的文化，是欧洲文化的化身，那么这种华侨的文化就是西化的一部分。

马来半岛是这样，爪哇群岛、菲律宾群岛、安南等处，也是这样的。凡是到过南洋者几若置身于一现代化的中国里而不觉其为在外国。质言之，所谓南洋群岛，政治上、法律上、理论上，固是属于欧洲各国，事实上却为中国的别墅。使西洋的民治精神，能够移植到这些地方，使殖民地的政府能够实现一个真实代表民意的机关，则南洋群岛简直就要成为中国人的南洋群岛。

南洋固为华侨的中心，然华侨的足迹所至，几遍整个的世界。我们一游南北美洲，甚至很小的市镇。也有中国人的足迹。我们到欧洲、澳洲以至菲洲也处处可以找出华侨的萍踪。这一些在欧美的华侨比之欧美的人们，其处境之艰难，智识之固塞，固不待言。然他们若回到本国，或比之本国的人们，却是站在优胜的地位；同时他们在传播西洋文化的功劳上，似又不可忽视。

　　这些足迹遍五洲的华侨的确实数目，虽是人人言殊，然据最近和比较为多数人所公认的统计，约有千万左右。一个欧洲的国家的人口，有时也不过是这么多。今受治理于欧人的政府之下的华侨，也有了这样多的人口。以一百年前只有一千万的人口的英伦和威尔士，竟能使英国的国旗飘摇于五大洲，而占世界最多的领土，而握世界经济政治——文化的牛耳，假使这一千万左右的华侨而能成为有教育的华侨，则将来对于世界的贡献也必很大，何况对于祖国？

　　然而这一千万左右的华侨，差不多完全是闽粤人，闽粤两省的人口，约有五千万，而出外的华侨占了五分之一的人数，和中国的人口总数四万万来比较，则得四十分之一。五个人中有一个是华侨，华侨的地位之重要，固不待说；四十个人中有了一个华侨，则华侨对于贡献于祖国的能力，也很显明。我想欧人之在海峡殖民地者，不过四五千人，不只百万的华侨，受其统治，其他百数十万的亚洲人，也受其统治。换言之，每四百个亚洲人中，只有了一个欧人，比之每四十个中国人中有一华侨要多十倍。今以二百万的亚洲人而受了四五千的欧洲人的影响和指挥，却能于百数十年间，披荆棘，辟草野，造成欧洲文化的化身。假如这千万左右的华侨，能受过现代的教育，发奋有为，则其对于中国的西洋化的努力上，十倍易于西洋人之西化海峡殖民地。

　　华侨之在外国者既日增，外国人之抵制华侨者，亦蜂起云涌。比方美国于数十年前因需要工人建筑铁道，曾与中国政府订约奖励华人之移美。后来铁道既成，美人遂极力限制华人入口。此外又如澳大利洲、菲律宾、安南以至暹罗、马来半岛，也多方设法为难，以阻华人之移殖。近数年来，世界经济呈恐慌之现象，华侨之被人排斥，日甚一日。因此有些人以为此乃华侨末路的预兆，同时也是中国民族的未来的厄运。我们以为从一方面看去，华侨这种的不幸，虽于中国而特别是南中国的经济，以及文化的其他方面上与以大打击，然从他方面看去，这种现象大概是暂时的，而且也许正因了这种的厄运，而生出中国未来的幸运，也未可知。

　　原来这些华侨从中国的因袭的固有的文化的眼光看去，简直就是废民，然从新文化或是西洋化的眼光看去，也许可以说是：

　　很有希望的人民。

　　为什么从中国的因袭的固有的文化的眼光看去，他们简直就是废民呢？

　　我们的回答是：在因袭的固有的文化中，移居外国这件事，简直就是叛徒。《春秋》大义，"内中国而外夷狄"，因此历史上所载的张骞、班超，每每当作穷兵黩武的人主的遗毒，这种思想和态度的结晶，可于《大清律例》二百二十五章内的条文里见之：

　　　　一切官员及军民人等，如有私自出洋经商，或移往外洋海岛者，应照交通反叛律处斩立决。府县官员通同舞弊，或知情不举者，皆斩立决。仅属失察者，免死革职，永不叙用。道员或同品官员失察者，降三级调用，督抚大员失察者，降二级留用。如能事后拿获正犯，明正典刑者，皆得免议。

因为习惯上中国人是反对向外移殖发展，所以外出的侨民，不但不加意保护，特别奖励，反而格外摧残。我们试看华侨之在外国，被人虐待惨杀，外人有时为了不忍之心所驱使，而先函谢罪者；过去的中国政府，不但是麻木不仁，恻隐心丧，且有函告外国人以所杀华人，皆系私自出洋，罪在不赦者。中国文化所养成的思想态度，既然若此，西洋人之目中国为半开化的民族者，并非无因。

政府和社会之对于出外的侨民既若是之残酷，人民之还要离乡背井而到外国者，大约不出下面数种原因。

一是因为经济的压迫而到外国者，清蓝鼎元《论南洋事宜书》里有一段话说：

闽广人稠地狭，田园不足于耕，望海谋生，十居五六。

又如张相时先生在其《华侨中心之南洋》一书里也说：

夫我国人之富于财者，固莫闽粤人若也；然闽粤人之富，不成于闽粤，闽粤人正以其地瘠物贫，生计艰难，因而辗转谋生于海外，以成其富也。

查闽省面积不过四十万六千平方英里，为我国一小省份，而其人口则达二千万人之众，人口密度每平方英里约为四百三十人。且其地多山，河流亦小，土壤贫瘠，物产不丰；近赣省之处，山岳重叠，尤不适于耕种，故其食粮已久不能自给。试就闽南言，贫瘠莫若泉，而侨居南洋者，亦以泉州为最多。此其因果关系，殊足耐人寻味也。……粤省情形，亦与闽省略同。

除了经济的压迫以外，政治上的反抗，也是他们出国的一个最大原因。比方南宋的末季，汉人因为不满意于蒙古，或是受了蒙古的压迫，逃走海外者，为数不少，《心史》的《大义略叙》里说：

诸文武臣流离海外，或仕占城，或婿交趾，或别流远国。

又如屈大均的《广东新语》里说：

东莞李竹隐先生当宋末，使其婿熊飞起兵勤王，而身浮海至日本，以诗书教授日本，人多被其化。

此后在明末的朱舜水而特别是郑成功的徒众之亡于海外者，特别的多，至太平天国败后，其徒之逃居于美洲、南洋者愈众，这些政治的逃犯，后来对于革命运动的贡献，是我们所共知的。

此外因对于中国的礼教上不能遵守，而被迫或自动到海外者也很不少。总之从中国固有的文化看去，他们总是叛从，他们亡命海外，对于祖国也许依依不舍，然想及中国之对待他们之残酷无情，不得不自勉奋斗，以求生存。这种独立奋斗的精神，用来与一般文化低下于中国的土人相抗衡，则可以克胜土人，而反客为主；用来与文化优越的欧人相接触，则所以造成今日的西化的殖民地。像南洋各处或是帮助西洋文化的发展，像筑铁路，开金矿，兴农业的美国侨民。

我们放开眼睛一看：百余年来，欧洲文化之伸张，遍五大洲，而华侨所居留的地方，若不是欧洲文化的发祥，大都乃是欧洲文化的移植地。他们既有了独立奋斗的精神，而不愿效愚臣节妇来做中国固有文化的牺牲品，他们又久薰染于西洋文化之中，那么他们为西洋文化的媒介者，也是当然的。

这般不怕斩首，不畏艰难，不甘作无谓的牺牲，不愿受腐化的压迫，而亡命海外的人们，在世界尚能有今日的成就，那么现在又被外人的排斥压迫，而重归故国，则对于这个荆棘遍野、疮痍满目的祖国，当然可以效力的。

何况事实上，百数十年来，所谓西洋化的运动，华侨所占的位置特别重要，华侨所给与祖国的贡献，特别繁多。关于这一点，我们不妨略为说明，备留心华侨问题的人们的参考。

从物质的西洋化方面来看，凡是到过闽、粤省的人，都能明白福建的泉州，广东的潮汕、广州、四邑以至海南岛，无论是城市乡村，在物质方面的设施，比起华北各省有天壤之别。但是这些西洋化的物质的设施，十九是出自华侨之手。此外又如所谓新经济的组织，而特别是政治革命的运动之得力于这般华侨更是明显。这一点我们当在下面再作比较详细的讨论。在教育上，厦门大学、集美学校，及广东像岭南、培正以至许多的公、私立学校，大多数都直接或间接与这般华侨有很大的关系。而闽、粤一般学子之在学校求学者，也很多的直接或间接仰赖于这般华侨的接济。他如日常生活之西化上也很受华侨的影响。在广东的四邑，平常说话，且有夹入一二英话者，至于言语之直译音者，像士担（邮票）、燕梳（保险）等名词差不多成为妇孺所常用，又如工商业种种的发展上，得力于他们者也多。

当华侨在南洋、澳、美的景象很好的时候，他们每年汇返国内的款项，成为吾国一种重要的入超。譬如以我调查所得的海南一岛而言，由稍具规模的各信局的统计，也有两三千万元。此外没有统计者，尚不知其多少。这些款项，不但是在文化各方面的设施上为用甚大，就是一般人的家常日用，也多仰赖于此。现在经济恐慌，其影响于内地良非浅鲜，然回国的华侨，若以往日之在外国的独立奋斗的精神，以从事国内农工商业的发展，则失之东隅，收之桑榆，于国家的前途上帮助必非微小。比方海南一岛，曩者差不多完全仰赖于华侨的款项，于是件件仰给于外来，结果是物价昂贵，甚于外国。自一般华侨在外无工可做而返琼后，耕种工作，渐有其人，一年之间，日常食品的价目，几减一倍。可知目前的不景气是祸是福,尚未可知。

总而言之,我们的意见是:文化是由人类而创造的,文化也是为人类而创造的。每种文化的程度如何,常视创造这些文化的人努力如何以为衡。这般华侨过去既能努力,又得了西洋文化之薰染,其在外国既能适应于环境,而与外人抗衡,以图生存,而不至像美洲、马来半岛的土人的不愿适应于现代文化之下,而致几乎灭亡;则今后以同样的努力、同样的经验、同样的训练,而建设新的祖国,那么对于中国将来必定可以有比较从前更大的贡献。

平心来说,数十年来国人之对于华侨的态度,已逐渐改变。上面所说的《大清律例》,因得驻叻领事黄遵宪及驻英公使薛福成之力,于一八九四年将其废止。而大臣像李鸿章之流,也极力主张保护华侨。到了一九○一年,清廷且有厚待华侨的谕令。其意以为中国人民之出洋者,不止数十万,其生命财产,外国政府且负保护之责,我国对此安能漠视。他如端方之设立暨南学校,专为收容华侨子弟,以及年来政府之勉励华侨返国,振兴农工商业,均足证明华侨位置之重要。无奈国内年来内乱不已,万事难于设施,华侨手足胝胼,始能致富,返国既无保障,而贪污官吏又从而敲诈之。就如北伐时期,华侨所捐的款项,至今还不知其全数的下落。又如这次十九路军抗日,南洋华侨之捐款,据邹敏初先生的调查,达二千万元,而十九路军实收之数不过两百万元云,这样的做法只有使华侨们失望而已!

然而这般不怕凶残的土人,不怕文化优越的欧人的华侨,现在因为环境的压迫,而逐渐返国,楚材楚用,也许是对于中国的前途是有益的。

华侨所处的地位既若是之重要,则华侨今后所应当努力与警惕者也正多。黄炎培先生很痛快的说:

> 一部南洋华侨史,纯是极惨苦的人民自力奋斗耳。二千年间惟元以国力征取缅甸、安南、爪哇,设婆罗洲行省,此外无不恃人民自身之力,与天行战,与他民族战,九死一生而得之,宗国匪直无援,当时愚且酷之政府,转加迫害焉。林道乾之被逐,郭惟泰之被戮于明,巴城侨民之被弃于清,其明证也。挥之不弃,杀之不尽,孳乳繁昌,以有今日,此其生活,不可谓不强也。虽然,与土人战,我有文化,而彼无之,故我胜;与白人战,彼有国力而我无之,我其何以自存耶?

其实欧人之所以战胜我人,正像我人之所以战胜土人;土人之所以败于我,既是因为土人的文化不及我,我人之所以败于欧人,也是因为我人之文化不及欧人。华侨既饱尝这种优胜劣败的滋味,那么华侨应该格外觉悟努力,去提倡西化了。

跑去外国找工作,营工商业的华侨,固差不多是南方人,跑去外国去留学的华侨之最先者,最多者,也许是南方人。

中国之有留学生，始于何时，没有确实的记载。梁任公于一九二〇年著了一篇《千五百年前之中国留学生》，乃是说明一般赴印度求经的法僧，并非赴西洋的留学生。据张星烺的《中西交通史料汇编》（二册页四四一）曾有下面一段记载：

> 郑玛诺字推信，广东香山隩人。自幼往西国罗马京都习格物、穷理、超性之学，并西国语言文字，深于音学辨析微茫。康熙十年辛亥来京，十三年甲寅卒，墓在阜城外滕公栅栏。

张氏且有一段注语说：

> 韩霖、张赓之《圣教信证》所载，明末清初西来之教士，共凡九十一人，上方所举，除有著作之诸人外，又有郑玛诺一名，乃中国人，自幼即往西国。此人似为葡人重启中欧交通后，中国第一人曾到欧洲者，其事不可不记也。

按康熙十年辛亥是公历一六七一年，三年后，郑氏卒。那么这时候的郑氏也许到了晚年，上面所说郑氏乃幼年赴罗马留学，则他赴欧洲的时候，也许是十七世纪的上半叶。要是郑氏而是到西洋留学的第一人，那么中西海道交通后，赴西洋留学的运动，又是始于南方了。

我们并且知道在十七世纪的下半叶，福建有了一位叫做沈福宗者，曾到过英法留学，英国的东方考古学者 Thomas Hyde 曾提起他，听说他曾参加过一六八五年的英王詹姆士第二 James II 的加冕。此外在十八世纪的中叶，广东肇庆的杨高也到过欧洲留学。

事实上南方因为和西洋的接触较早，则南方人之因为宗教或商业上的关系，而到西洋求学是一件很自然而然的事情。上面所举几个人，也许不过是很多的人中之一二罢。

严格来说，是一八四七年中国始有正式的赴美国留学生而为近代留学的嚆矢。这些留学生，是容闳、黄宽、黄胜三位。他们通通是广东人。关于容氏的事略，我们别有专论说明，现在且从容氏的《西学东渐记》所载，关于他们赴美的原委，以及黄宽、黄胜的事略。

> 一八四六年冬，勃朗先生回国去之前四月，先生以此意布告生徒，略谓己与家属均身体羸弱，拟暂时离华，庶几迁地为良。并谓对于本校感情甚深，此次归国极愿携三五旧徒同赴新大陆，俾受完全之教育。诸生中如有愿意同行者，即可起立。全堂学生，聆其言，爽然如有所失，默不发声，其后数日间，课余之暇，聚谈及此，每为之愀然不乐，其欣欣然有喜色者，惟愿与赴美之数人耳，即黄胜、黄宽与予是也。当勃先生布告游美方针时，予首先起立，次黄胜，次黄宽。

予等均贫苦，若自备资斧，则无米安能为炊。幸勃先生未宣言前，已与校董妥筹办法，故余等留美期内，不特经费有着，即父母等亦得二年之养赡，既惠我身，又及家族，仁人君子之用心，可谓至矣。

在孟松（中学）之第一年，予未敢冀入大学，盖予等出发时仅以二年为限，一八四九年即须回国也。三人之中，以黄胜齿为最长，一八四八年秋，黄胜以病归国，仅予与黄宽二人居。恒晤谈辄语及二年后之方针，予之本志，固深愿继续求学，惟一八四九年后，将恃何人资助予等学费，此问题之困难，殆不啻古所谓"戈登结"，几于无人能解者，则亦惟商之于海门校长及勃朗君耳。幸得二君厚意，允为函询香港资助予等之人。迨得覆书，则谓二年后，如予二人愿至英国苏格兰省爱丁堡大学习专科者，则彼等仍可继续资助云。予等蒙其慷慨解囊，历久不倦，诚为可感，嗣余等互商进止，黄宽决计二年后至苏格兰补此学额，予则甚欲入耶路大学，故仍留美。议既定，于是黄宽学费已可无恐。

翌年之夏（一九五〇年），同时毕业，黄宽转即妥备行装径赴苏格兰入爱丁堡大学，予则仍留美国，后亦卒得入耶路大学。予与黄宽二人，自一八四〇年同读书于澳门玛礼圣学校，嗣后朝夕切磋，共笔砚者，垂十年，至此始分袂焉。

黄宽后在爱丁堡大学习医，历七年之苦学，卒以第三人毕业，为中国留学生界增一荣誉，于一八五七年归国，悬壶，营业颇发达。以黄宽之才之学，遂成为好望角以东最负盛名之良外科。继复寓粤，事业益盛，声誉益隆，旅粤西人之欢迎黄宽，较之欢迎欧美医士有加，积资亦富；于一八七九年逝世，中西人士临吊无不悼惜，盖其品行纯笃，富有热忱，故遗爱在人，不仅医术工也。

我不厌烦来抄这几段话，以表示这些留学先锋的勇敢直前，努力用功，使二十五年后，中国人能有继续渡重洋而留学美国，后来这批留学生是完全由容闳的苦心孤诣、计画奔走而来。因为是得了政府的赞助，所以规模特别宏大，而开吾国政府派送留学生的先河。关于这次留学的详情，我们当于下面再作叙述。我们这里所注意者，是这一般的留美学生，十九是来自南方。容先生自己说：

当一八七一年之夏，予因所招学生未满第一批定额，乃亲赴香港，于英政府所设学校中遴选少年聪颖，而于中西文略有根柢者数人，以足其数。其时，中国尚无报纸以传播新闻，北方人民，多未知中政府有此教育计画，故预备学校招考时，北方应者极少，来者皆粤人，粤人中又多半为香山籍，百二十名官一费生中，南八十居八九，职是故也。

此后留学生之在美在欧在日者，南人屡居多数，其原因是：在日、在美的华侨，多为粤人，故子弟之在彼邦求学较易；而留欧之学生，早年大率在英，南洋香港早年已育英人学校，一般学生在这里毕业，赴英较易；而且自费学生留学外国，费用较繁，闽、粤乃经济较胜之区，学生之留外，当然比较容易。

《寰球中国学生会民国十五年特刊》曾调查民国十年至十五年的欧美留学生籍贯，其结果是江苏最多，次为浙江，再次为广东。然这个结果，仅以该会经理出国事务者为限，大约从南方而特别是广东南洋一带之赴欧美者，差不多完全不知寰球中国学生会之存在，而华侨子弟之在外国生长而就学彼邦者，又为该会所调查不及，故其所得结论似不能以为讨论之根据。

我们已说过文化是由人创造的和为人而创造的，同时她也是因人而改变和因人而传播的。外人之来中国而影响于中国文化，是自动的；中国人因外人之来而受西洋文化的影响，大概是被动的。中国的侨民受经济、政治种种的压迫而跑去外国，而受西洋文化的影响，大概是无意的。中国留学生之赴外国求学，而受西洋文化的影响，是有意的。不论自动也好，被动也好，有意也好，无意也好，然在文化的传播的结果上看去，总是一样。这班传播的人物，既以南方为目的地，则这些结果的策源地，自然也是南方。

我们既已明白南方之所以为新文化或西洋文化的策源地的原因，我们现在可以做进一步的研究，看看新文化的各方面是否策源于南方。

第六章　南方对于西化的贡献（上）

从中外文化沟通后的经济方面看去，南方自有史以来，就占了很重要的地位。《史记·货殖传》说："番禺亦一都会也，珠玑、犀、玳瑁、果、布之凑。"《汉书·地理志》也说："番禺近海，多犀、象、玳瑁、珠玑、银、铜、果、布之凑，中国往商贾者，多取富焉。"《后汉书·贾琮传》也有一段关于南方财富的记载。

> 旧交趾土多珍产，明玑翠羽，犀、象、玳瑁，异乡美木之属，莫不出此。前后刺史，率多无清行，上承权贵，下积私赂，财计盈给，辄复求见迁代。

《晋书·吴隐之传》说：

> 广州包带山海，珍异所出，一箧之宝，可资数世。

同书《南蛮传》说：

> 初徼外诸国，尝赍宝物，自海路来贸货赂，而交州刺史，日南太守，多贪利侵侮，十折二三。至刺史姜壮时，使韩戬领日南太守，戬估较大半。

最显明的如《南齐书·王琨传》说：

> 南土沃实，在任者常致巨富，世云：广州刺史但经城门一过，便得三千万也。

《旧唐书·卢钧传》说：

> 南海有蛮舶之利，珍货辐辏，旧帅作法兴利以致富，凡为南海者，无不捆载而还。

《唐书·黄巢传》也说：

> 巢陷广州，右仆射琮于曰：南海市舶利不赀，贼得之益富，而国用屈。

韩愈在其《送郑尚书序》也说：

> 岭南人舶交海中，奇物溢中国，不可胜用。

至于宋代政府之因南方和外国贸易面所得的利益之多，更是显明。《广东通志》说：宋南渡后，经费困乏，一切倚办海舶，岁入固不少。据南宋李心传的《建炎以来朝野杂记》，王应麟的《玉海》及《文献通考》诸书所载，自皇佑中岁至徽宗崇宁间，五十余年，此项收入，从五十三万缗，增至一千万缗以上。

元世祖定江南后，对于海外诸国之通商互市，极力奖励，故因此而收入之利益，当然不少。《明史·食货志》也说：

> 太祖洪武初设市舶司于太仓黄渡，寻罢之，设市舶司于宁波、泉州、广州，宁波通日本，泉州通琉球，广州通占城、暹罗、西洋诸国。

可知在这个时代政府已不能忽视海外诸国之来华贸易，而其最大原因，也许是由于利之所在，不能等闲以视。到了永乐时代之遣三宝太监下西洋，其动机虽注于扬威耀武，然其结果有影响于中国人之在西南洋之经济生活，也是很显明的。

到了明万历年间，欧洲和中国的海道既直接沟通，南方在文化的经济方面位置，更为重要。此后中西贸易继续不断。中国经济生活的西洋化，也基于此，同时南方之在中国的经济生活上，也逐渐的生重大的变化。所谓荷兰东印度公司、英法的东印度公司的种种大企业，藉以为扩充贸易，开拓殖民地的工具，也逐渐的发达起来。

中西航道的直接沟通，既以南方为中心，南方的经济地位之在中国，越为重要。清初屈大均在其《广东新语》里说：

> 吾广谬以富饶特闻，仕宦者以为货府，无官之大小，一捧粤符，靡不欢欣过望，长安咸友举手相庆，以为卜群膻境，可以属餍脂膏，于是争以母钱贷之，以五当十，而厚责其赢利。

太平洋客在其所著《新广东》一书里说：

> 广东以财雄开于天下，中外所公认也。咸同以来，政府若有兵事，赈荒，国债赔款，需大款大饷等项，莫不向广东而搜括，其数常数倍于各省，岁出达数千万万以上，此广东之财耗于政府者也。而贪官污吏，尤以广东为窟穴，其各省无赖之子，人类所不齿者，辄相借贷捐官，以取倍称之息。分省得广东则亲戚朋友置酒而相贺，到任才数月，莫不满载而归。嗟我广东人，其饱虎狼之吞噬者，岁不知几何矣！此广东之财耗于官吏者也。至于洋货之进口，以广东为大宗，此广东之财耗于外洋者也。然而统稽一县之财，往往比他荒瘠之一省而有余，即比之欧洲小国，亦未见其不足。固由出外洋善经商之故，而其饮食、起居、器用奢丽之程度，各省常为惊羡所未见。盖粤人一月之费，足彼一岁之费者常多，则财力之厚可知，此财力之超于各省者也。

上面是说明历来南方在中国中外交通的经济上的地位的重要。我们若从出口货的大宗，像丝茶来看，南方也占最重要的地位。以茶来说，据民国四年到十八年所编的统计表来看，湖南与福建二省的产量已超过全国产量之一半，此外广西、贵州、云南、广东、江西各省尚未算在内。至于蚕丝，广东一省也可以说占最重要的位置。据《今世中国贸易通志》所载，全国丝厂不下四百三十家，而广东已占二百九十九家，丝车全国有十六万六千七百五十四部，广东有了十三万六千八百六十。

近年来丝茶出口大受打击，然此种现象，全国皆然，南方和其他各省同样的受了影响，故以广东而比诸各省，其重要的位置，固没有多大的变更。

若再从各种现代化或西洋化的工商业之规模较大者来看，也多数策源于南方，或是在南方人的指导之下。以新式缫丝而言，光绪初年广东陈启源因经商安南，见法人在安南的缫丝工场里所用的新式缫丝机器，乃创造足踏机，以人力代火力，其后又改用蒸气原动力，为华人创设新式丝厂之始。棉纱纺织厂的设立，虽发轫于光绪十六年李鸿章所创办的恒丰纺织新局，然现在最大的棉织业之一，要算广东人所创办的永安纱厂，永安纱厂乃永安公司于民国九年将其营业盈余的一部分来创设，而永安公司又为在澳洲的广东华侨三十余年前所创立。

烟业制造公司之较大者，始于香港的南洋烟草公司和天津的北洋烟草公司。北洋未几停闭，南洋则惨淡经营，继续维持。及简氏兄弟接办以后，营业遂蒸蒸日上，而为国人设立的最大企业之一。现在南洋兄弟烟草公司的营业，虽已衰落，然其在烟业上的位置，却不能忽视。新式酒业之最大者要算烟台张裕酿酒公司，这间公司是开办于光绪二十一年，而其创设人是广东潮州的张振勋。张氏乃南洋华侨，因为愤慨中国实业的不发达，屡想有所振作，后来有一次因事被法国领事请宴会，席间饮葡萄酒，因学其葡萄出产处及制造法，并聘请西洋技士赞助，三十多年来，惨淡经营，逐渐改良，不但是在国内成为最大酿酒的公司，就是在远东也为不可多得的企业。

此外又如糖果罐头饼干业上的已经失败的马玉山，以及营业正盛的安乐园、泰丰公司、冠生园，通通都是创自粤人之手。装饰品方面的广生行、香亚化妆公司，已为国内不可多得的企业。至于百货公司如永安、先施、大新以及已经失败的真光也通通是粤人所经营。至于航行中外的船公司如中国邮船公司，虽已失败，然而这是国人之有邮船的第一声，而且又是在粤人管理之下，至于行南方及南洋一带的中国人的轮船公司，无一不为闽、粤人所经营。

上面不过是将私人方面所设立的工商企业来说，至于政府方面所设立者，其所在地虽不少是在中部和北方，然很多也是由南人创办或管理。

同治元年（一八六二）李鸿章在上海所创办的制炮局，虽可以说是近代我国机器厂之开山，然而江南制造总局的成立是湖南曾国藩和广东的容闳的功劳最大。招商局的计画，容闳老早拟请政府设立，后来虽非由他手办，然主其事者大都是南方人。铁路计画，容氏也早上书恳请开筑，后来湖南的郭嵩焘提倡不遗余力，而第一次由国人自己计划建筑的京绥铁路，却是南方的詹天佑。孔天增在

《寰球中国学生杂志》（*The World's Chinese Student Journal*, 1907, vol. II, No. 1）发表过一篇《关于比较著名的中国留学生》一文里，告诉我们当詹氏被命为计画及建筑京绥铁路时，国人而特别是外国人，更疑惑其不能成功，然经过不少的努力，终底于成。

又如开矿，丁文江先生在《申报》"最近五十年"的《五十年来之中国矿业》一文里说：

> 开平矿务局，为近代矿业之嚆矢……然当日李文忠奏请设局之时，其资本二百二十万两，实多广东人唐廷枢所召集。

此外张之洞在广州所筹设的缫丝局，也为政府设立缫丝局之始。又他所设立的汉阳铁厂，其机器本是他做两广总督时所购买的，预备在粤设立织布局及铁厂者；后来因他调任两湖，李瀚章任两广，不以办厂为然，张氏乃将运粤的机器，转运湖北而成立汉阳铁厂，及兴办大冶铁矿。

至于新式的窑业，差不多通通都在南方，江西瓷器公司初为官督商办公司，萍乡瓷业公司、醴陵瓷业公司、福建的宝华公司，均为新式的窑业之稍能差强人意的。

上面所说是注重于国内的，至于国外的闽、粤华侨的经济势力之大，尤为厉害。比方在马来半岛，树胶为最大宗的出产品，而且能够左右马来的其他的经济情况。十年前有人统计马来的植胶面积，为二百万英亩左右，中国人占了四分之一。至于经营绞胶厂者，可以说完全是在中国人之手。陈嘉庚公司以及好多富有的华侨，均以此业著名。至于采掘锡矿，华侨也占了一百分之七十几。其他甘密、咖啡，华侨占很重要的地位。又如荷属南洋群岛的糖业，暹罗的米业、木料业，安南的米业、胡椒等，华侨均占很重要的位置。总之华侨在南洋的经济地位，不但是南洋的土人，望尘莫及，就是比之欧美人亦有过之而无不及。

华侨的产业，虽在国外，但是他们的财富之影响于国内，尤其是南方各省，很为显明。比方上面已经说过琼州东北三四县之在南洋的华侨之每年兑款返国者，据一般普通的调查，已有三四千万。这数县的华侨之在南洋的经济势力，比之各处的华侨很为薄弱，然其兑返的款项的数目，已若是之多，则华侨的经济之影响于南方的经济，可以想见。

其实南方尤其是广东的现代化的建设，很多是出自华侨之手。年来国人一谈到实业工业无不希望或是依赖于华侨的投资。又如在广州的东山，台山的模范村等的新式住宅区域的发展之速，均是华侨的经济势力之影响于国内的明证。

从中外文化沟通后经济的方面看去，南方固是新经济的策源地，而占了很重要的位置；从中外沟通后的宗教方面看去，南方也是西洋化的宗教的策源地。

据说西洋宗教之传入中国是始于唐时的景教，但是这次因为陆路的跋涉艰难，以及其他的原因，遂至不久便消灭了。同样元代天主教之传入中国，也有相当的影响，但是此次的输入，也多由陆路，而且元祚未久，天主教也因之而衰，到了中西航道直接沟通以后，天主教之输入中国，遂能继长增高，以至于今。

从海道直接而来华传道者，要算一五五二年的方济各沙勿略（Francis Xavier）。他虽不得志而卒于上川岛，然继他而起的利马窦（Ricci）对于宗教及文化的其他方面的输入上，却占了很重要的位置。利氏是一五八二年抵澳门，他在那个地方住有两年之久，很刻苦的学习中国语言，后来移住肇庆，上书广东当道，请求允准他们以一片安静地方，以从事于宗教上的修养。他在广东住了十余年，然后北上，过南京、天津而达京都。至万历二十八年（一六〇一）始上表，并献方物，其表里说：

> 臣本国窎远，从来贡献不通；迩闻天朝之声教文物，窃愿沾被余溉，终身为氓，始为不虚所生。因此辞离本国，航海远来，时历三年，路经三万余里，始达广东。语言未通，有同喑哑，因僦居而习语文，淹留于肇庆、韶州二府，垂十五年，颇知中国古先圣人之学，于经籍略能记诵而通其旨。乃复越岭由江西至南京，又淹留五年。伏念堂堂天朝，且招徕四夷，遂奋志努力，径趋阙廷。

从这段话里，我们知道他后来能够得到人主的录用，是很得力于他在广东的十余年（一五七九——一五九五）的预备；所谓预备就是学习言语文字，观察人土风俗，广交官僚士大夫，使后来北上时，帮助有人，而达到他数十年来之希望。

利玛窦之传天主教，其信徒的增加，虽在他到北京以后，然而他在广东时已有不少的信徒，制军刘节斋也相信天主教，且因之而劝节斋到韶州设立天主教堂。总而言之，他后来对于中国人和西洋人的影响，和他在广东时的预备工夫都有很密切的关系，艾儒略的《大西利先生行迹》里说：

> 其居端州十载，初时言语文字未达，苦心学习，按图画人物，倩人指点，渐晓语言，旁通文字。至于六经史等编，无不尽畅其意义。姑苏瞿太素闻利子名，因访焉。谈论间深相契合，遂愿从游，劝利子服儒服，利子尝将中国四书译以西文，寄回本国之人读之，知中国古书，能识真原不迷于主奴者，皆利子之力也。

《明史·外国传》里说：

> 大都欧罗巴诸国，悉奉天主耶苏教。耶苏生于如德亚，其国在亚细亚洲之中。西行教于欧罗巴，其始生在汉哀帝元寿二年庚申。阅一千五百八十一年，至万历九年，利玛窦始泛海九万八里，抵广州之香山澳，其教遂沾染中土。至二十九年，入京师中官马堂，以其方物进献，自称大西洋人。帝嘉其远来，假馆授餐，给赐优厚，公卿以下，重其人，咸与晋接。利玛窦安之，

遂留居不去，以三十八年四月卒于京，赐葬西郊外。自利马窦入中国后，其徒来益众……其国人东来者，大都聪明特达之士，意专行教，不求禄利，其所著书多华人所未道，故一时好异者咸尚之。而士大夫如徐光启、李之藻辈，首好其说，且为润色其文词，故其骤兴。时著声中土者，更有龙华民、毕方济、艾如略、邓玉函诸人。

这些天主教士之初来中国，不但以广东为进入的首冲地，而且亦以广东为退身地。我们知道自天主教传入中国后，有了好几次因为政府方面的排斥禁止，致不能在内地传教。然广东始终都有教士和洋人的踪迹。其实广东是他们进退的大本营和根据地，怪不得嘉庆十年五月的谕示说道：

西洋教蔓延数省，皆由广东地方官未能稽察防范所致。

上面是说天主教之输入中国，是由于南方，而且中国之西洋宗教化，也是策源于南方。现在再来谈谈天主教徒批评中国的传统思想。

利玛窦之初来中国，因见得中国人排外的厉害，故不得不设法迁就中国的习风遗教，而于传统的儒教，尤多外表迁就，藉以博中国人信仰，而一般人士亦以为利氏乃孔孟之徒，艾儒略《大西利先生行迹》里说：

汝南李公素以道学称，崇奉释氏，多有从之者。一日与诸公论道多扬释氏，抑孔孟。时刘公斗墟在座，瞿然曰：吾子素学孔孟也，今以佞佛，故驾孔孟之上，何也？不如大西利子奉天主真教，航海东来，其言多与孔孟合。

李之藻在《天主实义》重刻序里也说：

彼其梯航琛贽，自古不与中国相通，初不闻有所谓羲、文、周、孔之教，故其为说，亦初不袭吾濂、洛、关、闽之解，而特于小心照事大旨，乃与经传所纪，如券斯合……信哉，东海西海，心同理同，所不同者，特言语文字之际。而是编者出，则同文雅化，又已为之前茅，用以鼓吹休明，赞教厉俗，不为偶然，亦岂徒然；固不当与诸子百家，同类而视矣。

然事实上他对于中国整个思想，根本加以否认，且看他在《天主实义》里说：

西士曰：二氏（老氏与释氏）之谓，曰无曰空，于天主理大相刺谬，其不可崇尚明矣。

这是很明白对反对中国人所信仰的老、佛，其于儒家，他在引言里说：

圣人不出，丑类胥煽，诚实之理，几于销减矣。窦也从幼出乡，广游天下，视此厉毒，无陬不及；意中国尧、舜之氓，周公、仲尼之徒，大理天学，必不能移而染焉，而亦间有不免者，窃欲为之一证。

这明明白白指出著书的旨趣，是在于证明尧、舜、周孔之道的缺点，正像他说"中国虽大邦，谅有智，亦不免有愚焉"，而其态度最显明者，像：

> 夫儒家之谓，曰有曰诚，虽未尽闻其释，固无几乎。

儒家固然是有了多少与旧教相暗合，然所谓"未尽闻其释，固庶几乎"，是坦白的表示儒教不及天主教。总而言之，利氏虽因处于儒教势力之下，而不得不曲就其意，然根本上已不承认孔教为至尊，而视为次要的地位。所以从手段或事实方面来说，天主教徒固有衣儒服拜祖先者，然从其目的或理论方面来看，他所欲以施行者乃是真正的天主教，而非儒教。

我们以为：理论上，天主教和儒教有根本的不同。比方上帝创造天地万物的信仰，已和中国的传统思想背驰；而否认崇拜祖先，否认君主至尊，和所谓"人知事其父母，而不知天主之为大父母也，人知国家有正统，而不知天主统之为大正统"，不但是会打倒以家庭为中心的思想，还且反对君主称为天子的信条。后来康熙四十三年（一七〇四）罗马教皇的使者之排斥康熙之对于神学的意见，而致被捕幽禁，完全可以说是中国儒教和西洋天主教的分裂。从此以后，百数十年间，排教禁令，终未撤回，也因于此。

自利玛窦来中国以后，至康熙捕禁罗马教皇的使者的一百二十余年间，西洋的天主教徒，既未敢，也许是未顾意，明目张胆的给与中国人以纯粹的天主教的道理和仪式，而假托庇护于儒教之下，所以中国始终未能说是得到真正的天主教；而在禁止宣传西教的时期里，天主教虽未因之而消灭，然也难于发展。所以严格来说，从利玛窦来华以后的二百余年的天主教的真正大本营，还可以说是在南方。其原因是澳门在这个时期里，始终是东方的欧洲的缩影，在中国内地固可以没有纯粹的天主教，也许可以没有天主教，然澳门却是他们的出发的起点，而也是他们的退守的终点。何况我们上面已经说过，广东内地始终都有西洋人和西洋教士的踪迹。

所以天主教士虽然假托庇护于儒教之下，然他们对于中国文化的批评和蔑视，是处处可以找出来的。比方利玛窦在其所译的《几何原本》序里说：

> 夫儒者之学，亟致其知，致其知当由明达物理耳。物理渺隐，人才顽昏，不因既明，累推其未明，吾知奚至哉。吾西国庠，国虽褊小，而其庠序所业，格物穷理之法，视诸列邦为独备焉，故审究物理之书，极繁富也。

西洋的枪炮机器，优于中国，就是这时候的中国人已有很多的相信。在礼教上，这些教士既觉得天主教比较儒教为胜，现在他们又以格物明理之法，西洋优胜于中国，然则中国还有什么是值得他们的赞赏呢？

天主教固是由南方输入，而且最先浸染南方人；新教也是这样。是一八〇四年，马礼逊上书伦敦布道会，求请派他来中国传道。他未来之先，已明白在中国传道的艰难，然而他却不因此而退却。关于马礼逊来中国后所受的困难，麦沾因牧师会说：

> 他（马礼逊）于一八〇七年九月七日抵广州，他来的时候，那些英国船舶，都不愿载他，因恐介绍传道者来华，将于他们的商业上，发生阻碍。于是他不得不到纽约去，搭乘美国轮船。当时中国政府严禁基督教之传入，他既为他本国人所弃，又为中国人所反对与怀疑，更为澳门的奉天主教的葡萄牙人所窘迫，但他仍坚信他是上帝遣来传道的人。他在纽约的时候，有一个船主以讥讽之言问他道：马礼逊先生，你真以为你能感动那些拜偶像的中国人么？他回答道：不，先生，我以为上帝能够感动他们。他抱了这种信仰，而开始他工作。（《梁发传》）

我们可以明白这些传教的先锋在当时所历的苦境，同时这些传教的先锋的目的，未必和那班以财利为正鹄的商人相合。马礼逊和好多的先锋一生的重要工作，都是在广东。学习言语，翻译《圣经》，宣传宗教，通通都以广东来做他们的大本营。

因为他们的工作是在南方，所以中国的最先信仰新教的人，也是南方人。据《马礼逊传》（Towasend 编）里说：最先信新教的中国人，是蔡亚高。亚高因为帮助其兄蔡卢兴雕印《新约》的工作，和马礼逊认识，此后常相过从，且于一八一四年，在澳门受洗礼。

然而中国新教徒之受洗礼较早而影响于后来较大者，要算梁亚发。梁发于一七八九年生于广东高明县。马礼逊大过梁发七岁。梁发之认识马礼逊也是由雕印《圣经》而来。这时梁发已经二十一岁，他追随马礼逊和米怜好多年，到了一八一六年始行洗礼。从此以后，他极力宣传新教，他最先感化他的妻子，其后又感化了他人。除了这些实际工作外，他又写了好几本布道的书，其最先一本，是叫做《救世录撮要略解》。

梁发是近代所视为一个模范的基督教徒，可是在梁发的时代，做基督教徒是一件很不容易的事。政府的禁令、社会的非难、家庭的反对，以及好多的困苦，都是信教和传教的人所必受的。意志薄弱的人，固不待说，就是意志坚强的人，受了传统思想，礼教习惯的重重束缚，也曾弄到心灰志冷的地位。惟有梁发是向前直进，不折不回，备尝苦辛，历尽艰难。我们知道他曾反对崇拜祖宗，而在将要举行婚礼的时候，逃到香港去。他曾因为信仰基督教，受乡人的反对，而移居广州对面的河南。他曾因为宣传教理而被禁囹圄。下面所抄一封书，就他因为被通缉而逃跑时的个性及工作自白的例子。

> 书达一切信爱耶稣之人，愿彼等皆得快乐与幸福之生活。我因得救主耶稣之帮助，曾多年继续坚持从事宣传福书之工作，且将福音真理提示国人，

教彼等将彼等之偶像丢弃，而服事惟一真主宰，创造天地万物之神。救主大施恩典，赐圣灵以感动人心，因而信道者前后共有十人以上。此十余人，皆已受洗礼而信耶稣，可救免彼等之罪恶。且彼此一心服事上帝，凡事皆按福音真理而行。三四年以来，我在广州城附近乡村，及其他各地，派送《圣经日课》，人人皆欢喜接受，拒绝不受者，人数却少也。今年（一八三四）适为三年一次之乡试，各乡秀才皆齐集省城应试。于是我想从速将布道小书派送于彼等。因此八月十日，我约同吴亚清（以下之名皆译音）、周亚生及梁亚新，将书籍携往派送，是日共派出《圣经日课》千份（共五千本）。而所有士子皆欢喜接受，并无任何滋扰，我侪皆甚为快慰。翌日，又同样派送一千份，亦并无事情发生。到第三日，当我侪派完数百份之时，有巡卒前来将吴亚清及书籍一份拿去，将吴亚清押至南海县知事之前。该知事将书籍阅过之后，随嘱巡卒等以后不必干涉此等闲事，因此巡卒遂停止干涉彼等，而吴亚清即被释回矣。第四日我见知县已表示不干涉派送《圣经日课》及小书之事，遂继续进行我等之工作。谁知我等派完了数百之后，突有数人带领巡卒数名，前来将我及《圣经》十份抓去，我幸而半途从彼等之掌握中脱逃回家。翌日——八月廿五日，我闻巡逻官曾将此书及此事呈报广州知府，我猜彼或将令差役前来拘捕我等。遂将所余之书籍放入箱内，并将其运往他处。翌日我离省回乡，三十一日广州知府差人至我省城之寓所，将周亚生及其同伴捕至彼面前审讯。当审问继纶（按即亚生之同伴）时，彼答并不知关于书籍之事，知府命人将彼拿出去打四十板嘴巴，此四十板嘴巴打得厉害异常，致使继纶不能说话。周亚生于被审之时，将一切事情供出，第二日知府遂派出多人来缉捕我。但捕我不着，九月二日，由周亚生带彼等重来将印刷人吴英泰捕去，四日，周亚生又带彼等到邻村中捕去别一印刷人亚集，同时又搜去《圣经日课》四百本，木板一大束。六日，彼等又捕雕板人亚清，八日我听见以上所发生之事，遂立刻带我之妻女，逃至江门。翌日，知府果然遣一百人分乘二船，到我乡里，欲将我全家男女捕去，到乡后不见我等，遂把我三个亲属拿去，而将我家中什物抢掠一空。且用封条将我之屋门封住。彼等尽将我亲属所养之家畜捕去宰食，且继续向乡村各处搜捕我等，但终无法搜获。至十六日，彼等始回省，回省后将我之亲属黄兴爱一人捕去。我有一个亲属，他秘密前来将以上经过情形告诉我，我就立刻带我的妻女逃往赤坎。最后我身边所有之银钱告罄，致不能在他乡生活，然又不敢逃回广州，恐自投罗网。于是我就遣我妻潜往省城，将此事告知裨治文先生，求彼助以资斧，使我可以买粮食，而在必要之时，可以逃往别处。谁知彼已往澳门，于是我妻遂不得已空手而回。我带我之家人再回江门，此时我自己身上，不名一文，而又借贷无门，遂恳切祈求上帝施恩帮助保护我，往澳门一见裨治文先生。感谢上帝之仁慈，我果安抵澳门，当我见治文牧师之时，我之心悲痛异常，竟忍不住大哭起来。裨治文牧师见我如此悲苦，遂劝我不必伤心，说亚昂与马礼逊先生之长公子，已托人向知府询问，谓只要纳赎金八百元，便可释放在押诸人出狱，而对我及我家人之缉捕文书，亦可取消，不再追究矣。我闻此消息后悲痛稍杀，但裨牧师言，此事尚未完全商妥，须待省城再有来信时，始知真相。彼授我银二十四元，嘱我将此款给我之家人，而我自己立刻再回澳门，我向彼道谢后即起程回家。当告我妻以此事已办安之时，伊仍半信半疑，不以我所说之言为确，我将此银交与伊，是日即返澳门。在裨治文家中等候十日之后，便接得马儒翰来函说：经磋商多次，最后决定只要纳款八百金，在押之人，便可完全释放。但巡抚却一定要将我逮捕云。裨治文知此事后，立即带我及我子进德到一只快船上，着水手将我侪送至伶仃岛船主巴利之船中。巴利听见我侪所遇之灾祸，甚愿将我侪藏匿于彼之船中。此种情形使我想起凡属宣传上帝及救主之福音之人，一定要忍受迫害，于是我默想《罗马人书》八章三十一至三十九节，《雅各书》五章十一节，《彼得前书》五章十节之意义，我虽不能如救主耶稣保罗及约伯之坚忍不拔，但我仍愿模仿古代之圣者，永保我心之安宁。又我虽会忍受许多迫害，但我心仍觉安乐与快慰。我现在惟一之恐惧是怕中国政府将我之妻女加害而已，所以我每晨每夕皆求上帝垂怜保护及拯救彼等，同时我亦求一切牧者先生，与所有热心爱主之人，为彼等祈祷。

我们不惮烦的把这段话抄下来，因为梁发不但是以一位没有受过教育的人而能刻苦自读著书传教，而且他能独立不倚，坚忍不拔，不为穷苦而灰心，不为患难而退志。这一种的个性，这一种的人格，在过去的中国历史上固不容易找出来，即在他死以后至现在的教徒中，也不容易找出来。

第七章　南方对于西化的贡献（中）

因东西航道的直接沟通，而引起欧人之东来中国，及中国人之向外发展；而这种东西的接触，又引起中国的经济生活和宗教信仰及文化的其他方面的变动；这种经济生活和宗教信仰，及文化的其他方面，又影响于政治上的变动。自十九世纪以来，中国的政治运动之最能令人注意者，要算太平天国的政治运动、戊戌的维新运动，以及革命运动。这三种运动，虽各有其特殊之点，然也有其共同处，这就是三者都是受过西洋文化的影响，而且通通是策源于南方。

但是三十年来的革命运动的重要，人人都能见得到。而三十年前的戊戌维新，以及七十年前的太平天国，好像很少人加以相当的注意。太平天国之在满清简直是被人目为叛逆，乌合之众。正史既鲜有记载，传记也是寥寥无几。直到近数年来，才有些人重新把来估量，可是这种工作，还是在萌芽时代。至于戊戌维新运动在那个时候，虽是气象万千，天下耳目，为之一新，而为世人所注意，然三十年来，人们对之好像逐渐遗忘。这些态度，大约是由于人们每以成败为评估历史的价值的标准：

我们且先从太平天国说起。

太平天国的崛起的原因，说起来自然很多，然而西洋文化而尤其是宗教方面的影响，可以说是这些原因中最显明之一。麦沾恩牧师在《梁发传》里曾有下面一段记载：

> 现在让我们来看梁发先生派送小书所生的效果。梁发和他的同事们在学院分送小书的时候，曾经把书籍一分派给一个青年童生，这个童生的名字叫做洪秀全。洪秀全考试落榜，带了那分基督教书籍回到他的家里去，这件微小的事情，后来竟造成中国历史上惊天动地的一个大变局。洪秀全落榜回家的时候，年纪只有二十岁，他起初对于梁发所派给他的书，并不注意，只将它放在书架上面，搁了九年之久。一八三七年，他再赴府试，仍旧名落孙山。考试完毕回家，不久就生起病来。他在病中见许多异象，他恍忽之中，看见一个令人起敬的老人，授给他一把斩魔剑，又看见一个自称"长兄"的中年男子教他如何使他用那剑。一八四三年某日，他坐在书房看书，忽有友人前来拜访他，那个友人在书架上发现梁发的书，而对洪秀全说着，这才引起他对于这书的注意。当下他从书架上把那书拿出来阅读，他读了这书以后，就相信他已寻得解释他所见的异象的钥匙了。他知道那令人起敬的老人，就是上帝，而那所谓长兄者，就是耶稣基督，他悟到他所见的异象，是神的启示，因此他就拔剑而起，从事他的革命运动，这就是太平天国之乱的

来由。洪秀全同一个名叫冯云山的友人，受了梁发的书的感动，兴起打倒偶像的战争，组织了一个上帝会。可是他们虽有热诚，却少知识，而他们所用的破坏手段，更难博得人们的同情。洪秀全久有意思要加入基督教会，到了一八四七年，他第三次府试落榜以后，他就定意想加入教会。他跑去拜访美国浸信会宣教士罗孝全（Roberts）牧师，他与那牧师同住了几个月，沉潜于基督教的教训之中。洪秀全请求那牧师为他施洗，可是那牧师因为洪秀全的神学观念，有些怪诞不经，不愿为他施洗。洪秀全失望之余，就回去创立他自己的团体；集合一些有志反抗清朝和反抗崇拜偶像的人，在他的旗帜之下。可惜后来他因战事上的胜利，而变坏了他的性格，他的心理发生了不平衡的状态，他竟欲求与神天并列，可谓亵渎神明已极。他曾经采取梁发先生用文字布道的方法，著作宣道小书，他初期所作的小书，极合于基督教的教义，其中一种叫做宗教戒律，麦都恩牧师曾说，此书可说是太平天国诸人所著作的一些书中的最好的一本。其理由正当，其祷文亦佳，而其关于人类之邪恶，耶稣以血救赎人罪，及圣灵感动人心等教义之叙述，皆能引导一切有志求道之人，共行天国。洪秀全所组织的团体，除了分送他们自己所著作的传道小书外，又印送《新约圣经》。

这段话是一位教士说出的，而且是为要明梁发的影响的力量之大，而出这段话。他对于梁发的尊崇，及对于洪秀全的指摘和赞扬，也许有人发生疑问，然太平天国之藉基督教以号召群众，却是很显明的。比方《湘军志》中对于这点，也很显明的表白出来。

　　……洪秀全者，广东花县人也。少饮博无赖，敢为大言，粗知书，卖卜为活。闻妖人朱九涛刱上帝会，与同邑冯云山往师之……秀全尝诈死七日复苏，谬众云，上帝召我，有大劫，拜天则免。遂托泰西人所称为耶苏教者，造真言宝诰，谓天曰耶和华，耶苏为长子，秀全为次子。

太平天国不但是藉西洋教以号召天下，而且很诚恳的去实行基督教。这一点在英人林利（Lindley）所著《太平天国外纪》一书（孟宪承译）说得很详细。比方里面有一段记载：

　　每二十五家设一教堂，各家儿童每日须到教堂去读圣书。礼拜日则人民均须祈祷，男女分坐不相混乱，官长应入礼拜堂宣讲，奉牺牲祭祀，违者黜其官。

他又记载上至官僚，下至人民，无论是日常生活，重大典礼，闲常谈话，或是严重演说，没有不遵守宗教上的仪式的。此外书籍之关于这种记载的也很多。比方《太平天国野史》有了下面二段记载：

> 太平军于城市村庄分踞民房，屯于原野则盖板屋，以为营垒，率皆宏敞，以备礼拜之用。……佳时令节，寿诞生子弥月，与夫攻克城池，在军中所为喜庆事，则不拘常格，别备盛馔，善敬天父；其有疾病修灶等事，悉如天条中所载，奏章格式，缮写读讫焚化之，敬天父以祈福。
>
> 太平军所据之地，动辄鸣锣传集兵众，或百姓，于何日何时，齐集何处听讲道理，盖皆有所为也。凡刑人必讲道理，募兵必讲道理，仓卒行军，临时授令，必讲道理。骗使群卒为苦役，必讲道理，逃者日多必讲道理，将欲搜捕，必讲道理，劝人贡献，必讲道理；总之，所谓讲道理者，乃劝谕兵众将借宗教以行之。

太平天国既以宗教为政治运动的中心，而这个宗教不但是在理论方面是从西洋的教义输入过来，以号召群众，就在实力方面，他们也想借当时正在南方增加的外国基督教势力来帮助他们的政治运动。这一点我们可从《太平天国野史》所载一段话见之：

> 秀全是……试毕果落第，睹清政之混乱，官吏之贪残，民生之困瘼，遂隐蓄革命之志。时朱九畴倡上帝会，誓以恢复明室为志，秀全与同邑冯云山往师之。九畴死，秀全被推为教主，官捕之急，闻入耶教可藉以抗官，乃往香港受教于英牧师郭笠士门。

这个时候正是鸦片战争败后，中国政府以皇朝之尊，而败于洋人，香港割让，五口开放，《圣经》既可继战舰以宣传，那么能够得到西洋教士的保护，当然可以抵抗中国的政府。同时他们之所以要反抗政府，就是因为政治的腐败，这一点秀全在其建国时的檄文里说得很清楚：

> 奉天承运，太平天国总理军机天下大元帅万岁洪，为恺切晓谕，伐暴救民事：照得天下贪官，甚于强盗，衙门酷吏，无异虎狼；皆由君人之不德，远君子而亲小人，卖官鬻爵，压抑贤才，以至世风日下，上下交征，富贵者谂恶不究，贫贱者衔冤莫伸，言之痛心，殊堪指发！即以钱粮一事而论，近加数倍，三十年前之粮，今且复征，民之财尽矣，民之苦极矣！我等仁人义士，触目伤心，故将各州府县之贼官狼吏，尽行诛灭，以救民于水火之中。

原来欧洲十六七世纪间，君主专制，人民涂炭，所谓耶稣会的教士，每藉天主上帝救民于水火的口号，以反抗君主。利玛窦既免不去了这种背景，而他到中国以后，虽见得在中国的政治势力太大，不得不从事曲就。然天主教义明明白白说明上帝比人君天子为高为大，所以天子或人君之不德者，人民可以承天主之意而反抗之。我们试阅太平天国各种宣传著作，如《三字经》，如《原道醒世训》，通通以上帝为至尊无上的。人民固要服从，君主也要服从。所以他们之反抗政府檄文里，劈头就说是"奉天承运"。我们于此可以明白太平天国的宗教气味的浓厚。

有些人说太平天国之崛起主要原因，是覆清复明，和有了种族革命的思想。但是所谓覆清复明，《清稗类抄》述有秀全一段话：

> 洪秀全常语人曰：三合会之目的，在覆清复明，其创在康熙时，主义虽正，当然必至二百年后如今日始可为覆清之举。至于复明则又似是而非，既还复我固有之山河，必当建立新朝廷，今乃以复明为言，焉可得人心？就吾真教言之，全赖上帝会之威力为援助耳，其得助多已，以吾等数人敌彼百万可也，吾是以不知有孙膑、吴起、孔明各名将，三合会果有何价值哉！

使此言真由秀全所出，则世人所谓太平天国之崛起乃在覆清复明之说，不攻而自破。至于种族革命的思想，在各檄文里虽处处流露，然照我看起来，也不外是借以引起汉人反对满清政府的一种手段，似不能算作主要原因。原来秀全在满清统治之下的考试制度，竟连试到三次之多，其希望名登榜籍，而效忠于清廷的思想，可以概见。若说是种族革命的观念深入了他的头脑，好像不大妥当。此外我们试看杨秀清、韦昌辉们致汉人充清官吏的檄文，还能找出其浓厚的宗教色彩：

> 夫天下者，中国之天下，非满洲之天下也。宝位者，中国之宝位，非满洲之宝位也。子女玉帛者，中国之子女玉帛，非满洲之子女玉帛也。慨自明季凌夷，满虏肆逆，乘衅窃入中国，盗窃神器，而当时官兵人民，未能共愤义勇，驱逐出境，扫清膻秽，反致低首下心，甘为臣仆，迄今二百余年。浊乱中国，钳制兵民，刑禁法维，无所不至，而一切英雄豪杰，莫不为之判，而甘为之用；是则令人言之痛心，恨之刺骨者矣！然从前尔等官兵为满所用，本系被其胁迫，且前时未逢圣主首出，无所依归……兹者三七之运告终，九五之人已出，恭维天父天兄，大开天恩，命我真圣主天王降凡御世，用夏变夷，斩邪留正，誓扫胡尘，拓开疆土，此诚千古难逢之际，正宜建万世不朽之勋。

可知种族之兴起与灭亡，依赖于天主的意旨，这又是以宗教为种族革命的中心的明证了。

不但如此，欧洲的反抗专制君主的运动，既像上面所说，得力不少于耶稣教的政治思想，而欧洲的民族主义的发展，又得力不少于宗教改革。宗教改革的目的是欲推翻教皇的垄断个人信仰，而使个人直接认识上帝，然其背景和结果，则是民族主义的勃兴。这种民族主义和新教运动的密切关系，是随处可见的。新教之最初传入中国而受信仰旧教的拉丁民族的排斥，虽可以说是有了经济的背景，然民族的背景，似也不能蔑视。太平天国的崛起，假使果以民族主义来号召民众，则这种民族主义而受过西方民族主义的多少影响，也非绝对没有可能性的。

何况在南方的中国，因为和外国的接触较密，而受西洋民族的侵略较甚，民族主义之由此而发生，也是很自然的。总而言之，我们本不把民族革命来做太平天国的崛起的主因，假使民族革命而在太平天国的政治运动上，占了相当的位置，那么这种民族的革命，仍然和西方的文化输入上，有了连带的关系。

所以从文化的观点来看：太平天国之和当时的政府相对抗，可以说是已从南方输入，而且在南方发展的西洋文化和中国的因袭固有的文化相对抗。这一点我们可以把曾国藩咸丰四年所颁布的《讨粤匪檄文》来解释：

> 自唐虞三代以来，历世圣人，扶持名教，敦叙人伦，君臣父子，上下尊卑，秩序如冠履之不可倒置。粤匪窃外夷之绪，崇天主之教，自其伪君伪相，上隶兵卒贼役，皆以兄弟称之。谓惟天可称父，此外凡民之父，皆兄弟也，凡民之母，皆姊妹也。农不能自耕，已纳赋，谓田皆天主之田也。商不能自贾，以取息，谓货皆天主之货也。士不能诵孔子之经，而别有所谓耶稣之说，《新约》之书，举中国数千年礼义人伦诗书典则一旦扫地荡尽，此岂独我大清之变，乃开辟以来，名教之奇变！我孔子、孟子之所痛哭于九泉！凡读书识字者，又焉能袖手坐观，不思一为之所也？

以先世为有名的孔孟学者一个少年登科第的曾国藩为中国的固有的文化辩护，是很自然而然的。其实曾氏也可以说是中国文化的缩影；反之三次考试不录，而愤恨的去崇奉西教的洪秀全之极力诋毁孔孟，极力抗反中国固有文化，极力去提倡西洋文化，也是很自然而然的。可是最巧妙的就是国藩以一位纯正的中国文化的代表者，而结果却成为人所目为中国近代的西化运动的先驱。而秀全以一位提倡西化最力的人，结果也曾反去提倡科举，劝读孔孟之书。我们以为假使国藩仍是真实的不"窃外夷之绪"，秀全而始终反对孔孟之言，那么太平天国和湘军的成败，恰成相反，也未可知？原来国藩之所以能够得到最后胜利，并非像他檄文中所说的极力提倡孔孟之道而博取国人之心，他之所以胜利，不外是得力于"外夷之绪"，如新式兵炮，如戈登将军和西洋人其他一切的帮助，反之秀全之终归于失败，与其说是由于崇奉洋教，采纳西法，不如说是对于洋教和西法的不能澈底的施行应用。他们一到武昌，往日之所谓西化的精神，已逐渐颓靡，再到南京，则消灭殆尽。开科崇孔，贪功耽乐，均是复返中国传统的文化的路，就使没有国藩，自己也许逐渐腐化而致灭亡。

太平天国的失败，固是由于自身的腐败，然而他之对于新政策施行上，却有很多地方，值得我们的注意。

在经济方面，他们所欲实现者，是基督教的共产主义，从一八五三年的土地法令里，我们找到下面一段话：

> 凡天下树墙下以桑，凡妇蚕绩缝衣裳，凡天下每家五母鸡，二母彘，无

失其时,凡当收成时,两司马督伍长,除足其二十五家,每人所食,可接新谷外,余则归国库,凡麦、豆、苎、麻、布、棉、鸡、犬各物,及银钱亦然。盖天下皆是天父上主皇上帝一大家,天下人人不受私物,物归上主,则有所运用。天下大家处处平均,人人饱暖矣。此乃天父上主皇上帝特命太平真主救世旨意也。但两司马存其钱谷数于薄上,其数于典钱谷及典出入,凡二十五家中设国库一,礼拜堂一,两司马居之。凡二十五家中所有婚娶弥月喜事,俱用国库。但有限制,不得多用一钱。如一家有婚娶弥月事,给钱一千,谷一百斤,通天下皆一式,总要用之有节,以备兵荒。凡天下婚姻不论财,凡二十五家中陶冶木石等匠,俱用伍长,及五卒为之,农隙治事,凡两司马办其二十五家婚娶吉喜等事,总是祭告天父上主皇上帝,一切旧时歪例尽除。其二十五家中童子俱日至礼拜堂,两司马教读旧遗诏圣书,新遗圣书及真诏旨书焉。

其次他们对于妇女方面的解放,不但在中国历史上放一异彩,就是在世界的妇女运动史上,也可以说是时代的先驱。在铲除恶习上,他们禁止妇女缠足,禁止妇女当娼,禁止纳妾。在教育和职业上,他们给与妇女和男人同等的机会。在考试上,女也有女科,他们拔取参加女科考试的傅善祥为第一,是因为她力辟"惟女子与小人为难养也"的经训。此外在政治、军事上,妇女也有同样的利权,女丞相和女军职均有设备,据说当时有女官六千五百八十四人,而女兵也有三十万人。

此外对于奴隶的禁止,刑法的改善,白话文的提倡等,均是新政之中最可注意的。

又如在外交上他们因为在香港各处与外人接触较多,而且因为以宗教为政治运动的中心,故国际间的平等对待条约上的遵守,以及战时的公法与中立法的应用,据林利的《太平天国外纪》比之西洋各国较为公道。

我们现在再来谈谈戊戌维新运动:

要是太平天国的政治运动是鸦片战争的一种影响,那么戊戌维新运动,可以说是甲午中日之战的反响。梁启超在《戊戌政变记》里说道(卷七页一):

唤起支那四千年之大梦,实自甲午一役始也。支那之大患由国家视其民为奴隶,积之既久,民之自视亦如奴隶焉。彼奴隶者,苟抗颜而干预主人之家事,主人必艴然而怒,非摈斥则谴责耳。故奴隶于主人之事,罕有关心者,非其性然,势使之然也。支那之人视国事若于己无与焉,虽经国耻历国难,而漠然不以动其心者,非其性然也,势使然也。且其地太辽阔,而道路不通,彼此隔绝,异省之民罕有交通之事,其相视若异国焉各不相知,各不相关,诚有如小说家所记巨鲸之体,广袤数里,渔人断其背而穴焉,寝处于是,炊爨于是,而巨鲸渺然不之知也,故非受巨创负深痛,固不足以震动之。昔日本当安政间受浦贺舰一言之挫辱，而国民蜂起，遂成维新。支那则一经庚申圆明园之变，再经申马江之变，而十八行省之民，犹不知痛痒，未尝稍改其顽固嚣张之习，直待台湾既割，二百兆之偿款既输，而鼾睡之声，乃渐惊起，此亦事之无可如何者也。

戊戌维新运动的起因，既是由于受挫于方事努力于西洋化的日本，而这次运动的中坚人物，却是广东的康有为。康氏之所以从事于维新运动的背景，据梁启超的《康有为传》里有下面一段话：

> 其时（康氏三十岁左右）西学初入中国，学国学者，莫或过问，先生僻处乡邑，亦未获从事也。及道经香港、上海，见西人殖民政治之完整属地如此，本国之进步更可知。因思所以致此者，必有道德学问以为之本原，乃悉购江南制造局及西教会所译各书画读之，彼时所译者皆初级普通学及工艺、兵法、医学之书，否则耶稣经典论疏耳，于政治、哲学毫无所及，而先生则别有会悟，能举一反三，因小以知大，自是于其学力中，别开一境界。

这是康有为后来在政治舞台上活动的背景，他的上书请求变法，也是从这种激动而来。我们相信康氏所受这种激动，必定很为厉害，否则决不会以一介书生，布衣平民，伏阙上书，请求变法。所谓变法，据康氏的意见，不外是取法西洋，其所以要取法西洋，是一方面见得俄人蚕食东方的阴谋，一方面见得日本效法西化的效果。无奈那个时候的臣僚，不但以人微言轻，而目康氏为狂夫，而且所谓变法，已为他们闻所未闻而反对。直到乙未战败以后，康氏始再有赴京师，重张旗鼓的机会，这时恰为会试之年，各省举人集于北京者以万数千计，康氏及其弟子梁启超，趁了这个机会，创议由各省举人署名上书请求变法，结果先由广东、湖南的举人们署名，然后各省影响，从此开近代学者参加政治的先河，这就是后人所说的"公车上书"。"公车上书"是在光绪二十一年三月间，至四月五月，有为一再上书，然终因大臣的妒嫉，而未得遂。康氏不得已南行回粤，直到光绪二十三年十二月德人占据胶州湾，康氏乃再由粤到北京再上书陈请变法，这一次的上书，始得光绪览阅，而康氏此后也逐渐见用。他所著述的《日本变政考》《俄彼得变政考》均为光绪命令进呈，于是光绪始决定变法。这一次的维新运动，因守旧派的势力太大，而致有政变的发生。故若照其政策的实施方面来说，无大可纪，然若照其在历史上的重要方面来看，当然不能忽视。我们以为设使没有这次的维新运动，那么此后的革命运动的"成功"，也许没有这么快。设使这次的维新运动而能成功，那么革命运动也许不会发展，至少也不会成功这么快。不但这样，此后八国联军之入京，也和维新运动有很密切的关系。所以维新运动之有否，以及其成败，在中国的历史上，的确是一件极重要的事情。

事实上我们有时也会相信以家传理学，世尊孔孟，而同时又未出国门一步，未懂外国言语的康有为来提倡西法,也许会因"来源浅觳易竭",而不能提倡澈底的西化,所以就使康氏能够成功,于中国前途也许不会大有裨益,大有补救。试看他之尊崇孔教,以及出国以后,日趋于守旧复古,就能相信我们这些意料,也许是对的。然像康氏这样的人,而能大声疾呼提倡西化,委实是不容易找出来。我们可以说十九世纪的最后十年的中国的维新中坚人物,恐怕除了曾经直接受过西化的陶冶像容纯甫、严又陵外,要算康有为了。

康氏的维新计画,大都可以从他的著作,而尤其是他的奏稿中见之。然他的意见,中国若想自存,一定要变法,而所谓变法,就是变中国的旧法,而仿效西洋的新法。他见到中国和西洋的政治是很差异的。中国之所以失败所以积弱,是由于中法的不合时宜,欧美之所以强胜,是由于西法的善良。且看他说:

窃自东事败后,近者胶旅继割,国势凌夷,瓜分日闻,几不国矣。所以至于此者,一统闭关之治,与列强竞争之治,若冬夏冰炭之相反,水陆舟车之异宜也。今吾国处竞争之新世而行闭关之旧法,安能不危败乎?夫秋扇必捐,堂蓑无用;五月之裘难披,岸上之船不住,物之公理也……逆天不祥,远时必败。若当变不变,必有代变之者矣,与其人为变之,何如自己变之为安适夫?印度者人代变者也,日本者自己变者也,得失之故,可以鉴矣。(《请告天祖誓群臣以变法定国是折》)

变法是应该的,而且是必然的,但是具体的变法,要从何处着手呢?康氏在请《废八股折》里说:

变法之道万千,而莫急于得人才;得人才之道多端,而莫先于改科举。今学校未成,科举之法未能骤废,则莫先于废弃八股矣。

康氏极陈八股的弊病,以为中国之割地败兵,皆是八股有以致之。故此折上去后,不久,光绪乃下诏废除八股,八股既废,他又请求开设学校。在他的《请开学校折》里他说:

窃臣以狂愚请废八股,荷蒙圣明嘉纳,立下明诏施行,薄海回风,洗濯固陋,咸更新厉学以赞休明。夫以千年之弊俗,而一旦扫除之,非皇上之神武英断,何能致此……虽然,譬诸治病,既以吐下而去其宿疴,即宜急补养以培其中气,则今者广开学校,为最要矣。

这书上后,光绪也下诏谕各省府厅州县,设立学校,此外他又上疏请停弓刀石武试,改设兵校;请广译日本书,派遣游学,在后者里说:

学者所事,学八股试帖,读四书五经而外,无他学矣。其号称博学方闻之士,则有义理、考据、掌故、词章、舆地、金石诸学,通之者郡县寡得其人,然问以新世五洲之舆地、国土、政教、艺俗,盖皆茫然无睹,瞪目挢舌，若罔闻知。猝以投之大地，交通万国之世，以当各国之新法、新学、新器，安有不败者哉？盖人才之盲瞽，不足用也。数千年闭关自足使然也，吾永永闭关，以为今之世，犹古之世也……吾今自救之图，岂有异术哉，亦亟变法，亟派游学欧美之政治工艺、文学、知识，大译其书，以善其治，则以吾国之大，人民之多，其易致治强，可倍速过于日本也。

然而所谓效法欧美者，大都是间接的效法，所谓间接，就是主张派留学生赴日本，而其理由是：

> 译欧美之书，其途至难，成书至少。臣愚颛颛思之，以为日本我同文也，其变法至今三十年，凡欧美政治、交学、武备，新识之佳书咸译矣，但工艺少阙，不如欧美耳，译日本之书为我文字者，十之八，其费事至少，其费日无多也。

他又说：

> 大抵欧美以三百年而造成治体，日本效欧美以三十年而摹成治体；若以中国之广土众民，近探日本三年而宏规成，五年而条理备，八年而成效举，十年而霸图定矣。

本来这种不澈底的西化，就使当时能够实行，未必能得良果，何况庚子以后，张之洞、刘坤一等大臣，对于这些条陈，多能使其实现，而其结果，不但没有多大效益，而且养成三十年来的徒学皮毛的弊病。然而以康氏这样没有西学根底的人，而能够极力提倡西化，也是不容易找出来的；而且在当时的人们看去，委实是超过时代的见解呵。

上面所说者，是教育的维新，因为康氏觉得教育特别重要，所以也可以说这是变法的张本。至于政体方面，他所主张的是君主立宪，在《请定立宪开国会折》里说：

> 臣窃闻东西各国之强，皆以立宪开国会之故；国会者，君与国民共议一国之政法也。盖自三权鼎立之说出，以国会立法，以法官司法，以政府行政，而人主总之，立定宪法，同受治焉。人主尊为神圣，不受责任，而政府代之；东西各国，皆行此政体，故人君与千百万之国民，合为一体，国安得不强。吾国行专制政体，一君与大臣数人共治其国，国安得不弱，盖千百万之人胜于数人者，自然之数也。

此外他又组织戒缠足会，并上疏请求禁妇女裹足，而其理由是：

> 古今中外，未有恶俗苦体，非关功令，乃能淹被天下，流传千年，若斯之甚也；其可骇，莫甚焉。以国之政治论，则滥无辜之非刑；以家之慈恩论，则伤父母之仁爱；以人之卫生论，则折骨无用之致疾；以兵之竞强论，

则弱种展转之谬传；以俗之美观论，则野蛮贻诮于邻国。是可忍也，孰不可忍。

其尤为激烈的条陈，是主张断发易服，且看他说长发之害。

> 且今物质修明，尤尚机器，辫发长垂，行动摇舞，误缠机器，可以立死。今为机器之世，多机器则强，少机器则弱，辫发与机器不兼容者也。且兵争之世，执戈跨马，辫尤不便，其势不能不去之。

他又举出欧美人百数十年前，皆是辫发，因为机器的发达，故通通剪除。并且辫发于卫生殊为不合，而中国人之在外国者，又为外人目为豚尾，于国体面子，均不好看。所以日本、俄罗斯之变法，皆以断发为急务。其原因也不外是"改民观听，导民尚武，与欧美同俗，而习忘之"。至于易服的理由，可于下面一段话中见之。

> 今则万国交通，一切趋于尚同，而吾以一国衣服独异，则情意不亲，邦交不结矣。……以数千年一统儒缓之中国，褒衣博带，长裾雅步，而施之万国竞争之世，亦犹佩玉鸣琚，以走趋救火也，诚非所宜矣。

他又以为赵武灵王之所以能胜胡人，是由于变服而骑，齐桓公之所以能称霸，是由于更易短衣；因此他极力主张采用西服。总之，我们详细的考研康氏的著作言论，无一不以欧美为鹄的。连他之主张尊孔教为国教，也是想以西洋人之崇奉其教之方法以崇奉孔子。所以他说：

> 夫小民智者少而患者多，势必巫觋为政，妄立淫祀，崇拜神怪，乃自然之数矣。积世既久，方将敬奉之不暇，孰敢与争；于是淫祠遍地，余波普荡，妖庙繁立于海外，重为欧美所怪笑，以为无教之国民，岂不耻哉。然旋观欧美之民，祈祷必于天神，庙祀只于教主；七日斋洁膜拜，诵其教经，称于神名，起立恭默，雅琴合奏，一唱三叹，警其天良，起其斋肃，此真得神教之意，而又不失尊敬之心。

上面所说的各种计画或见解，大都是康氏所欲立即实现者；而且事实上，也有多少已经实现。至于康氏的理想世界之解释最详者，要算他的《大同书》。据梁任公的话，康氏著此书时，乃自出心裁，一无依傍，一无剿袭。然事实上细心阅过此书的人，恐怕不会相信梁先生的话罢。

第八章　南方对于西化的贡献（下）

要是戊戌维新运动，而是甲午战败的反响，那么革命运动也是甲午战败的反响。革命运动的中坚人物是孙中山先生，关于孙先生之对于采纳西洋文化的主张，我们当在下面再述。我们在这里所要注意者，是在甲午以前的孙先生对于革命运动，还是没有坚决的意志。所以在那个时候，他在上李鸿章的书里，还希望能以政府的力量，来逐渐的改造中国。然而自从李氏拒绝不见他，以及《马关条约》签字以后，孙氏的革命进行，始逐渐成为具体化。理论上的革命运动，虽像中山先生八年前的遗嘱所说，已有了四十年的历史，然而具体化的革命运动，却是甲午以后的事。这种的具体化的革命运动的先声，又要算乙未（一八九五）年的广州之役了。

乙未广州之役的目的，是想谋取广州以为革命根据地，其理由不外是因为南方民智较为开通；而且经济上和人才上均乃仰给于南方。可是这次的事机，因为被人告发，党人陆皓东们被捕，就地斩首。这一次的革命运动虽失败，然陆皓东们之视死如归的精神，实为后来推倒满清的种子。

陆氏于南海县令李徵庸提讯时，不但不愿跪，且索笔作书以代供辞，里面有段很为慷慨激昂。今摘录之于下：

> 吾姓陆名中柱号皓东，香山翠微乡人……与同乡孙文同愤异族政府之腐败专制，官吏之贪污庸懦，外人之阴谋窥伺，凭吊中原，荆榛满目，每一念及，真不知涕泪之何从也……要之，今日非废灭满清，决不足以光复汉族，非诛除汉奸，又不足以废灭满清。故吾等犹欲诛一二狗官，以为吾汉人当首一捧。今事虽不成，此心甚慰，但一我可杀，而继我而起者，不可尽杀。公羊既殁，九世含冤，异人归楚，我说自验。吾言尽矣，请速行刑。

其实革命之所以能够成功，全赖在"一我可杀，然而继我而起者不可尽杀"，而革命之所以失败，也是由于这种精神的缺乏。皓东因为措辞激烈，又不肯说出同谋的人名，李徵庸曾加以最残忍的酷刑，然而他却说道：

> 汝虽以严刑加我，但我肉痛心不痛，汝其奈我何？

乙未广州之役后五年，中国又罹庚子之祸。庚子之祸的反响，又要算庚子惠州之役。这一次的革命运动的中坚人物，要算郑士良。郑氏以惠州的归善县属之三洲、田稔山等处为根据地。最初起事时，仅有六百人，后来随者日众，声势颇大。然后来终以众寡悬殊，接济来源的缺乏，而致于失败。

惠州之役后二年，又有洪全福广州之役。洪本为洪秀全之侄，太平天国败后，逃迹香港，因和素持种族革命思想的谢日昌、谢缵泰父子相识，而得识港中富商李某。李某见得惠州之败，心殊不甘，乃出了好多的资助，以图在广州举事。经过数月后的筹备，拟于一九〇二年晚起事，不意又因事泄，而归于失败。这一役被捕而判死刑者七人，其他监禁者尚多，全福与谢缵泰乔装逃避，始得出险。

到了一九〇三年，在云南方面又有周云祥临安之役。周氏因愤清廷与法国立云南不让于他人之约，遂有保滇会的设立。其目的为驱逐满人，以保土地主权。适蒙自县令孙某拟捕云祥勒赎，云祥乃乘机起事，先后占据临安、屏州等处，弄到当道要发二十万兵，也没办法，但是后来终因孤立无援，以致失败。

云南临安之役既失败，次年（一九〇四）长沙之役又发生。这一次的中坚人物，要算黄兴。此外刘揆一、杨笃生们也为此役的重要份子。他们联络了哥老会的首领马福益预定在长沙、岳州、衡州、宝庆、常德各处起事，可是事前事机不密，黄、刘、马诸人仅以身免。

长沙之役既失败，马福益逃广西，后潜返湖南，（一九〇五）事泄，为端方捕杀，其党徒闻之大愤，同时又有留日学生多人，返国鼓吹革命，并决定于一九〇六年十二月起事，后因事泄，不得已遂于十月十九日发难，不数日间占据了好多地方，弄到湘、鄂、赣、苏各省督抚，大为震动。可是这些军人没有一点训练，结果也是失败。这一次的革命运动，有了一篇很可注意的檄文，今摘录于后。

黄帝纪元四千六百零四年，岁次丙午十月吉日，中华国民南军革命先锋队都督龚（春台）奉中华民国政府命，照得鞑虏原系东胡异族，游牧贱种，自汉隋唐宋以来，久为我中华汉族之寇仇。有明末造，鞑虏逞其凶残悍恶之性，屠杀我汉族二百余万，据我中华，窃我神器，奴沦我同胞，我黄帝神明之胄，四百兆之众，隶于奴界二百六十年于兹。汉族为亡国之民，中华隶犬羊之宇，凡我叔伯昆仲诸姑姊妹，曷任伤心。太平天国起义师于广西，誓必逐鞑虏，恢复中华，以雪灭国之耻，乃曾国藩、胡林翼等不明大义，罔识种界，认贼为父，呼贼作君，竭湘军全力，自戕同种。致使汉族得恢而复湮，胡氛将灭而又振，湘人之罪，涸洞庭之水，不能洗其污，拟衡狱之崇，不能比其恶；凡吾湘人，实无以对于天下。今者划清种界，特兴讨罪之师，率三湘子弟，为天下先，冀雪前耻，用效先驱。……当知本督师只为同胞谋幸福起见，毫无帝王思想存于其间，非中国历朝来之草昧英雄，以国家为一己之私产者所比，本督师于将来之建设，不但驱逐鞑虏不使少数之异族专其权利，且必破除数千年之专制政体，不使君主一人犹享特权于上。必建立共和民国，与四万万同胞享平等之利益，获自由之幸福；而社会问题，尤当研究新法，使地权与民平均，不致富者愈富，成不平等之社会。此等幸福，不但在鞑房宇下所未梦见，即欧美现在人民，亦未曾完全享受。凡我同胞，急宜竭力，以扫除腥膻，建立乐国。

从此段的檄文里，我们知道这次的革命运动，不但是反抗满族的统治，而且反抗专制的政体，而建立一个共和的国家。这种思想显明是受过一九〇五年在日本成立的同盟会军政府的宣言的影响。

到了一九〇七年又有潮惠钦廉之役。这些地方的政治运动均由同盟会主动，然通通因太过涣散而接济来源缺乏，以致失败。同年在安庆方面先后又有徐锡麟和熊成基之役。徐氏本和浙江的秋瑾们预备在安徽、浙江等处做大规模的起义，后以事泄，决计速发。徐氏仅于其所办巡警学校学生毕业之期击毙皖抚恩铭，他自己旋也被擒。同时浙方也派兵捕秋瑾杀之，熊成基于徐氏起事后数月，又在安庆率其马炮营队发难，然皖抚朱家宝因先知有变，闭城严守，至城内内应者不能联络，而政府外面驻防军队又被召以救朱氏，马炮营队不能敌，熊氏仅以身免。

一九〇七年在钦廉的革命军既失败，后一年又转变方针，改由安南进攻广西，并先拟以镇南关为根据地。然不久又失败，黄兴乃再入钦廉，横行于钦廉、上思一带，因子弹缺乏，以致失败。同时黄明堂也联络清军攻河口，清兵投降者五千人，后以指挥缺人，清兵云集，也不得已而退入安南。

从一九〇七年至一九〇八年间，革命军在云南、两广各处失败，凡五六次，革命党人精锐既受损失，前途颇为悲观，然他们还是努力，所以一九〇九年黄克强与赵伯先运动广州之新军，拟于一九一〇年正月发难，适十二月卅夜，新军兵士以细故与巡警互殴，提早发难，子弹既缺，仓卒之间，没有整个计画，支持三四日间，终归于全军覆灭。

新军之役，是在一九一〇年头，到了年晚，又有再在广州起事的筹备，这一次的规模较大，而计画较为周密，而且参加者均革命党里的优秀分子。初本拟于一九一一年三月十五日起事，后以军械款项尚未到齐，且事前十数日温生才行刺孚琦，清吏大为戒备，故尔迟至三月廿九日，这就是后来所谓黄花岗之役。这次发难虽未成功，然其损失之钜，影响之大，为革命运动以来之最甚者。孙中山先生在《黄花岗烈士事略》序里说：

> 满清末造，革命党人历艰难险巇，以坚毅不挠之精神与民贼相搏，踬踣者屡，死事之惨，以辛亥三月二十九日围攻两广督署之役为最。吾党菁华，付之一炬，其损失可谓大矣。然是役也，碧血横飞，浩气四塞，草木为之含悲，风云因而变色；全国久蛰之人心，乃大兴奋，怨愤所积，如怒涛排壑，

不可过抑,不半载而武昌之大革命以成,则斯役之价值,直可惊天地、泣鬼神,与武昌革命之役并寿。

黄花岗之役之最足以感动人者,乃是诸烈士的慷慨赴死的精神,下面所抄录数段,就是这种精神的表示:

> 夫男儿在世,不能建功立业,以强祖国,使同胞享幸福,虽奋斗而死,亦大乐也。且为祖国而死,亦义所应尔也。儿刻已念有六岁矣,对于家庭本有应尽之责任,只以国家不能保,则身家亦不能保,即为身家计,亦不能不于死中求生也。儿今日极力驱满尽国家之责任者,亦即所以保卫身家也。他日革命成功,我家之人,皆为中华新国民,而子孙万世亦可以长保无虞,则儿虽死,亦瞑目于地下矣。(方声洞《寄父书》)

> 吾至爱汝,即此爱汝一念,使吾勇于就死也。吾自遇汝以来,常愿天下有情人都成眷属;然遍地腥云,满街狼犬,称心快意几家,能彀司马春衫,吾不能学太上之忘情也。语云,"仁者老我老以及人之老,幼吾幼以及人之幼",吾充我爱汝之心,助天下人爱其所爱,所以敢先汝而死,不顾汝也。汝体我此心,于啼泣之余,亦以天下人为念,当亦乐牺牲吾身与汝身之福利,为天下谋永福也,汝其勿悲。……吾辈处今日之中国,国中无地无时,不可以死,到那时使吾眼睁睁看汝死,或使汝眼睁睁看我死,吾能之乎?抑汝能之乎?(林觉民《与妻书》)

事实上武昌之役,要是能说是成功,则其基础完全筑在过去十五年来的革命运动。而过去十余次除了徐锡麟、熊成基在安庆之役外,没有一次不是以两广、云南为中心,连了满清之推倒,还是以南方为中心。我们试一读清帝退位的诏文里,所谓"今全国人民心理,多倾向共和,南中各省,既倡义于前,北方诸将,亦主张于后"。便能知这次的革命成功,是以南方为主体。

到了民国以后的革命运动,也以南方为根据地。北方袁世凯于民国二年间暗杀宋教仁,违背宪法,下令免去三省都督(江西李烈钧、广东胡汉民、安徽柏文蔚)本职,最先宣布独立者,是江西的李烈钧,继续而策应李氏的是江苏、安徽、福建、广东、湖南诸省。这一次的革命,就是所谓第二次革命。第二次革命因为举事太迟,而致失败,然护国军在云南起义,却是置袁氏于死的主动力。

云南护国军的起义,是反抗袁氏之帝制运动,原来袁氏久蓄帝制之心,后来遂有所谓筹安会之发起,研究中国是否适宜于君主的问题。其后又改为宪政协进会,继而又有所谓参政院以代行立法院的筹备。其目的均是促进帝政的实现。最后乃由参政院召集所谓国民代表大会,投票改决国体,结果于民国四年十二月十一日所谓民国代表全体投票,赞成君主立宪。袁氏应允,遂下令承认为帝(十二月二十日），并决定五年为洪宪元年。

袁氏帝制的运动既实现，蔡锷及其师梁启超由北方潜逃至云南同谋抵抗，并于十二月二十日用将军唐继尧，巡按使任可澄名义，致电袁氏请取消帝制，诛除祸首，并于迟二日，分道出师讨伐袁氏。袁氏阅讯，先免唐、任等官职，后乃以武力压服。可是贵州、广西、广东、四川、湖南各省，均先后向影〔响应〕，并在南方组织军务院。人心所向，势如破竹，而袁氏竟因羞愤迫，于五年六月六日毙于北京之新华宫，而所谓帝制运动，遂告一段落。

袁氏帝制运动，虽未实现，然继他而起者，又有复辟运动，其主谋人物为张勋。张氏于民国六年夏入京，七月一日入清宫，奏请复辟。可是消息一传出，浙江、江西、湖北、湖南首先反对，其后段祺瑞由津率兵平定复辟。

段氏虽是平定复辟，但是对于已经中断的立法机关，却不愿加以恢复，于是滇督唐继尧首发通电，表示不满意。时同广东省长朱庆澜表示愿与民党提携，而海军司令程璧光第一舰队林葆怿均通电主张拥护约法，恢复国会。于是南方护法之役，遂而产生，此后南北相持对峙者数年，直到民国十七年北伐成功，中国始暂呈统一之状。

一部革命运动史中的事实，若是叙述起来，要成一本很伟大的作物，这里所记述的只不外是一个大概，可是我们所得到的认识，乃是差不多每一次的革命运动，都是策源于南方。

经济宗教及政治方面的西化——现代化——固是策源于南方，文化的其他方面的西化，也可以说是策源于南方。我们现在且先从语言方面来说：

话体文的运动的成功，虽是最近的事，但是这个运动的开始，却在有了四十年左右的历史。而这个运动的先锋，好像是福建的卢戆章氏。卢氏少住厦门，长往新嘉坡习英文，后来回厦门帮助教士翻译《英华字典》，并利用当时在福建南边的传教士以罗马字所创造的"话音字"，以拼切的土音土语，来写成《中国第一快切音新字》。他不久（一八九二）又写了一篇《切音新字序》，其中有一段话，摘录于后：

> 窃谓国之富强，基于格致，格致之兴，基于男妇老幼，皆好学识理，其所以能好学识理者，基于切音为字，则字母与切法习完，凡字无师，能自读。基于话字一律，则读于口，遂即达于心。又基于字画简易，则易于习认，亦即易于习笔。省费十余载之光阴，将此光阴，专攻于算术、格致、化学，以及种种之实学，何患国不富强也哉。……又当以一腔为主脑，十九省之中，除广、福、台而外，其余十六省大概属官话，而官话之最通行者，莫如南腔。若以京南话为通行之正字，为各省之正音，则十九省语言文字既从一律，文话皆相通，中国虽大，犹如一家，非如向者之各守疆界，各操土音

之对面无言也。

对于卢氏及此种新的创作加以极力宣扬者,要算福建林辂存。他在其呈请都察院代奏请采用这种新法切音里说:

> 查创新法切音者,福建卢戆章之外,更有福建举人力捷三、江苏上海沈学、广东香港王炳耀,已故前署汉海关道蔡锡勇各有简明字学,刊行于世。其法均遵定《康熙字典》切音,参以西法,而善其变通。或以字形胜,或以音义胜,或以拼合胜,大旨以音求字,字即成文,文即为言,无烦讲解,人人皆能。而尤以卢戆章苦心孤诣,研究二十余年,且其生长外洋,壮年回籍,故其所为切音新字捷诀,深得中西音义之正。……敢请我皇上饬下各该省督抚学政传令卢戆章等并其所著字书,咨送来京,由管学大臣,选派精于字学者数员,及编译局询问而考验之,校其短长,定为切音新字,进呈御览,察夺颁行。

其实一八九六年的《时务报》梁启超已经说道:

> 稽古今之所由变,识离合之所由兴,当中外之异,知强弱之原,于是通人志士,汲汲焉以谐声增文,为世界一大事。……吾师南海长素先生,以小儿初学语之声为天下所同,取其十六音以为母,自发凡例,属其女公子编纂之,启超未获闻也。去岁从《万国公报》中获见厦门卢戆章所自述凡数千言,又从达县吴君铁樵见蔡毅若之快字凡四十六母,二十六韵,一母一韵,相属成字,声方分向,画分组细,盖西国报馆,用以记听议院之言者,即此物也。启超窃私喜,此后吾中土文字于文质两统,可不偏废,文与言合,而读书识字之智民,可以日多矣。

梁氏所说的蔡毅者,就是林辂存所说的蔡锡勇的别字。他曾随公使到美、日、秘各国,因见各国言文一致,而且简便易学,乃著《传音快字》一册。王炳耀著《拼音字》,力捷三著《闽腔快字》及《无师自通切音官话》,沈学著《盛世元音》。这些语体运动者,通通都是南方人,而且他们通通都受过外国语言的影响。所以这个运动之于东西文化的接触上,有了很大的意义。

然而在近代文字革命史上,梁启超是特别值得我们注意的。他在三十年前所办的《新民丛报》里,介绍严复译《原富》一文中,已主张文字革命。他说:

> 严氏于西学中学,皆为我国第一流人物。此书复既经数年之心力,屡易其稿,然后出世,其精善更何待言。但吾辈所犹有感者,其文章太务渊雅,刻意摹仿先秦文体,非多读古书之人,一翻殆难索解,夫文界之宜革命久矣,欧美、日本诸国,文体之变化,常与其文明程度成比例,况此等学理邃

颐之书，非以流畅锐达之笔行之，安能使学童受其益乎？著译之业，将以播文明思想于国民也，非为藏不朽之名誉也，文人结习，吾不能为贤者讳矣。（《新民丛报》第一号）

他不但是主张文学革命，而且见到欧美、日本诸国文体之变化，常与其文明程度成比例，换句话来说，新时代式的文化，是要新时代的文字。文字是文化的很多方面的一方面，而且是文化各方面中的很重要方面。所以文化之能够进步，其得力于文字者很多，何况事实上近代美欧、日本各国的文字的变迁，是和现代文化的发展，有了很密切的关系呢？

启超不但是一位文字革命的理论家，而且是文字革命的实行者，我们且看他说：

启超夙不喜桐城派古文，幼年为文，学晚汉魏晋，颇尚矜炼。至是（《新民丛报》时代）自解放，务为本易畅达，时杂以俚语、韵语及外国语法，纵笔所至不检束，学者竞效之，号新文体；老辈则痛恨，诋为野狐。然其文理明晰，笔锋常带情感，对于读者，别有一种魔力焉。

这个新文体，虽然不是近来所说的白话文，然他对于近来的白话文的运动上，却有了不少的功劳。

而且在启超一九〇二年所编辑的《新小说》杂志所登的长短篇小说，是用白话文来写的。这些小说在文字上既已经解放，在思想和结构上，又受过西洋的小说的影响。我们若以三十年前的环境的眼光来看梁氏的新小说，那么这个《新小说杂志》，可以说是名实相符的《新小说》杂志呵。

此外又如黄遵宪在新诗的贡献的劳迹，钱基博先生在其《中国现代文学史》里说：

中国与欧美诸洲交通以后，持英荡与敦槃者不断于道，而能以诗鸣者，惟黄遵宪。毅然有改革诗体之志，模山范水，关于外邦，名迹之作，颇为夥颐；其成就虽未能副其所期，然规模既大，波澜亦宏，世称硬黄，一时钜手矣。

黄氏之所以志于改革诗体，一方面是由他受过他本乡的歌谣的影响，一方面又因为他受过外国而特别是日本的诗歌的影响。他的解放诗体的主张，在与朗山论诗的书里（《岭南学报》二卷二期）说得很透澈。

遵宪窃谓诗之兴，自古至今，而其变极尽矣。虽有奇才异能英伟之士，率意远思，无由能出其范围者。虽然，诗固无古今也，苟出天地日月、星辰风云、雷雨、草木、禽鱼之目，出其态以尝（当）我者不穷也。悲欢、忧

> 喜、欣戚、思念、无聊、不平之出于人心者无尽也。治乱、兴亡、聚散、离合、生死、贫贱、富贵之出于（？）我者不同也。苟能即身之所遇、目之所见、耳之所闻，而笔之于诗，何必古人，我自有我之诗者在矣。夫声成文谓之诗，无有声皆有诗也，即市井之谩骂，儿女之嬉戏，妇姑之勃豀，皆有真意以行其间者，皆天地之至文也。不能率其真而舍我以从人，而曰吾汉、吾魏、吾六朝、吾唐、吾宋，无论其非也，即刻画求似，而得其形，有则肖矣，而我则亡也。我已忘我，而吾心声，皆他人之声，又乌有所谓诗者在耶。汉不必三百篇，魏不必汉，六朝不必魏，唐不必六朝，宋不必唐，惟各不相师，而后能成一家言。必执一先生之说，而媛媛姝姝，则删诗至三百篇止矣，有是理哉？是故论诗而依傍古人，剽说雷同者非夫也。吾今日所遇之境，所思之人，所发之思，不先不后，而我在焉。前望古人，后望来者，无得与我争之者，而我顾其情，舍而从人，何其无志也。虽然，我身之所遇，吾目之所见，吾耳之所闻，吾愿笔之于诗，而或者其力有未能，则不得不藉古人而扶助之，而张大之，则今宪之所为，皆宪之诗也。

所谓"市井之谩骂，儿女之嬉戏，妇姑之勃豀，皆有其意以行其间者，皆天地之至文也"，就是极端的主张诗文体裁的解放。这种的主张，我以为不但是二十年前主张"作诗必使老妪听解固不可然，必使士大夫读而不能解，亦何故耶？"的胡适之先生望尘莫及，就是十五年前《文学改良刍议》里所主张的八事以至《尝试集》的胡先生也不出这个范围。

白话文的运动是受过外国语言的影响，这无论是谁都要承认的。然而这种影响还不过是用治西洋语言的方法，应用到中国的语言上。自中西交通以后，在南方好多地方，因为外人之来者日多，同时由南方而赴外洋的国人之归国者也日繁，结果是在言语上有了一种新现象，这就是将西洋语变为国语，关于这一点，邬庆时在其《南村草堂笔记》里曾说：

> 通商之后，英人到粤者日多，粤人通英语者亦日益众，而英国语遂有流行于市井者矣。称商人曰孖毡，呼挑夫曰苦力，许人第一曰林伯温，自谓老耄曰欧路文，此类甚多，皆由英语而变为俗语者。

英语之变为俗语者，正像邬氏所说，其类甚多，比方保险叫做"燕梳"，邮票叫做"士担"，不但是言之于口，而且随处可见笔之于字，这是将来的研究南方语言的人，所不能不注意的事实，然而所以致此者，就是因为南方和西洋文化的接触的历史较久，和关系较密的缘故。

不久以前，钱玄同先生有废除汉字采用西洋语言之说，闻者以为怪论，我们以为在广东的通都大邑，对于借用英语的习惯，已成为一种事实。虽则这种事实在一般普通人的心目里，尚未十分明瞭，这样看起来，汉字虽未废除，然而西洋语言，在南方固已采用了不少，这样的采用，固有不少人会发生疑问，然而这种事实却是人人所不能不承认的。

上面是从语言政治宗教经济方面来说，其他方面像科学、医术、妇女运动、劳工运动、城市建设种种，差不多也是策源于南方。《几何原本》的最初译，是利玛窦在韶州时和其信徒翻译的，利氏在广东十多年，他的信徒也不少，而且广东为西洋各国人所聚会之所，那么西洋的科学智识之传播于广东人，是一件很自然的事，虽则他们的科学的果实，是得了北京帝皇的鼓励而繁盛。

在医术上像种牛痘的输入、医院的建筑、医术的传播，可以说最先均在南方（参看王吉民、伍连德《中国医史》）。至于中国人之最先留学欧洲学习医术以贡献国人者，又要算广东香山的黄宽了。关于黄氏的留学及返国后在医术上的位置，上面已经说过，这里只好从略罢。

妇女运动是现代文化中的一种特点，欧美的妇女运动虽是发达于十九世纪的下半叶，然在中国却不过是二十年左右的事，然而这种运动的策源地差不多也可以说是在南方。民国二年的广东临时省议会中已经有了几位女子议员，这可以说是中国女子的政治权利上的取得的第一次。到了民国十年三月二十九日广东的省宪起草时，广东的女界曾作过大规模的示威运动，要求女子有参政权。她们这一次虽未能完全达到目的，然却得到参与市政的权利。过了几个月，湖南省宪成立时，女子也有被选为省议员的。到了民国十五年国民党第二次全国代表大会，举行于广州，议决女子应有财产继承权，而不久广州的最高法院，也判决无论已嫁或未嫁的女子应与男子同等的有财产继承权。此外又如各种妇女团体及其参加人数之多，也要算广东为最。

同样劳工运动的策源地，也可以说是在南方，最有势力的全国机器总工会是成立于广州。民国十三年间，因为广东政府要收回海关，引起英、日、美、意军舰的监视，广东的各种团体而特别是劳动界，曾举行大示威行动，并发表宣言，给与各国的劳动界，到了民国十四年，广东省港的罢工事件的发生，是中国劳工运动史的很重要的事件。

至于新城市的建设，也是策源于广州。民国元年（一九一二）孙中山先生曾写一封信给康德黎夫人，他说："我不久将有广州之行，届时拟将老城改建为新式的近代的。"（陆达节编《孙中山先生外集》页五六）孙先生之所以特别注意于广州城市的改造建设，不外是因为广东的环境和位置，比较其他的中国的城市为适宜于着手。可是自从民国元年以至八年，此种计划，因了政治的影响，终未能实行。直至八九年间魏邦平长警察厅时，始开始毁拆旧城，增建筑马路（广州的长堤马路在清末岑春煊督粤时已建筑；这可以说是中国新式马路的先河）同时新式屋宇之建筑，或改造者，风起云涌，使一个旧式的城市，焕然一新。但是这些也不过是从物质和外观方面来说。自陈炯明由漳州班师回粤后，广州城市的组织方面，也取法西洋，规定广州市条例，设市长以综理全市行政事务，市行政委员会以勷助市长。又设财政、工务、公安、卫生、公用、教育等局，以专管其所属各种事务。此外又设市参事会，为代表市民辅助市政之代议机关，以及各种设施，可以说是开中国新城市上的纪元。

最后关于抵抗外国侵略之最力者，恐怕也是南方。郑成功之逐荷兰人，固不待说，就是近百年来林则徐之抵抗英国，不但是中国抵抗西洋之先声，而且有了相当的成效。所可惜者是北方沿海各省没有戒备，没有联络，遂至失败，甚而则徐罢免，五口开放，香港割让。又如刘永福以及冯子材之屡败法军，又为中西战史上所少见之事。子材在钦州本藉招募兵士，在镇南关大败法军，后来继续占据谅山，法军不得已而退。法国国内政府且因战败而更换，并向吾国要求停战议和。这可以说是中国中西海道沟通以后绝无仅有之事，至于去年十九路军之在沪抗日作战，也是最近的一例。

第三编

第九章　容纯甫的中国西化观

　　七十年前的中国虽然差不多可以说是一个整的没有西化的中国，但是七十年前的中国却已有了一个整的受过而积极主张澈底西化的中国人；这位中国人并非别人，就是本章所要介绍的容闳（纯甫）先生。

　　二十年前当这位容先生逝世时，上海的人士，曾为他开过追悼会；诔词挽联之歌颂赞美他的，虽是应有尽有，可是二十年来——也许是七十年来的中国人，好像是没有给他相当的位置，而对他没有相当的认识。我们谈到近代革命运动，我们总会记起孙中山以至洪秀全；我们说到维新运动，我们总会记起康有为以及梁任公；我们讲及洋务，我们总会记起曾国藩、李鸿章以至薛福成、郭嵩焘；我们想及教育，我们总会记起张之洞、张百熙。然而这位无论在革命运动，维新运动，而犹其是在洋务、在教育上占了很重要的位置的容纯甫先生，好像是没有相当的被认识，而且逐渐的被忘记了。

　　他之所以被人忘记，他之所以少人认识，照我看起来，大约是由于他的行为和思想太过超越了他自己的时代。质言之，就是因为他太过西化了。在举国若梦而不知西化为何物的时代，当然是没有人去理会和记忆他。但是在像现在一样的西化逐渐为人们所认识而积极被人提倡的时代，这位最先受过而积极的主张澈底西化的容先生，是格外值得我们的介绍和认识的，而且应该为我们所介绍和认识的。

　　事实上我以为七十年前，也许是三十年前，只有这位容先生是真能知道中国的根本病源和根本的需要的人。同时只有这位容先生是认真努力于扫除这个根本病源和提倡这个根本需要的人。但是要想明白他之所以能够有了这种认识，这种努力，我们应当明白他个人的环境特性，以及他的教育的机会的情况。

　　读过历史的人，总能觉到自十九世纪而犹其是十九世纪之下半叶到二十世纪，是世界史上最重要的一段；而这个时期也是中国五千余年的历史上最为重要之一章。容氏生于十九世纪之初叶（一八二八），而死于二十世纪之初叶（一九一二）。他既亲眼和澈底的观察过半世纪多的中国的变化，他又亲眼和澈底的观察过半世纪多的世界的变化。他赴美国求学以至奉命赴欧美购办机器的时候，还是乘着赖风行驶的帆船，但是他在临终之前，已有了凌空行驶的飞船。他在出世的时候，还是国人享着乾隆皇帝的盛世的余泽，但是他在临终的时候，中国已经过鸦片战争、英法入京、中日战争、八国联军，而至满清推倒的中国。简单来说，他是近代中西文化接触所产生出的人物，他不但是一个最先受过西洋文化的洗礼的人，而且是一个最先主张中国应该澈底西化的人。

容氏生于澳门附近的南屏镇，在他少年的时候，香港还未割让，广州虽时时有洋人来往，然西洋人在中国的大本营还是澳门半岛。澳门之为葡人占据，是在容氏生前二百七十年，从时间上看去，二百七十年虽是很长，然而洋人之在澳门的目的，大要不外是交易互市；交易互市固引起宗教上的天主教之传入而生出科学上的介绍，但是利玛窦们的主要目的，是专为传教而来，而且他们一方面为要利用政治的势力去宣传宗教，其结果是宗教的宣传有时受了政治的打击，一方面因为在一个历史最久，守旧最深的中国统治之下的环境里，来求中国人的西洋宗教化，结果是只有浅薄皮毛而没有澈底的同化。总而言之，中国人这二百余年来——十六世纪到十九世纪的初叶——之效法西洋的宗教，或是科学，大约是由于一时权宜的被动的地位，而非主动的地位。

自玛礼逊来华宣传新教以后，中国人之信仰基督教，逐渐成为主动的地位；其原因是由于传教的教士寄宣传宗教于教育之中，于是教育不但成为宣传宗教的工具，而且逐渐成为改革政治社会的利器，容先生就是这种教育所产生出的人物。据他的自传（中译《西学东渐记》）里说：他方七岁（一八三五），他的父亲就送他入了伦敦妇女会在澳门初设立的学校念书。澳门既在西洋人统治之下，则西洋文化之影响于这位头脑清白、意志未定的少年，已是一件有可能性的事；何况他又曾在西洋人统治的澳门之下的西洋人所设立的学校里肄业。

从七岁到十七岁（一八四五），除了一个很短的时间，因为学校停办而家居外，他日常所受教的都是西洋人物，所接触的是西洋环境。鸦片战后，香港割让于英（一八四二），容氏在澳门所肄业的学校，也于一八四五年迁移香港。澳门属葡，香港属英，而学校之主持教育者却为美人。所以这位年纪十七岁的容氏，老早已溶化于英、美、葡诸国的文化设施和统治之下。

到了一八四六年（十八岁），他因了校长之助，得以赴美留学，同行者虽有数人（黄胜、黄宽），然此时中国人之留美求学者，仅此三人。他所处之环境，所受之教育，乃是纯粹的西洋环境和教育，而且这次留美，有了八年之久（一八四六——一八五四），那么美国文化之影响于他的深切，可想而知了。

就是返国以后，他无论是在政府或是在商界所与共事的人们和环境，还是直接或间接和西洋文化有密切的关系。九年以后（一八六三）因得曾国藩的认识，初而赴欧赴美购办机器，后来带领留美学生（一八七二）重旅美国。事实上他此后在美的时日，还比他在中国为多，而且因为他的夫人是美国人，家庭妻儿均在美国，所以他一生所处的环境，差不多可以说是西洋文化之下的环境。

他既有了这种环境,他又具了一种独立不拔的特性。他本来是一个家境困难的农家子,所以贫困是他所尝过的,贫困决不能变换他的志向。他虽然是得了教士教会的帮助,而始能在澳门、在香港、在美国求学,然他却不因此而俯首贴耳的受着教会的指挥和引诱。他在自传里告诉我们,在美国中学毕业之后,本来可以得教会的津贴而升入大学,然因为教会要他毕业以后,充当教士,从事传道,所以他宁愿自甘贫苦,而求他个人的出路。他之所以能够在大学里毕业,正是由他这种坚忍不拔的意志而来,而他之所以成为后来的他,也是由他这种坚忍不拔的意志而来。

返国以后,东奔西走,忽南忽北,一再失业,唯愿俯就,始而在粤当美国公使的书记,再而就香港律师的聘,再而在沪当海关翻译,又再而为英商公司书记及丝商茶商买办。这些事业既非他个人的素愿,转就转弃,他总视做等闲,太平天国的当道曾给他以官爵,然而无功之赏,是他所不愿受的。直到他见用于曾国藩,他的事业始见固定,而他在现代化的中国的位置上的重要,也就开始。

总而言之,容氏是最富于独立坚忍性的人,他自传里说:

> 数日后,诸校董忽召予往面议资遣入学事……校董之言正与勃朗海门同,谓毕业后归国传教则可,其第一志愿书存查耳。此在校董一方面固对予极抱热情,而予之对于此等条件,则不能轻诺。予虽贫,自由所固有。他日竟学,无论何业,将择其最有益于中国者为之。纵政府不录用,不必遂大有为,要亦不难造一新时势,以竟吾素志。若限于一业,则范围甚狭,有用之身,必致无用。况志愿书一经签字,即动受拘束,将来虽有良好机会,可为中国谋福利者,亦必形格势禁,坐视失之乎?

又如他说:

> 总税务司告予曰:凡中国人为翻译者,无论何人,绝不能有此希望(升总税务司)。予闻言退出,立作一辞职书投之。书谓予与彼受同等教育,且予以中国人而为中国服务,奈何独不能与彼英人享同等之权,而终不可以为总税务司耶?予书入后,总税务司来君初不允予请,面加慰留,令勿去职,且误会予之此举,为嫌俸薄,故以辞职相要挟,因许月增予俸至二百两。噫!彼固以为中国人,殆无一不以金钱为生命者,宁知众人皆醉之中,犹有能以廉隅自守,视道德为重,金钱为轻者耶?且予之为此,别有高尚志趣,并不以得升总税务司为目的。予意凡欲见重于人者,必其人先能自重,今海关中通事及其余司一职者,几无一不受贿赂,以予独处此浊流中,决不能实行予志,此辞职之本意也。

因为他个人有了这些特性、教育和环境,所以他后来对于中国改造上,都有了特别和超越的抱负和努力。我们现在且来谈谈他对于改造中国的计划和成就。

容氏回国后之第六年（一八六〇），曾和美国教士及一位中国朋友作金陵之游。这次游历的动机，本为探知太平天国的组织和政策的内容。可是事有巧凑，到了南京却遇着数年以前，曾在香港认识而当时已居高位的干王。干王因为他是故人而且知他游学外国，见闻较广，故询他对于太平天国的建设问题。据他自传说，他曾条陈七事，今且列之于下。

（一）依正当之军事制度，组织一良好军队。
（二）设立武备学校，以养成多数有学识的军官。
（三）建设海军学校。
（四）建设善良政府，聘请富有经验之人才为各部行政顾问。
（五）创立银行制度及厘订度量衡标准。
（六）颁定各级学校教育制度，以耶稣教《圣经》为主课。
（七）设立各种实业学校。

这七件条陈，本来是针对太平天国当时的需要而说，他自传里说，这是这次从苏州至金陵途次有所感触的结果，并非预先有过详细考虑而出此。然而事实上，此后七十年的中国所急急以图者，还不出此范围，而他此后五十年所努力以求实现者，也没有多大的变更。第一条所谓依正当之军事制度，组织一良好军队，是由他当日见到太平天国的军队，是由乌合之众而成的，纪律既乏，组织制度更谈不到。第六条下半段以耶稣教《圣经》为主课，明明是因太平天国之揭竿起事，是以基督教来号召；除了这条以外，所谓武备学校、海军学校、聘请顾问、建设良善政府、创立银行、订度量衡，各级学校教育制度，以及实业学校种种，到了四十年后，还有很多未见实现。比方同文馆之设立，是在一八六七年，广方言馆及译书局是始于一八六七年；制造局始于一八六五年；派留学生赴德习陆军赴英习驾驶制造，是在一八七六年；创设海军设水师学堂，是在一八八〇年；武备学校是一八八四年才有。此外又如教育制度的改革，是更四十年后的事。所以平情来说，太平天国灭后的曾国藩、李鸿章、薛福成、郭嵩焘、张之洞、张百熙等，老实不过努力于容氏的计画的部份罢了。

容氏上面所条陈于干王的七事，干王虽特别注意，然干王并非太平天国之主脑，并且他见得太平天国之领袖人物，多为无识者流，所以干王所给予的爵位，他也不受。然他自传中说他曾告干王曰：无论何时，太平军领袖诸君，苟决计实行这种计画，则予必效力奔走。他所以不受爵位之原因，正像上面所说，不愿徒享无功之赏。我们于此，可以明白容氏乃一位实事求是、不重虚名的人，并且他乃自有自己的主张和见解，而非投机得利、阿媚求荣的人。后来有些人见得容氏在自传中于曾国藩则尊崇备至，于他人则鄙视无余，遂以为容氏之所以出此，乃由于国藩之对他力加提拔，殊不知容氏个人之特性，并非由于他人之提拔而誉人，我们试一看他之不受干王的爵位，以至他之鄙视总税务司之为己加俸，以及不受孟松中学校董之传道志愿，就能知他的独立不倚的特性。

他既舍去干王的盛意，他后来也不像薛福成们之因曾国藩之传书求贤而入其幕府；反之一八六三年之见用于曾国藩，是从曾国藩之请求，并非由他的请求；我们可以说他之所以入曾氏幕府，并非曾氏之名重位尊，而乃求自己平生怀抱的实现。他自传里说：

> 予当修业期内（指在美国），中国之腐败情形，时触予怀，迨末年而犹甚。每一念及，辄为之怏怏不乐；转愿不受此良好之教育为愈。盖既受教育，则予心中之理想既高，而道德之范围亦广，遂觉此身负荷极重。若在毫无知识时代，转不之觉也。更念中国国民身受无限痛苦，无限压制。此痛苦与压制，在彼未受教育之人，亦转毫无感觉，初不知其为痛苦与压制也。故予尝谓智识愈高者痛苦益多，而快乐益少；反之，愈无智识则痛苦愈少，而快乐乃愈多。快乐与智识，殆天然成一反比例乎？虽然，持此观念，以论人生之苦乐，则其所见亦甚卑，惟怯懦者为之耳；此其人必不足以成伟大之事业，而趋于高尚之境域也。在予个人面论，尤不应存此悲观。何也？予既远涉重洋，身受文明之教育，且以辛勤刻苦，幸遂予求学之志，虽未能事事如愿以偿，然律以普通教育之资格，予固大可自命为已受教育之人矣。既自命为已受教育之人，则当旦夕图强，以冀平生所学，得以见诸实用；此种观念，予无时不耿耿于心。盖当第四学年中，尚未毕业时，已预计将来应行之事，规画大略于胸中矣。予意以为予之一身，既受此文明之教育，则当使后予之人，亦享此同等之利益，以西方之学术灌输于中国，使中国日趋于文明富强之境。予后来之事业，盖皆以此为标准，专心致志以为之。溯自一八五四年，予毕业之时，以至一八七二年，中国有第一批留学生之派遣，则此志愿之成熟时也。

从这段话里，我们明白他觉得中国根本的需要是教育，而他所谓教育，又是西洋的教育。原来容氏自小到大，所受的教育都是西洋的教育，而且因为他自在澳门入校以后，他的环境是西洋文化之下的环境。他看看中国之所以腐败到这个田地，完全是由于中国人的智识的低下；智识的低下，从个人的观点看去，虽似减了不少的痛苦，然从国家的观念看去，却是国家衰落灭亡的预兆。所以为国家的前途计，他所亟亟然希望于心者，是"使后予之人，亦能享此同等的利益，以西方之学术，灌输于中国，使中国日趋于富强文明之境"。

然而要想达到这种境地，则中国人要认认真真的澈底西化，而这种澈底西化的实现的初步是派送中国有志之士到西洋直接受西洋教育，像他自传所说："藉西方文明之学术以改良东方之文化，必可使此老大帝国，一变而为少年新中国。"他不提倡在中国设一间中学或大学而请洋人来做教授，他也不提倡张之洞式的留欧不如留东的论调（这时的日本还是醉梦未醒，纵是醒了，容氏也不会做此论调)。因为这种的西化是间接的,是皮毛的。他相信一个人的观念和人格的澈底变化,不但只靠着学校里的书本和教师,而是大部分靠着他的环境。所以要澈底西化中国,则不能不先求澈底的西化的中国的国民,能够有了一部分的澈底的西化的国民,则他们返国之后,自然而然会提倡新教育、新政治、新社会,以至新生活。所以派送学生到西洋留学,照他看起来,是澈底西化中国的首先条件,这种一刀见血的远见,并非一般足迹未出国门一步的人所能想到,这样的洞悉中国的根本需要,在当时除了远涉重洋久住外邦的容氏,简直是再找不到的。

这种的见解,本来是发生于一八五四年以前。在一八六〇年,他对干王所条陈七事,而不明言及此者,大约是包含于第六条颁定各级学校教育制度之中;或者见得太平天国之命运尚在狂风暴雨之中,须候所陈各条实行之后,而后再谈。过了三年之后(一八六三),他被文正召见,据他自传说:文正问他,"若以为今日欲为中国谋,最有益最重要之事业,当从何着手?"他心里本想以教育计画为答,但是事前友人已告诉他,文正此次之相招,乃欲建立机器厂。他既明白文正所见不过如此,同时又以自己之于文正本无旧交,提倡其所想像不及的计画,似嫌冒昧,原来文正之欲建立机器厂,是鉴于西洋各国机器之精;而且太平天国之荡平之赖于外国机器与人士之力者更非浅鲜,所以文正心目中之西洋优点,就是机器。文正未出国门一步,未谙西洋文字,其所认识的西洋文化的浅薄,是很当然的。然文正既有了振作的愿望,那么将来能够帮助他的教育计画的实现,乃意中事。

文正既属意于机器厂,江南制造局遂于一八六五年成立。然制造局的规模的计画,以及机器之在外洋订办购运,又赖于容氏的力。后来他从外国回来,文正很为嘉许,且奏请特授以候补同知。一八六七年,因文正到沪参观制造局之便,他又借机进言,于厂旁立了一所兵工学校,招选有志青年学子,授以机器工程上的理论和实验,以期中国将来不必需用外国机械和外国工程师,这种计画据他自己说,是他向来所怀的教育计画的小试其锋。

兵工学校既得文正的赞许,他又进而条陈四事;不辞繁琐,我且把来抄录于下:

(一)中国宜组织一合资汽船公司。公司须为纯粹之华股,一不许外人为股东,即公司中经理职员,亦概用中国人。欲巩固公司之地位,并谋其营业之发达,拟请政府每年拨款若干以津贴之。其款可由上海镇江及其他各处运往北京之漕米项下,略抽拨数成充之。漕运旧例,皆运米而不解银,每年以平底船装运,由运河驶赴北京,故运河中专为漕而设之船,下不数千艘。运河两岸之居民,大半皆藉运漕为生,但因运法不善,遂至弊端百出,水程迢迢,舟行纤缓,沿途侵蚀,不知凡几。值天气炎热,且有生蛀之患,以故漕米抵京,不独量数不足,米亦朽败不可食。官厅旋亦知其弊,后乃有改用宁波船，由海运到天津，更由天津易平底船以运京。然宁波船之行驶亦甚缓，损失之数与用平底船等。愚意若汽船公司成立，则平底船及宁波船皆可不用，将来漕米即迳以汽船装运，不独可免沿途之损失，即北方数百数万人民仰漕米以为炊者，亦不致常食朽粮也。

（二）政府宜选派颖秀青年送之出洋留学以为国家储蓄人材。派遣之法，初次可先定一百二十名学额以试行之；此百二十人中，又分为四批，按年递派，每年派送三十人。留学年限定为十五年，学生年龄，得以十二岁至十四岁为度。视第一、第二批学生出洋留学，着有成效，则以后永定为例，每年派出此数。派出时并须以汉文教习同往，庶幼年学生在美仍可兼习汉文，至学生在外国膳宿入学等事，当别设留学监督二人以管理之。此项留学经费，可于上海关税项下提拨数成以充之。

（三）政府宜设法开采矿产以尽地利。矿产既经开采，则必兼谋运输之便利，凡由内地各处以达通商口埠，不可不筑铁路以利交通，故直接以提倡开采矿产，即间接以提倡铁路事业也。

（四）宜禁止教会干涉人民词讼以防外力之侵入。盖今日外人势力之放恣，已渐有入中国越俎代谋之象，苟留心一察天主教情形，即可知予言之非谬。彼天主教士在中国势力已不仅限于宗教范围，其对于奉教之中国人，几有管辖全权。教徒遇有民刑诉讼事件，竟由教会自由裁判，不经中国法庭讯理；是我自有之主权已于法律上夺去一部分也；是实不正当手段，若不急谋防范，则涓涓不塞，将成江河。故政府当设法禁止，以后无论何国教会，除关于宗教者外，皆不得有权以管理奉教之中国人。

照他的意见，这条陈之第一三及四项，是假来做陪衬的。从我们现在的眼光来看，这些条陈是很平常的事，然在当时除了第四项外，其余三项从中国人的眼光看去，无一不是闻所未闻，见所未见。容氏的注目点虽是第二项，然后来四五十年间，李鸿章、张之洞之所谓洋务革新，均不外是铁路采矿，而招商局之设立，却在同治十一年间（一八七二）。

容氏平生所怀抱的教育计画，既为这次条陈中的要旨，他从此以后，没有一天不致力于此条陈的上奏，是一八六七年由江苏巡抚丁日昌代奏。然当时因相国文祥的丁忧，且不久自己逝世，这种计画，迁延至一八七〇年天津仇教事起，始有机会，使之实现。容氏自传中说：

自一八六八年至一八七〇年，此三年中无日不悬悬然不得要领。偶因公事谒丁抚，必强聒不已，并恳其常向曾督言此，以免日久淡忘。办事必俟机会，机会苟至，中流自在，否则枉费推移；余非不知此，然时机者，要亦人力所造也。已而天津人民，忽有仇教举动，惨杀多数法国男女僧侣，其结果使中国国家蒙极大之不幸，予乃因此不幸之结果，而引为实行教育计画之机会,洵非予所思,然使予之教育计画,果得实行,藉西方文明之学术,以改良东方之文化,必可使此老大帝国,一变而为少年新中国,是因仇教之恶果,而转得维新之善因,在中国国家未始非塞翁失马,因祸得福也。

仇教案发生后,政府因派曾文正、丁日昌、毛昶熙及刘姓一位为调停大臣,容氏也得丁氏之招为译员;于是容乃乘间进言于丁,结果是四位调停大臣,联衔入奏,而一八七〇年冬,奉朱批着照所请,而成为他所认为中国数千年历史中的新纪元。他二十年来的怀抱和十年来的奔走疾呼,终于一八七二年实现,而百余留美学生,也从此以后一批一批的由容氏护送留美!

文正死后,文忠(李鸿章)用事,不久陈兰彬被委为驻美公使,有吴子登者得兰彬的推荐,被任为留学监督。这两位都是守旧人物,对于留学之举,没有同情,弄到后来所有留美百余学生,被召返国,关于陈、吴的观察,容氏有下面数段话:

> 吴子登本为反对党之一派,其视中国学生之留学外洋,素目为离经叛道之举。又因前与曾文正、丁日昌二人不睦,故于曾、丁二公所创之事业,尤思破坏,不遗余力。……然则陈之荐吴继区(岳良)可知陈亦极顽固之旧学派,其心中殆早不以遣派留学为然矣。陈之此举,不啻表示其自居反对党地位,搤拳携袖,准备破坏新政,以阻中国前途之进步,甚矣,知人之难也。陈既挟此成见,故当任监督时(一八七二至一八七五),与予共事,时有龃龉,每遇极正当之事,大可著为定律,以期永久遵行者,陈辄故为反对以阻挠之。例如学生在校中或假期中之正杂各费,又如寄居美人寓中,随美人而同为祈祷之事,或星期日至教堂瞻礼,以及平日之游戏运动,改装问题,凡此琐琐细事,随时发生。每值解决此等问题时,陈与学生常生冲突,予恒居间为调停人,但遇学生为正当之请求,而陈故靳不允,则予每代学生略为辩护,以是陈疑予为偏袒学生,不无怏怏,虽未至形于词色,而芥蒂之见,固所不免。盖陈之为人,当未至美国以前,足迹不出国门一步,故于揣度物情,评衡事理,其心中所依据为标准者,仍完全篇中国人之见解;即其毕生所见所闻,亦以之处专制压力之下,习于服从性质,故绝无自由之精神,与活泼之思想。而此多数青年之学生,既到新英国省,日受新英国教育之淘熔,且习与美人交际,故其学识乃随年龄而俱长,其一切言行举止,受美人之同化,而渐改其故态,固有不期然而然者;……但在陈兰彬辈眼光观之,则又目为不正当矣。……推彼意想,必以为其一己所受纯洁无瑕之中国教育,自经来美与外国教育接触,亦几为其所污染,盖陈对于外国教育之观念,实存一极端鄙夷之思也。

这种守旧和顽固人物,是百余留美学生之被召返国的主动人。除此以外,尚有一种副因，为容氏所初料不及者，就是留学事务留〔所〕的建筑。建筑的目的，本为永久办公的地方，但是学生教员（汉文）和监督大家同在这里居住，结果是好像一个中国城（China Town）而失了赴外国要留心于外国人的生活风俗习惯的宗旨；而且还般头脑顽固的汉文教员及学生，大家朝夕相晤，冲突愈多，这一点的错误，容氏自传里也承认。

全数学生的召回，是一八八一年，本来他们第一批赴美是一八七二年，算起来也有十年左右，但是大数赴美时，可以说完全没有什么预备。结果是到美数年，未必多见效益，然若说对于中国完全没有用处，却也不是正确之言。容氏会说：

> 学生既被召回国，以中国官场之待遇，代在美时学校生活，脑中骤感变迁，不堪回头可知。以故人人心中咸谓东西文化判若天渊，而于中国根本上之改革，认为不容稍缓之事。此种观念深入脑筋，无论身经若何变迁，皆不能或忘也。今此百十名学生，强半列身显要，名重一时，而今日政府似亦稍稍醒悟，悔昔日解散留学事务所之非计，此则余所用以自慰者。自中日、日俄两次战争，中国学生陆续至美留学者，已达数百人，是一八七〇年，曾文正所植桃李，虽经踩躏，不啻阅二十五年而枯株复生也。

事实上我们再一看一九〇二年以后，政府之派留学生赴欧美，以及清华学校之设立，就能知道容先生的见识的深远。此外一九〇一年之改书院为学堂，一九〇二年之废八股，一九〇五年之废科举，民国元年之成立教育部，改学制的教育上的种种设施，也不外是实现容氏一八六〇年前的理想罢。

凡是相信教育是改造社会与变换文化的工具的人，总当敬服这位努力提倡的先锋，凡是相信中国是要西洋化而且是要澈底的西洋化的人，总不要忘记这位努力提倡的先锋，其实他自己就是这种信仰与这种努力的先锋。我们现在乘着舒服美丽的头等船位赴欧美，还说是远涉重洋，我们想起要乘一百五十日的一叶帆船而赴美求学的容先生，要作何种感想！

在教育的西洋化上容先生的功劳固如上面所说，在机器厂、兵工学校的成立上，容先生又是唯一的负责创办人。此外招商局的成立，上面也已说过，是依仿他一八六七年所条陈四事之第一项。到了中日战后，容氏因见中国之惨败，曾对着张之洞条陈过一个很新鲜和激烈的计画，这个计画就是政府须聘请外人四人以上，以为外交、财政、海军、陆军四部的顾问；并且和他们订十年合同，若有成效，则继续聘请。此外又派青年有学的国人，处于各顾问之下，以资练习，使中国的行政机关，逐渐西化。张之洞对于这种计画，默无一言，结果是昙花一现。然我们觉得后来政府之请外人顾问者，指不胜屈，可见容氏之所谓在当时为激烈新奇的政策，终有施行之一日。

此外又像一八九六年，他所条陈的中央国立银行，得了张荫桓、翁同龢的代奏，几经就绪，他且被户部的委任，将赴美国，和美国财政部商酌此事。然而后来又为贪官污吏所破坏，而成画饼。银行计画既失败，他又拟向政府请求一筑造铁路的特权，后来也因别种阻碍而难成。然而这些计画，总有后来者为之筹画实现，那么容氏的计画，并非空中的楼阁可比呵。

到了戊戌变政（一八九八）容氏希望政府努力改革，曾留京师以观其究竟，而且他既同情于维新事业，据他说，他的寓所，一时几变为新党领袖的会计场。到了捕索党人的事件发了，他也徒逃上海。而当时在上海的有志之士所创设的强学会，他是被选为第一任会长。他晚年再回美国，然他对于革命事业的赞助，也很不少。所以一九一二年他死时，在上海为他而开追悼会，人们叫他做革命的先进者。

容氏生平久留外国，中文虽未臻深造，然返国时，克苦用功，亦能运用自如。一九六五年，他从美国购办机器返后，任事于丁日昌幕府，公余之暇，会从事翻译，Colton 的《地理学》（*Geography*）是他译的。他又有志介绍些法律书籍于国人，惟因当时友人的劝阻，以及他种的阻碍，终于未成。但是我们对于他这种的怀抱志向，是不能不佩服的。

总而言之容氏不但在教育的澈底西化上是一个先锋，他在西化的其他方面，也是一个先锋。六十年前人们所给与曾国藩的机器文化的提倡的盛誉，是由他历途万程，为时经年，备历艰辛，不负委托（文正奏语）而成立的；五十年前的招商汽船公司、水师学堂、武备学校，是他七十年前所提倡的；四十年前的所谓李鸿章的铁路矿务，是他六十年前所提倡的；三十年前的康梁维新运动，二十年前的革命运动，是他所赞助的。这些的运动的计画和见解，是八十年前的容氏所已见到的，可惜八十年来的变化改革，还做不到他八十年前所画的圈子。

我想七十年以来能够主强澈底西化的人是很不容易找出来的；要找一位像容先一样的自始至终的主张澈底西化，恐怕简直是没有的了。

第十章　严几道的中国西化观

从梁任公的《清代学术概论》里我们找出下面两段话：

> 自明徐光启、李之藻等广译算学、天文、水利诸书，为欧籍入中国之始；前清学术，颇蒙其影响，而范围亦限于天算。鸦片战役以后，渐忧于外患；洪杨之役，借外力平内难，益震于西人之船坚破利；于是上海有制造局之设，附以广方言馆，京师亦设同文馆，又有派学生留美之举。而目的专在养成通译人才，其学生之志量亦莫或逾此，故数十年中思想界，无丝毫变化。……甲午丧师，举国震动，年少气盛之士，疾首扼腕，言维新变法，而疆吏若李鸿章、张之洞辈亦稍稍和之。而其流行语则有所谓"中学为体西学为用"者；张之洞最乐道之，而举国以为至言？盖当时之人，绝不承认欧美人除能制造、能测量、能驾驶、能操练之外，更有其他学问，而在译出西书中求之，亦确无他种学问可见。

> 戊戌变政，继以庚子拳祸，清室衰微益暴露。青年学子相率求学海外，而日本以接境故，赴者犹众。壬寅癸卯间，译述之业特盛；定期出版之杂志，不下数十种；日本每一新书出，译者动数家，新思想之输入，如火如荼矣。然皆所谓梁启超式的输入，无组织，无选择，本末不具，派别不明，惟以多为贵。而社会亦欢迎之，盖如久处灾区之民，草根木皮，冻雀腐鼠，罔不甘之，朵颐大嚼，其能消化与否不问，能无召病与否更不问也。而亦实无卫生良品以为代。时独有侯官严复先后译赫胥黎《天演论》，亚丹·斯密《原富》，约翰·穆勒《名学》《群己权界论》，孟德司鸠《法意》，斯宾塞尔《群学肄言》等数种，皆名著也，虽半属旧籍，去时势颇远；然西洋留学生与本国思想界发生关系者，复其首也。

梁先生这两段话，可以说是介绍严复的引言。原来东西的文化的接触，虽然有了三百余年的历史，而且在这个时期里中国之受挫于西洋诸国者，接踵而来，可是西洋思想之直接和中国人发生关系，是始于严复。三百余年来，而始出了一个介绍西洋思想的人物，我们详细思量，不能不为四千余年的历史和四万万民众的中国叹惜。然而严复能够做了三百余年的人们所未做或是所不能做的事情，我们却不能不特别的钦佩这位开山的人物。

严复自己好像也感觉到这一点，他在光绪二十八年与梁任公书里（看《新民丛报》第七号）说道：

> 仆为西学特为于众人不为之时，而以是窃一日之长耳。

这不但是他的长处，而且是他对于中国的贡献。所以他又说：

> 不佞生于震旦，当十九二十世纪之交会，目击同种贴危，剥新换故，若巨蛇之蜕蚹而未由一藉手。其所以报答四恩，对扬三世，以自了国民之天责，区区在此。

我想举国人都把中学为体西学为用，来做金科玉律的时代，他能够独立不倚，不为流俗所染，已是一件很不容易的事；何况他自幼至壮，又是一位从事于海军的训练和研究的，而能够轻其所专，而注重其所应当注重的思想的介绍方面，这确是一件平常人所不能做得到和想得到的事情。又何况他无论在中文上，或是英文上，都曾做过很深刻的研究；而同时在中国的文化和西洋的文化上，均有深刻的认识。怪不得梁启超说严氏于西学、中学皆为我国第一流人物（《新民丛报》一号书评类）。陈宝琛在他的墓志里（《学衡》二十期）也说：

> 君于学无所不窥，举中外治术学理，靡不究极原委，抉其得失，证明而会通之；六十年来，治西学者，无其比也。……虽小诗短札，皆精美为世宝贵，而其战术、炮台、建筑诸学，则反为文学所掩矣。

因为他于中外治术学理，靡不究极原委，抉其得失，所以他能够在消极方面，指摘出中国的文化的病源所在，而在积极方面介绍西洋的文化的菁华所寄；严复之值得我们的钦佩，就在这里，严复之值得我们的研究，也在这里。但是在未说明他的中西文化的意见以前，我们可以把他的传略及其译著，先为介绍。

严复是福建人，生于清咸丰三年（一八五三）。他少年师事同里黄宗彝治经，且旁及宋元明的学者的著作，及言行。十四岁时（一八六六）清廷派沈宝桢为福建船政大臣，招考子弟入马江学堂练习海军，严复被录第一名，过了一年，他遂入校肄业。一八七一年，他在海军学校毕业，被派为上海建威帆船练习生，不久转服务于扬武军舰，巡游黄海及日本各港岸。到了一八七五年，他又被派赴英，入海军大学肄业。他在英时正郭嵩焘出使英国，故他和郭氏来往颇密。一八七九年他毕业返国，初在船政学堂当教习，沈宝桢死后，李鸿章颇见重他；可是因为他对国家的前途上，每作沉痛的评论，且后来又因法越事件发生，李鸿章和他有点误会，而致招李氏的疑忌。此后鸿章大兴北洋海军，他虽被派为水师学堂总教习，然二人的感情毕竟疏远。

甲午以后，清廷颇想罗致人才，复也被荐召对。光绪问他对于改造中国的著作，他以拟《上皇帝万言书》对，未及进而戊戌政变，他乃避居津门。后来拳匪乱作，他又移住沪滨，凡七年之久。宣统元年，海军部成立，特授协都统，三年又当海军一等参谋官。袁世凯督直时，很想用他，可是他辞而不赴。民国元年，袁氏为总统，聘为北京大学校长，然也未久而呈请辞联。袁氏想做皇帝时，曾有所谓筹安会者,复也有名在内;然据他个人的信札及知友说,这乃人家窜用他的名,他始终没有参加,而且他也不赞成袁氏称帝。可是他却很推重袁氏的才干,在他和友人的信札中,他曾说:"袁氏妄于非分以死,则真中国之不幸耳。"严复晚年的思想,变化不少,然我们决不能因此而抹煞他已往的贡献。民国十年九月,他因患肺病殁于福建省垣,年六十九岁。

严氏所译的重要西籍,共有八种。赫胥黎(Huxley)的《天演论》(*Evolution and Ethics*)的《本论》。《天演论》下是一八九三年写的,一八九四年又写了一篇导言。《天演论》由严氏译成中文,是在一八九六年,这是严氏的最先翻译。此后他继续译斯宾塞(Spencer)于一八七三所刊行的《群学肄言》(*The Study of Sociology*),亚丹·斯密(Adam Smith)于一七七六年所刊行的《原富》(*An Enquiry into the Nature and Causes of the Wealth of Nations*),约翰·穆勒(John Stuart Mill)的《群己权界》(*On Liberty*, 1859)及其《名学》(*A System of Logic*, 1843)之一部分,甄克思(E. Jenks)的《社会通诠》(1900),孟德斯鸠(Montesquieu)的《法意》(*De l'esprit des Lois*, 1748);其最后所译之书,乃耶芳斯(W. S. Jevons)的《名学浅说》(*Logic*),这本书是一九〇八年译成的。此外他于一八九二年又译密克的《支那教案论》,及一九一四年所译卫西琴的《中国教育议》。

严氏以翻译西籍而著名,可是他的翻译之为后人所指摘的点,也不算少。第一,是量的方面太少。第二,是文字方面太过古奥。第三,于原著者的词句意想方面,太不忠实。我们以为关于第一点的指摘,未免太过,原来严氏是学海军的人,而且他一生的大半时间,都服务于海军方面,以这种偏于实际工作的人,而能对于中西思想的本源支派,以及其利弊得失,有了相当的认识,然后再加选择其思想的菁华,以介绍于国人,老实说这是一件很不易得的事。关于他的文字方面的指摘,严氏于光绪廿八年曾在《新民丛报》第七号里致梁启超的书里,做了下面的自辩:

> 不佞之所从事者,学理邃颐之书也,非以饷学僮而望受其益也。吾译正以待多读古书之人,使其目未睹中国之古书,而欲稗贩吾译者,此其过在读者,而译者不任受责也。夫著译之业,何一非以播文明思想于国民,第其为之也,功候有深浅、境地有等差,不可混而一之也。

平心而论,使严氏在当时而不以文见道,那么他的翻译也许被人置之高阁,而不能生出什么影响。我们苟能明白他的时代和环境,当然不会过于苛求严氏。关于第三点的指摘,严氏在所译耶芳斯的《名学浅说》的"译者序言"里说:

> 戊申孟秋,浪迹津沽,有女学生旌德吕氏请求授以此学(名学);因取耶芳斯《名学浅说》,排日译示讲解,经两月成书。中间义旨承用原书,而所引喻设譬,则多用己意更易,盖我之为书,取足喻人而已,谨合原文与

否,所不论也。

严氏在《天演论》的"译例言"里所说,"题曰《达旨》,不云笔译,取便发挥,实非正法",就是这里所说"取足喻人而已,谨合原文与否,所不论也"。原来严氏之意,以为著译的目的,是在于传播文明和思想,他每译一书,都以这种目的为使命。使所译之书,而能于文明思想发生影响,就算做达了译者的目的。至于译者是否对于原著者负有完全雷同和准确的责任,那是不关重要的。比方严氏自己乃斯宾塞氏的忠实信徒,他对于赫胥黎氏的《天演论》里所说,非议之处甚多,然他不把斯宾塞的《天演论》翻译而介绍赫胥黎的书的原因,固由于斯氏的著作太繁不易翻译,然他的目的乃在乎介绍他所谓本五十年来西人新得之学的《天演论》的主要原理;这种主要原理,能够明白,就能达到翻译的目的。至于赫胥黎之和斯宾塞的不同之点,乃其余事。这种的为着大道而不拘小节的严复,凡是读他的译著的人,所不能不注意的。

其实严氏的翻译,是含了不少的著作的成分,我们读过他的译文,好像是读他自己所做的文章;至于他的案语,完全可以说是他个人的思想的结晶。总而言之,他自己有他自己的主张和见解,他的翻译不外是借西洋人的著作,来表示他自己的主张和见解,正像一般的中国人之托古以见志,没有什么分别。

因为他寄著作于翻译,所以他一生没有用过自己的名字来做过一本书。关于这一点他说:

> 朋友或訾不佞不自为书,而独拾人牙后慧为译,非卓然能自树者所为,不佞笑领之而已。(耶芳斯《名学浅说》译序)

不自辩护朋友之訾其不自为书,而以笑领之,真是耐人寻味的呵。

严氏自己虽没有做过专书,然片断文章之发表者,多行于世。宣统元年,国学扶轮社所印行之《林琴南严几道合钞》,其中二卷为《严氏论文》,共二十余篇。然其中大半为严氏译书之序言、例言,及案语。此外胡君复所编《当代八家文钞》,也有《严氏论文》二卷,然大致和国学扶轮社所印行者,不大出入(此外尚有蒋贞金等编之《严几道诗文钞》六册)。其重要之文章,如《原强》《救亡决论》《辟韩》,及《论世变之亟》诸篇(?),乃他译《天演论》后而发表于天津《直报》的。有如《三保》《保种余义》,及《保教余义》诸篇,乃他和朋友们创办《国闻报》于天津(一八九七)时所写的。此外《上皇帝万言书》,乃在一八九八年间写的。这数篇文章,共约四万余言,他如译书中之案语、序言等重要言论,也数万言。严氏平生于中国古书,最喜《老子》《庄子》;以为二者之言,合乎天演之说。他所评点之老子《道德经》于光绪三十一年由弟子朋友刊行,至于《庄子》却未刊布。

我们现在可以谈谈严氏的中西文化的意见。

中西文化的不同，严复见得很透澈。两种文化之差异，其原因有由于人事者，有由于地势者；严氏说：

> 欧洲国土，当我殷周之间，希腊最盛，文物政治，皆彬彬矣。希腊中衰，乃有罗马；罗马者，汉之所称大秦者也。庶几一统矣，继而政理放纷，民俗抵冒，上下征利，背公营私。当此之时，峨特日耳曼诸种起而乘之，盖自是欧洲散为十余国焉。各立君长，种族相矜，互相砥砺，以胜为荣，以负为辱；盖其所争，不仅军旅疆场之间而止，自农工商贾至于文词学问，一名一艺之微，莫不如此。此所以始于相忌，终于相成，日就月将，至于近今百年，其富疆之效遂有非余洲所可及者，虽曰人事，抑亦地势之乖离破碎使之然也。至我中国则北起龙庭天山，西缘葱岭轮台之限，而东南界海，中间数万里之地，带山砺河，浑整绵亘，其地势利为合而不利为分，故当先秦魏晋六朝五代之秋，虽暂为据乱，而其治终归于一统。统既一矣，于此之时有王者起为之内修纲维，而齐以法制，外取藩属，而抚以羁縻，则所以御四夷而抚百姓，求所以长治久安者，事以具矣。夫圣人之治理不同，而求其措天下于至安，而不复危者，心一而已。圣人之意以谓天下已治已安矣，吾为之弥纶至纤悉焉，俾后世子孙谨守吾法，而有以相生养相保持，永永乐利，不可复乱，则治道至于如是，是亦足矣，吾安所用富强为哉。（《上皇帝万言书》）

因为地势和人事的差异，所以文化的各方面都有其差异之点，比方从财政方面来说中国人：

> 其言理财也，则崇本而抑末，务节流而不急开源，戒进取，敦止足，要在民无冻饿而有以剂丰歉，供租税而已。（同上）

在武备方面，中国人之所讲者不外是：

> 取诘研究，备非常，示安不忘危之义。外之无以为洁长度大之勍敌，则无事于日讲攻守之方，使之益精益密也。内之与民休息，去养兵转饷之烦苛，则无由蓄大支之劲旅也。（同上）

其实中国人除了以贡谀导谀的文辞，以博人主之欢外，所谓卫国护民的武备，像西洋各国者，是完全没有的。所以严氏很慨叹的说：

> 所谓文学侍从，所谓报国文章，极其所为，不外如孟德斯鸠所言，以文学贡谀导谀为人主弄臣而已；其犹非高尚之物，断断如也。然而世争贵之，父兄以此期其子弟，一若既跻其林，于人道即为造极者也，何其谬矣。若夫武人军官，能执干戈以卫社稷，同仇敌忾，视死如离，此非所谓杀身成仁，

舍生取义，男子最贵之业也耶？然而举国耻之，以其耻之，故吾国惟无赖恶少而复当兵，而当兵之业，遂若真可耻者，犹向者以其尚之，故吾国俊秀，必期词林，而词林之曹，遂若真可尚者，是不谓之耻尚失所得乎。以耻尚之失所，其国乃沦于至弱。又况农工商贾，贤者不居，美术九流，才士所鄙，则其国不特不强也，且以不富，不特不强不富也，且百为简陋，野邑湫秽，其气象乃日趋于野蛮，其学术技能无足道者，噫！（《法意》"案语十六"）

中国的武备固是和西洋不同，治制也是这样：

夫西方之君民，真君民也，君与民皆有权者也。东方之君民，世隆则为父子，世污则为主奴，君有权而民无权者也。皆有权故其势相拟而可争，方为诏令，其君方自恤之不暇，何能为其抗己者计乎。至于东方则其君处至尊无对不诤之地，民之苦乐杀生由之，使不之恤，其势不能自恤也，故有蠲除之诏令焉，此东西治制之至异也。（《法意》"案语第五"）

从道德宗教方面看去，中西也是有差异：

西之言伦理也，先义而后仁，各有其所应得也。东之言伦理也，先仁而后义，一予之而后一得也。（《法意》"案语第五"）

今微论西洋宗教如何，然而七日来复，必有人焉，聚其民而耳提面命之，而其所以为教之术，则临之以帝天之严，重之以永生之福；人无论王侯君公，降而至于穷民无告，自教而观之，则各天之赤子，而平等之义以明。平等义明，故其民知自重，而有所劝于为善。今夫上帝临汝，勿贰尔心，相在尔室，尚不愧于屋漏者，大人之事，而君子之所难也。而西洋小民，但使信教诚深，则夕惕朝乾，与吾之大人君子也无异。内省不疚，无恶于志，不为威惕，不为利疚，此诚教中常义，而非甚瑰琦绝特之行者也。民之心有所主，而其为教有常，故其效能如此。至于吾民，则姑亦无论学校之废久矣，即使尚存如初，亦不过择凡民之俊秀者而教之，至于穷檐之子，编户之民，则自襁褓以至成人，未尝闻有孰教之者也。孟子曰："饱食暖衣，逸居而无教，则近于禽兽。"夫饱食暖衣之民，无教尚如此，则彼饥寒逼躯，救死不赡者，当何如乎？后义先利，诈为奸欺，固其所耳。曩甲午之办海防也，水底碰雷与开花弹子，有以铁滓泥代火药者。洋报议论，谓吾民以数金锱铢之利，虽使其国破军杀，将辱地伤师不顾，则中国今日之败衄，他日之危亡，不可谓为不幸矣。（《原强》）

宗教为物，其关于陶铸风俗者，常致深远。观东西二土之民，其于怨尤，可以见矣。西之宗教重改过宥罪，曰此教徒之天职也，虽有至深之衅，使犯者声言歉衷，以自谢于受者，则旧怨可以立捐，乃至张脉偾兴，往往拔刀相向，或有为之解纷，则杯酒片辞，化寇仇而为石交者，事恒有之。其受谢者，不为弱儒，而度量恢廓，为人所称。脱既解矣，而犹以旧怨相绳，则其人必为国人所不数，此西国之俗也。至于吾俗，乃大不然；衅之既生衔者，次于骨髓，迁怒及其亲戚，寻仇延乎子孙，即有居间排难之家，以势相临，若不得已，虽曰解仇，察其隐微，固未尝释也。其居心如是，其揣人亦如是，蕴火常伏其发也，特待时而已。故其民之相遇也，刻盈感愤之情多，而豁达岂弟之风少也。呜呼！此固宗教使之然耳。(《法意》"案语二十一")

关于中西民族性格之不同，他又说：

彼其民好然诺，贵信果，重少轻老，喜壮健无所屈服之风，与震旦之民大有异。(《天演论下论》十四"案语")

若从学术方面来看，中西也有各异之点，且看他说：

夫西洋之于学，自明以前与中土亦相埒耳；至于晚近，言学则先物理而后文词，重达用而薄藻饰。且其教子弟也，尤必使自竭其耳目，自致其心思，贵自得而贱因，善喜疑而慎信。故其名数诸学，则借以教致思穷理之术，其力质诸学，则皆以导观物察变之方，而其本事则筌蹄之于鱼兔而已矣。故赫胥黎曰："读书得智，是第二手事，唯能以宇宙为我简编，名物为我文字者，斯真学耳。"此西洋教民要术也。而回观中国，则何如，夫朱子以"即物穷理"释"格物致知"是也，至以读书穷理言之，风斯在下矣。且中土之学，必求古训，古人之非，既不能明，即古人之是，亦不知其所以是。记诵词章既已误，训诂注疏又甚拘。江河日下，以至于今日之经义八股，则适足以破坏人才，复何民智之开之与有耶？(《原强》)

此外无论在物质生活，在教养方面以及文化的其他方面，西洋没有一件不和中国有了很大的差异。所以他说：

吾游欧美之间，无论一沟一塍，一廛一市，莫不极治缮葺完，一言蔽之，无往非精神之所贯注而已。反观吾国，虽通衢大邑，广殿高衙，莫不呈丛脞抛荒之实象，此真黄白二种优劣，显然可见者也。虽然，是二种者，非生而有此异也。(《法意》"案语六")

把欧美的发祥地的文化，来和中国比较，固有此种显明的差别，就是把欧美人之殖民地租界来和中国人之旅居外方的社会来比较，也有很大的不同。

吾每于租界察外人之所制立者，而叹其种民之能为不可及也。即可以天津、上海间，其所租有之地，往往不敌一乡镇，而居留之众，至多亦不过数百千人；顾中制度厘然，自议制行政司法至于巡警之备，教育之资，纲纪月张，靡所不具，则隐然一敌国矣。且其形常有以坐大，多多益办，归斯受之，此其所为，可畏者也。回观吾国之众，其旅于南洋、美洲者，亦不少也；顾所立者，除一二庙宇，所以为祀神饮福之地，无可言者矣。是何二民之相异耶？盖彼国常有地方自治之规，故虽商贩小民，皆知所以合群而立治。而我国自三代至今，所以与其民者，不过乡射傩赛之事而已，至于政法非所得立者也。孔子谓："观乡而知王道之易行"，使此老而生于今，所言当稍异耳。（《法意》"案语十五"）

事实上，上面所说的东西文化之差异，并非相等的差异，而乃优劣的差异。这种的差异，从文化的横的方面的分析来说，固有如上面所说的优劣之分，就是从文化的纵的方面的发展来说，西洋也是进步过中国。关于这一点，严氏在《社会通诠》的"译者序"里说得很明白：

异哉，吾中国之社会也。夫天下之群众矣，夷考进化之阶级莫不始于图腾，继以宗法，而成于国家。方其为图腾也，其民渔猎，至于宗法，其民耕稼，而二者之间，其相受而蜕化者，以封建。方其封建，民业大抵犹耕稼也，独至国家而后兵、农、工、商四者之民备具，而其群相生相养之事乃极盛而大和强立蕃衍，而不可以克灭，此其为序之信，若天之四时，若人身之童少壮老，期有迟速，而不可或少紊者也。吾尝考欧洲之世变，希腊、罗马之时尚矣，至其他民族所于今号极盛者，其趾封建略当中国唐宋间，及其去之也，若法若英皆仅仅前今一二百年而已，何进之锐耶。乃还观我中国之历史，本诸可信之载籍，由唐虞以讫于周中间二千余年，皆封建之时代，而所谓宗法，亦于此时最备。其圣人，宗法社会之圣人也，其制度典籍，宗法社会之制度典籍也。物穷则必变，商君始皇帝李斯起而郡县封域，阡陌土田，燔诗书，坑儒士，其为法欲国主而外，无咫尺之势，此虽霸朝之事，侵夺民权，而迹其所为，非将宗法之故，以为军国社会者欤。乃由秦以至于今，又二千余岁矣，君此土者，不一家，其中之一治一乱常自若，独至于今籀其政法，审其风俗，与其秀桀之民，所言议思惟者，则犹然一宗法之民而已矣。然则此一期之天演其延缘不去存于此土者，盖四千数百载而有余也。嗟呼！欧亚之地虽异名，其实一洲而已，殊类异化，并生其中，苟溯之邈古之初，又同种也，乃世变之迁流，在彼则始迟而终骤，在此则始骤而终迟。固知天演之事，以万期为须臾，然而二者相差之致，又不能为无因之果，而又不能不为吾群今日之利害，亦已明矣。

照严氏的意见，中国其实还是未开化的国家（看《保种余义》），所以无论从文化的各方面来看，都比不上西洋。西洋之强胜于中国不止一端，有鸷悍长大之强，有德慧术智之强，有以质胜者，有以文胜者。总而言之，中国没有一事及外洋者，这种优劣之分，乃由于中国人之好古而忽今，西人之力今以胜古。所以他说：

尝谓中西事理其最不同而断乎不可合者，莫大于中人之好古而忽今，西人之力今以胜古；中之人以一治一乱，一盛一衰为天行人事之自然，西之人以日进无疆，既成不可复衰，既治不可复乱为学术致化之极则。（《论世变之亟》）

中国既因好古而不能进化，则好古不能不反对。所谓闭关自守，所谓排斥西洋，所谓保存孔教，无一不是好古的表征。"呜呼！不自用其思想，而徒则古称先，而以同于古人者为是非，抑异于古人者为是非，则不幸往往而妄，即有时偶合而不妄亦不足贵也。"（《法意》"案语第八"）于是可知好古之没有益处，何况事实上好古不但不能进化，而且愈形退化。所以他说：

> 顾他国之变也，降而益通，而吾国之变也，进而愈锢。（《法意》"案语第十"）

他又说：

> 退之不已，可以自灭，况加以白人之逼迫哉。（《保种余义》）

总而言之，使中西文化尚未沟通，中国而长此以往，倘恐自灭，何况今日之世变，盖自秦以来，未有若此之亟也。所谓世变之亟，就是西洋文化之东渐，这种东渐的西洋文化，比之中国文化既像上面所说，没有一件不优胜，那么中国唯一的出路，不外是要诚心静气的研究西洋。所以他说"欲救中国之亡，则虽尧舜周孔生今，舍班孟坚所谓通知外国事者，其道莫由"。（《救亡决论》）所谓明白西洋，乃是效法西洋的基础，但是要想效法西洋，则不能不先变革中国固有之文化，而所谓变革又要澈底。所以他说：

> 故今日审势相时，而思有所变革，则一行变甲，当先变乙，及变乙，又宜变丙。由是以往，胶葛纷论；设但支节为之，则不但特徒劳无功，且所变不能久立。（《上皇帝万言书》）

严氏主张澈底的变革，随处可指，其原因不外是因为他感觉到中国事事都不如人；所以反过来说，他是一位主张澈底的西化的人。他讥笑当时一般之徒然主张拾西洋文化的皮毛的人，他谩骂当时一般之不懂西洋文化而高谈效法西化的人，这种的见地，不但是百倍超越过以"中学为体西学为用"的张之洞们（关于严氏反对中学为体西学为用之说参看《严几道诗文钞》卷四一九页），就是到了现在还不容易找出这种的见解。

他既主张澈底变革，澈底西化，他最痛恨的是一般主张复返中国固有的文化，而排斥西洋化的人们。排斥西洋文化，不但没有得益，还且受害，其原因是：

> 惟其遏之愈深，故其祸之发也愈烈。……三十年来，祸患频仍，何莫非此欲遏其机者，阶之厉也。且其祸不止此，究吾党之所为，盖不致于灭四千

年之文物,而驯致于瓦解土崩,一涣而不可复取不止也。(《论世变之亟》)

中西沟通之机既发而不可遏,则不能随机之所变而变之,何况变化乃天演的公例。严氏之所以介绍《天演论》的目的,就是要打破中国人的固守不变的观念,同时使中国人明白天地万物,以至社会文化,无一而且无时不在变化之中。《天演论》导言一《察变》篇,对于这个道理说得很明白:

> 故事有决无可疑者,则大道变化,不主故常是已。特自皇古迄今,为变盖渐,浅人不察,遂有天地不变之言。实则今兹所见,乃自不可穷诘之变动而来,京垓年岁之中,每每员舆正不知几换,而成此最后之奇,且继今以往,陵谷变迁,又属可知之事,此地学不刊之说也。

天地固无时不变,生物也无时不在变化之中,天地生物固是变,人类社会文化也无时不在变化之中。严氏所介绍赫胥黎的《天演论》主要是从生物学的立场而言,他所介绍斯宾塞的《群学肄言》和甄克斯的《社会通诠》主要是说明社会文化的变化的原理。总而言之,变化之种类固多,变化之原理则一。

> 虽然,天运变矣,而有不变者行乎其中,不变惟何?是名天演,以天演为体,而其用有二:曰物竞,曰天择。此万物莫不然,而于有生之类,为尤著。物竞者,物争自存也,以一物以与物物争,或存或亡,而其效则归于天择。天择者,物争焉而独存,则其存也,必有其所以存,必其所得于天之分,自致一己之能,与其遭值之时与地,及凡周身以外之物力,有其相谋相剂者焉,夫而后独免于亡,而足以自立也。而自其效观之,若是物特为天之所厚而择焉以存也者,夫是之谓天择。天择者,择于自然,虽择而莫之择,犹物竞之无所争,而实天下之至争也。斯宾塞尔曰:"天择者存其最宜者也。"夫物既争存矣,而天又从其争之后而择之,一争一择,而变化之事出矣。(《天演论》)

从这一段和上面那段话来看,严氏虽说是从赫胥黎的《天演论》翻译而来,然把原文和译文相对照过的人,总能感觉这好像是严氏自己的《天演论》。天演是由于变化,而变化又出于物竞与天择,这种议论,不但打破中国人的好古忽今,闭关排外,为我独尊的观念,而且打破了他们为而不争、知足知止的信条。怪不得他的翻译出版以后,能使中国的思想界,开了一个新纪元。

消极方面,严氏既用《天演论》来打破所谓中国固有的不变的文化,积极方面他又用自由论以为建设中国新文化而达到澈底西化的根本。

他对我们说:

> 士生今日,不睹西洋富强之效者,无目者也;谓不讲富强中国自可以安,不用西洋之术,而富强自可致……皆非狂易失心之人不为此。(《论世

变之亟》)

但是效法西洋，讲求富强，怎样始能达得到呢？且看他说：

> 夫所谓富强者，质而言之，不外利民云尔。然政欲利民，必自民各能自利始，民各能自利，又必皆得自由始。(《原强》)

原来一个人若不能自由，则个性不能发展，个性不能发展，则没有自由竞争，没有自由竞争，则对于文化上的换故创新，必无从以生。旧的文化既不能改换，新的文化既无从发生，则结果是沿旧蹈常。这种文化不但不能进步，抑且背乎天演的原理。这样看起来，天演与自由乃二件关系最密切而不可分离的东西。严氏说：

> 以自由为体，以民主为用，一洲之中，散为七八，争驰并进，以相磨砻，始于相忌，终于相成，各殚知虑，此既日异，彼亦日新。(《原强》)

自由和天演其实是一件东西的两方面观了。自由是空间的观念，天演是时间的观念。上面已经说过，天演由于变化，而变化出自一争一择；然而一争一择，又必基于自由。严氏之译约翰·穆勒的《自由论》，斯宾塞尔的《群学肄言》，亚丹·斯密的《原富》，以及孟德司鸠的《法意》，就是想介绍自由的真谛于中国人。

自由和天演的关系既到这么密切，那么能够自由者不但足以自存，而且足以胜人。反之没有自由的，不但无以胜人，而且恐将无以自存。所以他说：

> 且我所谓无以自存，无以遗种者，岂必死者国量，平泽若蕉，而后为尔耶？第使彼常为君，而我常为臣，彼常为雄，而我常为雌，我耕而彼食其实，我劳而彼享其休，以战则我常居先，出令则我常居后，彼且以我谓天之戮民，谓是种也固不足以自由而自治也。于是加束缚驰骤，奴使而虏用之，俾吾之民智无由以增，吾力无由以奋，是蚩蚩者长此困苦，无聊之众而已矣。夫如是则去不自存而无遗种也，其间几何？不然，夫岂不知其无噍类也，彼黑与赭且常存于两间矣，矧兹四百兆之黄种也哉？民固有其生也不如死，其存也不如亡，亦荣辱贵贱，自由不自由之间异耳。(《原强》)

东西文化所以差异，是由于自由与不自由的差异。中国过去的文化之所以固滞而没有变化，是由于不自由，中国将来的文化之能否发展进步，是要看看将来中国的人民有没有自由。

第十一章　梁任公的中国西化观

三十年前严几道因梁任公指摘其翻译的文字过于古奥,他特地的写一封信去和梁氏辩驳;但是二十年前在严氏寄其友人的书里,他曾这样的说:

> 任公笔端有魔力,足以动人,自甲午以后,一纸风行,海内观听,为之一耸。

在民国十八年二月号的《小说月报》里,郑振铎先生的《梁任公先生》一文中,我们找出下面一段话:

> 梁先生在文坛上活动了三十余年,从不曾有一天间断过。他所亲炙的子弟,当然不在少数,而由他而始"粗识文字"粗知世界大势,以及一般学问上的常识的人,当然更不少。……他在文艺上鼓荡了一支像生力军似的散文作家,将所谓恹恹无生气的桐城文坛,打得个粉碎;他在政治上也造成一种风气,引导了一大群的人同走;他在学问上也有很大的劳迹,他的劳迹未必由于深湛的研究,却是因为他将学问通俗化了,普遍化了;他在新闻界上也创造了不少的模式,至少他还是中国近代最伟大的一位新闻记者。许多学问者们其影响都是很短促的,廖平过去了,康有为过去了,章太炎过去了,然而梁任公先生的影响,我们则相信他尚未十分的过去——虽然绵延了三十余年;许多学者们文艺家们,其影响与势力,往往是狭窄的,限于一部分的,一方面的社会,或某一个地方的,然而梁任公先生的影响与势力,却是普遍的,无远不届的,无地不深入的,无人不受到的——虽然有人未免要讳言之。

我们以为这位笔端有魔力而影响无远不届,无地不深入,无人不受到的梁先生,不但是在他生时的三十余年里找不出一位像他一样的人,就是三十余年前的中国的历史上,以及他死以后,我们想找一位像他一样的人,也不容易。

然而所谓笔端有魔力,足以动人,不过是梁先生的伟大的工具;所谓其影响无远不届,无地不深入,无人不受到,乃是梁氏的伟大的结果。梁氏之伟大的本身,和他的最大的贡献,照我看起来,乃是他的西化的主张。

本篇的目的,是要将梁氏的西化主张加以介绍。但是在未说明他的西化的主张以前,我们且先把他个人的传略,略为介绍。

梁氏于三十岁时,曾写过一篇《三十自述》,到了民国九年,他写了一本《清代学术概论》,里面的二十五及二十六节,是说他个人的学术及传略,这可以说是他的四十六自述。梁氏享年五十六,他在五十六年内所见闻和所做的事情很多，然大略来说，可以分为四个时期。第一个时期是由小至识康有为（一八七三至一八九一）。第二个时期是从识康有为至逃避日本（一八九一至一八九八）。第三个时期是从逃避日本至民国元年（一八九八至一九一一）。第四个时期是从民国元年至他寿终为止。

关于他第一时期的事迹在他《三十自述》里他说：

> 余生同治癸酉正月二十六日……生一月而王母黎卒，逮事王父者十九年，王父及见之孙八人，而爱余尤甚。……五岁就王父及母膝下授四子书、《诗经》，夜则就睡王父榻，日与言古豪杰哲人，嘉言懿行，而尤喜举亡宋亡明国难之事，津津道之。六岁后就父读，受中国略史五经，卒业。八岁学为文，九岁能缀千言，十二岁应试学院，补博士弟子员，日治帖括，虽心不慊之，然不知天地间于帖括外，更有所谓学也。辄埋头钻研，顾颇喜词章，王父父母时授以唐人诗，嗜之过于八股，家贫无书可读，惟有《史记》一，《纲鉴易知录》一，王父父日以课之，故至今《史记》之文能成诵者八九。父执友爱其慧者，赠以《汉书》一，姚氏《古文辞类纂》一，则大喜，读之卒业焉。……十五岁时，肄业于省会之学海堂。堂为嘉庆间前总督阮元所立，以训诂词章课粤人者也。至此乃决舍帖括，以从事于此，不知天地间于训诂词章之外，更有所谓学也。己丑年十七举于乡，主考为李尚书端棻，王镇江仁堪。年十八计偕入京师，父以其稚也，挈与偕行；李公以其妹许字焉。下第归，道上海，从坊间购得《瀛环志略》读之，始知有五大洲各国，且见上海制造局译出西书若干种，心好之，以无力不能购也。

关于第二个时期，他的自述说：

> 其年秋（时年十八）始交陈通甫，通甫时亦肄业学海堂，以高材生闻。既而通甫相语曰，吾闻南海康先生上书请变法不达，新从京师归，吾往谒焉；其学乃为我子所未梦及，吾与子今得师矣。乃因通甫修弟子礼，事南海先生，时余以少年科第，且于时流所推重之训诂词章学，颇有所知，辄沾沾自喜。先生乃以大海潮音作狮子吼，取其所挟持之数百年无用旧学，更端驳诘，悉举而摧陷廓清之。自辰入见，及戌始退，冷水浇背，当头一棒，一旦尽失其故垒，惘惘然不知所从事；且惊且喜，且怨且艾，且疑且惧，与通甫联床，竟夕不能寐。明日再谒，请为学方针，先生乃教以陆王心学，而并及史学西学之梗概。自是决然舍去旧学，自退出学海堂，而间日请业南海之门，生平知有学自兹始。
>
> 辛卯余年十九，南海先生……为讲中国数千年来学术源流、历史政治沿革，取万国以比例推断之，余与诸同学日札记其讲义，一生学问之得力，皆在此年。……甲午年二十二，客京师于京国所谓名士者，多所往还。六月日

本战争起,惋愤时局,时有所吐露,人微言轻,莫之闻也。顾益读译书,治算术、地理、历史等,明年乙未,和议成,代表广东公车百九十人上书陈时局,既而南海先生,联公车三千人上书,请变法,余亦从其后奔走焉。其年七月,京师强学会发起之者为南海先生……余被委为会中书记员,不三月,为言官所劾,会封禁,而余居会所数月,会中于译出西书,购置颇备,得以余日尽浏览之,尔后益斐然有述作之志。

梁氏本以述作而著名,然而述作的重要动机,是由于他之浏览译出西书而来,其实这种动机,是一步一步的发展而来的。他曾说过,他十八岁由京师道过上海,读《瀛环志略》,始知世界五大洲各国,以及喜阅译出书籍,后来他又从康有为而旁听到世界各国的学术、政治、历史,然而还个时候,还没有述作之志。是甲午战后,他始特别注意到译出西书,他既因为浏览西书而有述作之志,他于次年(丙申)又应黄公度之招,到上海办报,这就是他所主撰的《时务报》;《时务报》的发现,可以说是梁氏述作之志的实现的开始,他在《时务报》上发表《变法通议》《西学书目》等。他"批评秕政,而救敝之法,归于废科举兴学校;亦时时发民权论,但微引其绪,未敢昌言"。

到了次年,他被请到湖南讲学,他在《清代学术概论》里说:

已而嗣同与黄遵宪、熊希龄等设时务学堂于长沙,聘启超主讲席,唐才常等为助教。启超至,以《公羊》《孟子》教,课以札记;学生仅四十人,而李炳寰、林圭、蔡锷称高才生焉。启超每日在讲堂四小时,夜则批答诸生札记,每条或至千言,往往彻夜不寐;所言皆当时一派之民权论,又多言清代故实,胪举失政,盛倡革命;其论学术则自荀卿以下,汉唐宋明清学者,掊击无完肤。

到了戊戌年,他因康有为之得用于光绪,而也被召见参预新政。后来政变,六君子被杀,启超也于八月亡命到日本,而入上面所说他的传略的第三时期。

他到日本后两个月,和横滨的华侨商界们,筹办《清议报》及设大同学校于横滨。他这一次在日本有了一件最可记的事,就是习读日文。他既能阅日文,他对于西洋各国的学术书籍之为日人所介绍和翻译者,均能大概了解。因此智识上既有无限的进步,思想上遂生出很大的变化。他在《三十自述》里说:

居日本东京者一年,稍能读东文,思想为之一变。

从己亥(一八九九)至辛丑(一九〇一)两年里,也曾到檀香山、南洋群岛及澳洲等处,他在《三十自述》里说:

其年(一八九九)在美洲商界同志,始有中国维新会之设,由南海先生所鼓舞也。冬间美洲人招往游,应之,以十一月首途,道出夏威夷岛,其地华商二万余人，相繁留焉，因暂住焉，创夏威夷维新会，适以治疫故，航道不通，遂居夏威夷半年。至庚子六月，方欲入美而义和团变已大起，内地消息，风声鹤唳，一日百变。已而屡得内地函电，促返国，遂回马首而西，比及日本，已闻北京失守之报。七月急归沪，方思有所效，抵沪之翌日，而汉口难作，唐、林、李、蔡、黎、傅诸烈，先后就义，公私皆不获有所救。留沪十日，遂去。适香港。既而渡南洋，谒南海，遂道印度，游澳洲应彼中维新会之招也，居澳半年，由西而东，环洲历一周而还，辛丑四月，复至日本。

他在日本时，既因能读日文而使其思想变化，他这两三年来，又因到了海外各处游历，得了不少的经验。这些经验，有些像西洋人之对于殖民地之经营和设施，使他对于西洋人的毅力，和西洋人的文化，生了不少的羡慕；有些像华侨之到处受人苛待，使他生了不少的悲痛；有些像华侨之对于救国的热忱，使他生了不少的兴奋。这些兴奋、悲痛、羡慕，对于他后来的思想和著作上，有了不少的影响。

实际上的政治活动已成泡影，以感情丰富，思想发展的梁氏，遂矢志于文字上的鼓吹。梁氏的文字，正像严复所说，原自畅达有魔力，能动人，现在又因能读日文而增广其智识范围；因失败游历而冲涌其情感，于是梁氏的著作的数量的方面，因之而增，著作的影响，因之而大，著作的精华，也因之而成。他在《清代学术概论》里说：

> 自是启超复以宣传为业，为《新民丛报》《新小说》等诸杂志，畅其旨义，国人竞喜读之；清廷虽严禁，不能遏，每一册出，内地翻刻本，辄十数；二十年来学子之思想，颇蒙其影响。

我们一翻阅《新民丛报》，每期至少有十万言，月出一册，里面文章，十九乃由梁氏自写，平均每日至少要写五六千言；怪不得人们都说梁氏乃一位多量的著作家。为梁氏编《饮冰室文集》的何天柱氏在《饮冰室文集》序里告诉我们道：

> 今年夏（光绪二十八年）入江户，一省视先生，每日所撰述，日必五六千言，乃至万言，而宾客之应酬，函牍之往来，其杂沓繁剧，已复非二三人之力所克任，而先生处之，绰绰若有余裕焉。犹复读书有定课，日必尽数卷，盖其精力殆有非寻常人所能拟议者；毋亦其热诚驱迫之，而自忘其瘁也。

这种的魄力，正像何氏所说，"虽欲从之，而末由也矣。"

我们曾说过，这个时期的梁启超，不但是一位多量的著作者，而且他的著作的精华，也可以从这个时期里找出来。因为这不但是梁氏一生的思想最发达的时

期,就是把整个中国的思想界来看起来,梁氏还是居于最高峰的地位,所以何天柱又说道:

> 今日中国学界之进化,一视乎先生识想之进化,先生数年来之文,即中国数年来文明程度之表记也。

至于梁氏的著作之影响于国人的深切,除了上面已说明外,我们现在且举出一个例子来证明:

> 溟年十四五以讫十八九间,留心时事,向志事功,读新会梁氏所为《新民说》《德育鉴》辄为日记,以自勉励。……公(按指梁漱溟氏的父亲)固关怀国家,溟亦好论时事,于是所语者,什九在大局政治,新旧风俗之间。始在光宣间,父子并嗜读新会梁氏书。溟日手《新民丛报》,若《国风报》一本,肆为议论,顾皆能得公旨。(《梁漱溟州后文录·思亲记》)

其实梁氏,在这个时期的著作的影响于学者及青年之像梁漱溟者,指何胜屈。我们回想三十年来所谓学者名士之对于梁氏的主张,固未必尽与同者;然而若说没有受过梁氏的影响,恐怕是找不出来罢。

梁氏居留日本有了十余年,中间除了一九〇六和一九〇九两年中,少有著作外,其余的十年左右,著作都很丰富。我们现在翻阅中华书局刊行乙丑重编八十本的《饮冰室文集》,以及其他的著作,大多数都是在这个时期写作的。所以这个时期,可以说是梁氏一生的最重要的时期。

从民国元年至民国十八年,梁氏曾在政治舞场上活动过好多次。他最初(一九一三年)做过袁世凯任内的司法总长,在段祺瑞当政时(一九一七年)又做过财政总长。梁氏在湖南当时务学校教席时,曾提倡革命,初到日本时,也有这种思想。但是因和康有为的关系,故在第三个时期中,始终是一位保皇党的健将。民国以后,他不但对于所谓帝制复辟不加赞同,还且激烈反对。在袁氏要称帝的时候,他曾备尝辛苦,去参加护国军之役。又在张勋复辟的时候,他也极力反对。所以从政治的意见方面来看,在民国时代的梁氏,比之在日本时代的梁氏,已进一步。但是在思想的整个方面来看,在民国时代的梁氏已不若在日本时代的梁氏之积极和澈底。他在民国四年七月的《大中华》杂志里所发表的《复古思潮平议》,及战后游欧所做的《欧游心影录》都可以说是他的思想之不积极和不澈底的表征。

原来梁氏正像他自己所说,"太无成见,务广喜新"。他到日本后,由读日文而觉得西洋学问之深博,文化之优高,故极力主张西化。可是不懂西文而讲西化,正像他自己所说,来源浅薮,汲而易竭。同时又因欧洲战争蔓延数年,免不得令他生出一种反响的思想,而怀疑西洋文化。所以在他的思想的整部来看,梁氏在第四个时期里,可以说是没有第三个时期里那样积极和澈底。

但是我们也不能因此而抹煞梁氏在这个时期里在学问方面的贡献。他的《历史研究法》《先秦政治思想史》《清代学术概论》《中国佛学史》等名著，都是在这个时期里成就的。所以在思想上，梁氏也许是趋于支绌灭裂，然而在学问上，他始终是一座高峰，一个柱石。

梁氏晚年，因为外界的激刺和内部的浅觳，而致思想上起了多少变化，然在志望上他始终是想做一位思想界的先锋。他在《清代学术概论》里曾这样的告诉我们：

> 启超平素主张，谓须将世界学说为无制限的尽量输入，斯固然矣；然必所输入者确为该思想之本来面目，又必具其条理本末，始能供国人切实研究之资；此其事非多数人专门分担不能。启超务广而荒，每一学稍涉其樊，便加论列；故其所述著，多模糊影响笼统之谈，甚者纯然错误，及其自发现而自谋矫正，则已前后矛盾矣。平心论之，以二十年前思想界之闭塞萎靡，非用此种卤莽疏阔手段，不能烈山泽以辟新局；就此点论，梁启超可谓新思想界之陈涉。虽然，国人所责望于启超者不止此，以其人本身之魄力，及其三十年历史上所积之资格，实应为我新思想界力图缔造一开国规模，若此人而长此以自终，则在中国文化史上，不能不谓为一大损失也。

我们在这里所要特别注意的，是在新思想界的陈涉的梁启超和在新思想界力图缔造一开国规模的梁启超，但是要在新思想界辟出一个田地，不能不先对于旧思想界施以攻击；这种消极的破坏的工作我们可以从梁氏下面数段话见之。

> 我国学界之光明，人物之伟大，莫盛于战国，盖思想自由之明效也。及秦始皇焚百家之语，而思想一窒，汉武帝表章六艺，罢黜百家，而思想又一窒。自汉以来，号称行孔教二千余年于兹矣，而皆持所谓表章某某罢黜某某者为一贯之精神。故正学异端有争，今学古学有争，言考据则争师法，言性理则争道统；各自以为孔教而排斥他人以为非孔教。……浸假而孔子变为董江都、何邵公矣，浸假而孔子变为马季长、郑康成矣，浸假而孔子变为韩退之、欧阳永叔矣，浸假而孔子变为程伊川、朱晦庵矣，浸假而孔子变为陆象山、王阳明矣，浸假而孔子变为顾亭林、戴东原矣，皆由思想束缚于一点，不能自开生面。如群猿得一果，跳掷以相攫，如群妪得一钱，诟詈以相夺，情状抑何可怜……此二千年来保教党所生之结果也。

> 今之言保教者，取近世新理而缘附之，曰：某某孔子所已知也，某某孔子所曾言也……然则非以此新学新理厘然有当于吾心而从之也，不过以其暗合于我孔子而从之耳。是所爱者仍在孔子，非在真理也；万一遍索诸四书六经而终无可比附者，则将明知为真理，而亦不敢从矣；万一吾所比附者，有人别之，曰：孔子不如是，斯亦不敢不弃之矣；若是者真理之终不能饷我国

民也。故吾所恶乎舞文贱儒，动以西学缘附中学者，以其名为开新，实则保守，煽思想界之奴性，而滋益之也。

还是从梁氏在壬寅年（一九〇二）《新民丛报》所发表的《保教非所以尊孔论》抄出来，梁氏曾在《清代学术概论》里重述，且加以下面的解释：

> 此诸论者，虽专为一问题而发，然启超对于我国旧思想之总批判，及其所认为今后新思想发展应遵之途径，皆略见焉。

中国的思想之缺点既如此，中国的文化的其他方面之缺点，又如他在丙申年（一八九六）的《时务报》，所发表的《变法通议》里所说：

> 地利不关，人满为患，河北诸省，岁虽中收，犹道殣相望，京师一冬，死者千计。一有水旱，道路不通，运赈无术，任其填委，十室九空；滨海小民，无所得食，逃至南洋，美洲诸地，鬻身为奴，犹被驱迫，丧斧以归，驯者转于沟壑，黠者流为盗贼；教匪会匪，蔓延九州，伺隙以动；工艺不兴，商务不讲，土货日见减色，而他人投我所好，制造百物，畅销内地，漏卮日甚，脂膏将枯。学校不立，学子于帖括外，一物不知，其上者考据词章，破碎相尚，语以瀛海，瞠目不信；又得官甚难，治生无术，习于无耻，莘不知怪。兵学不讲，彩营防勇，老弱癖烟，凶悍骚扰，无所可用。……官制不善，习非所用，委权胥吏，百弊猬起，一官数人，一人数官，牵制推诿，一事不举；保奖朦混，鬻爵充塞，朝为市侩，夕登显秩，宦途壅滞，候补窘悴，非钻营奔竞，不能疗饥；俸廉微薄，供亿繁浩，非贪污恶鄙，无以自给，限年绳格，虽有奇才，不能特达，必候其筋力既衰，暮气将深，始任以事，故肉食盈庭，而乏才为患。法敝如此，虽敌国外患，晏然无闻，君子犹或忧之，况于以一羊处群虎之间，抱火厝之积薪之下，而寝其上者乎。

中国的思想之固塞，地利之不辟，工艺之不兴，商务之不讲，学校之不立，兵学之不识，官制之不善，政治之腐败，既若此之甚，则除旧布新，乃是刻不容缓的急务；而所谓除旧布新，就是他所说的变法。所以他说：

> 法者，天下之公器也，变者，天下之公理也；大地既通，万国蒸蒸，日趋于上，大势相迫，非可阏制，变亦变，不变亦变，变而变者，变之权操诸己，可以保国，可以保种，可以保教，不变而变者，变之权让诸人，束缚之，驰骤之，呜呼！则非吾所敢言矣。（《变法通议》）

所谓新法，乃是西法，且看他说：

> 泰西治国之道，富强之原，非振古如兹也。……盖自法皇拿破仑倡祸以后，欧洲忽生动力，因以更新。至其前此之旧俗，则视今日之中国无以远过，惟其幡然而变，不百年间，乃浡然而兴矣，然则我所谓新法者，皆非西

人所固有，而实为西人所改造，改而施之西方，与改而施之东方，其情形不殊，盖无疑矣。况蒸蒸焉，起于东土者，尚明有因变致强之日本乎？（同上）

然而变法要全部和澈底的变，始能有效；这一点他在《戊戌政变原因答客难》一文，说得很透澈。

> 中国之当改革，三十年于兹矣；然而不见改革之效，而徒增其弊者，何也？凡改革之事，必除旧与布新，两者之用力相等，然后可有效也。苟不务除旧而布新，其势必将旧政之积弊悉移而纳于新政之中，而新政反增其害也。……我中国自同治后所谓变法者，若练兵也，开矿也，通商也，交涉之有总署使馆也，教育之有同文方言馆，及各中西学堂也……夫此诸事，则三十年来名臣曾国藩、文祥、沈葆桢、李鸿章、张之洞之徒，所竭力而始成之者也，然其效乃若此；然则不变其本，不易其俗，不定其规模，不筹其全局，而依然若前此之支支节节以变之，则虽使各省得许多督抚皆若李鸿章、张之洞之才之识，又假以十年无事，听之使若李鸿章、张之洞之所为，于中国之弱之亡，能稍有救乎？吾知其必不能也。何也？盖国家之所赖以成立者，其质甚繁，故政治之体段亦甚复杂，枝节之中，有根干焉，根干之中，又有总根干焉；互为原因，互为结果。故言变法者，将欲变甲必先变乙，及其变乙，又当先变丙，如是相引，以至无穷，而要非全体并举，合力齐作，则必不能有功，徒增其弊。譬之有千岁老屋，瓦墁毁坏，榱栋崩折，将就倾圮，而室中之人，乃或酣嬉鼾卧，漠然无所闻见；或则补苴罅漏，弥逢蚁穴，以冀支持；斯二者用心虽不同，要之风雨一至，则屋必倾，而人必同归死亡一也。夫酣嬉鼾卧者，则满洲党人是也，补苴弥逢者，则李鸿章、张之洞之流是也。谚所谓室漏而补之，愈补则愈漏，衣敝而结之，愈结则愈破，其势固非别构新厦，别纫新制，乌乎可哉。……故康先生之上皇帝书曰：守旧不可，必当变法，缓变不可，必当速变，小变不可，必当全变。

总而言之，梁氏不但是反对满洲党人的顽固闭塞，沿旧蹈常，而且反对李鸿章、张之洞之温和改革，所谓沿旧蹈常是复古，所谓温和改革是折衷。复古固是徒增其弊，折衷也不外是"学人皮毛之皮毛"，结果也只有害而没有益。这两条路既通通跑不去，唯一的办法，是澈底和整个的西化。所谓变甲要先变乙，变乙又要先变丙，所谓速变全变，就是这个意想。

梁氏不但是反对李鸿章、张之洞之徒事于效法西洋的皮毛的物质文化，他还进一层而主张采纳西洋精神文化为首先急务。在壬寅（一九〇二）年的《新民丛报》所发表的《国民十大元气论》一文里，我们找出下面一段话：

> 今所称识时务之俊杰，孰不曰：泰西者，文明之国也。欲进吾国使与泰西各国相等，必先求进我国之文化，使与泰西文明相等，此言诚当矣。虽

然，文明者，有形质焉，有精神焉，求形质之文明易，求精神之文明难；精神既具，则形质自生，精神不存，则形质无附；然则真文明者，只有精神而已。故以先知先觉自任者，于此二者之先后缓急，不可不留意也。

他又说：

> 游于上海、香港之间，见有目悬金圈之镜，昼乘四轮之马车，夕啖长桌之华宴，如此者可谓之文明乎？决不可。陆有石室，川有铁桥，海有轮舟，竭国力以购军舰，朘民财以效洋操，如此者可谓之文明乎？决不可；何也？皆其形质也，非其精神也。求文明而从形质入，如行死港，处处遇窒碍而更无他路可以别通，其势必不能达其目的，至尽弃其前功而后已。求文明而从精神入，如导大川一清其源，则千里直泻，沛然莫之能御也。

平情来说，这种议论，到了现在能言之者还是不易找出。二十年前的鼓吹中学为体西学为用的人们，固不待说，二十年来所谓中国的物质文明，固此不上西洋，而其精神文明，却优过西洋的人们，看了梁氏这种见解，恐怕也要退避三舍。然而最可惜者，就是梁氏自己二十年来，对于三十年前的主张，也因了欧战的原故，而大起怀疑，大声疾呼，要我们一般青年立正，开步走，去提倡中国的精神文化；这也许是由于梁氏太无成见，太易变化；也许是由他像他所说固有之旧思想，既根深蒂固，而外来之新思想又来源浅觳，汲而易竭。因为这个原故，我们在本章所解释的梁氏，大概是二十年前的梁氏，虽则民国以后的梁氏，像我们上面所说，也有他的伟大处。

梁氏既相信精神文明是本源，物质文明是枝叶，他又相信理论比事实犹为重要，所以他说：

> 天下必先有理论，然后有实事，理论者，实事之母也。……理论亦有二种：曰理论之理论，曰实事之理论。理论之理论者，又实事理论之母也。……两者亦有优劣乎？曰，无也。理论之理论，其范围广远，其目的高尚，然非有实事之理论，则无以施诸用；实事之理论，其范围繁密，其目的切实，然非有理论之理论，则无以衡其真。二者相依以成，缺一不可。欲以理论易天下者，不可不于此二者为并进之。（《新民议·叙论》）

《新民丛报》之刊行，《新民说》《新民议》之著作，都是本着理论乃事实之母的意旨，且看他说：

> 余为《新民说》，欲以探求我国民腐败堕落之根原，而以他国所以发达进步者比较之，使国民知受病所在以自警，厉自策进，实理论之理论中，最粗浅且空衍者也，抑以我国民今日未足以语于实事界也。虽然，为理论者，终不可不求其果于事实，而无实事之理论，则实事终不可得见。今徒痛恨于

> 我国之腐败堕落,而所以求而治之者,其道何由?徒艳美他国之发达进步,而所以躐而齐之者,其道何由?此正吾国民今日最切要之问题也。

一方面要明白自己的病症所在,一方面要努力效法西洋躐而齐之,是中国的切要的问题;所谓新民,不外是新中国之民,而使其齐立于发达进步的西洋文化。我们试一翻阅梁氏在他的第三时期里的著作,而特别是庚子以后的著作,介绍西洋文化的理论,可以说是他的最大的职志。他的新民的新德性,如独立、自由、自治、自尊、自立、冒险、进步、尚武、爱国等论,通通都是西洋民族的德性。他的《罗兰夫人传》《意大利建国三杰传》《匈加利爱国者噶苏士传》《新英国巨人克林威尔传》,可以说是新民的模范。他的《日本并吞朝鲜记》《越南亡国史》是新民的殷鉴。他的《近世文明初祖二大家学说》《天演论学初祖达尔文之学说及其略传》《法理学大家孟德司鸠之学说》《卢梭学案》《乐利主义泰斗边沁之学说》等等,都是西洋文化的精神方面的表征,和西洋文化的事实之母。他自署为中国之新民,他——简单来说——是要个个中国人都要达到西洋文化的水平线的新民。

不但这样,他对于中国学术的整理的贡献的功绩,无论是谁都要承认的。他的《中国学术思想变迁之大势》《中国法理学发达史论》等著作,现在看起来,也许很为平常,然在三十年前的中国的学术界看起来却是开山之作,首创之举。他的《中国历史研究法》《先秦政治思想史》《清代学术概论》等,还〈是〉最好的著作。然而这些的贡献,完全是由于运用西洋的治学的方法来整理我们的旧东西。"于是乎昔人绝未注意之资料,映吾眼而忽莹,昔人认为不可理之系统,经我手而忽整,乃至昔人不甚了解之语句,旋吾脑而忽畅。"总而言之,他以为我们的国故之在最近数十年来之所以能逐渐复活,是依赖于这些洋货以为研究的利器和工具。

可知梁氏之所以为梁氏,不但是由于他能觉到西法之不可效,而且由于他能明白中国的国故之能够整理,也不能不依赖于西法。

第十二章　孙中山的中国西化观

大约是三十年前，章士钊先生因为了邹容的鼓动，写了一本小册，名曰《孙逸仙》，在其"自序"里说：

> 孙逸仙近今谈革命之初祖，实行革命者之北辰，此有耳目者之所同认。吾今录此书，标之曰《孙逸仙》，岂不尚哉？孙逸仙者，非一氏之新私号，乃新中国新发露之名词也，有孙逸仙而中国始可为，则孙逸仙者，实中国过渡虚悬无薄之隐针。天将相中国，则孙逸仙之一怪物不可以不出世，即无今之孙逸仙，吾知今之孙逸仙之景与罔两，亦必照此幽幽之鬼域也。

这本小册出版时，孙先生的名字，还未大著，有人说有不少的人们是从读这本书然后认识孙先生的。到了民国十四年，孙先生在北京逝世后，林语堂先生曾在《猛进》第五期，有孙中山非中国人论。据林先生在《语丝》第二十三期给钱玄同的信里说：

> 弟近有孙中山非中国人之论，其见地主张完全与先生所持一致。弟本来以为民国有一个伟人，近日细思此一伟人，乃三分中国人，七分洋鬼子。然则欲再造将来的伟人，亦惟在再造七成或十成的洋鬼子而已，此理之最明者也。

林先生这封信里所说，其见地和玄同先生相同，是指着后者所著的《中山先生是国民之敌》一文（《语丝》二十二期）而言。钱先生之所说"中山先生是国民之敌"的原因，是这样的：

> 国民要大清皇帝或真命天子坐在金銮殿上，孙先生偏要排满而且还要废除皇帝；国民要爬在青天大老爷底公案下面褪下裤子等着打屁股，孙先生要叫人民去管理政事；国民以富人享福而穷人受罪为天经地义，孙先生偏要来主张平均地权，节制资本；国民安于晴天踏香炉，雨天踹酱缸，台风时闻"七香散"，粪便四溅，泔水激扬，这种精神文明，孙先生偏要来鼓吹物质文明，国民最爱吐痰，留长指甲，不洗牙齿，孙先生偏要劝大家把修身的工夫，做得有条有理；国民甘做驮"不识不知，顺帝之则"和"民可使由之，不可使知之"这两块大石碑的赑屃，孙先生偏要叫他们"知"；国民愿意苟安旦夕，喜欣维持现状，孙先生偏要提倡奋斗，主张革命。其他国民要如彼，孙先生偏要如此，说起来真是更仆难终。……国民要静坐或倒退，而孙先生要抖擞精神的跑，而且要向着寥廓无尽的前途不息地跑。

所谓怪物，所谓非中国人，所谓国民之敌，这些名词从一般的人们骤看起来，也许未免近于怪异；然而这些名词却有了精确不磨的真理存在里面。原来孙先生之所以为怪物，非中国人和国民之敌，不外是因为他的主张和行为是反乎由中国的传统和固有的文化所产生出的中国人的主张和行为。换句话来说，他的主张和行为，是完全受过西洋文化的洗礼的结果，这个结果就是西洋文化的孙先生。以中国化的中国人的眼光来看西洋文化的孙先生，当然是会成为怪物，非中国人国民之敌了。

然而孙先生之所以成为孙先生，正是因为他是怪物，是非中国人，是国民之敌。反过来说，要是他不是怪物，而是常物，不是非中国人，而是中国人，不是国民之敌，而是国民之友，那么这种的物，这种的人，和这种的友，不但是在他那个时代，已有了四万万之多，就是把四千五百年的历史来看，也不知有了几多万万。质言之，设使他而是四万万或是数不出的万万中的中国人之一个，那么他是不值得人们的敬仰的，而且人们也无从来认识他。因为这样的他，太繁多了，太平常了，同时他也决不能成为像章士钊先生所说的"新中国新发露之名词，而为中国过渡虚悬无薄之隐针"，也不能成为像林语堂先生所说的民国的伟人，他更不会像钱玄同先生所说，是我们这疲癃老朽的民族，起死回生的唯一圣药。

在中国的现代史上，也许在世界的现代史上，孙先生占了一个重要的位置，用不着我们在这里解释。我们所要特别注意的，是说明这个西洋化的孙先生。

要想明白这个西洋化的孙先生，我们又不能不先明白他个人所处的环境和时代；时代环境之影响于个人的主张和行为，无论是谁都要承认。我常常说设使孙先生而生长在北京或是在中国的北方任何一处，那么孙先生之所以为孙先生，未必就是我们今日所认识的孙先生。我们承认意志坚强的人，有时不为时代环境所推移，而能独立不群，但是新事业的创造和旧制度的推翻，总免不得要依赖于适宜的时代环境。换句话来说，孙先生之所以为孙先生和中国的南方而尤其是广东这个环境，是有了很密切关系的。事实上我们上面所说的容纯甫、严又陵和梁任公通通都是和这个中国的南方的环境时代，有了很密切的关系。孙先生也不过是这个环境时代所铸成的罢。

关于环境时代之影响于孙先生，美人林白克氏（Paul Linebarger）所著的《孙逸仙传》里，说得很透澈。我们现在且摘录数段于后。（据中译《孙逸仙传》）

> 广东是中国十八省中最南的一省，幅员广大，物产富饶，人口约有三千多万。他的省城是广州，是个有名的大城，居民的总数在百以万上。
>
> 广州是中国最有进步的一个城，不但是因为他是在香港、澳门的中间（按此非尽是），而最显著的却是因为有多数的广东华侨，在美国居住很久。所以当他们回国的时候，已经美国化了。前面讲过美国招工开金矿的事，当那个时候，美国人因为从广东招去的工人，工资比别处便宜，而且香港是海

道的中心点，运送这般华工是很经济，又很迅速，所以都到广东来招工，这就是华侨大都是广东人的大原因。

广东人是勇敢、自恃、耐苦的种族，他们虽然离本国的中心和北方很远，但很忠爱国家，中国本部有广东做南方屏障，好像北方有万里长城保护一样，他们中间已产生了不少卓荦超群的学者。

他又说：

中山在他努力建设中华民国的三十年工作中，广东人给了他不少的帮助，因为是他们的同乡，所以在海外的广东侨民，差不多没有一个人不会替他尽过力的。

因为他们有团结和互助的精神，结果便使广东人的足迹，遍布全球，而且都是非常发达。

中山生在广东是很有幸的，因为他在政治上活动所得到的助力大半是从广东得来的。广东人很富有，又很进步，并且他们侨居美洲的很多，已经受了政治上的冲动，所以只要他一领导，便能实行。敢死的志士大半也是从广东来的，虽是这或者是中山本身的领袖资格使然，也是地灵人杰，才能这样呢。

广东的环境既如上面所说，孙先生自己的乡村——翠亨又正是在澳门和金星港的附近。林白克在《孙逸仙传》里说：

翠亨村确是一个对于中山极有利益的生长地，因为当他那个时候，许多广州（？）澳门的富翁因为翠亨有很好的风景，可以赏玩，并且离城又近，交通便利，所以都在这里建筑了别墅来住着。这样却使村中乡人常常与城中市民接近，于是他们的意识和心智，都灵敏得多了。

我们以为在岐关公路尚未筑成以前的翠亨乡，也许未必会像传记著者所说的交通上这样便利，同时凡是到过翠亨乡及其附近的人，也未必会感觉到这个地方像传记著者所描写的风景那样好，然而因为她和澳门相近，容易受过澳门的影响，这无论是谁也要承认的。我们知道孙先生的父亲，曾到过澳门做过裁缝学徒，而且因此积了些钱以应家用，可知澳门之影响于翠亨乡的人，是没有疑义的。至于金星港之影响于这个乡村，传记里也有一段话说明：

那个时候，满清是不准外国船舶随意停泊的。他们特地把金星港给外国人停船，此港的三面都是商业和人口繁盛的地方。广州、香港、澳门，于是此港也变成了一个重要的地方。因为此港和翠亨相离很近，所以差不多港上的事情，翠亨的质朴而渐有醒觉的人民，都可知道。

我们若进一步来考究孙先生的家庭，那么这个家庭之受过西洋文化的深刻的影响，更是显明。上面已经说过，他的父亲曾在澳门操过缝业，他有了两位叔叔，都赴美国，虽则他们两人一去不返，然而金山的美国的印象，却永远的留着在他的家人的心里。然而家庭里的人之对于孙先生的前途影响最大的，要算他的哥哥了。

孙先生的哥哥在孙先生很小的时候，就到檀香山去。檀香山在那个时候，虽尚未变成美国的属土，然却已成为美国的势力范围之地。所以他的哥哥自然而然的受过多少美国的文化的淘铸。传记里告诉我们道：

> 大哥出去的时候，是一位穷苦的农家子，归来的时候，已富了；不但富于金钱，并且富于做事的经验。他有了这种经验，所以已知道西方作事的方法了。大哥很想和人合股接管一只航海的大船，居然达了目的，他在这只船里把中国的侨民，带到火奴鲁鲁去。

上面是解释孙先生所处的环境——家庭、乡村和广东。现在且让我们来略谈他从这些环境中所发生的个人的经验。据传记里，孙先生曾这样的说过：

> 我所记忆最早的是住在吾家一位老叔母所讲给我听的一桩故事。那时我是一个小孩，伊以为这金星港的事，很可以使我听了快活。虽然这金星港相离很近，但是那时我年纪很小，总以为是很远的。叔母从前住的地方，可以望见那金星港的全景。伊是善于讲故事的，伊说这些外国船停在那儿，实在不妥当，因为常有可怕的事情在他们船上发现出来。这些外国人金钱都很富足，他们所穿的衣服很是奇怪，最异样的便是他们头上没有辫子，有几个竟一丝儿头发也没有。但是却有不少的胡须，他们的胡须，有时会有火一样的红，伊听人说那些外国人是用尖利的刀子来吃东西的，伊并且说伊曾经亲眼看见有烟从他们常用的枪里出来，因此他见了那些洋人，心里实在害怕。伊教好的中国小孩子，应该远远的离开他们，因为那些洋人，十分暴躁。

这是孙先生第一次知道在中国的洋人的大概，关于西洋人自己国里的情形，他又从一位回国的侨民的亲口的告诉他。孙先生说：

> 我很小的时候，曾经遇到一个侨商，他讲他游历的故事的时候，我站在一家茶馆门前，他讲他在海洋中经过了许多日子，于是到了一块地方，有山有水，同中国一样，不过那边有很多的金子，又有一种人叫做红人，还有截路的强盗，为了抢劫金子，杀死人命。有一件这个侨民讲的故事，使我终身不会忘掉。他说他总把自己的金子分做两起，一起放在容易看见的地方，待强盗看见了，就让他抢去；还有一起藏得很秘密，强盗去后，依旧可以保存着。因为翠亨也有海贼，所以我们听了引起一种兴趣，最使我们有深刻的印像的，是他把金子分成两起，因为他又说有几个同伴，把全部的都隐藏起来，因此就遭杀害。我那时候觉得这个侨民在这取与的世界里，得到了一种

实际有益的特殊哲理了。

上面所举两种经验，虽可使到我们知道他对于洋人之在中国及华侨之在外国的最先印像，可是这种印像，未必一定是能够使他羡慕西洋的文化。大概是由他的哥哥从檀香山所寄的书信里，和他的哥哥第一次从那边回来中国后所告诉他那边的情况而激动起他的羡慕的心理，同时鼓荡起他的远渡彼邦的志愿。这个志愿的实现，是一八七九年，这就是他十四岁的时候。

据说他之赴檀香山是从澳门起程，而他所搭的船却是他的哥哥和他的同事们所雇定，以为载运到檀香山的侨民的英国的铁汽船。一个十四岁的青年，到了西洋人所管理和聚集的澳门，当然起了不少的印象，现在又搭着尚不多见的汽船，当然又必生了很多的感触。这些感触之最深刻的，据孙先生的话是这样的：

> 我上了船的触感很是利害，但是使我比较机器和汽锅的奇异，更加重视的，乃是船上一个铁梁，这是贯连着船的两边，使他更加坚固。我看起来是一桩很重大的事情。我记得那时吾想这么重的一个梁，要多少人才可以把他装配好，忽然想到那已发明这个大铁梁的天才，又发明了一个机械的用法，外国人所做的东西，我们中国人不能做，我立刻觉得中国总有不对的地方了。外国人既能制能造这些坚实金属的大梁，并又能把他装配好，这岂不是他们在别方面优于中国人的证据么？

这是孙先生羡慕西洋文化的开始，这可以说是他主张西洋文化的动机，这可以说是他之所以被视为西洋人的前因，这可以说是他后来奔走革命的工作的根基。总而言之，这可以说是孙先生之所以为孙先生的由来。

从一八七九年至一九一一年的三十余年中，孙先生差不多时时刻刻都处于西洋文化的社会里，他既有了受过西化的影响的广东翠亨和家庭的环境，他在这么久的时间里，无论是在檀香山、美利坚、英吉利或是日本、香港、南洋、广州，他所来往的人物社会都是西洋的人物和社会，或是和这些人物和社会有了多少的关系。那么他之主张和行为是受过西洋文化的洗礼，乃是一件自然而然的事罢。

但是除了他的环境和他的经验之外，影响于他的主张和行为的最利害的东西，恐怕还是他的教育了。

关于孙先生的教育，他少年虽受过中国的旧式的教育，然这种教育之对他，没有什么影响；而且自他到檀香山后，以至他脱离学校的生活，他通通是受了西洋式的教育。同时这种教育之于他后来的事业上，都有很密切的关系。现在且把林白克氏的《孙逸仙传》之关于这方面的叙述，摘录数段于后：

> 大哥的气量很大，在中山未到（檀香山）以前，他已收受了一个同村的少年，并且已把他送入火奴鲁鲁的学校里读书了。当大哥决意把中山送入学校的时候，这同村的少年，进了教会学校已二年了。他以为外国教育，既

然没有伤害这个同村的少年，当然也无害于中山的。

所以中山就进了火奴鲁鲁的美国教会学校，他的教师们使他坐着观看了十天，因为他不懂英语，他们和他交谈，不得不做手势；在这十天里，他静坐在书桌边，但是他对着四周所见的很为注意，他的心里起了种种的反省，好像波涛汹涌一样；那时他觉得学习的方法真难呢。他静默了十天以后，就觉得英文与中文的异点，英文每一个字可以分成几个字母，字母又可用来拼别的字，又觉得学习英文很是容易，非常高兴。

他在这学校里三年，身心上受了很大的变化，使他渴望中国的觉醒，校中纪律，他竭诚的遵守着，对于各种学科，没有不勤力学着，所以成绩很好。

孙先生在校三年，他的哥哥以为他所受的外国教育，已经够了，所以要他回国。他是为这件事情，很为忧虑，然他又不能不尊哥哥的命，所以终于回国了。传记里说：

中山从火奴鲁鲁到中国的时候，带来的书，有一本耶稣教的《圣经》；他当耶教是文化的法则，他把中国文化同耶教国文化比较，看出中国没有一种进步的宗教的害处，他看见耶教是与近代文化一同往前进的，而孔教、佛教、道教都持中国于二千年前的状态。

受了好多年的外国教育，持了这一种的新观念，自然他会对于中国的固有文化，起了怀疑和反抗的心理，这种心理实现起来，就使他把他乡村的神像来打倒，以及做出种种中国人所目为反常的行为来。而这些行为就是孙先生之被父老人们逐出他的乡村的原因。

他既被逐，不得不跑，但是正是为了不得不跑，他在广州美人所办的博济医院和香港英人所办的学校里读书的机会才能实现。关于他在香港受教育，传记里说：

在香港，他见着比较在火奴鲁鲁更大的盖格鲁撒克逊文明的证明，火奴鲁鲁比较起香港来，不过是一个美丽的花园。在香港的轮船航行海面，带了全世界各国国旗和消息，在各国轮船中，并没有中国轮船，贫苦的中国所有的，就是在海面上摇荡不定的沙船，在航海的观众中受人嘲笑。

他常遇到文明的英国人，他们是他的教师，他觉得他们在教育上占优胜的地位，他起首知道了一些英国海陆军的力量。他惊心地看英国兵练操，不倦地看灰色军舰可怕的样子，预备服从大英帝国的命令而动作。

中山此次同家庭分离，心中处之淡然，这个对他是弃旧就新的行为。他觉得"中国世界"已经反对他了，结果他转向现在对他开放着的别一个世界去。他用新的速率于学校内求学，（同时）香港皇家学校造成他希望无穷的新生命的中心点。

孙先生的教育和他的政治主张与革命运动的关系的密切,在他民国元年在岭南大学欢迎会的演辞里,曾有一段简短而却很明白的叙述:

> 忆我幼年从学村塾,仅识之无,不数年得到檀香山,就转西校,见其教法之善,远胜吾乡,故每课暇辄与同国同学诸人相谈衷曲,而改良祖国拯救同群之愿,于是乎生,当时所怀,一若必使我国人人皆免苦难,皆享福乐,而后快者,又数年即回祖国就学于本城之博济医院,与贵校廖德山同学,仅一年又转香港雅利士医院,凡五年,以医亦救人之术也,然继思医术救人,所救有限,其他慈善事业亦然。若具有最大权力者,莫如政治,政治之势力,可为大善,亦能为大恶,吾因人民之艰苦,皆不良之政府为之,若欲救国救人,非锄去此恶劣政府不可,革命思潮遂时时涌现于心中。(胡汉民编《总理全集》二集页一四一)

于是可知西洋教育之影响于他后来的事业的利害,同时也知道中国教育之影响于他的甚微。他后来对于中国的旧式教育,且批评道:

> 就教育而言,士惟以科第为荣,姓名一登榜上,即有做官之望。士人束发受书后,所诵习者不外四书五经,及其笺注之文字。然其中有不合于奉令承教一味服从之义者,则任意删节,我曲为解说,以养成其盲从之性,学者如此,平民可知。(《伦敦被难记》)

有了广东翠亨和他的家庭的背景,再加上他的经验而特别是他的教育,以及他个人的坚忍不拔,胆干奋斗的特性,怪不得会形成一位西洋化的孙先生。

以西洋化像孙先生的人来看中国的社会政治,是怎么样呢?我们且看他在兴中会的宣言里说:

> 中国积弱至今极矣;上则因循苟且,粉饰虚张,下则蒙昧无知,鲜能远虑。堂堂华国,不齿于列强,济济衣裳,被轻于异族,有志之士,能不痛心。夫以四百兆人民之众,数万里土地之饶,本可发愤为雄,无敌于天下;乃以政治不修,纲维败坏,朝庭则鬻爵卖官,公行贿赂,官府则剥民刮地,暴过虎狼;盗贼横行,馑饥交集,哀鸿遍野,民不聊生,呜呼!惨矣!(参看《伦敦被难记》里所描写为中国政治之腐败。)

孙先生的革命动机,据他自传及在《申报》《五十年中的中国之革命》一文,是始于乙酉(一八八五)中法战争之年,但是革命的运动的具体化,是始于乙未(一八九五)的兴中会。兴中会会员入会的誓词,是"驱除鞑虏,恢复中国,创立合众政府,倘存二心,神明鉴察"。而其宗旨是:

> 专为联络中外有志华人讲求富强之学,以振兴中华,维持团体起见。

我们从兴中会的会员誓词里，虽可以找出所谓民族主义这件东西，然在兴中会的宣言和章程里，却找不出这个原则来。至于民权主义和民生主义，却没有什么痕迹显露，虽则在誓词中有创立合众政府，可是合众政府，未必就是民主民权的政府。又在章程第三条有说兴大利以厚民生，然这里所说的民生，也不能说是民生主义。总而言之，从兴中会的宣言及章程来看，她不过是一个维新会，她的目的是讲求富强之学，以振兴中华，关于三民主义的主张，据孙先生的自传里说，是成于伦敦脱险（一八九六年十月）以后。

伦敦脱险后，则暂留欧洲以实行考察其政治风俗，并结交其朝野贤豪。两年之中，所见所闻，殊多心得，始知徒致国家富强，民权发达，如欧洲列强者，犹未能登斯民于极乐之乡也。是以欧洲志士，犹有社会革命之运动也。予欲为一劳永逸之计，乃采取民生主义以与民族、民权问题同时解决，此三民主义之主张，所由完成也。

三民主义之具体化，是见于一九〇五年的同盟会政府的宣言里，今摘录于后：

（一）驱除鞑虏：今日之满洲本塞外东胡，昔在明朝，屡为边患。后中国多事，长驱入关，灭我中国，迫我汉人为奴隶，有不从者，杀戮亿万；我汉人为亡国之民者，二百六十年于此。满洲政府穷凶极恶，今已贯盈，义师所指，覆彼政府，还我主权。其满洲有汉军人等，如悔悟降者，免其罪，敢有抵抗，杀无赦。汉人为满奴作汉奸，亦如之。

（二）恢复中华：中国者，中国人之中国，中国之政治，中国人任之。驱除鞑虏之后，光复我民族之国家，敢为石敬塘、吴三桂者，天下共击之。

（三）建立民国：今者由平等革命，以建立民国政府凡为国民皆平等，皆有参加权。大总统由国民共举，议会以公举之议员组成之。制定中华民国宪法，人人共守，敢有帝制自为者，天下共击之。

（四）平均地权：文明之福祉，民国平等以享之，当改良社会经济组织，核定天下地价，其现有之地价，仍属原主，所有其革命后社会改良进步之增价，则归国家，为国民所共享。乐造社会国家，俾家给人足，四海之内，无一夫不获其所，敢为垄断以制国民之生命者，与众弃之。

上四纲其措施之序，则分三期：第一期为军法之治……第二期为约法之治……第三期为宪政之治。……第一期为军政府，督率国民扫除旧污之时代，第二期为军政府，归地方自治权于人民，而自总揽国事之时代，第三期为军政府解除权柄，宪法上国家机关分掌国事之时代。

我们以为自从一九〇五年以至一九二三年的二十年中，孙先生在政治上的主张的实质上虽有不少的改变，然大体上这种大纲和序则，没有什么差异。我们所要知道的是这种政治的主张，根本上是由于西洋的环境和思想而发生的（参看《民报》发刊词）。

政治上的西化的主张既如上面所说，他方面的西化的主张，在他一八九四年所《上李鸿章书》里又说得很明白。他说：

> 我中国仿教西法于今已三十年，育人才则有同文方言各馆，水师武备诸学堂，裕财源则辟煤金之矿，立纺织制造之局，兴商务则招商轮船开平铁路，已后先辉映矣。而犹不能与欧洲颉颃者，其故何哉，"以不能举此四大纲而举国并行之也。"

所谓四大纲就是：

> 人能尽其才，地能尽其利，物能尽其用，货能畅其流。所谓人能尽其才者，在教养有道，鼓励以方，任使得法也。所谓地能尽其利者，在农政有官，农政有学，耕耨有器也。所谓物能尽其用者，在穷理日精，机器日巧，不作无益以害有益也。所谓货能畅其流者，在关卡之无阻难，保商之有善法，多输船铁道之载运也。

他很明白的指出中国的农工商学之缺点，而实行之法，又必同时并举，始克成功。他又很明白的指摘当时一般专以为国家之富强，乃尽由于船坚炮利，垒固兵强；因为西洋各国之所以富强，并非尽由于这些东西，这些东西乃西洋富强的表面，而非根本，根本是在于他所举出的四大纲。

孙先生《上李鸿章书》，是一八九四年中日战役发生的时候，兴中会的宣言和章程，是在《上李鸿章书》后数月始做的。我们从此可以知道在兴中会尚未成立以前，他虽然有志于政治上的改造，然政治改造所应用的方法，是维新或是革命，他好像没有坚决的主张。从《上李鸿章书》里，他很显明的想借清廷政府的力量，来使农工商学等趋于西化。照他的意见，设使我们能对于这四大纲能够澈底的实行，则国家自然会富强，国家富强就是达到政治上的改造。孙先生之《上书李鸿章》本来由于看见中国之事事不如西洋，而自己又没有力量来改造，故想借权势赫张的李鸿章来实行其怀抱。那料李鸿章却拒绝见他，使他的郁抑之气，无由以伸。因此之故，他感觉到希望政府以缓和的手段来使中国效法西洋，是行不通的路。于是他不得不趋于革命的路上，同盟会之成立，就是革命主张的具体化的初步。

我们以为从孙先生的政治事业方面来看，李鸿章之拒绝见他，是一件很重要的事。设使李鸿章而见重了他，给他一个相当的位置，那么此后三十年的政治历史，也许别有一个花样。但是从他的西化的主张方面来看，一八九四以至差不多晚年的他，却没有什么变更。质言之，孙先生从十四岁搭汽船赴檀香山到他死前几年，都是一位根本上主张西化的人。他在《上李鸿章书》时，是希望以当时的政治的势力来实行这种主张，这个志愿既因拒见而失望，他乃应用革命的方略。他以为政治上的腐败和窒碍，苟能废除，则西洋化的中国，也可实现。可是这个办法，他在临终的时候，还是觉得工作未完，所以他说："革命尚未成功。"人们认识孙先生是一个革命家，但是他们忘记革命不过是达到文化改造的一种工具，而政治革命又不过是文化革命的一方面。他们忘记了孙先生的目的乃是在乎中国的西化，要是有人怀疑我们这个解释，我们请他们看看孙先生于民国十二年对广州岭南学生欢迎会演词里的一段话：

> 欧美的文明，近二百多年来，非常发达；美国近几十年来尤其进步。他们国内的情形，不但是教育办得好，就是工业、商业和一切社会事业，都比中国进步的多。中国一切事业，到了今日可说是腐败到了极点；腐败的原因，是在人民过于堕落……中国青年应该有的志愿，是要把中华民国重新建设起来，让将来民国的文明和各国并驾齐驱。我们现在的文明都是从外国输入进来的，全靠外国人提倡，这是几千年以来，从古没有的大耻辱。如果我们立志改良国家，万众一心，协力奋斗做去，还是可以追踪欧美。……我们要达这个目的，就要诸君立国家的大志，学美国从前革命时候的人一样。大家同心协力去奋斗……必须利用美国的学问，把中国化成美国。

ii